Wolfhard Margies

Erkennen
Glauben

Bekennen

Aufbruch-Verlag

© Aufbruch-Verlag
  der Philadelphia-Gemeinde
  Babelsberger Str. 37
  1000 Berlin 31

1. Auflage 1991
ISBN 3-926395-12-5
Umschlaggestaltung: Michael Stefanescu
Satz: Fotosatz Husemann, Helmstedt
Druck: Elsnerdruck, Berlin

Inhalt

Kapitel 6
Wahrheitendateien

2. Teil

Kapitel 1
Stadien des Glaubens

3. Teil

Einführung

Dieses Buch hat sich die sehr bestimmte Aufgabe gestellt, möglichst vielen Christen dazu zu verhelfen, daß sie entschiedener, konsequenter, aber auch leichter Gott und seinen einzigartigen Verheißungen glauben können. Es soll eine Anleitung zum Sieg und zum Überwinden werden. Wir haben in den letzten Jahren sehen können, wie immer mehr gute Lehre zum Thema Glaube durch Predigten, Kassetten und Bücher unter die Gläubigen gekommen ist, die dadurch ermutigt worden sind, Gott für alle möglichen Belange in ihrem Alltagsleben zu vertrauen.

Diese Lehre hat ihre Wirkung nicht verfehlt. Unter vielen Gläubigen ist das Bewußtsein gewachsen, daß Gott Wunder tut, daß er heilt, befreit und Gebete auf übernatürliche Weise erhört. Diese Entwicklung hat einen fast bewegungsartigen Umfang angenommen und stellt eine neue Entwicklung in der geistlichen Landschaft unseres Volkes und fast aller Nationen dar. Das hat fraglos der Heilige Geist bewirkt, der ja der Lehrer der Gemeinde ist und der sie in diesem letzten Stadium der Menschheitsgeschichte auf die Wiederkunft Jesu vorbereitet, indem er ihr Kraft und Schönheit verleiht.

So ermutigend dieser Aufbruch ist, so ist das, was die einzelnen Gläubigen an Erweisungen göttlicher Kraft mit Wundern und Zeichen erleben, doch noch zu wenig. Es hat noch bei zu vielen Gläubigen den Charakter der Ausnahmeerfahrung, die gelegentlich bis selten eintritt, mit der man aber nicht unbedingt rechnen darf.

Dieses Buch ist mehr als alle anderen Bücher, die ich geschrieben habe, mit dem brennenden Verlangen zustande gekommen, die Gläubigen, die an das „volle Evangelium" glauben, zu ermutigen, Gottes Eingreifen durch Wunder und machtvolle Taten als Normal- und Regelfall zu erwarten, aber auch zu lernen, unter welchen Voraussetzungen das geschehen wird. Es ist in einer Weise auch ein Buch, das ich für mich selbst schreibe, indem ich alle Gedanken und Erfahrungen zusammentrage, die mein Privatleben und den Dienst im Reiche Gottes reicher und effektiver gemacht haben.

Über Jahre war es mir ein wichtiges Anliegen, durch gezieltes Studium der Heiligen Schrift und anhand von praktischen Erfahrungen mit dem Worte Gottes festzustellen, unter welchen Bedingungen und Voraussetzungen die Kraft Gottes bei den Gläubigen sichtbar wird. In meinem früheren Buch „Glaube, der Wunder wirkt" habe ich die Mitte der offensichtlich notwendigen geistlichen Vorbedingungen beschrieben, die zur Manifestation von Gottes Taten führen. Es ging in diesem Buch sonderlich um die vorrangige Wahrheit des Glaubens, der der von Gott verfügte Weg ist, um auf der Ebene einer Beziehung zwischen ihm und uns seine Gerechtigkeit, seine Freundschaft und seine Taten zu erfahren. Die dort zusammengetragenen biblischen Fakten sowie die Erklärung von geistlichen Hintergründen und Wachstumsstadien des biblischen Glaubens haben, so denke ich, ihre unveränderte Bedeutung. Der Glaube, wie ihn die Schrift meint, ist tatsächlich die Hauptkraft, die Gottes Hilfe und Heil ins Sichtbare bringt.

In dem vorliegenden Buch werde ich im zweiten Teil noch einmal auf das Thema Glaube kurz eingehen, aber im Hinblick auf seine Bedeutung in bewußter Unterrepräsentation. Ich will mich auf eine kurze Auflistung der wichtigsten Prinzipien über die Entwicklung des beanspruchenden Glaubens beschränken, die ich mit einer kurzgefaßten Lehre über Gnade verbunden habe. Ohne sie steht der Glaube in Gefahr ins Technische und Formale abzuleiten. Alle in die Tiefe führenden Details möge der Leser bitte in dem oben genannten Buch nachlesen.

Die Frage lautet also: Woran liegt es, daß so viele Gläubige doch erhebliche Schwierigkeiten haben, einen biblisch gesunden und tragfähigen Glauben zu entwickeln, und weswegen erweist sich in vielen Fällen dieser Glaube als nicht ausreichend, um die Hand Gottes im Krankheitsfall, in finanziellen Schwierigkeiten, in Berufs- und Erziehungsfragen und dergleichen sichtbar und regelmäßig in Bewegung zu setzen?

Ich ging bei meinen Nachforschungen davon aus, daß das Wort Gottes selbstverständlich alle Antworten auf diese Frage bereit hält. Es ist überhaupt meine tiefste Überzeugung, daß alle Wahrheiten und Einsichten, die wir brauchen, um die Voraussetzungen für ein durchgehendes Überwinderleben zu erfüllen, im Worte Gottes zur Verfügung stehen. Ich glaube, daß Gottes Wort alle Einsichten bereit hält, die uns die Vorbedingungen für ein sieghaftes Leben erklären, den Weg der Kraft und der Überlegenheit selbst beschreiben und uns auch zeigen, wie man die Erfahrung der Kraft und des Heils sichert. Gottes Wort ist nicht nur absolut wahr, sondern auch vollständig!

Die beiden großen Bereiche, um die die Lehre vom beanspruchenden Glauben ergänzt werden muß, haben mit dem Erkennen und Wissen auf der einen Seite und mit dem Bekennen auf der anderen Seite zu tun.

Ich sehe mit Freude, wie uns der Heilige Geist in den letzten wenigen Jahren viele Entdeckungen von kostbaren biblischen Lehranteilen des Neuen Testamentes machen ließ. Zu diesen wiederentdeckten Wahrheiten von großer praktischer Bedeutung gehört auch die Lehre über das Bekennen und Aussprechen des Wortes Gottes. Welche unschätzbar schönen Resultate haben Menschen schon erleben können, die diese Wahrheit richtig benutzten! Im dritten Teil dieses Buches will ich eine zusammenfassende und auch systematische Darstellung der Bedeutung und der theologischen Hintergründe des Bekennens geben, die aber nicht theoretischer Natur sein soll. Ich verspreche mir von einem solchen Überblick, der nicht nur einige isolierte Brocken von Bekenntnis-Wahrheiten enthält, eine starke beflügelnde Wirkung auf Glauben und Beharren im Glauben. Über das Bekennen und seine Bedeutung in der Glaubensnachfolge gibt es schon einige Erkenntnis in bestimmten Kreisen der Gemeinde Jesu.

Anders verhält es sich mit dem Wissens- und Erfahrungsstand der Begriffe Erkennen, Wissen und Wahrheit bei vielen Gläubigen. Aber gerade an dieser Stelle müssen wir besonders tief in der Schrift schürfen, damit wir keine Erkenntnis verpassen, durch die es uns leicht und überhaupt erst möglich gemacht wird, die Manifestation der Güte Gottes gerade dann zu erfahren, wenn wir sie brauchen. Es gibt offensichtlich Rahmenbedingungen, die erfüllt werden müssen, um unseren Glauben an eine bestimmte gegebene Verheißung aufzubauen, so daß wir zum Zeitpunkt der Not auch tatsächlich imstande sind, glauben zu können.

Über die Existenz derartiger grundsätzlicher Bedingungen zur praktischen Entwicklung unseres Glaubens gibt es in den Gemeinden sehr wenig Kenntnis, wiewohl das Wort Gottes voll von diesbezüglichen Hinweisen ist. Das ist auch der Grund, weswegen der Glaube vieler Christen so schwach ist. Denn sie haben nicht gelernt, in konkreten Schritten die Grundlagen ihres Glaubens zu sichern. Ein schwacher und unzuverlässiger Glaube wird aber von schwächlichen und unzuverlässigen Resultaten gefolgt sein.

Aber die Einsichten und Wahrheiten, die wir brauchen, um auch diesem Zustand Abhilfe zu schaffen, sind ebenfalls in der Schrift vorhanden und sie sind *erlernbar*. Jeder Gläubige, der geistgetauft ist und auch geisterfüllt geblieben ist, kann sich diese Kenntnisse aneignen und anschließend mit Selbstverständlichkeit in sein Glaubensleben einbauen, so daß er ohne Anstrengung und Qual Erhörung seiner Gebete, Heilungen von Seele und Leib und Zeichen und Wunder in seinem Leben erfahren wird. Allerdings kann man das nicht so nebenbei bewerkstelligen. Wer dieses Ziel anstrebt, wird viele seiner alten Anschauungen aufgeben müssen, sein Denken den Offenbarungen der Schrift anpassen und eine ganz neue Lebenssicht und einen neuen Lebensstil übernehmen müssen. Man kann nicht in alten Lebenskonzepten bleiben und gleichzeitig regelmäßig die Erfahrung des Übernatürlichen machen wollen.

Von diesen Zusammenhängen und Hintergründen, die die Beziehung zwischen Wahrheit, Erkenntnis und Wissen einerseits und Glaube andererseits kennzeichnen, soll der erste Teil dieses Buches handeln. In ihm will ich also jene Grundlagen legen, die verhindern sollen, daß unser Glaube wie eine aufgesetzte Methode erscheint, mit der wir Gottes Wohltaten erheischen können, und die manchmal funktioniert und manchmal nicht. In diesen grundlegenden biblischen Anschauungen über die Bedeutung von Wahrheit, Erkenntnis und Wissen sollen neben dem Gewinn von vermehrter Einsicht in Gottes Wesen und Wort vor allem die guten Resultate vorbereitet werden, die der Glaube, wie es die Schrift sagt, dann schließlich zu Tage fördern soll. Ich will den Leser ermutigen zu glauben, daß nicht nur die Ergebnisse schön sind, sondern auch schon ihre Voraussetzungen.

1. Teil

Kapitel 1

Erkenntnis und Wissen

Jesus sagt: „...wenn du glaubtest, so würdest du die Herrlichkeit Gottes sehen." (Johannes 11,40b), und: „Alle Dinge sind möglich dem, der da glaubt." (Markus 9,23b). Wir wissen ferner aus dem Worte Gottes, daß wir ohne Glauben weder Gott gefallen können noch von ihm eine Antwort oder Belohnung auf unsere Bitten bekommen (Hebräer 11,6).

Also hängt alles von unserem Glauben ab. Aber gerade damit haben viele Nachfolger Jesu, auch diejenigen, die geisterfüllt sind, das Wort Gottes lieben und Gott in Sprachen anbeten, ihre liebe Mühe. In meinem Dienst in meiner eigenen Gemeinde und auch im Rahmen meines Reisedienstes unter anderen Gläubigen, die sich dem vollen Evangelium verpflichtet fühlen, mache ich häufig die Erfahrung, daß sie sich doch recht hilflos verhalten, wenn es darauf ankommt, die Hand Gottes im Glauben zu ergreifen, um die jeweilig erforderliche Hilfe oder Heilung von Gott zu empfangen. Ein großer Teil unter ihnen schafft es einfach nicht, so ganz selbstverständlich und schlicht den vom Wort Gottes geforderten und ermöglichten Glauben aufzubringen. Dieser Sachverhalt muß leider verallgemeinert werden.

These *(1)*
Während im Worte Gottes der Glaube als die einzige Form der Beziehung zwischen Gott und Menschen und als der einzige Weg, um Gottes Geschenke zu empfangen, beschrieben und somit betont wird, sind gerade Glaubensmangel und Glaubensarmut sowie ein auffallendes Unvermögen, Glauben im Herzen zu entwickeln, eine durchgehende und unleugbare Realität im Leibe Jesu.

Vor einiger Zeit diente ich im Rahmen meiner Reisetätigkeit in einer Gemeinde, die sich ihrer Bezeichnung nach zu den Gemeinden des

Vollen Evangeliums rechnet. Ich lehrte dort einige Tage in Predigten und Seminaren. Am ersten Abend sprach ich darüber, wie wir glauben können und wie wir durch den Glauben Gottes, den wir aus dem Worte Gottes in unserem Herzen wachsen lassen, die konkreten Verheißungen der Schrift beanspruchen können. Als ich dann am Ende dieses ersten Abends alle die nach vorne bat, die das Wort verstanden hatten und die wußten, daß sie im Glauben kämen, kam fast die gesamte Versammlung nach vorne, um Hilfe, Heilung und Befreiung zu empfangen.

Aber als ich ihnen dann dienen wollte, merkte ich, daß ich einer Mauer von Verzweiflung, Krankheit, Hilflosigkeit und Unglauben gegenüberstand. Obwohl ich ausdrücklich über den biblischen Weg zur Entwicklung unseres Glaubens gesprochen hatte, konnte ich praktisch keinerlei Glauben bei denen feststellen, die Hilfe oder Heilung suchten. Ich sah nur Leid und das Begehren, dieses los zu sein. Von Glaube war keine Spur zu sehen, obwohl an jenen Abenden in aller Ausführlichkeit die einzelnen Schritte erklärt worden waren, die zum Empfang des Glaubens befähigen. Jene Gläubigen beteten, sie flehten, sie weinten, sie riefen zum Herrn und sie meinten, sie täten es im Glauben. Ich habe meine Zweifel, ob auch nur einer an jenem Abend eine übernatürliche Manifestation der Hilfe Gottes erfuhr.

Das Wort Gottes sagt uns, daß Gottes Gebote leicht seien. Also kann auch das Hauptgebot, nämlich seinem Wort zu glauben, nicht schwer sein. Aber wir verhalten uns so, als ob es das Schwerste der Welt sei, zu glauben, daß Gottes Verheißungen auch jetzt noch und für unsere Belange gelten.

Mein eben beschriebenes Ergehen in jener Gemeinde ist ja keine Ausnahmeerscheinung. Ich erlebte ähnliche Beispiele so häufig, daß sie fast die Regel darstellen. Ja, ich muß sogar zugeben, daß die Allgegenwart und die Aggressivität des Unglaubens die Atmo-

sphäre über unserem Land so stark prägen, daß selbst jene Nachfolger, die aus Glauben leben, immer wieder in Gefahr sind, in Unglauben zurückzufallen.

Es müssen viele Gläubige Entscheidendes verkehrt machen, wenn
es darum geht, im Glauben Gottes Geschenke zu ergreifen. Ich
glaube, daß die bereits überall angebotene Lehre über den Glauben, der Wunder wirkt, richtig und geeignet ist, Vertrauen zu Jesus
und zu seinem Wort zu entwickeln. Aber es muß noch etwas zu dieser Lehre hinzukommen, was wohl die ersten Generationen der
Christenheit hatten, und was uns heute fehlt. Wenn Glaube in seiner Essenz Nehmen oder Beanspruchen ist, dann muß es irgendwo eine Hemmung bei diesem Geschehen geben, wodurch das
einfache und selbstverständliche Zugreifen und Nehmen am Ende
doch gestört oder gehindert wird.

These *(2)*
*Glaube braucht eine Grundlage und einen Unterbau, der Wahrheit
heißt. Die Abwesenheit von Wahrheit und das Unverständnis für
das Wesen der Wahrheit sind die Gründe dafür, daß das Volk Gottes sichtliche Schwierigkeiten hat, im Glauben zu wachsen.*

Unser Glaube ist der Vorgang, in dem wir das von Gott nehmen,
was uns in unseren Defiziten und Nöten fehlt und was Gott anbietet,
indem Jesus es durch sein Leben, Leiden, Sterben und Auferstehen für uns verfügbar gemacht hat. Die göttlichen Angebote für uns,
etwa Heilung, Befreiung, Gebetserhörungen in Armut, Arbeitslosig-
keit, Familienproblemen und dergleichen, werden uns in Gestalt
von Verheißungsworten oder in Feststellungen des bereits vorliegenden Segens gegeben.

These *(3)*
*Alle göttlichen Hilfsangebote liegen in einer Wortform vor. Unser
Glaube ist nun die punktuelle Abholhandlung, durch die wir uns die
Angebote zu eigen machen und sie dadurch aus der Existenzform*

der Unsichtbarkeit - über die uns allerdings das Wort Gottes eine exakte und beschreibende Auskunft gibt - in die Erfahrungswelt des Sichtbaren und Diesseitigen herüberholt.

Das Wort Gottes, das in unserem Herzen ist, erzeugt Glauben an das Wort und an den göttlichen Autor des Wortes, Jesus, und empfängt dadurch die Verheißung. Aber dieses Zugreifen und die Manifestation des Glaubens in Gestalt von sichtbaren Ergebnissen unterliegt bestimmten Bedingungen. Zu diesen Bedingungen gehört die absolute Gewißheit, daß mir das begehrte Geschenk reell zusteht und Gott es unbedingt geben will, ja, im unsichtbaren Raum schon gegeben hat. Diese Gewißheit muß vorher vorhanden sein und resultiert aus der Erkenntnis der Wahrheit Gottes in seinem Wort. Oder drücken wir es einmal anders aus:

These *(4)*
Im geistlichen Leben gilt, genau wie sonst in der Gesellschaft, das strikte Gebot: Wir dürfen nur das nehmen (glauben), was uns gehört.

Aber im Unterschied zu allen Besitzergreifungen in der sichtbaren Welt gibt es im Umgang mit den Verheißungen Gottes, die ja vorhandene unsichtbare Geschenke betreffen, noch eine Besonderheit:

These *(5)*
Wir können nur dann glauben (nehmen), wenn wir ganz genau wissen, daß uns das, was wir von Gott im Glauben begehren, tatsächlich gehört. Dieses Wissen resultiert aus der Erkenntnis von vielen Einzelfakten der Schrift, die beschreiben, was Gott schon für uns getan hat, in welchem Maße der Feind besiegt ist, was unser Status als Kinder Gottes alles einschließt und was uns auf Grund dessen alles an Folgesegnungen zusteht. Ohne Kenntnis dieser Fakten − d.h. der biblischen Wahrheiten − kann Glaube gar nicht entstehen oder wird sehr schwächlich und leicht verletzbar sein.

Im Grunde werden sich die meisten Gedanken und Erläuterungen des Teils 1 dieses Buches um diese letzten drei Thesen, sonderlich um die fünfte, drehen. Diese weist uns am deutlichsten und zuverlässigsten den Weg heraus aus den Enttäuschungen und dem Versagen vieler Christen bezüglich der von ihnen begehrten Erfahrungen von Heilungen, Wundern und Zeichen, die dann doch nicht eintreffen.

Es geht also darum, daß wir als Nachfolger Christi noch viel mehr praktisches Wissen über Gottes Segnungen und Kräfte gewinnen, und daß wir darüber hinaus konkrete Erkenntnisse darüber sammeln müssen, unter welchen Voraussetzungen der Glaubenstransfer der unsichtbaren Segnungen in unsere sichtbare Erfahrung zustande kommt. Wissen ist aber der Zustand nach gewonnener Erkenntnis. Wissen ist also gleichsam ständig aufrechterhaltene Erkenntnis, die unser ganzes Denken, Trachten, Fühlen und unseren Glauben prägen soll.

These *(6)*
Wir können nur das glauben, was wir zuvor erkannt haben. Oder anders ausgedrückt: Unser Glaube wird nie weiter gehen, als unsere Erkenntnis reicht.

Hier liegt offenbar die besondere Schwachstelle im Leben und Glauben vieler Kinder Gottes. Sie wollen, wenn sie sich in irgendeiner konkreten Not sehen, unbedingt das wunderbare Eingreifen Gottes erleben, haben dabei aber in aller Regel so unbiblische Erkenntnisse über Gott, seinen Charakter und die Voraussetzungen für sein Handeln, daß sie über die ersten Schritte ihres Glaubensaufbaus nie hinauskommen. Sie wissen vielleicht durch Belehrung aus Büchern oder in Konferenzen, wie man seinen Glauben aufbauen soll, aber es klappt bei ihnen einfach nicht.

Wir brauchen mehr Basiswissen über Gott und sein typisches und berechenbares (!) Handeln, um erhörlich beten zu können und

Menschen des Glaubens zu werden. Dazu ist uns ja das Wort Gottes gegeben, daß es uns die geistlichen Gesetzmäßigkeiten und auch Hintergrundfakten vermittelt, die wir selbst nicht gewinnen können. Diese sind nämlich Offenbarungstatsachen.

Ich weiß, daß in bestimmten Kreisen viel von der Souveränität Gottes die Rede ist. Kennzeichnenderweise sind es gerade die Gläubigen dieser Gruppierungen, die nie oder selten etwas von Gottes übernatürlichen Segnungen und Handlungen erleben. Dort hat sich der Gesichtspunkt und die Lehre der Souveränität Gottes verselbständigt und ist ein Alibi für die Unfähigkeit geworden, von Gott zum richtigen Zeitpunkt die richtigen Hilfen zu empfangen. Aber Gottes Souveränität steht nicht im Gegensatz zu seinen eigenen Offenbarungen, die er freiwillig und zeitlich vor dem Eintreten unserer Not gegeben hat. Diese sollen uns befähigen, in Übereinstimmung mit Gottes Charakter und seiner von vornherein geäußerten Willigkeit – die ebenfalls ein Ausdruck von Souveränität ist – in unserer konkreten Not die von ihm angebotene Hilfe zu empfangen. Dieses Begehren und die entsprechende Erfahrung stellt seine Souveränität nicht in Frage, sondern ist vielmehr unser konsequentes Reagieren auf Gottes souveränen Willen, uns unbedingt Gutes zu erweisen.

Sind diese grundlegenden Erkenntnisse über Gott, seinen Charakter und seine Willigkeit, uns grenzenlos zu segnen, nicht vorhanden, dann werden sich alle unsere Glaubensbemühungen als schwierig und am Ende erfolglos erweisen, das heißt, wir gehen leer aus.

Deswegen sagt uns Gott in seinem Wort (Hosea 4,6a): „Mein Volk ist dahin, weil es ohne Erkenntnis ist." Es kommt nicht deshalb um, weil es ohne Glauben ist, sondern weil es ohne Erkenntnis ist. Natürlich bekommen wir nichts von Gott, wenn wir nicht glauben oder im Unglauben beten. Aber es muß noch eine grundsätzlichere Ebene in unserer Beziehung zu Gott geben, die es überhaupt erst bewirkt, daß wir glauben können, oder deren Fehlen dies grundsätzlich verhindert.

These *(7)*
Die grundlegendste Beschreibung unserer Beziehung zu Gott, die wir im Worte Gottes vorfinden, ist die Bezeichnung „Erkenntnis Gottes" oder, wie es an anderen Bibelstellen heißt, „Erkenntnis der Wahrheit". Die Erkenntnis Gottes und die Erkenntnis der Wahrheit sind von noch elementarerer Bedeutung als der Glaubensbegriff. Der Glaube ist ein punktuelles Geschehen auf Beziehungsebene, setzt jedoch das Vorhandensein richtiger Erkenntnis Gottes voraus. Erkenntnis Gottes bzw. Erkenntnis der Wahrheit hat eher einen statischen Charakter. Sie stellt den Unterbau für den Glauben dar.

Wenn nun diese Erkenntnis von Gottes Wahrheiten und seinem eigenen Wesen nicht vorliegt, geht das Volk Gottes, obwohl es sein eigenes und von ihm geliebtes Volk ist, zugrunde! Welch ein Wort und was für eine göttliche Diagnose! Sie muß uns einfach in Bewegung bringen, wenn wir überall um uns herum Scheitern und Versagen sehen und andererseits von dem dringlichen Anliegen beseelt sind, herauszufinden, warum unser Glaube so wenig bewirkt oder erst gar nicht zustande kommt. Hier liegt eine vordringliche Not im Volke Gottes vor.

Was nun Erkenntnis und Wissen im biblischen Sinne bedeuten, und was Wahrheit und ähnliche Begriffe darstellen, darum soll es in den kommenden Kapiteln des ersten Teils dieses Buches gehen. Ich verfolge dabei keine akademisch-theoretischen Ziele, die nach meiner Sicht doch nur Selbstzweck und Zur-Schau-Stellung von philosophierender Eitelkeit sind. Ich versichere meinem Leser, daß alle Aussagen und Erörterungen über diese Begriffe, die am Anfang etwas theoretisch anmuten, nur der Vorbereitung für die nachfolgende Erfahrung der Herrlichkeit Gottes in unserem bisherigen, von Niederlagen und Engpässen gekennzeichneten Leben dienen sollen. Ich verspreche mir davon, daß der engagierte und bemühte Leser, der nicht in seiner Glaubensschwäche bleiben will, durch mehr biblische Erkenntnis und genauere Einsichten seinen Glauben auf eine bessere Grundlage stellen und damit selbstverständlicher aufbauen kann. Am Ende sollen Resultate stehen, die Gott verherrlichen und uns wohltun. Ich bekenne mich zum Nützlichkeitsgesichtspunkt, wie ich ihn in der Schrift sehe und auch persönlich schätze.

Zu häufig finden wir noch Gespaltenheiten im Leibe Jesu, auch unter denen, die sich für den biblischen Glauben stark machen, die so aussehen: Ein Gläubiger propagiert pflichtbewußt und überzeugt in kühnen verbalen Erklärungen, daß Gott ein guter und liebevoller Vater sei, der seinen Sohn auf die Erde gesandt habe, um uns von aller Sünde, dem Fluch des Gesetzes, jeder Krankheit und Not zu befreien und uns zu befähigen, den Teufel und sein Reich zu entmachten, so daß jeder seelischen, sozialen und materiellen Not und Armseligkeit abgeholfen werde. Auf der anderen Seite findet man dann im Leben eines solchen Gläubigen oder seiner Familie überall die Zeichen von Zerstörung und Not: Die Kinder sind krank, er selbst fühlt sich durch beruflichen Ärger und Mißerfolg gequält und gestreßt. Seine Frau leidet seit Jahren an Migräne und ist bitter. Das Wirtschaftsgeld ist chronisch knapp und eine fortlaufende Ursache für Sorge und nur mühsam unterdrückte Querelen. Die Wohnverhältnisse sind eher bescheiden und deutlich unter dem Standard der nichtgläubigen Nachbarn. Der Urlaub ist nur unter Entbehrungen möglich und dann auch nur an bescheidenen Plätzen der nahen Heimat in Hotels niedrigster Kategorie.

Wenn wir aber die Erkenntnis Gottes haben und die Wahrheit des Wortes Gottes über die vielfachen Aspekte unseres Lebens kennen, dann können wir in majestätischer Gelassenheit unsere Glaubensposition vorbereiten und beziehen und nach einer gewissen Übergangszeit in allen unseren Nöten den Sieg des Herrn herbeiführen. Ich rede wirklich von allen Nöten, nicht nur von einigen wenigen, bei denen wir obendrein vorher nicht wissen, ob Gott unsere Gebete erhört oder nicht. Um allezeit im Sieg des Herrn zu leben (2. Korinther 2,14), muß die Grundlage unseres Lebens und Betens vorhanden und biblisch geordnet sein. Unsere Gebetserhörungen hängen von unserem Glauben ab. Die Voraussetzung für unsere Glaubensfähigkeit ist richtige Erkenntnis, und diese hängt wiederum von unserer Erkenntnisfähigkeit ab.

Vor Jahren hatte ich unter Umständen, bei denen mir selbst die beglückenden Erfahrungen von Gottes Liebe und seiner Versorgung vorübergehend fast abhanden gekommen waren, ein kleines Büchlein von Kenneth Hagin in die Hand bekommen, das den Titel „Right and Wrong Thinking" (übersetzt: „Richtiges und verkehrtes Denken") trug. In dieser kleinen Schrift entfaltet Hagin den Zusammenhang zwischen dem richtigen, biblisch gegründeten Denken und dem daraus resultierenden Glauben mit nachfolgendem Bekennen im Sinne von richtigem Sprechen. Er betont dabei wiederholt, daß wir nur das glauben, was wir zuvor erkannt haben, und daß wir nur das bekennen (mit dem Munde bewußt oder auch unbedacht aussprechen), was wir in unserem Herzen glauben. Wir sind durch unauflösbare Gesetzmäßigkeiten in diese Reihenfolge eingebunden.

Damals habe ich eine große Hilfe durch die Erkenntnis dieser Gesetzmäßigkeiten empfangen. Sie ermöglichte es mir, sehr schnell meinen Glauben neu zu gründen und zu festigen und aus den damaligen krankheitlichen Problemen herauszutreten. Seitdem habe ich diese Fährte immer wieder verfolgt, um zu neuen Einsichten zu gelangen, wodurch ich für mich selbst und für andere, die meine Verkündigung hören oder lesen, einen müheloseren Weg zu den großen Taten Gottes aufzeigen konnte. Das Volk Gottes soll nicht untergehen, sondern es soll emporkommen, „bis seine Gerechtigkeit aufgehe wie ein Glanz und sein Heil brenne wie eine Fackel, daß die Heiden sehen deine Gerechtigkeit und alle Könige deine Herrlichkeit" (Jesaja 62,1b-2a).

Was für das Volk Gottes insgesamt gilt, hat natürlich auch seine Gültigkeit für den einzelnen Christen. Ja, der Glanz auf dem Leben des einzelnen Nachfolgers ist sogar die Voraussetzung dafür, daß das Volk Gottes in Gänze glänzen kann. Glanzlose Einzelchristen ergeben ein stumpfes und trauriges Volk Gottes. Unsere Position lautet:

These *(8)*
Der biblische Glaube, der reale Ergebnisse erreichen will, beruht auf einer breiten Erkenntnisgrundlage, wodurch er Begründung, Gewißheit, Klarheit und Einbettung erfährt. Der Glaube, der so begründet ist, bedarf dann des Ausdruckes und der Fortführung durch beständiges und angemessenes Bekennen mit dem Mund!

Das muß aus der Schrift bewiesen werden. Zwei Bibelstellen sollen Beweis und gleichzeitig Rahmen für diese Behauptung sein. Alle Feinheiten dazu werden in späteren Kapiteln abgehandelt.

1. Johannes 5,14-15
14 Und das ist die Zuversicht, die wir haben zu ihm, daß, wenn wir etwas bitten nach seinem Willen, so hört er uns.
15 Und wenn wir wissen, daß er uns hört, was wir auch bitten, so wissen wir, daß wir erlangen, was wir von ihm gebeten haben.

Markus 11,23
Wahrlich, ich sage euch: Wer zu diesem Berge spräche: Hebe dich und wirf dich ins Meer! und zweifelte nicht in seinem Herzen, **sondern glaubte, daß es geschehen würde, was er sagt** (wörtlich: was er fortlaufend sagt), **so wird's ihm geschehen.**

In der ersten Schriftstelle aus dem ersten Johannesbrief wird uns die Tatsache klargemacht, daß die Kenntnis von Gottes Willen beim Beter in einer solchen Gewißheit vorliegen muß, daß er in Kühnheit und Freimütigkeit zu Gott kommt, weil er von vornherein davon ausgeht, daß er das Erbetene schon hat. Die Kenntnis der Absichten

Gottes, die aus der Kenntnis seines Wortes und seines Wesens entsteht, schafft also eine schier übernatürliche Glaubensgewißheit. Der Begriff Glaube ist zwar in diesen Bibelworten nicht ausdrücklich erwähnt, aber sinngemäß in der Sicherheit der Glaubenszuversicht ausgedrückt, die das Erbetene innerlich schon empfangen hat.

Das ist ein Schlüsselwort für alle, die nicht mehr vergeblich beten wollen, sondern Resultate sehen möchten.

These *(9)*
Das Wissen um Gottes Absichten und Willen, das aus der Kenntnis des Wortes Gottes entsteht, ist Voraussetzung zum glaubenden, kühnen und erhörlichen Beten.

In dem Maße, wie wir wissen, daß wir uns mit unserem Gebet im Rahmen von Gottes Willen und Wahrheiten bewegen, in diesem Maße wird das Glaubensgebet Gewißheit und Festigkeit bekommen und dadurch erst erhörbar werden können. Also lautet die Folgerung: sich so viel und so genaues Wissen wie nur möglich aus der Schrift aneignen, damit die Grundlage unserer Glaubensgewißheit fest und das Auftreten von Zweifeln erschwert ist.

Das Maß an Glaubensgewißheit und Glaubensstärke in unserem Beten, das nach aller Erfahrung sehr unterschiedlich sein kann, bestimmt die Direktheit und Geradlinigkeit der Erhörung. Daß Glaube graduellen Abstufungen unterlegen ist, verraten uns die Worte Jesu:

Matthäus 15,28
...O Weib, dein Glaube ist groß...

Matthäus 17,19-20
19 Da traten zu ihm seine Jünger besonders und sprachen: "Warum konnten wir ihn (den Geist) **nicht austreiben?**

20 Er aber sprach zu ihnen: Um eures Kleinglaubens willen. Denn ich sage euch wahrlich: Wenn ihr Glauben habt wie ein Senfkorn, so könnt ihr sagen zu diesem Berge: Hebe dich von hinnen dorthin!, so wird er sich heben; und euch wird nichts unmöglich sein.

Matthäus 8,10
Da das Jesus hörte, verwunderte er sich und sprach zu denen, die ihm nachfolgten: Wahrlich, ich sage euch: Solchen Glauben habe ich in Israel bei keinem gefunden!

Matthäus 9,29
Da rührte er ihre Augen an und sprach: Euch geschehe nach eurem Glauben.

Ein großer Glaube bringt große Resultate! Der Satz stimmt, auch wenn manche das als eine unzulässige Simplifizierung ansehen und darauf allergisch reagieren. Großer Glaube wird von großer Gewißheit getragen. Diese hat nun aber ihre Wurzel in der exakten Kenntnis des Willens Gottes, der wiederum nur durch die genaue Kenntnis seines Wortes zu erfahren ist.

Es ist für jeden Gläubigen eigentlich sehr leicht, seinen Glauben besser zu gründen und zu stärken. Wir müssen für alle Belange unseres Lebens nur die zugehörigen Aussagen der Schrift, die ja göttliche Wahrheitspositionen darstellen, suchen. Kennen wir zu den einzelnen Fragen Gottes Perspektive, die aus seinem Wort für jeden zugänglich ist, so können wir eine erstaunliche Glaubenskraft – und das sogar ohne Anstrengung – entfalten. Allerdings bestehen gerade hier die größten Mängel. Nur wenige Gläubige sind im Worte Gottes so kundig, daß sie ihre Alltagsfragen mit den zugehörigen biblischen Antworten in Verbindung bringen können.

Ein mir nahestehender geistlicher Lehrer behauptet, daß, wenn es etwa um Heilung von körperlichen Krankheiten geht, 95 % des Aufwandes und aller vorbereitenden Arbeit zur Erlangung und Sicherung der notwendigen biblischen Erkenntnis erforderlich ist und nur 5 % für den eigentlichen Glaubensschritt. Ich schließe mich diesem Urteil an.

Also, Wissen fördert den Glauben, vielleicht muß man sogar zugespitzt formulieren: Wissen schafft Glauben. Wir halten bei dieser Feststellung allerdings eisern an der biblischen Aussage fest, daß das eigenliche Wunder nur durch den Glauben selbst zustande kommt und nicht durch Wissen. Aber biblisches Wissen ist die wichtigste Voraussetzung des Glaubens. Das ist ein tröstlicher Erkenntniszusammenhang, denn das Wissen kann sich jeder verschaffen. Wissensinhalte sind erlernbar.

In dem nachfolgenden Kapitel will ich deswegen genau untersuchen, wie man Erkenntnis der Wahrheit bekommen kann. Obwohl sie grundsätzlich für jeden offen ist, ist doch nicht jeder so ohne weiteres erkenntnisfähig. Also müssen wir in Erfahrung bringen, was Erkenntnis im Unterschied zum Wissen ist, in welchen Schritten und in welcher Folge sie zustande kommt, wie wir Menschen der Wahrheit werden können, was Gott dabei tut und was unsere Aufgabe ist, und zuletzt, wo die Haupthindernisse in diesen Abläufen sind.

Im Rahmen dieser Untersuchung werde ich zunächst einmal den Unterschied zwischen der Kenntnis der Wahrheit und dem Glauben des Wortes herausarbeiten. Darüber gibt es, soweit ich es sehen kann, überhaupt noch keine schriftlich verfaßte Lehre im Leibe Jesu. Immerhin sind die Begriffe wie Wahrheit, wahr sein und Wahrhaftigkeit in der Bibel kaum weniger häufig als der Begriff Glaube. Aber es geht nicht nur um die nackten Begriffe. Wie wir Menschen des Glaubens sein sollen, so sollen wir auch Menschen der Wahrheit sein, mit einem wahrhaftigen Herzen und einem gediegenen Verständnis von all dem, was Gott an Erlösungstatsachen für uns bereit gelegt hat. Biblische Wahrheiten sind letztlich Erlösungstatsachen.

Wenn diese Voraussetzung gegeben ist, daß wir Menschen der Wahrheit werden (was nicht nur heißt, daß wir wahrhaftig sind, sondern auch, daß wir die Wahrheiten Gottes kennen und in uns haben), dann erwarte ich, daß übernatürliche Erfahrungen, Wunder, Zeichen und Heilungen selbstverständlich werden. Das Gros der Gläubigen wird dann aus Mängeln und Beraubungszuständen heraustreten können. Und dann werden wir in majestätischer Würde und Unbeirrbarkeit die uns jeweils von Gott gegebenen Ziele ohne Schuld- und Selbstverdammnisgefühle ansteuern. Das wird erreichbar sein durch Erkenntnis der Wahrheit plus Glaube.

Im Umkreis dieser Überlegungen und Abklärungen über das Wesen der Erkenntnis biblischer Wahrheit und deren Beziehung zum Glauben können wir dann auch die Frage beantworten, weswegen wir uns gerade im aufgeklärten Abendland so schwer tun mit dem Glauben an Gottes Kraft und seine Willigkeit, uns zu helfen. Die Ergebnisse unserer Untersuchungen werden Licht in diese Frage bringen, die mich immer wieder beschäftigt hat, und uns auch in den Stand setzen, aus dieser Behinderung herauszutreten.

Schließlich wird es dann unumgänglich sein, die wichtigsten Komplexe von biblischen Wahrheiten, geordnet nach typischen Bedarfssituationen (Krankheit, Armut, Beruf, Ehe, Familienfragen usw.) zusammenzustellen. Glaube kommt ja nur im Hinblick auf präzise Ziele und auch exakte Erkenntnisgrundlagen zustande. Deswegen wird eine solche Wahrheiten-Datei für den Leser dienlich sein. Diese Datei hat die Aufgabe, zu allen möglichen Arten von persönlichen Anliegen die zugehörigen biblischen Grundlagen zu vermitteln, so daß der Glaubensschritt auf gewissem Untergrund getan werden kann und von großer Glaubensgewißheit begleitet ist.

Die beiden eingangs erwähnten Schriftworte aus 1. Johannes 5,14-15 und Markus 11,23 beschreiben die thematische Spanne von Erkenntnis, Glaube und Bekennen. In Markus 11,23 wird die Bedeutung des Bekennens dessen, was wir glauben, stark herausgestellt:

Markus 11,23
Wahrlich, ich sage euch: Wer zu diesem Berge spräche: Hebe dich und wirf dich ins Meer! und zweifelte nicht in seinem Herzen, sondern glaubte, daß es geschehen würde, was er sagt (wörtlich: was er fortlaufend sagt), so wird's ihm geschehen.

Zwei-, wenn nicht gar dreimal wird in diesem Wort vom Reden bzw. Befehlen gesprochen. Der biblische Überbegriff ist der des Bekennens. Es gibt durchaus im Leibe Jesu schon eine schöne und zum Teil entfaltete Lehre über das Bekennen. Die wichtigsten Anteile dieser Theologie sind mir bekannt und zum Segen geworden. In meinem Buch „Glaube, der Wunder wirkt" ist dieser Lehre ein kleineres Kapitel gewidmet.

Wenn ich aber meine eigene Erfahrung verallgemeinern darf, dann sehe ich doch einen Bedarf an systematischer Darstellung der biblischen Aussagen zum Thema Bekennen und die Notwendigkeit, gleichsam überblickartig und tabellarisch die verschiedensten Schriftstellen vor sich zu haben, um den Prozeß des Bekennens von aller vordergründigen Mechanik freizuhalten und mit Überzeugung, Einsicht und Lust zu durchschreiten.

Es steht nun einmal fest, daß der Glaube, wenn er zustande gekommen ist, geäußert werden muß. Wir sollen und müssen sagen, was wir glauben, damit wir bekommen, was wir glauben. Jesus unterstreicht die Bedeutsamkeit des Bekennens mit dem „wahrlich", mit dem er seine Ausführungen zum Glauben und Bekennen einleitet. Wenn Jesus das Gebot des Bekennens so herausstreicht, dann können wir es uns nicht erlauben, davon gering zu denken. Unser Mund ist das Beschluß- und Verkündigungsorgan, auf das weder wir noch Gott verzichten können, wenn Gebetserhörungen zustande kommen sollen und Wunder von unserem Herrn erwartet werden.

Jesus macht in diesem Schlüsselwort Gebetserhörungen von unserem Glauben und Reden abhängig. In diesem Ausspruch hebt der Herr sogar die Wichtigkeit des Bekennens über die des Glaubens hinaus. Aber nur wenn beides zusammenkommt, werden sich die verheißenen Resultate einstellen. Die Bedeutung des Bekennens ist für den aufmerksamen Leser offensichtlich. Aber es ist immer wieder wichtig, daß wir die Klammer sehen, die diese drei Positionen verbindet: Bekennen ohne Glauben ist anstrengend und bringt doch keine Resultate, Glauben ohne Bekenntnis verpufft.

Kapitel 2

Wahrheit und Glaube

"Wenn du glaubtest", so sagt Jesus in Johannes 11,40 zu Maria, "so würdest du die Herrlichkeit Gottes sehen." Maria war in ihrem alttestamentlichen Denksystem gefangen und deswegen außerstande zu glauben. Sie erlebte zwar das Wunder der Auferstehung ihres Bruders Lazarus, aber nicht auf Grund ihres eigenen Glaubens.

Es gibt Voraussetzungen, durch die der Glaube erst möglich gemacht wird oder deren Fehlen das Entstehen von Glauben erschwert oder gar verhindert. Aber es bleibt dabei: Ohne Glauben können wir Gott nicht gefallen und auch nichts von ihm bekommen. Aber wir sollen von Gott empfangen. Also müssen wir lernen zu glauben.

Der Glaube selbst ist erlernbar, und auch die Voraussetzung des Glaubens, die Erkenntnis der Wahrheit, ist dem Lernen unterworfen. Indem wir also alle biblischen Fakten und Positionen zusammentragen und uns als Wissen aneignen, können wir Gottes Taten und sein Eingreifen in unser Leben einladen. Ich wiederhole es noch einmal: Das Ziel dieser Abhandlung ist allein die Beschreibung des Weges zur Erfahrung des Übernatürlichen, zu Gebetserhörungen, aber auch zu dem Lebensstil des Glaubens, der ja für den Gerechten kennzeichnend sein soll.

Johannes 8,45
Ich aber, weil ich die Wahrheit sage, so glaubt ihr mir nicht.

Hier wird uns gesagt, warum die Menschen damals nicht glauben konnten: Jesus sagte die Wahrheit. Die Menschen aber in der Umgebung Jesu waren dem Vater der Lüge untertan. Deswegen konnten sie seine Sprache nicht verstehen. Sie hörten also gar nicht die Wahrheit. Das, was sie hörten, war etwas anderes als das, was Jesus sagte.

– Sie verstanden die Wahrheit nicht, wie Jesus sie meinte.
– Sie lebten nicht in der Wahrheit.
– Sie liebten die Wahrheit nicht.

Aus diesen Gründen waren sie nicht glaubensfähig. Wenn Jesus die Wahrheit sagte, aber sie außerhalb der Wahrheit standen, verstanden sie im Umkreis der jeweiligen von Jesus verkündeten Wahrheiten nichts und konnten deswegen nicht glauben.

Was damals galt, gilt auch für uns heute. Wir müssen wissen, was Wahrheit ist. Sie kann nicht identisch sein mit dem Glauben, sonst wäre sie keine Voraussetzung für ihn. Was ist sie aber dann? Und was ist der Unterschied zwischen Wahrheit und Glaube? Wir begeben uns nun auf ein Feld, das wenig bearbeitet ist, aber doch außerordentlich ertragreich erscheint.

Johannes 14,6
Jesus spricht: Ich bin der Weg, die Wahrheit und das Leben, niemand kommt zum Vater denn durch mich.

Jesus ist also die Wahrheit, oder, die Wahrheit ist Jesus. Also ist sie eine Person.

Johannes 1,1-3.14
1 Im Anfang war das Wort, und das Wort war bei Gott, und Gott war das Wort.
2 Dasselbe war im Anfang bei Gott.
3 Alle Dinge sind durch dasselbe gemacht, und ohne dasselbe ist nichts gemacht, was gemacht ist.
14 Und das Wort ward Fleisch und wohnte unter uns, und wir sahen seine Herrlichkeit, eine Herrlichkeit als des eingeborenen Sohnes vom Vater, voller Gnade und Wahrheit.

Jesus ist das fleischgewordene Wort Gottes, das bei Gott war und Gott selbst ist. Er ist, zusammen mit dem Vater und dem Heiligen Geist, der Schöpfer des gesamten Universums und der Vermittler der Herrlichkeit, voller Gnade und Wahrheit.

Johannes 17,17
Heilige sie in der Wahrheit; dein Wort ist die Wahrheit.

Also Jesus selbst ist die Wahrheit. Aber auch Gottes Wort, das identisch ist mit Jesu Wort, ist Wahrheit.

Johannes 11,25b
Wer an mich glaubt, der wird leben, ob er gleich stürbe.

Johannes 7,38
Wer an mich glaubt, wie die Schrift sagt, von dessen Leibe werden Ströme lebendigen Wassers fließen.

Johannes 4,50b
Der Mensch glaubte dem Wort, das Jesus zu ihm sagte, und ging hin (und erlebte dann, daß sein Sohn gesund geworden war).

Aus diesen Schriftworten, die um viele ähnliche Worte vermehrt werden könnten, sind folgende Schlüsse zu ziehen:

1. Jesus ist das Wort und gleichzeitig die Wahrheit.
2. Auch seine Worte sind die Wahrheit.
3. Er ist zwar die Wahrheit, aber er ist nicht unser Glaube!
4. *Wir* glauben ihm (als Person) und seinen Worten, aber
5. *Gott* heiligt uns in der Wahrheit.

Im Umkreis der Wahrheit ist Gott alles und tut alles. Wir nehmen es nur an. Im Umkreis des Glaubens sind wir diejenigen, die etwas zu tun haben: wir müssen glauben. Daraus dürfen wir folgern, daß Wahrheit etwas noch Grundsätzlicheres ist als der Glaube, gleichsam das unveränderte göttliche Urprodukt. Glaube ist eine Reaktion unsererseits auf das göttliche Wort, das in unserem Herzen aufgenommen ist. (Die exaktere Definition von Glaube wird erst im zweiten Teil in aller Ausführlichkeit gegeben werden.)

Göttliche Wahrheit ist mit dem Glauben verwandt, aber nicht mit ihm identisch. Glaube entspringt aus dem Worte Gottes, sofern es in unserem Herzen liegt, und ist somit gleichsam empfangenes und aktiviertes Wort Gottes, also ein Produkt der Reaktion unseres Herzens auf Gottes Wort.

Sind Gottes Wort und die Wahrheit Gottes identisch? Johannes 17,17 sagt uns, daß Gottes Wort die Wahrheit ist. Aber obwohl Wort und Wahrheit demnach deckungsgleich sind, müssen sie etwas Unterschiedliches an sich haben. Sie stellen offenbar unterschiedliche Ansichten derselben Sache dar. Das Wort wird gesagt und uns zugesprochen; die Wahrheit ist einfach da!

These *(10)*
Das Wort wird geglaubt; die Wahrheit wird erkannt und dann gewußt.

In der ganzen Schrift habe ich mit einer Ausnahme nie die Formulierung „glauben an die Wahrheit" entdeckt. So gut wie immer ist im Umkreis des Themas Wahrheit von Wissen oder Erkenntnis die Rede. Umgekehrt steht es mit dem Begriff „Wort". Wenn es um das Wort geht, ist die angemessene Reaktionsform Glaube. Also, wir erkennen die Wahrheit, wir glauben dem Wort und seinem Autor.

Kenntnis der Wahrheit ist die Wahrnehmung von Wahrheit und gleichzeitig ihre Bejahung. Glaube ist Aneignung des zugesprochenen Wortes und Knüpfung einer Beziehung.

Wahrheit ist eher grundsätzlich und allgemein. Glaube ist persönlich, aktiv und intim.

Die Wahrheit Gottes stellt den lehrhaften Teil und Aspekt des Wortes Gottes dar. Glaube ist die Beanspruchung eines Wortes im Sinne der Annahme einer persönlichen Verheißung Gottes, nachdem sie gelehrt und verstanden worden ist.

Die Wahrheit Gottes enthält dem Begriffe nach die Gesamtheit göttlicher Offenbarung, seiner Taten und Gedanken. Der Glaube ist eher ein punktuelles Reagieren und ein In-Besitz-Nehmen einer einzelnen Verheißung.

Wahrheit Gottes ist also, wie wir bereits gesehen haben, der Unterbau für alle Worte Gottes, die wir glauben (nehmen). Glaube ist ein Lebensstil und drückt sich in Einzelhandlungen aus. Wahrheit ist demnach eine Voraussetzung, die vorhanden sein muß, um darauf Glauben aufzubauen. Ist Wahrheit nicht vorhanden, wird der benötigte Glaube immer im unsicheren Untergrund versinken, das heißt, er wird nicht wachsen können und nicht belastbar sein.

These *(11)*
Wahrheit und die daraus resultierende Gewißheit sind die Grundlage und Voraussetzung für Glauben, denn ohne Gewißheit, daß Gott ein bestimmtes Anliegen, das wir begehren, geben will, kommt kein Glaube zustande.

Gewißheit entstammt der Kenntnis der Wahrheit Gottes, nicht so sehr dem Glauben an das Wort.
Erkenntnis der Wahrheit erfolgt durch die Seele und das Herz.
Glaube entspringt allein dem Herzen.
Wahrheit ist statisch, Glaube dynamisch. Beides ist Gottes Wort, beides ist gleichermaßen wichtig, keins darf gegen das andere ausgespielt oder ausgelassen werden.

Über Glauben und das Wort gibt es bereits ausreichend Literatur, aber die Bedeutung der Wahrheit für den Glauben ist weitgehend im dunkeln geblieben. Wäre die Wahrheit praktisch nicht wichtig, so könnte dieser Begriff in der Schrift fehlen, weil er bereits im Begriff „Wort" enthalten wäre. Aber der Begriff „Wahrheit" ist da. Er wird im Worte Gottes häufig gebraucht und ist unerläßlich für den Aufbau eines wirksamen Glaubens.

Was ist die Wahrheit inhaltlich, wenn wir von den biblischen Wahrheiten oder der Wahrheit Gottes reden? Sie ist die Gesamtheit aller wesentlichen Offenbarungen des Wortes Gottes zu allen wichtigen Themen und Hintergründen. Sie ist die Beschreibung der Realitäten des Unsichtbaren, die die Tiefe und eigentliche Form der Wirklichkeit darstellen und göttlich, ewig-bleibend und absolut sind. Sie verdient insofern die Bezeichnung Wahrheit, weil sie nicht ein Teil des Sichtbaren ist, das dem Gott dieser Welt, dem Lügner, untergeordnet und von ihm überall mit seiner Lüge gekennzeichnet ist.
Die Wahrheit Gottes sagt, wer Gott, Jesus und der Heilige Geist sind, und welchen Charakter und welche Ziele sie haben.
Die Wahrheit Gottes sagt uns ferner, wer der Mensch ist, wo er herkommt und wozu er geschaffen ist.
Die Wahrheit beschreibt die Herkunft des Teufels, der Sünde, der Krankheit und des Todes.
Biblische Wahrheit umschließt das exakte Verständnis der Erlösung durch Jesus in seiner umfassenden Breite. Die Wahrheit beschreibt, daß Jesus jede Sünde auf sich genommen hat, daß er jede Krankheit, jeglicher Pein und Defizit getragen und jede Form von menschlichem Fluch auf sich genommen hat. Er hat im Unsichtbaren dafür die heilvollen Entsprechungen in Gestalt von Vergebung, ewigem Leben, göttlicher Gerechtigkeit und Kindschaft Gottes bereitgelegt.

Zu diesen real vorhandenen Geschenken und Segnungen gehört auch jede Form von Heilung für alle Krankheite für jeden, der es will. Ferner gehören dazu Befreiung von allen seelischen Störungen und jeder Form von Defizit und Armut für jeden Gläubigen. Diese Wahrheit erklärt, daß Gottes Geschenke ausnahmslos zur Verfügung stehen, und daß sie genommen werden müssen, was ein Akt des Glaubens ist. Daß diese Wahrheitsangebote da sind und daß ihre Aneignung allein durch den Glauben erfolgen kann, das ist ein weiterer Teil der Wahrheit und auch der Lehre der Schrift.

Zu den biblischen Wahrheiten gehört die Tatsache, daß der Teufel real besiegt und unter unseren Füßen ist, so daß wir keine Angst mehr vor ihm zu haben brauchen.

Schließlich ist ein wesentlicher Teil der biblischen Wahrheit die Beschreibung des Gläubigen in Christo als geliebte, begehrte und kostbare Person. Er ist die Gerechtigkeit Gottes und keineswegs ein begnadigter Sünder. Ferner ist er als Gerechter auch herrlich und als Herrlicher stark, fähig und ein Überwinder, sofern er in Christus ist und das Wort in ihm bleibt.

Zuletzt beschreibt das Wort die Realität des Heiligen Geistes, seine Gaben und Kräfte, und erklärt, welche Zielsetzung, Bedeutung und Form das Reich Gottes und Jesu glorreiche Gemeinde auf Grund ihrer umfangreichen Ausstattung von Gnade und Erlösung haben.

Deswegen schließt biblische Wahrheit auch die genaue Untersuchung und Abgrenzung des Leidens der Gerechten ein, wobei diese Wahrheit ausschließlich das Verfolgungsleid um Jesu willen als geistlich legitime Erfahrung zuläßt.

Das ist nur eine erste und verdichtete Darstellung des Inhaltes von Wahrheit, die hier lediglich deswegen gegeben wird damit der Leser eine gewisse Anschauung von diesem Begriff bekommt. Im weiteren Verlauf der Untersuchung wird er fortlaufend dem Begriff „Glauben" gegenübergestellt. Die genauere Darstellung und Entfaltung von „Wahrheit" soll dann später in der Wahrheiten-Datei erfolgen.

Aber es wird dem Leser deutlich geworden sein, wie umfangreich die Wahrheit ist und was sie alles an Lehrinhalten abdeckt. Sie stellt tatsächlich eine Grundlage für den einzelnen Glaubensschritt dar.

Ist sie nicht da, dann kann man nicht im Glauben voranschreiten, das heißt, man ist dann nicht im Stande, auf sein Wort hin zu glauben und zu handeln. Man geht dann unter!

Ein Beispiel macht das vielleicht klarer als viele Worte. Annelie B. gehörte zum nahen Freundeskreis der Gemeinde, welcher ich vorstand. Sie war im mittleren Alter an Krebs erkrankt. Sie wußte, daß Jesus auch für diese Krankheit gelitten hatte und gestorben war. Deswegen beanspruchte sie im Glauben Heilung. Wie sie es gelernt hatte, verließ sie sich auf einzelne Verheißungsworte und entwickelte aus diesen Zusagen ihren Glauben. Aber dieser Glaube erwies sich als nicht tragfähig. Annelie wurde nicht geheilt, sie starb. Warum wuchs nun Annelies Glaube trotz aller ehrlichen Bemühungen nicht zu jenem Ausmaß heran, daß er schließlich Heilung hervorbrachte? In diesem Fall kannte ich die Zusammenhänge recht genau: Annelie war bei allem Begehren, gesund werden zu wollen, nicht davon abzubringen, daß Gott gelegentlich auch Krankheiten sendet, damit wir durch sie erzogen werden und Dinge lernen, die wir sonst nicht lernen würden. Also meinte sie, daß einige Krankheiten nicht ohne weiteres geheilt werden könnten. Sie glaubte an Ausnahmefälle, in denen Heilung nicht erfolge, weil sie von vornherein nicht im Willen Gottes sei.

Auf dieser Grundlage − die letztlich beinhaltete, daß Krankheit eigentlich auch gut sein müßte, weil sie ja gelegentlich von einem guten Gott gesandt werde − versuchte sie, an ihre eigene Heilung zu glauben. Das ging natürlich nicht. Ihre eigenen Grundüberzeugungen, also ihr Verständnis von Wahrheit, hat an ihren bewußten Glaubensbemühungen vorbei den Aufbau eines biblisch gesunden Glaubens sabotiert.

Das ist ein ziemlich bezeichnender Fall, an dem wir den Zusammenhang von Wahrheit und Glaube gut erkennen können. Annelie wollte ihre Heilung durch Glauben an bestimmte Verheißungen im Worte Gottes, die Heilung versichern, erreichen. Es ist richtig, wenn man seinen Glauben biblisch begründet und aufbaut, nämlich auf Gottes Wort und Jesu Taten, die im Worte Gottes beschrieben werden. Aber dieser überwindende Glaube kam gar nicht zustande und konnte auch nicht zustande kommen, weil die Wahrheitsgrundlage fehlte. Ihr Welt- und Gottesbild — also das, was sie als göttliche Wahrheit ansah — ließ offiziell Heilungsausnahmen zu, wertete Krankheit auf und verdunkelte gleichzeitig den Charakter Gottes. Weil ihr Gott manchmal Krankheit zuließ — die doch eigentlich leidvoll und negativ ist — und weil er als ein guter Gott nur gute Geschenke geben kann, mußte also auch Krankheit gut sein. Es kam zu einer Verwirrung von Werten und Verschleierung von Konturen der Wahrheit, so daß die Hauptvoraussetzung für einen biblisch gesunden Glauben, nämlich eine biblisch begründete Gewißheit, nicht entstehen konnte.

Annelie hatte sich also selbst der Grundlage der Gewißheit beraubt, aus welcher Glaube resultiert. Auf Unwahrheit, was ihre Anschauungen eigentlich waren, kann göttlicher Glaube nicht zustande kommen. Annelie hatte grundlegende und übergeordnete Aussagen der Schrift, die mit diesem Thema verbunden sind, mißachtet und umgedeutet. Folgende Wahrheiten wurden von ihr verkannt:
— Gott ist gut. Dementsprechend sind alle Auswirkungen seines Seins und Handelns gut.
— Gott ist nicht nur gut, sondern zum Bösen nicht verführbar und anstiftbar. Alles Leid, jede Pein und jede Form von Mangel und Krankheit kommt vom Teufel und ist ein Zeichen des Überwältigtseins vom Teufel.
— Krankheit ist die Folge der Sündhaftigkeit der Menschen und ihrer Sünde und ist insofern in ihrer Wertigkeit immer negativ.
— Jesus starb für Sünde und Krankheit. Krankheit muß also ihrem Werte nach böse sein, weil ihre Überwindung nur durch das außerordentliche Opfer des Leidens Jesu möglich war.
— Wenn Jesus für alle Sünden und Krankheiten starb, dann gibt es keine Krankheit, die nicht schon von ihm getragen ist. Der geschichtliche Hintergrund des Sieges über die Krankheit läßt keinen

Raum für Ausnahmen zu.

- Gott gebraucht weder Mangel noch Krankheit noch Entbehrung als Erziehungsmittel. Diese gehören grundsätzlich nicht zu seinem Repertoire, ja, es gibt sie gar nicht im himmlischen Bereich und in der Gegenwart Gottes.
- Demut, Sanftmut, Geduld und ähnliche Tugenden kommen grundsätzlich nicht durch Entzug von Gutem, sondern durch Abhängigkeit von Gott und Erfahrung seiner Güte zustande.

Annelies Wahrheitsverständnis und das von Tausenden von anderen Gläubigen, die ähnlich denken, ist bei näherem Hinsehen grotesk verformt, heidnisch und angefüllt von unbiblischen Weltanschauungen. Wenn Jesus uns die Wahrheit sagt, wir aber in der Unwahrheit bleiben, können wir nicht glauben. Solche Verschiebung oder gar totale Entstellung der Wahrheits-, Denk- und Wertevoraussetzungen finden wir in den Anschauungen von sehr vielen Gläubigen. Ich behaupte, daß weitaus mehr als 90 % der wiedergeborenen Christen in wesentlichen Fragen ihrer alltäglichen Existenz Anschauungen pflegen, die zwar fromm klingen, aber biblisch unhaltbar sind. Kein Wunder, daß sie Mühe haben, zur Zeit der Not dem Herrn zu vertrauen.

Auf einem so geschaffenen Unterbau wollen nun die Gläubigen, wenn sie Hilfe brauchen, in ernsthaften oder verzweifelten Glaubensschritten vom Herrn Gnade beanspruchen, indem sie sich an einzelne seiner Zusagen klammern. Aber das kann nicht gelingen, weil sie ja gleichzeitig in breiter Front die wichtigsten Grundlagen an Lehre und Wahrheit in Abrede stellen oder verkennen. Sie bestreiten die Grundlagen, deren Nutzen und Segen sie begehren. Das geht nicht! Ein solches Verhalten ist eine indirekte, aber doch aktive Vereitlung von Heilung, Gebetserhörungen und Wundern, die eigentlich ganz selbstverständlich das Leben der Heiligen begleiten sollen.

Ich glaube, daß dem Leser mittlerweile die Wichtigkeit der Beziehung von Glaube und Wahrheit deutlich geworden ist. Diese Thematik ist in Anbetracht von Tausenden von unterbliebenen Heilungen und nicht erhörten Gebeten kaum zu überschätzen und für den Verkündiger, von dessen Lehre das Wohl vieler Menschen abhängig ist, von ausschlaggebender Bedeutung.

Nach dieser mehr grundsätzlichen Darstellung will ich die wichtigsten Gesetzmäßigkeiten anhand von einzelnen, ausgesuchten Schriftstellen entfalten. Es geht jetzt vornehmlich um jene biblischen Befunde, die von dem Verständnis von Wahrheit und Erkenntnis handeln.
Gesetzmäßigkeiten und Definitionen zum Thema Glaube sind im Teil 2 dieses Buches enthalten. Vielleicht sollte der Leser, der in Fragen des Glaubens gänzlich unkundig ist, seine Lektüre zunächst dort fortsetzen.

Das Gegenstück zu den biblischen Begriffen „Glaube" und „Wort" sind also die Begriffe „Wahrheit", „Erkenntnis", „Wissen" und „Offenbarung".

Johannes 4,10b
Wenn du erkenntest die Gabe Gottes und wer der ist, der zu dir sagt: Gib mir zu trinken! du bätest ihn, und er gäbe dir lebendiges Wasser.

Hier ist Erkenntnis besonders deutlich dem Bitten vorgeschaltet. Jesus bringt zum Ausdruck, daß die wahre Erkenntnis der Gabe Gottes, welche der Heilige Geist und er selbst sind, erst die Voraussetzung dazu ist, im Glauben zu bitten. Es wäre dann ein glaubendes Bitten, dem die Erhörung zugesichert wird. Das lebendige Wasser, daß wir auf unsere Bitte bekommen sollen und das dann sogar von uns fließt, läßt uns sofort an Johannes 7,38 denken, wo es heißt: „Wer an mich glaubt, wie die Schrift sagt, von des Leibe werden Ströme lebendigen Wassers fließen." Wir halten fest:

These *(12)*
Ohne richtige Erkenntnis Gottes kommt man gar nicht darauf zu bitten, um dadurch im Glauben zu empfangen. Wer weiß, wie willig, gebefreudig und einzigartig Gott und sein Sohn sind, der wird gerne bitten und leicht glauben und selbstverständlich empfangen. Zuerst kommt also die Erkenntnis − sie ist Sachinformation, aber noch weit mehr als das −, dann das Motiv zu beten und dann die Befähigung zu glauben. Alles resultiert aus der richtigen Erkenntnis. Stimmt die Erkenntnis nicht, indem etwa das Wesen Gottes und seine Absichten entstellt werden, bleiben alle nachfolgenden Regungen und Erfahrungen von vornherein aus.

Johannes 4,39.41-42

39 Es glaubten aber an ihn viele der Samariter aus dieser Stadt um der Rede der Frau willen, welche bezeugte: Er hat mir gesagt alles, was ich getan habe.

41 Und viel mehr glaubten um seines Wortes willen

42 und sprachen zu der Frau: Wir glauben hinfort nicht um deiner Rede willen; wir haben selber gehört und erkannt, daß dieser ist wahrlich der Welt Heiland.

Fast scheint es so, als ob Glaube und Erkenntnis in dieser Textstelle identische Größen seien. Aber wenn wir genau hinsehen, bleibt es doch bei der feinen aber wichtigen Unterscheidung. Sie glaubten an ihn auf Grund der persönlichen Erfahrung, die sie mit ihm machten, und diese brachte sie in eine Beziehung zu ihm. Das ist Glaube. Kenntnis der Wahrheit ist grundsätzlicher, bezeichnet einen Sachverhalt: „wir haben... erkannt, daß dieser ist wahrlich der Welt Heiland". Das ist eine allgemeine Feststellung im Sinne eines Sachverhaltes.

Normalerweise erkennen wir zuerst bestimmte Gegebenheiten und handeln daraufhin im Glauben. Aber hier war es umgekehrt. Die Samariter glaubten zunächst an Jesus als ihren persönlichen Erretter, und danach erkannten sie, daß er der Retter der ganzen Welt ist.

Sie schlossen also aus ihrer individuellen Glaubenserfahrung auf die weltweite Bedeutung des Auftretens Jesu. Das ist dann wieder ein Erkenntnisschritt.

Schauen wir jedoch genau in den Text, dann sehen wir, daß auch in diesem Fall die Reihenfolge von Erkenntnis und Glaube gewahrt ist, denn ihre Glaubenserfahrung wurde von einer zuvor gewonnen Erkenntnis eingeleitet: Die Samariterin erkannte, daß Jesus eine außerordentliche Person war (Vers 19): „Die Frau spricht zu ihm: Herr, ich sehe, daß du ein Prophet bist." Und auch die anderen Samariter bekamen zunächst eine gewisse Erkenntnis über Jesus, bevor sie glaubten (Vers 29): „Kommt, sehet einen Menschen, der mir gesagt hat alles, was ich getan habe, ob er nicht der Christus sei!"

Ein Wort der Erkenntnis durch Jesus bewirkte Erkenntnis bei den Hörern – In der Schrift wird das Erkennen sehr häufig als "Sehen" dargestellt. Also können wir hier folgende Reihenfolge der Abläufe formulieren:

Geistesgabe (Wort der Erkenntnis) ➢ *Erkenntnis der Frau über Jesus* ➢ *Glaube an Jesus* ➢ *Erkenntnis der Samariter, daß er ein außerordentlicher Mensch ist* ➢ *Glaube an Jesus* ➢ *Erkenntnis, daß er der Retter der ganzen Welt ist.*

These *(13)*
Wer wirklich Erkenntnis über Gott und seinen Plan erlangt hat, wird dadurch erst glaubensfähig. Die daraus folgende persönliche Glaubenserfahrung öffnet erkenntnismäßig den Blick für weitere Wahrheiten, wodurch gegebenenfalls anschließend weitere Glaubensschritte gegangen werden können.

Der Heilige Geist verschafft Wissen

Johannes 14,20
An demselben Tage werdet ihr erkennen, daß ich in meinem Vater bin und ihr in mir und ich in euch.

Der Tag, von dem hier die Rede ist, ist der Tag, an dem wir mit dem Heiligen Geist in Gemeinschaft treten und dieser uns Erkenntnis vermittelt über das, was uns durch Jesus bereits gegeben ist. Unter Anleitung des Heiligen Geistes können wir erkennen, daß Jesus im Vater ist und er in uns und wir in ihm (1. Korinther 2,12). Der Heilige Geist öffnet uns also die Augen für das Wesen und die Bedeutung unserer Beziehung zu Jesus und dem Vater, die durch unsere Hinwendung zu Christus und die sich dabei ereignende Wiedergeburt zustande kommt.

Das Besondere der uns durch Jesus bereitgelegten Erlösung ist nun, daß wir mit ihr ein Paket von Segnungen, Wohltaten, Freiheiten und Anrechten bekommen haben, die unser Leben reich und fruchtbar machen. Aber viele Gläubige, ja die allermeisten, sehen das gar nicht. Es geht ihnen wie einem armen Bettler, der eine riesige Erbschaft gemacht hat, aber davon keine Kenntnis bekommen hat, und der deswegen weiter im Mangel und Elend leben muß.

Erlösung ist in der Tat ein Paket von vielen einzelnen Segnungen, unter anderem auch vielen diesseitigen Wohltaten Gottes, die man kennen muß, um sie dann Punkt für Punkt zu beanspruchen. Nun gibt es das Kuriosum in der Gemeinde, daß viele Gläubige zwar durch Bekehrung und Wiedergeburt Kinder Gottes und insofern auch Erben Gottes geworden sind, aber gar nicht wissen, was sie haben und was ihnen zusteht. Mit einem Wort, die an Jesus Gläubigen haben viel, wissen das aber nicht und leben deswegen geistlich, seelisch und materiell im Elend und im Mangel. Das trifft insbesondere für diejenigen zu, die die Erfahrung des Heiligen Geistes nicht gemacht haben, nicht mit dem Heiligen Geist gefüllt und in ihn getauft und deswegen bar jeglicher Erkenntnis der mit der Erlösung gegebenen gewaltigen Segnungen sind. Weil sie diese Erkenntnis nicht haben, also nicht wissen, daß die Geschenke da und verfügbar sind, können sie sie nicht beanspruchen, werden insofern ungesegnet bleiben und möglicherweise daraus anschließend noch eine Theologie fertigen, die besagt, daß die Erlösung keine Auswirkung auf den Körper, unsere Krankheiten, Lebensumstände und seelischen Nöte habe.

These *(14)*

Der Heilige Geist ist der Vermittler von Erkenntnis. Wer nicht voll des Heiligen Geistes ist, kann grundsätzlich bestimmte göttliche Angebote des Heils nicht erfahren, weil er sie nicht glauben kann, denn sie sind für ihn auf Grund seiner reduzierten Erkenntnis keine legitimen Glaubensziele.

Diese Gesetzmäßigkeit – und um eine solche handelt es sich – wird in folgender Schriftstelle offenbart:

1. Korinther 2,11-14
11 Denn welcher Mensch weiß, was im Menschen ist, als allein der Geist des Menschen, der in ihm ist? So weiß auch niemand, was in Gott ist, als allein der Geist Gottes.
12 Wir aber haben nicht empfangen den Geist der Welt, sondern den Geist aus Gott, daß wir wissen können, was uns von Gott geschenkt ist.
13 Und davon reden wir auch nicht mit Worten, welche menschliche Weisheit lehren kann, sondern mit Worten, die der Geist lehrt, und deuten geistliche Sachen für geistliche Menschen.
14. Der natürliche Mensch aber vernimmt nichts vom Geist Gottes; es ist ihm eine Torheit, und er kann es nicht erkennen; denn es muß geistlich verstanden sein.

Nur der Geist Gottes weiß, was im Herzen Gottes an Gedanken, Strebungen und Absichten ist. So kann auch nur er das offenbaren und verdeutlichen. Weil Gottes Wort seinem Wesen nach übernatürlich ist, brauchen wir einen übernatürlichen Interpreten, um eine Innenoffenbarung dieses Wortes zu erhalten. Das ist der Heilige

Geist, der uns die Absichten Gottes aufschließt und verständlich macht. Nur so kommt echte Erkenntnis über göttliche Dinge in unserem Herzen zustande. Sie ist demnach eine Art Zweitoffenbarung in uns. Auf diesem Wege empfangen dann auch die geistgetauften Gläubigen ein Wissen darüber, was sie eigentlich mit dem Erlösungspaket, das sie mit ihrer Bekehrung zu Jesus empfangen haben, besitzen, und können dann dieses Paket im Glauben aufschnüren und sich die Inhalte aneignen. Das meint das Wort, wenn es sagt (Vers 14), daß es geistlich verstanden sein muß.

These *(15)*
Was geistlich – das heißt, durch unseren wiedergeborenen Geist – verstanden wird, das führt zu Erkenntnis. Die einmal gewonnene Erkenntnis führt, wenn sie aufrechterhalten wird, zum Wissen. Wenn wir wissen, was uns von Gott geschenkt ist, dann können wir das, was im unsichtbaren Raum bereits vorliegt und uns gehört, im Glauben ergreifen und dadurch ins Sichtbare ziehen.

Das sind, weiß Gott, keine abstrakten und wirklichkeitsfernen Erkenntnis- und Glaubensformalien. Das Verkennen dieser Zusammenhänge ist die Ursache für das gewaltige Elend der Gemeinde Jesu, die, weil sie nicht weiß, was ihr an Kraft, Autorität, Freude und Segnungen zusteht, statt eine glanzvolle und gerüstete Braut Jesu zu sein, das Bild einer verzagten und verschmähten Jungfer bietet. Die Gläubigen wissen nicht oder viel zu wenig, was ihnen alles schon geschenkt ist. Sie wissen nicht, daß Heilung von Krankheit, Macht über Dämonen, Macht über die Umstände, Sieg über familiäre und gesellschaftliche Verhältnisse, Wohlstand, Wohlergehen und vollständige Freiheit schon bereitliegen. Und noch einmal: Wer das nicht weiß, kann es natürlich nicht im Glauben beanspruchen.

Ich glaube, daß die anfangs blassen und unanschaulichen Gedankengänge über Wahrheit und Glaube dem Leser allmählich lebendig und bedeutend werden. Wer die Zusammenhänge einmal voll verstanden hat, wird davon elektrisiert sein und mit großem Appetit im Glauben die einzelnen Segnungen ergreifen wollen. Dabei wird er feststellen, daß es um so leichter ist zu glauben, je klarer er die Glaubensziele sieht und je exakter das Wissen die Tatsache ist, daß sie bereits alle im unsichtbaren Raum zu unserer Verfügung vorliegen.

Die Wahrheit schützt gegen Angst

Ich will das Verhältnis von Wahrheit und Glaube noch eingehender untersuchen und beide Begriffe anhand von anderen biblischen Aussagen einander gegenüberstellen.

Psalm 91,4-7
4 Er wird dich mit seinen Fittichen decken, und Zuflucht wirst du haben unter seinen Flügeln. Seine Wahrheit ist Schirm und Schild,
5 daß du nicht erschrecken mußt vor dem Grauen der Nacht, vor den Pfeilen, die des Tages fliegen,
6 vor der Pest, die im Finstern schleicht, vor der Seuche, die am Mittag Verderben bringt.
7 Wenn auch tausend fallen zu deiner Seite und zehntausend zu deiner Rechten, so wird es doch dich nicht treffen.

„Seine Wahrheit ist Schirm und Schild!" Wahrheit gibt Sicherheit. Wenn wir die Wahrheit über die Natur Gottes kennen, über seine wohlwollenden Absichten und darüber, was er für uns getan hat und zu tun bereit ist, und wenn wir ferner wissen, was unsere Position in Christus ist und wie wir in ihm über Teufel, Dämonen und Umstände herrschen können, dann werden wir uns durch dieses Wissen sicher fühlen und auch sicher sein. Ein solcher Gläubiger wird nicht erschreckt werden und keine Angst haben. Die Kenntnis der Wahrheit Gottes ist ein erstrangiger Schutz gegen alle teuflischen Attakken und damit gegen jede Form von Angst und Erschrecken.

Angst ist eine Gefühlsreaktion auf Grund der Wahrnehmung einer kommenden Bedrohung oder Gefahr. Dieses Bedrohungsgefühl ist in seiner Stärke abhängig von dem Ausmaß der Bedrohung und der Qualität des eigenen Schutzes beziehungsweise der Stärke unserer Partner, die uns schützen wollen. Wir werden noch sehen, daß auch der Glaube eine angstabwehrende und angstüberwindende Kraft ist. Aber wir können schon jetzt formulieren:

These *(16)*
Wahrheit ist die entscheidende Hilfe gegen jede Form von Angst und Erschrecken. Wer seine Position in Christus genau kennt und wer weiß, was Jesus alles für ihn getan hat und wozu er ihn ermächtigt hat, der wird sicher leben und kann nicht von Ängsten überwältigt werden.

Das macht verstehbar, weswegen Hiob, der nicht in Gott und in seiner geschenkten Gerechtigkeit ruhte, sondern sich in seiner Beziehung zu Gott völlig auf sein eigenes hohes moralisches Verhalten berief, Ängste und magische Zwangsbefürchtungen haben mußte.

Hiob 1,4-5
4 Und seine Söhne gingen hin und machten ein Festmahl, ein jeder in seinem Hause an seinem Tag, und sie sandten hin und luden ihre drei Schwestern ein, mit ihnen zu essen und zu trinken.
5 Und wenn die Tage des Mahles um waren, sandte Hiob hin und heiligte sie und machte sich früh am Morgen auf und opferte Brandopfer nach ihrer aller Zahl; denn Hiob dachte: Meine Söhne könnten gesündigt und Gott abgesagt haben in ihrem Herzen. So tat Hiob allezeit.

Hiob, dieses moralische Genie, wird uns hier als ein Mann beschrieben, der von den Erwartungen der Sünde seiner Kinder gekennzeichnet und geplagt ist, der eine Katastrophe auf seine Familie zukommen sieht und ständig mit der von Gott hereinbrechenden Strafe rechnet. Deswegen suchte er Gott mit furchtbesetzten Opferhandlungen und religiösen Riten und Vorkehrungen zu besänftigen und der Strafe zuvorzukommen. Dazu paßt auch das Wort aus seinem Munde, nachdem er vom Teufel (!) – es war nicht Gott – geplagt worden war.

Hiob 3,25-26
25 Denn was ich gefürchtet habe, ist über mich gekommen, und wovor mir graute, hat mich getroffen.
26 Ich hatte keinen Frieden, keine Rast, keine Ruhe, da kam schon wieder ein Ungemach!

Er lebte nicht in Gottes Wahrheit, sondern in seiner eigenen Wahrheit, die bezogen auf das, was vor Gott bestehen kann, Unwahrheit ist, weil sie nicht auf Gottes Gnade, Gottes Gerechtigkeit und Abhängigkeit von ihm beruht, sondern auf seiner Selbstgerechtigkeit. Das war Hiobs großes Problem. Insofern bewegte er sich außerhalb der Wahrheit Gottes, auch wenn er in seinen sichtbaren Handlungen und Äußerungen ein Mann ohne Makel war. Er lebte ein moralisch einwandfreies Leben und wurde doch, wie es der Text sagte, von Friedlosigkeit und Unruhe ständig geplagt.

So mußte er Ängste haben, und diese Ängste holten das herbei, was ihre Vorstellungen enthielten. Will jemand Gott glauben, dann ist Angst das allerstärkste Gift für seinen Versuch, Gott in allen seinen Lebensumständen vertrauen zu wollen. Angst macht Glaube zunichte!

Auch in dieser Hinsicht erweist sich die Kenntnis der Wahrheit erneut als Voraussetzung des Glaubens, wie umgekehrt die Angst als Folge der nicht erkannten Wahrheit die Entwicklung von Glauben verhindert oder zumindest sehr erschwert.

Diese Gesetzmäßigkeit finden wir buchstäblich in Hunderten von biblischen Aussagen wieder, in denen Gott am Anfang seiner Offenbarung zu den Menschen fast stereotyp sagt: Fürchte dich nicht, vertraue mir nur. Zuerst kommt die Willensentscheidung gegen Furcht, die leicht auf Grund der Kenntnis Gottes und seines Wesens und Handelns erbracht werden kann, und dann die Aufforderung, zu glauben. Ein Beispiel möge für viele andere stehen:

Als Jesus auf dem Meer wandelte, erkannten ihn die Jünger nicht und erschraken über ihn. Sie schrien vor Furcht. Er sprach sie daraufhin an: „Seid getrost, ich bin's; fürchtet euch nicht!" (Matthäus 14,27). Sie sollten wahrnehmen, wer hinter der Erscheinung war. Weil es Jesus ist, brauchen sie keine Angst zu haben. Zuerst kommt die Erkenntnis, daraus resultiert Geborgenheit, so daß sie sich auf dieser Erkenntnisebene mit einem Willensentschluß erfolgreich gegen die Angst zur Wehr setzen können.

Ich möchte keine einseitigen gedanklichen Konstruktionen erzeugen und will insofern noch einmal ausdrücklich zugeben, daß der Glaube in sich schon eine angstüberwindende Kraft hat. Aber bei genauem Hinsehen auf die Vielfalt der Schriftbezeugungen über den Zusammenhang von Furcht und Glaube sehen wir doch, daß die Furcht durch exakte Kenntnis unseres Herrn eher in den Griff zu bekommen ist als durch Glauben, und daß der Weg zum Glauben dadurch erst gebahnt wird. In diesem Sinne können wir auch das Wort aus Daniel verstehen:

Daniel 11,32b
Aber die vom Volk, die ihren Gott kennen, werden sich ermannen und danach handeln.

Erkenntnis Gottes macht stark und männlich, weil unsere inneren Augen die Kraft Gottes sehen, was der Angst keinen Raum läßt.

Psalm 20,8
Jene verlassen sich auf Wagen und Rosse; wir aber denken an den Namen des Herrn, unsres Gottes.

Wenn wir uns mit allen Aspekten des Namens, des Wesens Gottes und seiner Kraft beschäftigen, wird in uns durch dieses Nachdenken eine Gewißheit und damit Stärke freigesetzt, die direkt auf die richtige Erkenntnis zurückzuführen ist. Erkenntnis macht stark und ruhig.

Wir hatten bereits über das Verhältnis von Wahrheit und Glaube festgelegt: Die Wahrheit ist grundsätzlich und allgemein; Glaube ist eher ein punktuelles Ereignis im Hinblick auf eine einzelne beanspruchte Verheißung. Der Anfang von Psalm 91 bekräftigt das.

Psalm 91,1-4
1 Wer unter dem Schirm des Höchsten sitzt und unter dem Schatten des Allmächtigen bleibt,
2 der spricht zu dem Herrn: Meine Zuversicht und meine Burg, mein Gott, auf den ich hoffe (wörtlich: dem ich vertraue).
3 Denn er errettet dich vom Strick des Jägers und von der verderblichen Pest.
4 Er wird dich mit seinen Fittichen decken, und Zuflucht wirst du haben unter seinen Flügeln. Seine Wahrheit ist Schirm und Schild.

Weil der Beter unter dem Schirm Gottes (der nach Vers 4 die Wahrheit ist) nicht nur sitzt, sondern auch wohnt, deswegen spricht er, daß Gott sein Zufluchtsort und seine Festung ist, ein Gott, dem er vertraut. Hier spricht David also sein Vertrauen auf der Ebene der Wahrheit, der er sich zuvor unterstellt hat, aus. Diese Wahrheit gibt in Gestalt eines Schirmes und Schildes Geborgenheit und wird so regelrecht der Wohnsitz des Beters. Nachdem er diesen geschützten Platz der Wahrheit eingenommen hat, fällt es ihm leicht, seinem Herrn zu vertrauen und Gott als seine Burg und seinen Zufluchtsplatz (so wörtlich) anzusehen. Zuerst erklärt der Psalmschreiber, wer Gott für ihn ist (Wahrheitsaussage), dann geht er darauf zu (Glaubenshandlung). Also auch hier das inzwischen bekannte

Muster: Unter der Wahrheit wohnt und bleibt man (der statische Aspekt); der Glaube eignet sich unter dieser Bedingung dann einen konkreten Segen an (der dynamische Aspekt).

In Vers 4 wird deutlich, daß die Wahrheit auch in diesem Fall zeitlich und inhaltlich Vorrang hat in ihrer angstabwehrenden Kraft gegenüber offenbaren Angriffen und schleichenden Gefahren. Gerade der schleichenden und unmerklichen, aber allgegenwärtigen Bedrohung ist in besonderer Weise durch die Wahrheit, vielleicht nur durch sie, beizukommen.

Auch Glaube kann, wie ich mehrfach betont habe, Angst verhindern und beseitigen. Die Domäne des Glaubens liegt aber eher in ihrer Abwehr gegen leicht erkennbare und eindeutig auszumachende und beschreibbare Gegner. Das Wissen um den Schutz, den Gottes allgemeine und grundsätzliche Erklärungen gewähren, also die Wahrheit Gottes, ist breiter und zuverlässiger in seiner bindenden Wirksamkeit. Wir müssen diese Tatsache wegen ihrer Bedeutung zu einer grundlegenden Feststellung erheben:

These *(17)*
Vertrauen (Glaube) in ein gegebenes Verheißungswort bewahrt vor Angst. Aber der umfassende Schutz gegen alle möglichen Bedrohungen und Bedrückungen des Feindes kommt allein durch die Kenntnis der Wahrheit Gottes zustande. Wer Mangel an Erkenntnis hat, muß deswegen unter situativen Belastungen unweigerlich mit Angst reagieren. Einzelne Glaubensschritte, und seien sie auch noch so gewaltig, können diesen Dienst nicht leisten, wenn die Erkenntnis Gottes, seines Wesens und seiner Wege, nicht vorliegt.

Nachfolgende Schriftstellen sind geeignet, solche Gewißheiten zu vermitteln, die Angst besiegen oder ihr Aufkommen von vornherein verhindern können.

1. Psalm 27,1

1. Der Herr ist mein Licht und mein Heil; vor wem sollte ich mich fürchten? Der Herr ist meines Lebens Kraft; vor wem sollte mir grauen?

2. Hebräer 13,5b

Ich will dich nicht verlassen noch versäumen.

3. Psalm 46, der ganze Psalm, besonders

Gott ist unsre Zuversicht und Stärke, eine Hilfe in den großen Nöten, die uns getroffen haben.

8 Der Herr Zebaoth ist mit uns, der Gott Jakobs ist unser Schutz.

9 Kommt her und schauet die Werke des Herrn, der auf Erden solch ein Zerstören anrichtet,

10 der den Kriegen steuert in aller Welt, der Bogen zerbricht, Spieße zerschlägt und Wagen mit Feuer verbrennt.

4. Römer 8,38-39

38 Denn ich bin gewiß, daß weder Tod noch Leben, weder Engel noch Fürstentümer noch Gewalten, weder Gegenwärtiges noch Zukünftiges,

39 weder Hohes noch Tiefes noch keine andere Kreatur kann uns scheiden von der Liebe Gottes, die in Christus Jesus ist, unserm Herrn.

Diese genannten Schriftworte und viele ähnliche könnte man leicht als Glauben aufbauende und glaubensstärkende Verheißungen ansehen, und sie sind es auch. Aber wenn wir genau hinschauen, enthalten sie Aussagen über Gott und über seinen Schutz und seine Kraft, die zunächst einmal unsere Erkenntnis bereichern und dann im zweiten Schritt unseren Glauben beflügeln. Gläubige, die voll von Erkenntnis des Wortes Gottes sind, können am Ende dann auch wirklich glauben.

Die unterschiedlichen Funktionen und Ziele, die Wahrheit und Glaube haben, werden an der Darstellung ihrer Aufgaben im Rahmen der sogenannten "geistlichen Waffenrüstung" besonders deutlich.

Epheser 6,14-17
14 So stehet nun, umgürtet an euren Lenden mit Wahrheit und angetan mit dem Panzer der Gerechtigkeit
15 und an den Beinen gestiefelt, als fertig, zu treiben das Evangelium des Friedens.
16 Vor allen Dingen aber ergreifet den Schild des Glaubens, mit welchem ihr auslöschen könnt alle feurigen Pfeile des Bösen,
17 und nehmet den Helm des Heils und das Schwert des Geistes, welches ist das Wort Gottes.

Den Anfang in dieser Auflistung macht der Gürtel der Wahrheit, mit dem man an den Lenden umgürtet sein soll. Einen Gürtel ergreift man nicht, man handhabt ihn nicht, man hält ihn nicht. Vielmehr hält er die Kleider zusammen, indem er sie umschließt und ihren Sitz sichert. Unter gewissen Umständen dient er auch dazu, bestimmte Anteile der Kleidung hochzuhalten, damit Bewegungsfreiheit gesichert wird. Der Gürtel – und das gilt natürlich auch für die erkannte Wahrheit – ist keine Handlung und löst auch keine Handlungen aus. Er ist ein Sachverhalt, der obendrein häufig sehr verborgen ist.

Der Glaube entspricht dem Schild, den man ergreift. Das Ergreifen des Schildes ist aber eine Handlung! Wahrheit hat man, und sie ist dann die Voraussetzung für Bewegungsfreiheit. Der Glaube ergreift, in diesem Fall den Schild, der als Verteidigungswaffe gilt, und hält das Ergriffene beharrlich fest. Ohne den Gürtel der Wahrheit würden wir alle des Schutzes unserer geistlichen Kleidung verlustig gehen. Wir würden uns in unserer ungeordneten Kleidung verheddern, zu Fall kommen und in manche Peinlichkeiten geraten. Blöße und Schutzlosigkeit erzeugt aber wiederum Angst.

Glaube ist im Herzen empfangenes Wort Gottes, das wir entweder für oder gegen bestimmte Ziele anwenden können. Glaube ist

48

selbst dann, wenn er für defensive Zwecke gebraucht wird, aktiv. Und doch hat der Glaube nur dann Erfolg, wenn die Ordnung und der Schutz der Wahrheit vorhanden sind. Ein nackter Streiter, dessen Kleidung verrutscht oder vom Körper heruntergeglitten ist, ist gehandicapt. Er traut sich nichts zu, er wird von Peinlichkeiten gelähmt und wird niemals nach vorne stürmen. Er wird sich vielmehr schämen und in der Etappe bleiben.

Obendrein ist die Wahrheit Gottes körpernäher als der Schild des Glaubens. Sagen wir es ohne Bild: Wahrheit betrifft viel stärker den Charakter des Gläubigen als der Glaube. Es ist unmöglich, ohne jegliche Charaktervoraussetzungen Gottes Verheißungen glaubend in Anspruch zu nehmen, geschweige denn ein Glaubensleben zu führen. Deswegen müssen sich Gläubige, die Menschen der Wahrheit sein wollen, wissend in allen Fakten und Angeboten der Erlösung bewegen. Wahr sein, also Charakter zu haben, bedeutet, daß man alle Fakten der Erlösung anerkennt, bejaht und für sich gültig sein läßt. Dem unwahrhaftigen Menschen, gleichsam dem wahrheits-unwilligen Menschen, genügen die Wahrheiten des Wortes Gottes, die seine Taten, Angebote und Absichten beschreiben, nicht. Er will selbst noch etwas hinzutun und verrät damit seinen Hang zur Lüge und auch zur Unabhängigkeit.

Man braucht Wahrhaftigkeit, um die ganze Breite der biblischen Positionen anzuerkennen, die bei genauerem Hinsehen ja alle im Gegensatz zu den vorhandenen Weltanschauungen und Denkansätzen der weltlichen und frommen Umgebung stehen. Ein Mensch ohne Rückgrat, sprich ohne Wahrhaftigkeit, vermag das nicht.

Wahrheit setzt in einer Weise Integrität voraus, aber sie schafft auch integere Menschen. Die Gläubigen, die sich in allen Fragen zur biblischen Wahrheit stellen, schwimmen gegen den Strom und sind doch sicher und leben, allen Anfeindungen ihrer Umgebung zum Trotz, entspannter als die anderen, denn dort, wo sie schwimmen, ist die Strömung des Heiligen Geistes.

Dagegen können Glaubenshelden mitunter nur in einzelnen Bereichen stark sein, während sie in anderen Umständen und in manchen Schichten ihres Charakters deutliche Schwächen zeigen können. Solche Glaubensmänner leben gefährlich. Einige von ihnen sind tief gefallen. Es gab eine Epoche in den 40er Jahren, als der Niedergang von großen Glaubensmännern pfingstlicher Prägung fast die Norm war.

Aber ganz ohne Wahrheit kann natürlich niemand glauben, und Charakterlose werden selbstverständlich keine Glaubenshelden werden. Wahrheit ermöglicht und erleichtert den Glauben. Viel Wahrheit, die wir erkennen und in uns umsetzen, schafft mehr Glauben und sichert durch einen göttlich geprägten Charakter den Glaubenden gegen Versuchungen, Anfeindungen, Zweifel und Verführung.

Wahrheit und Freiheit

Die Rede Jesu in Johannes 8 über Wahrheit und Freiheit offenbart eine weitere Eigenschaft der Wahrheit: Sie macht macht frei.

Johannes 8,31b-36
31b Wenn ihr bleiben werdet an meiner Rede, so seid ihr in Wahrheit meine Jünger
32 und werdet die Wahrheit erkennen, und die Wahrheit wird euch frei machen.
33 Da antworteten sie ihm: Wir sind Abrahams Kinder und sind niemals jemandes Knechte gewesen. Wie sprichst du denn: Ihr sollt frei werden?
34 Jesus antwortete ihnen: Wahrlich, wahrlich, ich sage euch: Wer Sünde tut, der ist der Sünde Knecht.
35 Der Knecht aber bleibt nicht ewiglich im Hause; der Sohn

bleibt ewiglich.
36 Wenn euch nun der Sohn frei macht, so seid ihr recht frei.

Was Jesus hier über die Wahrheit sagt, ist bemerkenswert. Wer an seiner Rede bleibt, das heißt doch, wer sich lange genug mit seinen Worten beschäftigt, der ist wahrhaftig sein Jünger und wird im Verweilen bei den Aussagen Jesu die Wahrheit erkennen, und diese wird ihn dann frei machen. Also, im stetigen Umgang mit dem Worte Gottes wird für uns Wahrheit erkennbar. Hier ist ein Zeitfaktor mit eingeschlossen. Ohne Hingabe an das Wort Jesu und ohne Ausdauer in der Beschäftigung mit ihm wird Wahrheit nicht erfahrbar.

Daß diese Erkenntnis nicht von theoretischer Art ist, wird daran ersichtlich, daß diese so gewonnene Erkenntnis frei macht. Wir müssen jedoch wissen, welche Freiheit Jesus hier meint. Die Antwort gibt er in seiner Erwiderung auf die Vorhaltungen der Juden, daß sie als Kinder Abrahams doch niemandes Knecht seien. Er sagt, daß sie von der Sünde geknechtet würden, die sie tun, ja tun müssen. Wer Sünde tut, oder sie gar zwanghaft tut, der ist ihr Knecht, damit aber auch der Knechtschaft des Teufels, seines Reiches und aller seiner Methoden verfallen.

An diesem Wort ist auffällig, daß hier an keiner Stelle der Begriff Glaube von Jesus benutzt wurde. Wenn wir davon ausgehen, daß diese grundsätzlichen Äußerungen Jesu eingegebene Rede aus Gottes Geist darstellen, also für alle Menschen unter allen Bedingungen maßgeblich sind, dann führt uns diese Erklärung Jesu zu einer seelsorgerlich wichtigen Konsequenz:

These *(18)*
Wenn es darum geht, Befreiung von der Knechtschaft der Sünde und Satans zu erfahren, ist Erkenntnis der Wahrheit die entscheidende Voraussetzung.

Dem entspricht tatsächlich die seelsorgerliche Erfahrung im Befreiungsdienst. Wenn es darum geht, aktuelle Freisetzung von dämonischen Kräften und Zwängen zu empfangen, kommt der Wahrheit, das heißt der Kenntnis der einzelnen Heilsfakten, in der Praxis eine größere Bedeutung zu als dem Glauben. Selbstverständlich ist die Befreiung von der Macht der Sünde oder von dämonischen Gebundenheiten auch an den Glauben an Jesus und an sein Wort gebunden. Beispiele der Schrift, wie das der syrophönizischen Frau, die wegen ihrer von Dämonen geplagten Tochter zu Jesus kam, oder des Vaters jenes Jungen, der durch dämonische Mächte immer wieder gezwungen wurde, in Feuer und Wasser zu fallen, sind ein beredter Beweis dafür. In beiden Fällen kam die Befreiung der Kinder erst durch den Glaubensschritt der Eltern zustande. Aber es bleibt halt doch die Regel, daß es im wesentlichen die Erkenntnis der Wahrheit ist, die freisetzt.

Die befreiende Kraft, die in der Wahrheit liegt, wird nach meiner Erfahrung im Befreiungsdienst allerdings erst dann wirksam, wenn Erkenntnis der Wahrheit in dem Sinne besteht, daß der Befreiungsuchende im Worte Gottes lebt und bleibt und sich in ihm bewegt. Das ist übrigens auch der genaue Wortlaut, der hier im Griechischen vorliegt. „An seiner Rede bleiben", das heißt eigentlich „in seinem Wort bleiben". Liegen diese Voraussetzungen vor, erweist es sich immer wieder, daß der Gebundene, der noch immer unfrei ist, aber weiß, wer Jesus ist und was er für ihn getan hat und was er insofern selbst in Christus ist und was der Teufel nicht mehr ist – mit Leichtigkeit in seine Freiheit hineintreten kann.

Ist das Denken und Bewußtsein eines Christen voll von der Wahrheit Gottes, und ist die Lüge des Teufels aus dem Denken herausgedrängt, dann können sich Fremdkräfte nicht mehr halten. Es bedarf dann keiner großer Glaubens-maßnahmen, um Freiheit zu bewirken. Fehlt der Nährboden der Lüge, dann ist die Freiheit vorbereitet. Also, jede Form von Freiheit, sei es körperliche, seelische oder soziale Freisetzung, nimmt ihren Anfang in der Erkenntnis der Wahrheit, die sich zunächst in der Gedankenwelt ereignet. Der Inhalt unseres Denkens und der Grad der Füllung unserer Gedanken mit Gottes Gedanken, also seiner Wahrheit, entscheiden darüber, was uns beschäftigt, bewegt, bedrängt oder zwingt, und auch, wer und was in uns wohnt.

Wir sind weder zur Wahrheit noch zum Glauben aus eigener Kraft fähig. Um die Wahrheit erkennen und dann dem Wort glauben zu können, brauchen wir die Mithilfe des Heiligen Geistes. Deswegen redet die Schrift von dem Geist der Wahrheit und dem Geist des Glaubens. Schon die Art, in der das Wort Gottes dabei jeweils die Tätigkeit des Heiligen Geistes beschreibt, beweist die unterschiedliche Bedeutung der beiden Begriffe:

Johannes 16,13a
Wenn aber jener, der Geist der Wahrheit, kommen wird, der wird euch in alle Wahrheit leiten.

2. Korinther 4,13
Weil wir aber denselben Geist des Glaubens haben, wie geschrieben steht: „Ich glaube, darum rede ich", so glauben wir auch, darum so reden wir auch.

Die Unterschiede in der Beschreibung des Heiligen Geistes, je nach dem, in welcher Hinsicht er wirksam wird, sind offensichtlich: Wenn der Heilige Geist als der Geist der Wahrheit wirksam ist, dann ist *er* das Subjekt und der Handelnde. Wir, die Gläubigen, sind dann das Objekt, dem die Wirksamkeit des Geistes zugute kommt.

Hingegen verhält es sich bei der Wirksamkeit des Geistes des Glaubens anders: Er veranlaßt *uns*, auf seinen Anstoß hin zu handeln. Wir glauben, indem wir das sprechen, was *wir* glauben. Wenn also der Geist des Glaubens operiert, sind wir, die Glaubenden, das Subjekt, während er nur eine vermittelnde Funktion innehat.

Wahrheit widerfährt uns, wenn wir sie durch den Vorgang der Erkenntnis an uns heranlassen. Sie erfüllt uns. Glaube ist mehr durch unser eigenes Handeln gekennzeichnet. Glaube widerfährt uns nicht, der Glaube ist jeweils unser Glaube, wenn er Resultate erzeugen soll. Die Schrift weiß allerdings auch etwas von einem Vollsein vom Glauben, das sich dann aber typischerweise in einer Glaubensäußerung oder Glaubenshandlung ausdrückt.

Zum Beispiel wird von Stephanus gesagt, daß er ein Mann voll Glaubens war und deswegen auch voller Gnade und Kraft, die sich in Wundern und großen Zeichen kundtat. Die anderen Almosenpfleger, die mit ihm berufen waren, erfüllten lediglich das Kriterium, daß sie Männer voll Heiligen Geistes und Weisheit waren. Von Stephanus wird darüber hinaus berichtet, daß er auch voll Glaubens war.

Die Gegenüberstellung von Stephanus und den anderen Diakonen (Apostelgeschichte 6,1-10) beweist eindrucksvoll, daß Glaube zur Handlung drängt oder eine Handlung ist. Aber die Voraussetzung zum glaubenden Handeln, das sich unter anderem in Zeichen und Wundern kundtut, ist eine statische. Stephanus war, wie die anderen Diakone, voll Weisheit. Gottes Weisheit ist das Vermögen, in Kenntnis der Wahrheit Gottes seine zukünftigen Absichten für bestimmte Dinge zu erkennen. Insofern ist die Weisheit Gottes als Teil der Wahrheit Gottes Voraussetzung dafür, daß man voll Glaubens ist.

Die Weisheit Gottes befähigt uns zum Erkennen von göttlichen Zielen. Eine solche Erkenntnis ist aber unbedingte Voraussetzung für den Lebensstil des Glaubens, weil der Glaube nichts ergreifen kann, was er nicht zuvor erblickt hat. Glaube ohne präzise Ziele ist zum Scheitern verurteilt. Wir sollen ja nur das nehmen, was uns gehört, was Gott uns also als legitimes Ziel erblicken ließ (eines der großen Themen von Dr. Cho, der hierin sogar den entscheidenden Schlüssel zum Glauben sieht).

Wir sehen also deutlich, daß eine isolierte Förderung des Glaubens ohne breite Basis an und Einbettung in Erkenntnis gar nicht möglich ist. Ein Glaubensleben ohne detaillierte Kenntnis der Wahrheiten Gottes wird zur Farce. Erkenntnis, Wissen und Gewißheit bezüglich Gottes Zielen sind zusammen mit dem nachfolgenden, besitzergreifenden Glauben eine Einheit, deren Auflösung sofort Glauben zerstört.

Kapitel 3

Stationen auf dem Wege zur Erkenntnis

Erkenntnis Gottes ist für alle da! Sie liegt abholbereit im Worte Gottes und braucht nur benutzt zu werden. Niemand muß aus Mangel an Erkenntnis umkommen, am allerwenigsten das Volk Gottes.

Aber da gibt es noch eine andere, gegenläufige Tatsache: Diese besondere Erkenntnis, die von Gott kommt und von Gott handelt, ist nicht so ohne weiteres in unser Denken und unsere Lebensschau einzubauen. Erkenntnis über Gott und seine Wahrheit ist so anders – sie ist eben übernatürlich –, daß andere menschliche Einsichten, Erkennisse und vorhandene Prägungen sich dagegen sträuben. Obwohl also Erkenntnis Gottes leicht verfügbar ist, hat sie es doch sehr schwer, zu unserer Erkenntnis zu werden.

Der Ertrag angenommener Wahrheit Gottes ist außerordentlich groß. Die Auswirkungen der Erkenntnis Gottes, sofern sie unser ganzes Denken beherrschen und über anschließende Glaubensschritte zu unseren Erfahrungen werden, sind nicht nur schön und gewaltig, sie kommen auch mit erstaunlicher Leichtigkeit zustande.

Wenn wir nämlich genau wissen, was Gott über eine bestimmte Kategorie von Not, in der wir uns gerade befinden, denkt, und wenn wir uns seine Denkweise zu eigen gemacht haben, stellen sich mitunter so schnell und so selbstverständlich die Resultate ein, daß sich der Glaubende nur wundert. Erkenntnis macht es möglich. Sie kann den Glaubensvorgang so erleichtern und beschleunigen, daß man manchmal gar nicht erkennen kann, ob, wann und wie man glauben mußte oder geglaubt hat, um die sichtbaren Erfahrungen erzielen zu können.

These *(19)*
Wer die Wahrheit Gottes zu einem bestimmten Thema genau kennt und in ihr bleibt, gelangt häufig zu so schnellen und beeindrucken-den Ergebnissen und Gebetserhörungen, daß sich der Glaube scheinbar gar nicht als nötig erweist. Es erscheint dann subjektiv so, als ob die Wahrheit und der Glaube an das Wort identische Größen sind. Aber in Wirklichkeit zieht die erkannte Wahrheit den Glauben sogartig in Glaubensgewißheit und in die anschließende Erfahrung hinein, so daß der von der Wahrheit durchdrungene Be-ter die Hilfe im Glauben empfängt, ohne seinen Glauben wahrzu-nehmen, weil er so mühelos entstanden war und zur Verfügung stand.

Im Zusammenhang mit dieser Erfahrung will ich noch auf eine wei-tere Beobachtung hinweisen, die die Umkehrung dieses Sachver-haltes darstellt:

These *(20)*
Wenn ein Glaubensakt nicht durch die Erkenntnis der zugehörigen Wahrheit vorbereitet ist, wird der Glaubensakt selbst mühsam und hat die Tendenz, in mechanische und formalistische Glaubens-imitationen abzudriften. Das Ende solcher Glaubensbemühungen ist dann regelmäßig viel Mühe und Arbeit ohne jegliche Ergebnisse.

Diese Gesetzmäßigkeit gilt umso mehr, als ja die erkannte Wahr-heit Gottes vor allem auf den Charakter des Glaubenden Einfluß nimmt. So sehe ich im Umkreis dieser Problematik eine weitere Tat-sache von grundsätzlicher Bedeutung, die ich bei Gläubigen immer wieder habe feststellen können:

These *(21)*
Weil Glaubensfähigkeit einen geheiligten Charakter voraussetzt, ist Erkenntnis der Wahrheit besonders gefragt, da die erkannte Wahr-heit frei macht und heiligt, wie Jesus in Johannes 17,17a zeigt: "Heilige sie in der Wahrheit".

Das Wort Gottes sagt uns, daß man im Glauben Schiffbruch erleiden kann, wenn Glaubensstrebungen und Gewissensregungen auseinandergehen, was ein Zeichen dafür ist, daß jemand in der Unwahrheit lebt, indem er glaubt, daß Gott zu ihm gesprochen habe, dies oder jenes im Glauben anzugehen, während Gott das in Wirklichkeit gar nicht gesagt hat. So sind manche großen Männer Gottes, die zunächst gut anfingen, gestrandet, weil sie später, auf der Höhe ihres Erfolges, auf Grund einer gewissen Unehrlichkeit nicht mehr ihre Wünsche von Gottes Reden haben unterscheiden können:

1. Timotheus 1,18-19
18 Diese Botschaft befehle ich dir an, mein Sohn Timotheus, nach den früheren Weissagungen über dich, auf daß du in ihrer Kraft eine gute Ritterschaft übest
19 und habest den Glauben und gutes Gewissen, welches etliche von sich gestoßen und am Glauben Schiffbruch erlitten haben.

So gibt es viel Grund, solchen Entwicklungen durch Kenntnis von Gottes Wort und seiner Wahrheit vorzubeugen. Aber die reine Sammlung von Wahrheiten macht es nicht. Es muß auch zum Begreifen und zum Ergreifen der Wahrheiten kommen, das heißt, wir müssen dafür sorgen, daß wir erkenntnis*fähig* werden, also die gewonnene Erkenntnis Zutritt zu unserem Denken bekommt. Dazu sind Fleiß und Ehrlichkeit erforderlich. Die erkannte und verstandene Wahrheit muß überzeugen, erleuchten und wohltun!

Auch dieser Prozeß ist nicht mühsam und qualvoll, so wie nichts, was von Gott kommt und was seine Gnade steuert, den Charakter der Anstrengung und Beschwerlichkeit hat. Wir müssen nicht große Dinge leisten, sondern vielmehr aus Liebe zur Wahrheit, die wir erkennen und genießen, auf bestimmte Einstellungen und Haltungen verzichten. Darin liegt die eigentliche Herausforderung. Dinge aufzugeben fällt uns offenbar schwerer als Ziele anzusteuern oder positive Leistungen zu erbringen. Die menschliche Natur neigt dazu, sich im Profilierungsstreben und Selbstverwirklichungszwang überflüssige und mühsame Lasten aufzuerlegen, um sich und anderen zu beweisen, daß man stark und kompetent sei. Hingabe an die Wahrheit drückt sich nun darin aus (und das mag durchaus mit einem Opfer und gewissen Kämpfen verbunden sein), daß wir darauf verzichten. Ein solcher Verzicht auf der Ebene von erkannter Wahrheit wird uns reichlich belohnt:

These *(22)*
Die hauptsächliche Auseinandersetzung in der Bewältigung der Aufgaben des Lebens findet auf der Ebene der Gedanken und nicht so sehr an der Glaubensfront statt.

Ich sehe vier Grundvoraussetzungen, die darüber entscheiden, ob man auf den Weg der Erkenntnis Gottes kommt: die neue Geburt, die Erfüllung und Leitung durch den Heiligen Geist, der Lebensstil der Liebe und Demut. Liegen diese nicht vor, findet man nicht den Zugang zum Weg der Erkenntnis, geschweige denn, daß man sie gewinnen könnte. Während über die ersten drei Prinzipien schon einiges gesagt worden ist, soll der Zusammenhang von Demut und Erkenntnis der Wahrheit später noch weiter ausgeführt werden.

Zu diesen Grundvoraussetzungen kommen fraglos noch weitere Bedingungen hinzu. Sie stellen Stationen unseres Weges mit dem Herrn dar, die wir zusammen mit ihm erreichen können und welche uns zunehmende Einblicke verschaffen. Je weiter wir auf diesem Weg vorankommen, um so leichter wird es uns fallen, die jeweils nächsten Erkenntnisse zu gewinnen und anzunehmen.

Die Person Jesu als die Quelle aller Erkenntnis

Ohne eine intensive Beziehung zu Jesus, deren wir uns nach dem Willen Gottes alle erfreuen sollen, sind Einblicke in die göttlichen

Wahrheiten nicht möglich. Die Wahrheit Gottes ist mit der Person Jesu so eng verbunden, daß das Neue Testament sagt, daß Jesus die Wahrheit in Person ist.

Johannes 14,6
Jesus spricht zu ihm: Ich bin der Weg und die Wahrheit und das Leben; niemand kommt zum Vater denn durch mich.

Wenn die göttliche Wahrheit eine Person ist, dann versteht es sich von selbst, daß der Zugang zu dieser Wahrheit, also das Verstehen und Erkennen der Wahrheit, nicht als sachlicher Vorgang zu begreifen ist. Nicht das denkerische Bewältigen von bestimmten Schriftworten führt zu Offenbarungen über die Wahrheit, sondern die Beschäftigung mit Jesus im Sinne einer liebevollen und vertrauensvollen Gemeinschaft mit ihm.

Daß die Erkenntnis Gottes und seines Reiches dem Verstand verschlossen bleibt, wenn dieser nicht durch eine personale Beziehung zu Jesus befruchtet wird, beweisen die Ergebnisse der Hochschultheologie. Was das intellektuelle Bemühen der theologischen Theoretiker alles an Verkennung, Verwirrung und Entstellung der Wahrheit aus dem Worte Gottes zustande gebracht hat, ist unbeschreiblich. Die Wahrheit Gottes, die jemand ohne Beziehung zu Jesus am Schreibtisch finden will, wird mit Sicherheit eine Unwahrheit sein. Weil die absolute Wahrheit, von der ich hier rede, eine personale Wahrheit ist, kann sie auch nur in der Beziehung zu Jesus und nicht in der wissenschaftlichen Arbeit erfahren werden. Der Kolosserbrief bringt darüber folgende Aussage:

Kolosser 1,27
27 Ihnen wollte Gott kundtun, was da sei der herrliche Reichtum dieses Geheimnisses unter den Heiden, welches ist Christus in euch, die Hoffnung der Herrlichkeit.

Kolosser 2,2-4.6-7.9-10

2 ...auf daß ihre Herzen gestärkt und zusammengefügt werden in der Liebe und zu allem Reichtum des vollen Verständnisses, zu erkennen das Geheimnis Gottes, das Christus ist,
3 in welchem verborgen liegen alle Schätze der Weisheit und der Erkenntnis.
4 Ich sage das, auf daß euch niemand betrüge mit verführerischen Reden.
6 Wie ihr nun angenommen habt den Herrn Christus Jesus, so wandelt in ihm
7 und seid verwurzelt und gegründet in ihm und fest im Glauben, wie ihr gelehrt seid, und sei reichlich dankbar.
9 Denn in ihm wohnt die ganze Fülle der Gottheit leibhaftig,
10 und ihr habt diese Fülle in ihm, welcher ist das Haupt aller Reiche und Gewalten.

Aus diesen ausgewählten Worten geht hervor, daß Christus an sich nicht die Erkenntnisgarantie ist. In ihm liegen wohl alle Schätze der Weisheit und der Erkenntnis verborgen, und in ihm wohnt die ganze Fülle der Gottheit leibhaftig, aber das bedeutet keineswegs, daß mit diesem Sachverhalt schon unsere Teilhabe an der göttlichen Erkenntnis gesichert ist.

Die Erkenntnisschätze liegen ja in ihm *verborgen*. Geborgen werden sie aber nur unter der Voraussetzung, daß eine intensive Gemeinschaft mit ihm gegeben ist. Weil die Fülle von Gottes Wahrheit in ihm wohnt, müssen wir auch in ihm sein und er in uns. Es reicht nicht aus, Jesus als Herrn angenommen zu haben (Vers 6), wir müssen in unserem Alltagsleben gemeinsam mit ihm wandeln, ja, in ihm wandeln!

Somit wird deutlich, daß die bloße Tatsache einer einmal erlebten Wiedergeburt noch nicht die Voraussetzung für umfassende Erkenntnis Gottes ist. Das beweist auch die durchschnittliche Erkenntnishöhe des Volkes Gottes. Sie ist nämlich sehr gering. Wer mehr von Gott und seiner Wahrheit wissen will, der muß mehr Zeit und Hingabe in seine Beziehung zu Jesus investieren. Wir haben die Fülle Jesu, was auch die Fülle von Erkenntnis Gottes ist, in ihm. Es heißt nicht: Er hat die Fülle in sich, sondern wir haben sie in ihm.

In ihm sein, das ist der Schlüssel zu biblischen Offenbarungen. Erkenntnis ist eine Art Abfallprodukt unserer intensiven Gemeinschaft mit Jesus. Diese ist nur unter der Vermittlung des Heiligen Geistes möglich, der ebenfalls mit uns Gemeinschaft haben will (2. Korinther 13,13 und Philipper 2,1), allerdings in dieser Gemeinschaft nicht von sich selber redet, sondern ständig auf Jesus hinweist, an ihn erinnert und unser Herz für ihn öffnet.

Diese intensive Form von Gemeinschaft mit Jesus, die nach den Briefen des Paulus durchaus die Norm sein soll, praktizieren viel zu wenige Christen, weswegen sie nicht zu jenen Offenbarungen göttlicher Wahrheit gelangen, die unser Leben so reich machen sollen. Alles, was in Jesus ist und was er selbst ist, wird uns zuteil, wenn wir diese In-Ihm-Beziehung haben, von der das Neue Testament so häufig und mit großem Nachdruck redet.

1. Korinther 1,30
Durch ihn (Gott) aber seid ihr in Christus Jesus, welcher uns gemacht ist von Gott zur Weisheit und zur Gerechtigkeit und zur Heiligung und zur Erlösung.

Indem wir in ihm sind, sollen wir erfahren, daß Jesus von Gott für uns zur Weisheit gemacht ist. Weisheit, die Schwester der Erkenntnis, ist also keine Ausstrahlung unserer Persönlichkeit, die durch jahrelangen Umgang mit Christus gereift ist, sondern kommt aus Christus. Das Wort Gottes spitzt diesen Befund sogar zu, indem es die unglaubliche Formulierung gebraucht, daß Jesus für uns zur Weisheit gemacht ist. Das klingt so, als ob wir diejenigen sind, die bedient werden, und Jesus als der Funktionsträger nach Gottes Willen für uns da zu sein hat. Das ist ungeheuerlich, ungeheuerlich schön!

Aber Jesus versteht sich in der Tat als unser Helfer, wiewohl er doch der Herr ist, und er demütigt sich gerne zu dieser Position, daß er uns zur Weisheit gemacht ist, weil wir nicht irgendwer und irgendwo sind, sondern uns in ihm befinden und auch nur da sein wollen.

Johannes 6,55-56
55 Denn mein Fleisch ist die rechte Speise, und mein Blut ist der rechte Trank.
56 Wer mein Fleisch isset und trinket mein Blut, der bleibt in mir und ich in ihm.

Dieses Zitat aus einer Rede Jesu erklärt uns genauer, was es heißt, in Jesus zu sein und ihn in sich zu haben. Es ist eine Grundsatzentscheidung, sich von ihm abhängig zu machen, indem man die Erlösung durch sein dahingegebenes Fleisch und sein vergossenes Blut für sich beansprucht. Es ist aber auch gleichzeitig die Entscheidung, sein Fleisch, daß nach Vers 51 identisch ist mit dem Brot Gottes, ständig als geistliche Nahrung zu sich zu nehmen. Wir ernähren uns in geistlicher Hinsicht ausschließlich von dem, was das Wort Gottes über uns sagt.

Indem wir also in ihm sind und in ihm gerecht, herrlich, stark, fähig, geliebt, kostbar, begehrt, der Sünde gestorben und ein Überwinder sind, bekommen wir zu allen Charakter- und Erlebnissegnungen noch das Geschenk der Weisheit hinzu, wodurch dann weitere Segnungen vorbereitet werden, die uns erst durch Erkenntnis der Wahrheit und die Fülle der Weisheit zugänglich sind. So ist also Glaubensstärke nicht eine isolierte Qualität, sondern ist abhängig von Erkenntnis Gottes, die ihrerseits ihre Wurzeln in der neuen Identität in Jesus hat, welche wir fortlaufend pflegen und vertiefen sollten.
Das ist aber eine Frage der richtigen geistlichen Ernährung. Nur das Wort Gottes kann uns sagen, wie unsere neue Identität aussieht und wer wir in den Augen Gottes sind und demnach auch wirk-

lich sind. Wenn wir diese Identität nicht pflegen, dann werden doch wieder die alten Vorstellungen und Selbstbeurteilungen nach uns greifen, wodurch unser neues Ich-Gefühl ins Schwanken gerät und die übernatürlichen und erfrischenden Erkenntnisse verblassen werden. Die Worte in Kolosser 1 und 2 sprechen von einer doppelten Beziehung zwischen Jesus und den Gläubigen. Wir sollen in ihm sein, aber er will auch in uns sein. Christus in uns, das erschließt den Christen den herrlichen Reichtum von Gottes Vorsatz, nämlich das Geheimnis Gottes, das Christus selbst ist, zu erkennen (Kolosser 2,2).

Diesen Zusammenhang zwischen dem Wohnen Gottes in uns und der dadurch ermöglichten Offenbarung von Gottes Wahrheit hatten wir schon eingangs anhand von Johannes 14,21-23 kennengelernt. Offenbarungen Gottes, die uns zur Erkenntnis der göttlichen Wahrheit führen, haben nichts Willkürliches an sich, so daß sie dem einen widerfahren und dem anderen nicht. Sie sind die Folge von Vorentscheidungen, mittels derer wir unseren Respekt und unsere Liebe zu Gott und seinem Wort ausgedrückt haben. Die dadurch eingenommene Grundhaltung veranlassen Jesus und den Vater, sich in uns Wohnsitz zu verschaffen. Daraus resultiert dann wiederum die uns bereits bekannte Gesetzmäßigkeit:

These *(23)*
Gemeinschaft, die wir mit Gott auf der Höhe von bereits erkannter Wahrheit pflegen, ist offensichtlich für Gott eine Voraussetzung, uns mehr Wahrheit erkennen zu lassen.

Wir müssen uns darüber im klaren sein, daß wir mit diesen Zusammenhängen nicht starre Mechanismen, sondern Kreisprozesse beschreiben, in die manche weitere Faktoren eingehen, die noch gar nicht erwähnt worden sind oder die ich später beschreiben werde.

Halten wir also das Teilergebnis fest und verbinden es mit der Hauptaussage dieses Buches: Nichts ist unmöglich dem, der da glaubt. Glaube ist jedoch keine unabhängige Größe, die man entweder hat oder nicht hat. Die Fähigkeit zu glauben hat viel mit der Erkenntnis göttlicher Wahrheit zu tun. Kenntnisfähigkeit und Erkenntnis selbst wiederum werden uns zuteil aus einer lebendigen Abhängigkeit von Jesus, in der wir bewußt unsere Stellung in ihm einnehmen und daraus unsere neue Identität gewinnen. Bei gestörter oder von uns verweigerter Abhängigkeit von Gott ist offenbar weder Gott willig, mehr Erkenntnis zu geben, noch sind wir fähig, sie überhaupt zu empfangen und zu verstehen.

Göttliche Erkenntnis und Wort Gottes

Die wichtigste Quelle göttlicher Erkenntnis ist das Wort Gottes.

Johannes 17,17
Heilige sie in der Wahrheit; dein Wort ist die Wahrheit.

Somit bedeutet Kenntnis des Wortes Gottes Kenntnis — unter Umständen auch Erkenntnis — der Wahrheit. Die Worte Gottes offenbaren die in ihnen befindliche Wahrheit unter bestimmten Voraussetzungen, etwa unter der Bedingung des ständigen Umganges mit dem Wort. Was wir schon in bezug auf Jesus selbst gesehen haben, gilt auch für das Wort Gottes, das ja gleichfalls Jesus ist: Ein ausschließlich akademischer Umgang mit dem Worte Gottes wird niemals seinen Inhalt erschließen.

Johannes 8,31-32
31 Da sprach nun Jesus zu den Juden, die an ihn glaubten: Wenn ihr bleiben werdet an meiner Rede, so seid ihr in Wahrheit meine Jünger
32 und werdet die Wahrheit erkennen, und die Wahrheit wird euch frei machen.

Wir müssen schon an seiner Rede bleiben, also viel Zeit mit ihm verbringen, und sie dauernd auf uns einwirken lassen, um sie als Wahrheit zu erkennen und die in ihr befindliche Kraft zu erfahren. Das Wort Gottes *ist* die objektive Wahrheit, aber im Hinblick auf uns *wird* es erst dann zur befreienden Wahrheit, wenn wir ihm viel Zeit einräumen und es zur führenden und sogar einzigen Wahrheitsquelle machen.

Der Johannesprolog verrät uns, daß Jesus das Wort Gottes ist und fährt dann fort:

Johannes 1,4
In ihm (dem Wort) **war das Leben, und das Leben war das Licht der Menschen.**

Das Wort Gottes ist also die erleuchtende Wahrheit für die Menschen schlechthin. Es ist das Licht und gleichzeitig das wahre Leben. Wegen dieses lebendigen und personalen Charakters kann das Wort auch nur dann Offenbarung und Erkenntnis bringen, wenn es angenommen (geglaubt) wird (Johannes 1,9-12). Damit sehen wir wiederum, daß alle Grunderfahrungen zusammengehören und sich gegenseitig bedingen: Das Wort Gottes bringt als Wahrheit Gottes Erkenntnis. Die Erkenntnis führt zum Glauben. Im Glauben wird das Wort Gottes angenommen, so daß es anschließend mehr Erkenntnis freisetzen kann, was dann wiederum weiteren Glauben ermöglicht.

Der Zusammenhang von Wort und Erkenntnis wird im Neuen Testament häufig bezeugt. Ich will nur wenige Beispiele auswählen.

1. Korinther 1,4-7
4 Ich danke Gott allezeit eurethalben für die Gnade Gottes, die euch gegeben ist in Christus Jesus,
5 daß ihr seid durch ihn an allen Stücken reich gemacht, an aller Lehre und in aller Erkenntnis.

6. Denn die Predigt von Christus ist in euch kräftig geworden
(wörtlich: wie dann auch das Zeugnis von Christus in euch befestigt
worden ist),
**7 so daß ihr keinen Mangel habt an irgendeiner Gabe und wartet
auf die Offenbarung unsers Herrn Jesus Christus.**

Die Korinther waren in jeder Hinsicht reich, und zwar in aller Lehre,
in aller Erkenntnis und auch an Gnade, weil die Verkündigung von
Christus, also das aufgenommene Wort Gottes, sich in ihnen zu einer Art Innenzeugnis verfestigt hatte. Deswegen waren sie reich,
und aus diesem Grunde hatten sie auch eine solche Fülle an Geistesgaben.

Auch hier war es nicht das Wort Gottes allein, das bei den Korinthern Erkenntnis zustande brachte, sondern die Aneignung des
Wortes Gottes, das ihnen so real wurde, daß sie eine Art Innenbeweis des Wortes Gottes in Gestalt von Gewißheit und Glauben in
sich hatten. Dementsprechend auch der logische Fortgang des
Wortes Gottes: Indem das Wort Geist und Leben ist und sich als
solches in ihnen offenbarte, mußten sie gleichsam auch von allen
Auswirkungen von Geist und Leben gekennzeichnet sein, nämlich
den Gaben Gottes, die bei ihnen ohne Mangel vorlagen. Das beweist uns, daß wirklich gewonnene Erkenntnis auf ein hohes Ener-
gieniveau führt.

Erkenntnis Gottes kann auch verlorengehen. Das trifft übrigens besonders leicht für jene göttliche Erkenntnis zu, die uns sagt, wer wir
im Lichte Gottes und in den Augen Gottes sind.

Jakobus 1,21-24
**21 Darum so leget ab alle Unsauberkeit und alle Bosheit und neh-
met das Wort an mit Sanftmut, das in euch gepflanzt ist, welches
kann eure Seelen selig machen.**
**22 Seid aber Täter des Worts und nicht Hörer allein, wodurch ihr
euch selbst betrüget.**

23 Denn so jemand ist ein Hörer des Worts und nicht ein Täter, der ist gleich einem Mann, der sein leiblich Angesicht im Spiegel beschaut.

24 Denn nachdem er sich beschaut hat, geht er davon und vergißt von Stund an, wie er gestaltet war.

Was heißt es, Täter des Wortes zu sein? Meint dieser Ausdruck, daß wir das umsetzen sollen, was wir zuvor als geistliche Norm erkannt haben? Nein, dann dürften wir im Text die Formulierung erwarten: Seid Täter *gemäß* dem Wort. Aber ein Täter des Wortes ist jemand, der das Wort hört und auswendiglernt und durchsinnt und in seinem Herzen bewegt, darüber nachdenkt und meditiert. Er beschäftigt sich mit dem Wort. Das Wort tun ist Bearbeitung des Wortes.

Dieser Umgang mit dem Wort ist keineswegs die Beschreibung eines Anfängers, der dann nach einiger Zeit diese Art überwindet. Sie ist das bleibende göttliche Verfahren, mit dem Erkenntnis und Wissen freigesetzt werden. Wir sollen das Wort Gottes in uns einpflanzen und anschließend fortwährend bearbeiten, damit wir ständig Offenbarungswissen bekommen, das sich in einem Strom von Selbsterkenntnis äußert, welche uns das Wort vermittelt.

These *(24)*
Die Erkenntnis über uns selbst ist abhängig von der stetigen Beschäftigung mit dem Worte Gottes. Die göttliche Erleuchtung über uns einerseits und unsere neue Identität andererseits sind eine Voraussetzung dafür, daß wir Erkenntnis Gottes über alle anderen Themenbereiche erlangen und im ständigen Sieg leben können.

Wer sich ständig mit dem Worte Gottes auseinandersetzt, erkennt, wer er ist und was er in Jesus hat. Dieses Selbstverständnis und die sich dadurch ergebende Beziehung zu Jesus ebnen den Weg zu sichtbaren Erfahrungen der Güte Gottes.

Johannes 15,7
Wenn ihr in mir bleibet und meine Worte in euch bleiben, werdet ihr bitten, was ihr wollt, und es wird euch widerfahren.

In diesem Schriftwort kommt weder der Begriff „Glaube" noch das Wort „Erkenntnis" vor. Aber wir wissen, daß das Wort Erkenntnis bewirkt und über Erkenntnis Glauben. Wenn hier also zweimal von der Wichtigkeit unseres Bleibens in Jesus und seiner Worte in uns die Rede ist, dann ergibt sich daraus folgender Grundsatz:

These *(25)*
Die großen und anhaltenden Siege im Reiche Gottes hängen nicht nur von der grundsätzlich erklärten Abhängigkeit von Jesus und seinem Wort ab. Vielmehr geht hier auch ein Zeitfaktor ein, der sich in der Betonung des Bleibens ausdrückt, und ohne den ständige Erkenntnis, Glaube und die Erfahrung der sichtbaren Hilfe Gottes nicht zustande kommen können.

Geistliche Mündigkeit

Wenn man dem Rätsel auf die Spur kommen will, wie die Gläubigen über Jahrhunderte aus ein und derselben Erkenntnisquelle, dem Worte Gottes, die unterschiedlichsten und einander widersprechenden Lehren haben entwickeln können, dann kommt man an dem Begriff der Mündigkeit nicht vorbei. Es ist tatsächlich grotesk, in Gegenwart und Vergangenheit zu sehen, zu welch unterschiedlichen Auffassungen Menschen, die sich alle auf dieselbe Grunderfahrung, die Wiedergeburt, beziehen und alle über dieselbe Offenbarungsquelle, das Wort Gottes, verfügen, in wesentlichen Fragen des Christseins kommen können. So gibt es heute in den wichtigen Fragen, wie Heilung des Körpers, Geistestaufe, Geistesgaben, Befreiungsdienst, Beurteilung der Entwicklung der Gemeinde Jesu in fast allen Lagern völlig unterschiedliche Anschauungen.

Ein solcher Sachverhalt ist natürlich desillusionierend und stellt scheinbar die Möglichkeit, aus dem Worte Gottes wahre und verläßliche Erkenntnisse zu erhalten, in Frage. Wie kann man dann noch nach *der* biblischen Wahrheit forschen?

Manche Christen haben aus diesen Verhältnissen den Schluß gezogen, daß die einzelnen dogmatischen Lehrunterschiede überhaupt keinen Einfluß auf ihre Vollmacht und ihre Glaubenskraft haben. Entscheidend seien allein die Hingabe, die Liebe und der Glaube an den Herrn, wohingegen alle Lehrstreitigkeiten ja doch nur Ausdruck von theologischer Besserwisserei und Engherzigkeit seien.

Aber das ganze Gegenteil ist der Fall. Biblische Lehre ist Sammlung von einzelnen Wahrheitspositionen, und Wahrheit ist die Beschreibung der Liebe Gottes unter bestimmten Lebensbedingungen. Der Glaube kann nur scheinbar auf die Erkenntnis göttlicher Wahrheiten verzichten. Die totale Vollmachtslosigkeit der abendländischen Kirchen, die sich eine solche Großzügigkeit im Umgang mit biblischen Wahrheiten gestattet haben, beweist das.

Es gibt die Möglichkeit, zu eindeutigen und reproduzierbaren biblischen Erkenntnissen zu gelangen. Der Weg dahin verläuft über den Status der geistlichen Mündigkeit des Gläubigen.

Wenn es einen Begriff gibt, dessen Bedeutung und Kraft mir in den letzten Jahren wichtig geworden ist, dann ist es dieser. Seine Bedeutung kann nicht genug betont werden. Ich habe der Lehre über das geistliche Erwachsensein und seine Auswirkungen im Hinblick auf Erkenntnisfähigkeit ein ganzes Buch gewidmet (Das Erbe der Erwachsenen, Aufbruch-Verlag 1988).

Hier möchte ich lediglich jene Aspekte herausgreifen, die in Zusammenhang mit der Aufgabe stehen, den Weg zur Erkenntnisfähigkeit frei zu bekommen. Durch den Reifezustand der geistlichen Mündigkeit soll der einzelne Gläubige unter anderem befähigt werden, nicht mehr von jeder ihm in den Weg kommenden scheingeistlichen Anschauung beeindruckt oder betrogen zu werden. Die wichtigsten Aussagen über die geistliche Unmündigkeit und ihre Folgen finden wir in:

Galater 3,29-4,7
29 Seid ihr aber Christi, so seid ihr ja Abrahams Kinder und nach der Verheißung Erben.
1 Ich sage aber: Solange der Erbe unmündig ist, ist zwischen ihm und einem Knechte kein Unterschied, ob er wohl ein Herr ist aller Güter,
2 sondern er ist unter den Vormündern und Pflegern bis auf die Zeit, die der Vater bestimmt hat.
3 so auch wir: als wir unmündig waren, waren wir in der Knechtschaft der Elemente der Welt.
4 Als aber die Zeit erfüllet ward, sandte Gott seinen Sohn, geboren von einem Weibe und unter das Gesetz getan.

Folgende Gedanken können wir diesem biblischen Befund entnehmen:
1. Als Kinder Gottes sind wir auch Erben Gottes.
2. Erben müssen, um die Erbschaft antreten zu können, mündig sein. Davor haben sie einen ähnlichen Status wie ein Knecht im Hause.
3. Kinder Gottes, die nicht zur Mündigkeit gelangt sind, stehen trotz der Tatsache, daß sie auf Grund ihrer Wiedergeburt ewiges Leben und Befreiung von dem Gesetz der Sünde und des Todes haben, dennoch unter einer gewissen Knechtschaft. Diese Knechtschaft wird als ein Gefangensein unter den Elementen der Welt bezeichnet.

Also zwei Mängel werden uns als Folge der Unmündigkeit genannt: nicht erfolgte Auszahlung der Erbschaft als Kinder Gottes und Unfreiheit im Sinne der Knechtung durch die sogenannten Elemente der Welt.

Eine genaue Untersuchung des Begriffes „Erbe" im Worte Gottes offenbart nun, daß der Erbschaftsbegriff ganz überwiegend – wenn nicht gar ausschließlich – alle Formen von Segnungen umfaßt, die die Gläubigen hier auf Erden im Sinne von sichtbaren Wohltaten Gottes empfangen sollen. Dazu gehören Heilung, Gesundheit, Leben in innerem Frieden und äußerem Wohlergehen, Reichtum, gesunde und wohlgeordnete Familien, gute Wohnverhältnisse und Erfolg in Beruf und Gesellschaft.

Die andere Auswirkung von geistlicher Unmündigkeit ist das Verfehlen der Freiheit, die sich darin äußert, daß bestimmte dämonische Strukturen und Lehren aus der unsichtbaren Hierarchie des Bösen die Gläubigen beeinflussen dürfen und können, ohne daß diese sich dem entziehen können, solange sie schuldhaft im Zustand der geistlichen Unmündigkeit verharren. In der Wehrlosigkeit gegenüber bestimmten philosophischen und scheingeistlichen Verführungen und Zwängen liegt die außerordentliche Bedeutung dieses Begriffes. Unmündige Gläubige werden sich auch bei größter Bemühung um Wahrhaftigkeit nicht davor schützen können, daß sie erkenntnismäßig betrogen werden.

Doch zunächst müssen wir einmal feststellen, was das Wort Gottes unter Mündigkeit versteht. Die entscheidenden Aussagen verdanken wir dem 1. Johannesbrief.

1. Johannes 2,12-14
12 Liebe Kindlein, ich schreibe euch; denn die Sünden sind euch vergeben durch seinen Namen.
13 Ich schreibe euch Vätern; denn ihr kennet den, der von Anfang ist. Ich schreibe euch Jünglingen; denn ihr habt den Bösen überwunden.
14 Ich habe euch Kindern geschrieben; denn ihr kennet den Vater. Ich habe euch Vätern geschrieben; denn ihr kennet den, der

von Anfang ist. Ich habe euch Jünglingen geschrieben; denn ihr seid stark, und das Wort Gottes bleibt in euch, und ihr habt den Bösen überwunden.

Hier werden vier geistliche Entwicklungs- oder Altersstufen genannt: die kleinen Kinder, die älteren Kinder (die Unterschiede zwischen Kleinkindern und älteren Kindern finden in den meisten deutschen Übersetzungen keinen sichtbaren Ausdruck), die jungen Männer und die Väter. Von jeder Altersgruppe wird eine den Reifegrad kennzeichnende und begründende Eigenschaft genannt.

Von den geistlichen Kleinkindern wird gesagt, daß sie den Vater kennen.

Von den älteren Kindern heißt es: „denn die Sünden sind euch vergeben durch seinen Namen".

Die jungen Männer haben bereits den Status der Mündigkeit erreicht. Von ihnen heißt es: „...ihr seid stark, und das Wort Gottes bleibt in euch, und ihr habt den Bösen überwunden."

Die geistlichen Väter schließlich haben besonders tiefe Einsichten. Sie kennen „den, der von Anfang ist".

Es ist ersichtlich, daß die Väter in Christus, deren Mündigkeit außer Frage steht, durch ihre außerordentliche Erkenntnis und Einblicke in letzte Geheimnisse ausgezeichnet sind. Aber Mündigkeit ist schon den jungen Männern eigen. Diese wird durch ihre Stärke begründet. Sie sind stark, weil sie das Wort Gottes bleibend in sich haben. Das hat die Auswirkung, daß sie den Bösen persönlich überwunden haben.

Die Mitte dieser Kennzeichnung ist wohl die Beschreibung der Wortbezogenheit der jungen Männer. Sie äußert sich darin, daß sie das Wort Gottes bleibend in sich haben. Sie kennen es nicht nur, es ist ein Teil ihrer Person geworden. Sie sind Wort-Menschen, die ihre Identität aus dem Worte Gottes beziehen. Sie haben durch das innewohnende Wort ein ständiges Bewußtsein ihrer Stärke und

Überlegenheit und können durch das innewohnende Wort und das daraus resultierende Wert- und Kraftbewußtsein nicht mehr durch teuflische Verführungen und Einschüchterungen hintergangen werden. Sie erweisen sich in ihrer Abhängigkeit vom Worte Gottes dem Bösen durchgehend überlegen.

Dieses Verständnis von Mündigkeit, die für sich bereits Freiheit von Umständen und Sieg über die dämonischen Anläufe enthält, muß nun in die Aussagen von Galater 4 eingefügt werden. Danach ist geistliche Mündigkeit das Vermögen, sich von allen Einflüssen zu befreien und frei zu halten, die von den sogenannten Elementen der Welt auf die Menschen ausgehen.

Bevor wir diese Gedanken weiter verfolgen, will ich zur Sicherung dieses Befundes noch ein weiteres Wort Gottes sprechen lassen.

1. Korinther 3,1-3
1 Und ich, liebe Brüder, konnte auch mit euch nicht reden als mit geistlichen Menschen, sondern als mit fleischlichen, wie mit jungen Kindern (wörtlich: Unmündigen) **in Christus.**
2 Milch habe ich euch zu trinken gegeben, und nicht feste Speise; denn ihr konntet sie noch nicht vertragen. Auch jetzt könnt ihr's noch nicht,
3 weil ihr noch fleischlich seid. Denn wenn Eifersucht und Zank unter euch sind, seid ihr da nicht fleischlich und wandelt nach menschlicher Weise?

Diese Aussagen von Paulus beschreiben nicht nur die jungen und unmündigen geistlichen Kinder, deren Entwicklungsrückstand durch Unfähigkeit und Unwilligkeit zustande gekommen war, angemessene Portionen des Wortes Gottes aufzunehmen. Sie ist auch insofern besonders interessant, als diese zurückgebliebenen Christen gleichzeitig als noch *fleischlich* gekennzeichnet werden. Am Ende heißt es dann sogar von ihnen, daß sie tatsächlich fleischlich sind.

Man könnte eigentlich erwarten, daß jemand, der aus Gott geboren ist, geistlich ist. Aber Paulus unterscheidet zwischen dem Status, den man als wiedergeborener Christ eingenommen hat, der einfach besagt, daß man einen neuen, aus Gott geborenen Geist empfangen hat, und dem faktischen geistlichen Reifegrad, bei dem der Gläubige auch sichtbar von seinem Geist bestimmt und geprägt ist. Unser aus Gottes Geist geborener Geist muß wachsen und stark werden (deswegen auch der Vergleich mit Geburt, Wachstum, Kindlichkeit und Erwachsensein), um den Gläubigen in seinem Gesamtverhalten als geistlich erscheinen zu lassen.

Und nun die interessante Aussage in diesem Text: der kindliche und unmündige Christ ist der wiedergeborene Gläubige mit einem unterentwickelten Geist, der in seiner Erscheinungsweise nach außen nicht geistlich ist, sondern ein fleischlicher Christ ist. Unmündigkeit ist also dem Schriftbefund nach die Folge einer geistlichen Fehlernährung. Wer unmündig ist, in dem ist nicht das Wort Gottes bleibend vorhanden. Obendrein sehen wir, daß dieser Zustand gleichzeitig die biblische Definition von fleischlicher Gesinnung ist!

These *(26)*
Wer nach biblischem Verständnis mündig ist, der hat alle entscheidenden Voraussetzungen zur Erkenntnisfähigkeit. Alle anderen Gläubigen werden verführt und sind bereits Verführte.

Die Verführung besteht darin, daß solche Gläubigen immer noch unter dem Einfluß der Elemente der Welt stehen. Diese sind personale dämonische Kräfte, die sich im atmosphärischen und geistigen Raum aufhalten und wirken und ganze Kulturen, Nationen und Gesellschaften, aber auch einzelne Menschen und sogar geistlich unreife Christen mit irrigen Gedanken und Philosophien verführen. Im Neuen Testament ist an vier Stellen von diesen dämonischen Kräften die Rede und wird ihre Wirksamkeit beschrieben:

1. In der eingangs zitierten Schriftstelle Galater 4,3 wird von ihnen ausgesagt, daß sie Knechtschaft bringen, also unfrei machen. Diese Unfreiheit kommt allein schon darin zum Ausdruck, daß den Unmündigen die Verfügung über ihre Erbschaft vorenthalten bleibt.

2. In Galater 4,8-11 finden wir weitere Aspekte der Verführung durch diese Elemente der Welt und Aufschluß darüber, wer sie eigentlich sind.

Galater 4,8-11

8 Aber zu der Zeit, da ihr Gott nicht kanntet, dientet ihr denen, die in Wahrheit nicht Götter sind.

9 Nun ihr aber Gott erkannt habt, ja vielmehr von Gott erkannt seid, wie wendet ihr euch denn wiederum zu den schwachen und dürftigen Elementen, welchen ihr von neuem dienen wollt?

10 Ihr haltet Tage und Monate und Feste und Jahre.

11 Ich fürchte für euch, daß ich vielleicht umsonst an euch gearbeitet habe.

Paulus erinnert sie also zunächst daran, daß sie vor ihrer Hinwendung zu Jesus dem Götzendienst verhaftet waren, der nach seiner Beweisführung (1. Korinther 8,4; 10,9-20) ein Dienst an Dämonen ist. Indem er ihnen dann vorhält, daß sie *wiederum* zu den schwachen und dürftigen Elementen der Welt zurückkehren, um ihnen *von neuem* zu dienen, gibt er die wahre Natur dieser Elemente zu erkennen: Sie sind dämonische Wirkkräfte der Art, die sie früher bereits angebetet hatten, als sie noch die Götzen verehrten.

Den Einfluß, den diese Kräfte auf die Christen ausüben wollen, sieht er in einer Haltung von magischer Denkweise und Rückkehr zu gesetzlichen Festlegungen, was zum Beispiel Beachtung von bestimmten Tagen im Kalenderjahr angeht. Obendrein stellen sie eine grundsätzliche Gefahr dar, denn Paulus bringt seine Furcht zum Ausdruck, daß der gesamte Ertrag seiner Arbeit an den Galatern zunichte gemacht wird. Sie sind also in Gefahr, das Heil zu verlieren.

3. Die dritte Erwähnung des Begriffes „Elemente der Welt" führt uns geradewegs zu jenem Gesichtspunkt, den wir besonders verfolgen, die Einflußnahme auf das Denken der Menschen und der Gläubigen.

Kolosser 2,8
Sehet zu, daß euch niemand einfange durch Philosophie und leeren Trug, gegründet auf der Menschen Lehre und auf die Elemente der Welt und nicht auf Christus.

Die Christen in Kolossä, und mit ihnen alle wiedergeborenen Christen, müssen sich davor in acht nehmen, sich durch Philosophie und leeren Trug einfangen zu lassen (was unfrei macht). Gehen wir bei der Untersuchung dieses aufschlußreichen Verses schrittweise vor:

a) Philosophien und leerer Trug werden auf eine Ebene gestellt. Von beiden wird gesagt, daß sie gefangennehmen wollen. Die Gefangennahme ist wohl zunächst eine gedankliche oder erkenntnistheoretische. Im Verständnis des Heiligen Geistes stellen beide Angebote einen Betrug dar. Die Philosophie hat in sich selbst keinen Wert. Sie betrügt und beraubt und ist eine einzige Lüge. Jeder Ansatz, der der Philosophie oder irgendeiner Form von Philosophie auch nur grundsätzlich das Vermögen einräumt, wahre Erkenntnis zu vermitteln, ist irrig. Sie verspricht Brote, bietet aber am Ende doch nur Steine an. Philosophie und leerer Trug stehen auf einer Ebene, was bedeutet, daß die Philosophie nur Scheinangebote unterbreitet, die zum Betrug und zur Unfreiheit führen.

b) Beide, sowohl die Philosophie als auch jede Form leeren Truges, haben ihre gemeinsamen Wurzeln und Grundlagen wiederum in einem anderen Paar von Faktoren. Es sind dies die Überlieferung oder Tradition der Menschen (so wörtlich statt Lehre) und die Elemente der Welt. Nach dieser biblischen Analyse ist die geistliche

Quelle für alle Philosophie und alle Kulturphänomene das Denken der Menschen in seiner Aufhäufung über die Generationen und die gezielte Einflußnahme von dämonischen Wirkkräften. Mit anderen Worten, aus verborgenen finsteren Tiefen der Dämonie entspringen jene Leistungen, auf die insbesondere die abendländische Kultur so stolz ist: unsere Geistesgeschichte mit allen ihren Kulturinhalten und die Philosophie.

Eine solche angriffige Beurteilung von Kultur und Philosophie finden wir im Worte Gottes nicht nur an dieser Stelle. Im 1. Timotheusbrief wird uns ebenfalls von der Philosophie begründenden Wirksamkeit der Dämonen berichtet.

1. Timotheus 4,1-3

1 Der Geist aber sagt deutlich, daß in den letzten Zeiten werden etliche von dem Glauben abfallen und anhangen den verführerischen Geistern und Lehren böser Geister

2 durch die Heuchelei der Lügenredner, die ein Brandmal in ihrem Gewissen haben.

3 Sie gebieten, nicht ehelich zu werden und zu meiden die Speisen, die Gott dazu geschaffen hat, daß sie mit Danksagung empfangen werden von den Gläubigen und denen, die die Wahrheit erkennen.

Die letzten Zeiten sind nicht unbedingt die letzten Abschnitte der Weltgeschichte im Sinne der Endzeit, sondern der gesamte Zeitraum zwischen dem ersten und zweiten Kommen unseres Herrn. Diese Zeit ist nun gekennzeichnet von der Aktivität dämonischer Geister, die insbesondere bestimmt ist durch die Wirksamkeit auf ideologischer und philosophischer Ebene. Die Hauptstoßrichtung dieser Geister und der Elemente der Welt geht ganz offensichtlich in Richtung der Gedanken der Menschen.

Daneben erstreckt sich ihr Bemühen auch auf den Versuch, den Lebensstil der Menschen im Sinne von Gesetzlichkeit und Beachtung von scheingeistlichen, aber in Wirklichkeit unnützen Beschränkungen bei der Nahrungsaufnahme zu beeinflussen. Sie suggerieren Gefahren und Bedrohungen an allen möglichen Stellen, denen man nur durch gründlichen Verzicht beikommen könne. Sie verführen und berauben die Menschen ihrer natürlichen Freuden und Genüsse.

Wir haben uns aufgemacht zu erforschen, wie wir mehr Erkenntnis über Gott und unser neues Leben mit ihm aus dem Wort gewinnen können, damit wir durch bessere und genauere Erkenntnis einen leichteren Zugang zum Glauben finden können. Es ist uns auf diesem Wege deutlich geworden, daß geistliche Mündigkeit eine unerläßliche Voraussetzung für Erkenntnisfähigkeit ist. Was zunächst wie ein langer und qualvoller Umweg erschien – ich rede von der Frage, wie man überhaupt göttliche Erkenntnis finden kann –, wird nun unversehens zu einer aufregenden Entdeckung, die für uns Gläubige die allergrößte Bedeutung hat.

These *(27)*
Das Bemühen des einzelnen Gläubigen, für sich und seine Jesus-Nachfolge die richtigen Einsichten zu gewinnen, um darauf seinen Glauben zu gründen, muß unweigerlich in die Irre führen, solange dieser Gläubige in fleischlichem Denken und in der Unmündigkeit beharrt. Das heißt, auch an Jesus Gläubige, die gewiß schon manche grundsätzliche Befreiung aus alten Gewohnheiten und Bindungen erfahren haben, werden auf der gedanklichen Ebene verführt und damit beraubt werden, sofern sie die für sie erreichbare Mündigkeit, also den Lebensstil eines durchgehenden Umgangs mit dem Wort, verfehlen.

Haben diese Zusammenhänge irgend etwas mit den eigentlich recht praktischen Zielen zu tun, die wir in dieser Untersuchung verfolgen? Wir wollen ja zum Beispiel herausfinden, wie der einzelne Nachfolger Jesu leichter zu der Heilung von seiner Rheumaerkrankung, seinem Herzleiden oder Diabetes und dergleichen gelangt.

Uns bewegt doch die Frage, warum so viele Christen in Depressionen und Ängsten dahinsiechen und andere Gläubige sich schwer tun, Hilfe in Partnerschaftsfragen oder in finanziellen Nöten oder im Berufsleben vom Herrn durch übernatürliche und göttliche Intervention zu erfahren.

Der Zusammenhang zwischen unseren Alltagsproblemen, an denen viele Gläubige schier verzweifeln, und dem bisherigen Ertrag unserer biblischen Untersuchungen ist doch folgender: Der Feind, die alte Schlange, der Lügner von Anfang an, hat in großer Breite und offensichtlich mit göttlicher Zulassung (!) das Volk Gottes mit verkehrten Einsichten und Philosophien betrügen können, die ihm sagen wollen, daß sein Mangel und seine Entbehrungen hinzunehmen und letztlich göttlicher Natur seien. Satan konnte über die Elemente der Welt hochoffiziell seine Verdrehungen und Verfälschungen der Wahrheit in die Christenheit hineinsprechen, welche alle Konturen von göttlicher Wahrheit verschieben oder auflösen.

Wir sind also mitten im Thema. Indem uns durch hingenommene Unmündigkeit – und da sind die meisten Christen schuldig geworden – die Sicht dafür verlorengegangen ist, was Gott über unsere Nöte denkt und gesagt hat und was uns zusteht an Hilfe, Heilung und Segnung, erschweren wir uns selbst den Weg zur Hilfe und zum Eingreifen Gottes. Denn wer kann schon unbefangen und fröhlich glauben, daß Gott sein Schicksal wenden wird, wenn er unter der Zuflüsterung Satans, die er für Gottes Stimme hält, ein Denken entwickelt hat, wonach Mangel einen göttlichen Hintergrund hat, weil Gott durch eine solche Mangelsituation Demut und Abhängigkeit von ihm erreichen will? Oder wie kann jemand mit Überzeugung und in der Gewißheit der bevorstehenden Hilfe für seine Heilung von einem chronischen Leiden glauben, wenn ihm tief in seinem Herzen eine Stimme sagt, daß diese Krankheit von Gott gewollt sei, weil er unter ihrer Wirkung wichtige Veränderungen seines Charakters und manch andere Tugenden oder die Haltung der Barmherzigkeit erlernen könne?

Der Leser wird inne werden, daß wir mit diesen Aufschlüssen des Wortes Gottes im Umkreis der Thematik Mündigkeit zu ganz entscheidenden Einsichten gelangt sind. Die hauptsächliche Ursache für das Zukurzkommen der meisten Gläubigen in den Augenblicken der Not liegt darin, daß sie unter dem Einfluß der allgegenwärtigen atmosphärischen Lügen der Elemente der Welt, die sich in halbgeistlichen und religiösen Philosophien äußern, gar nicht erkennen können, daß Gott ihre Heilung, ihr Wohlergehen, Gesundheit und ihre Freude will und durch Jesus bereits erworben hat.

These *(28)*
Bevor die meisten Christen überhaupt angefangen haben, ihren Glauben für den Sieg über eine vorhandene Not oder ein Defizit aufzubauen oder einzusetzen, haben sie schon verloren, weil sie tief im Herzen den unabweisbaren Eindruck verspüren, daß sie das eigentlich gar nicht von Gott erbitten dürften, denn diese ihre Not habe ihren tieferen Sinn, den sie erst einmal zu erkennen und zu akzeptieren haben. Solche Christen verfehlen die Hilfe Gottes, weil sie meinen, nicht den Nutzen des Leidens verlieren zu dürfen.

Alle diese grausigen Verirrungen und Verkennungen haben etwas mit dem Hauptproblem der Christenheit zu tun: dem Mangel an Wort Gottes in uns. Denn das ist ja die biblische Begründung der Unmündigkeit und damit der Verführbarkeit. Das Wort Gottes ist nicht bleibend in uns. Das ist übrigens auch der Hintergrund für die kirchengeschichtlichen Aspekte dieser Thematik. Erst mit dem Auftreten der Wort- und Glaubensbewegung durch Kenneth Hagin und einige ihrer Vorläufer wie A. Dowie, John G. Lake und E.W. Kenyon kam es zu einer zusammenhängenden biblischen Beurteilung der Negativerscheinungen unseres menschlichen Lebens wie Krankheit, vorzeitigen Tod, Mangel, Armut, Unfreiheit, usw.

Gewiß, auch schon vor dem Aufkommen dieser Bewegung im Verlauf der letzten dreißig Jahre gab es bereits vereinzelte, isolierte

Aufbrüche in diese Richtung. Aber der Durchbruch zu einer neuen biblischen Bewertung der Phänomene des Mangels in all seinen Spielarten kam erst durch die Wortbewegung zustande, die herausstellte, daß Mangel und Defizit die Äußerungsformen des Teufels sind, während Jesus alle Beraubungszustände und Formen des Mangels besiegt und uns darüber Autorität gegeben hat. Mittlerweile ist diese Lehre Bestandteil von manchen geistlichen Erneuerungsbewegungen geworden, die mit unterschiedlichen Namen ihren Weg gehen.

4. Für die Leser, die den Einfluß der Elemente der Welt auf das Denken der Christen nicht so dramatisch sehen, wird die vierte Textstelle, die auf die Elemente der Welt Bezug nimmt, augenöffnend sein. In ihr werden einzelne Details der Verführung vom Heiligen Geist aufgedeckt.

Kolosser 2,16-23
16 So lasset nun niemand euch ein Gewissen machen über Speise oder über Trank oder über bestimmte Feiertage oder Neumonde oder Sabbate.
17 Das alles ist nur der Schatten von dem, was zukünftig sein soll; aber leibhaftig ist es in Christus.
18 Lasset euch niemand das Ziel verrücken, der sich gefällt in falscher Demut und Verehrung der Engel und sich mit seinen Gesichten rühmt und ist ohne Ursache aufgeblasen in seinem fleischlichen Sinn
19 und hält sich nicht an das Haupt, von dem her der ganze Leib durch Gelenke und Bänder gestützt und zusammengehalten wird und so wächst zu der Größe, wie Gott sie will.
20 Wenn ihr denn nun abgestorben seid mit Christus den Elementen der Welt, was lasset ihr euch denn Satzungen auferlegen, als lebtet ihr noch in der Welt:
21 Du sollst das nicht angreifen, du sollst dies nicht kosten, du sollst jenes nicht anrühren?
22 Das alles soll sich doch unter den Händen verzehren; es sind

der Menschen Gebote und Lehren,
23 die einen Schein von Weisheit haben durch selbsterwählte
Frömmigkeit und Demut und dadurch, daß sie des Leibes nicht
schonen, nicht aus Ehrfurcht, sondern um des Fleisches Gelü-
sten zu dienen.

Der formale Aufbau dieses Abschnittes ist folgender: Zu Beginn wird das typisch scheingeistliche Verhalten von angeblichen geistlichen Leitern beschrieben, die geistlich unmündig sind. Ihre entstellten theologischen Anschauungen, die sie den Elementen der Welt verdanken, legen sie den Kolossern als Bürde auf.

In der Mitte des Abschnittes wird kurz skizziert, was ein Teil ihrer Lehre ist, und gegen Ende dieses Abschnittes wird noch einmal unterstrichen, daß diese Lehren und Gebote der Ausfluß von einem verkehrten Denken ihrer Verfechter sind, die sich offensichtlich dem Betrug durch die Elemente selbst geöffnet haben. Paulus läßt uns nun an der Beschreibung des Charakters und der Lebensweise dieser Lehrer erkennen, welches die typischen Irrlehren einer Theologie der Elemente dieser Welt sind:

a) Sie legen diesen Christen zusätzliche Lasten, Gebote und Lehren auf in Gestalt von bestimmten Vorschriften über Speisen, Getränke, festzulegende und besonders zu beachtende Tage oder Sabbate gemäß bestimmter Mondkonstellationen (Vers 16 und Vers 21). Diese Gebote sind allesamt menschliche Vorschriften und Lehren (Vers 22), die keine verbindliche göttliche Norm darstellen.

Verallgemeinern wir das:
These *(29)*
Das fromme Denken der Menschen und Christen, die nicht durch das Wort Gottes diszipliniert und geprägt sind, erzeugt, wenn es sich selbst überlassen bleibt, unter dem Einfluß der Elemente der Welt vielfältige neue Vorschriften und Auflagen, die eine zusätzliche

Last darstellen und Freude und Genuß mindern. In scheinbarer Tiefgründigkeit produzieren sie verkehrte Erkenntnis, die von magisch getönter Gesetzlichkeit gekennzeichnet ist. Das ist die typische Abweich-Richtung frommer Denktätigkeit, die nicht aus Sättigung durch das Wort Gottes entspringt. Gesetzlichkeit schafft immer eine verkehrte Theologie, die letztlich ihre Wurzeln in der Wirksamkeit der Elemente der Welt hat.

Wir erkennen die Spuren solcher dämonischen Verirrungen überall, etwa in der Vorliebe mancher christlicher Kreise für besondere Diätlehren oder am Hang zur Gesetzlichkeit.

b) Geistliche Leiter ohne den Reifezustand der Mündigkeit sind Räuber! Sie verrücken Ziele (wörtlich: „Laßt euch von niemand die Belohnung rauben"), wodurch eine Zielverfehlung zustande kommen muß, was uns dann den Siegespreis raubt.

Weil solche Leiter selbst das Erbe nicht angetreten haben, können sie auch anderen nicht den Weg zum Erbe weisen. Aber die Abwesenheit des sichtbaren Segens und Gottes übernatürlicher Kräfte können solche Lehrer doch nicht so ohne weiteres ertragen und fertigen aus der Abwesenheit göttlicher Vollmacht unter der Einwirkung der Elemente dieser Welt eine Lehre, wonach man diese Kraft nicht haben muß und es gar keinen Grund gibt, sie zu begehren und zu bekommen. Sie verleugnen die Kraft Gottes (2. Timotheus 3,5). So sichern sie sich ihre Position und errichten offiziell ein Lehrgebäude der Kraftlosigkeit, das keinen Platz für das Übernatürliche läßt.

These *(30)*
Jede Lehre und Erkenntnis, die von vornherein von den Qualitäten Wunder, Zeichen, Heilung und übernatürliche Kraft absieht oder diese gar als dämonische Auswirkung deklariert, ist als Theologie der Elemente der Welt anzusehen. Die Verführung besteht darin,

daß den Gläubigen nicht nur Wunder und Zeichen als typische göttliche Reaktionen lehrmäßig vorenthalten werden, sondern sogar eine Lehre geformt wird, nach der Wunder und übernatürliche Manifestationen als billige Abkürzungsverfahren gar nicht toleriert werden dürfen. Dementgegen lautet der biblische Befund: Jede Erkenntnis über Gott und sein Reich, in welcher das Übernatürliche nicht enthalten ist, ist grundsätzlich verkehrt.

c) Der Vers 18 unseres Abschnittes verrät uns, daß ein weiteres herausragendes Merkmal der unmündigen geistlichen Leiter ihr fehlerhaftes Verständnis von Demut ist. Der Text verrät uns, daß sie sich in falscher Demut gefallen. Das weist darauf hin, daß sie sich in ihrer zur Schau gestellten Demut profilieren wollen. Hier ist von Demut die Rede, die nicht aus Gott kommt, die künstlich und anstrengend ist, aus Verzicht besteht und Ausdruck eigener Demutsleistung darstellt.

Typische Erscheinungsformen dieser selbstgewählten Demut finden wir immer wieder in den Reihen der Christenheit: Glorifizierung von Mangel, Krankheit und Leid als Gottes Instrumentarium, um uns so demütig zu machen und uns zu heiligen. Danach sind Bejahung und Dulden von Armut, Schwäche, Hilflosigkeit, Einsamkeit und Elendigkeit die wahren Tugenden Gottes und Ausdruck echter Demut. Sie sind es nicht!

These *(31)*
Gott liebt den Kranken, Armen, Schwachen und Hilflosen und er hat seinen Sohn gesandt, um diese in ihrem Los zu stärken und von diesem Schicksal zu befreien. Aber eine Lehre und Erkenntnis, die diese Zustände von Mangel und Defizit zur Tugend erhebt und als besonderen Ausdruck von göttlicher Demut anpreist, ist ungöttlich und in Bausch und Bogen als letztlich dämonisch inspirierte Scheinerkenntnis abzulehnen.

Dieses verkehrte Verständnis von Demut können wir als die Mitte der Strategie des Teufels ausmachen, womit er die Heiligen daran hindern will, im Krankheits- oder Notfall von Gott Hilfe zu empfangen. Wer nämlich diese unbiblische sittliche Bewertung von Mangel und Not nicht durchschaut – und wer kann das schon ohne sehr gediegene Erkenntnis aus dem Worte Gottes –, der wird ihr Opfer werden und wird keine Hilfe oder Heilung erfahren können, weil sich tief in seinem Herzen gemäß der verkehrten Werte-Programmierung einfach kein Glaube zum Überwinden des Problemes einstellt.

Am Sachverhalt der falschen Demut erkennen wir besonders eindringlich die Wichtigkeit des richtigen Erkenntnisansatzes: Verkehrte Erkenntnis verhindert nämlich Glauben. Aber ohne Glauben können wir Gott nicht gefallen und von ihm nichts empfangen. In Anbetracht des leicht möglichen Zugangs zum Wort Gottes und zu seiner Wahrheit gilt auch nicht die Ausrede, daß wir nichts dafür können, daß wir nicht die richtige Erkenntnis hatten.

These *(32)*
Weil die Bibel als Erkenntnisquelle jedem zur Verfügung steht und somit jeder unter uns im biblischen Sinne mündig werden kann, ist es schuldhaft, sich als Unmündiger in pseudogeistlichen Erkenntnisbereichen aufzuhalten.

d) Unmündige und nicht im Wort gegründete Leiter sind zu den sonderbarsten Lehren fähig. Sie können zum Beispiel ein eigenartiges Lehrszenarium erfinden, in dem auch die Verehrung von Engeln ihren Platz hat. Weil das die Verehrung von Geschöpfen darstellt, die eigentlich unsere Diener sein sollen, ist das nicht schriftgemäß. Die mittlerweile Literatur gewordene Variante solchen Denkens findet sich in den Legenden, die wir häufig im katholischen Raum antreffen und bei denen Engel fast regelmäßig vorkommen.

Wir müssen die Mechanik verstehen, die hinter dieser Irrlehre steht. Solche Leiter fühlen sich doch irgendwie unter dem Erwartungsdruck der Gläubigen, ihre Offenheit für das Übernatürliche beweisen zu müssen. Sie lassen dann, weil sich das göttliche Original bei ihnen nicht zeigt, wenigstens die Zerrbilder, nämlich unechte Engelvisionen, erscheinen, die hinterher zur Engelverehrung führen. Solche Phänomene , die natürlich von echten Visionen zu unterscheiden sind, sind in der mitteleuropäischen charismatischen Szene nur selten beobachtet worden. Sie treten gelegentlich dann auf, wenn eine Wortbegründung des geistlichen Lebens fehlt.

e) Weiter heißt es von solchen unmündigen Leitern, daß sie ohne Grund aufgeblasen sind und auch eine Gesinnung des Fleisches (so wörtlich) beweisen. Fleischliche Gesinnung, die, wie wir gesehen haben, identisch ist mit dem Zustand der Unmündigkeit, zeigt sich also in Stolz und Aufgeblasenheit. Wortmangel und Leben ohne Wahrheit werden unvermeidlich zu mangelnder Befriedigung und Erfüllung führen, was niemand, der das erleidet, einfach verwinden kann. Er holt sich die Lust, die ihm fehlt, durch die Lüge und die Haltung von eingebildeter oder vorgetäuschter Größe und Kompetenz, um sich dadurch die Anerkennung seiner Umgebung zu sichern. Alle Erkenntnis, die aus einem solchen Hintergrund kommt, muß irrig sein, da der Ansatz auf Lüge beruht.

These *(33)*
So haben wir ein weiteres Kriterium für richtige Erkenntnis. Hat die Erkenntnis Gottes ihren Ursprung in Hochmut und Aufgeblasenheit, muß sie verkehrt sein, weil der Stolze grundsätzlich der Mensch in der Lüge ist.

f) Schließlich beschreibt der Heilige Geist in diesem Abschnitt den unmündigen Leiter als geistlich unabhängigen Gläubigen. Er hält sich nicht an das Haupt, Jesus, und ordnet sich auch nicht seinen Schwestern und Brüdern unter. Er lebt autonom (Vers 19).

Das war das Charakterbild und die Denkweise der geistlich unmündigen Leiter. In Vers 23 faßt Paulus noch einmal alles zusammen und rundet das Bild ab: Die geistlichen Lehrer, die das Wort im Zustand der Unreife weiterreichen, täuschen Weisheit vor, die jedoch nur der Ausdruck selbsterwählter Frömmigkeit und Demut ist. Sie erwählen sich selbst den Typ von Frömmigkeit und Demut, der für sie kennzeichnend sein soll. Ihre Wahl ist dementsprechend. Ihre Schein-Demut offenbart am Ende ihre Selbstbezogenheit und Unechtheit, indem sie zur Triebbefriedigung des Körpers greifen, sei es in Gestalt von leistungsbezogener Askese oder sei es in allen möglichen Formen von Ausschweifung.

Wenn wir diese Äußerungsformen einer Theologie der Elemente der Welt auf eine Formel bringen wollen, dann lautet diese: Leistungsfrömmigkeit und Gesetzlichkeit als Ausdruck von Stolz, Selbsterlösungsstreben und Lüge.

These *(34)*
Religiosität ist die fromme Variante von Stolz und ist das Hauptzeugnis des theologischen Schaffens der Elemente der Welt. Religiosität ist pervertierte Frömmigkeit und die subtilste, aber auch gefährlichste Form von Selbstgerechtigkeit und damit auch von Feindseligkeit gegen Gott. Christliche Religiosität zeigt sich nicht nur in einem bestimmten Verhalten, nämlich in einem süßlich-klebrigen und anstrengenden Lebensstil, voll von Lüge, Unechtheit und Unnatürlichkeit, sie ist auch ein Gebäude von Lehre und Kultur (zum Beispiel der mitteleuropäischer Kultur protestantischer Wohlanständigkeit als Inbegriff von Harmlosigkeit und Ausgewogenheit, die jede echte Hingabe an Gnade als Fanatismus brandmarkt), das ununterbrochen neue Ideen der christlichen Selbstverwirklichung produziert. Alle Erkenntnisse, die ihr entstammen, sind ein absolut tödliches Gift für das Leben aus Gottes Geist und seinem Wort. Er-

kenntnis Gottes, die einer solchen Quelle entstammt, ist auch dann verkehrt, wenn die benutzten Worte und Begriffe richtig sind.

Durch Glauben zur Erkenntnis

Das ist die Umkehrung der Hauptaussage im ersten Teil dieses Buches. Aber wir hatten ja schon diese Reihenfolge der gegenseitigen Bedingung bei den Samaritern kennengelernt (Johannes 4,41-42). Die Männer des Dorfes, denen die Samariterin über ihre Erfahrung mit Jesus berichtet hatte und die ihr dann hinaus zu Jesus gefolgt waren, glaubten zuerst und erkannten daraufhin, daß dieser Jesus wahrlich der Heiland der Welt ist.

Der Glaube, der durch die Worte der Frau und dann durch den eigenen Augenschein zustande kam, war zunächst ein persönliches Berührt- und Getroffensein durch die Person Jesu. Sie erlebten ihn als den Christus, der sie annahm und ihnen half. Aber diese persönliche Erfahrung hatte sie befreit zu einer größeren Erkenntnis, nämlich der, daß Jesus der Erretter der gesamten Welt ist.

So fängt göttliche Erkenntnis eigentlich immer an. Jemand, der Jesus gegenüber neutral oder gar ablehnend ist, wird von einem Wort getroffen, überzeugt und verändert und erlebt dabei Jesus persönlich. Nachher ist er wie ausgetauscht. Die private Vorerfahrung hat ihm blitzartig die Augen für eine völlig neue Schau geöffnet, so daß er unter dem Eindruck der Berührung durch Gott von einem auf den nächsten Augenblick nicht nur einzelne neue Erkenntnisse bejaht, sondern möglicherweise seine gesamte alte Weltanschauung gegen ein neues System von Erkenntnis austauscht. So war es bei Paulus, das erlebte Augustinus, und das sehen wir besonders eindrücklich bei Pascal, der im mittleren Lebensalter durch eine dramatische Entscheidung Christ wurde und daraufhin sein ganzes Denken und seine Weltsicht veränderte. Im Grunde genommen ist das die Erlebnisweise eines jeden Menschen, der sich zu Jesus

Christus bekehrt. Er wird dabei in seiner Innenperson so dramatisch verändert, daß sein Denken und seine Erkenntnisfähigkeit in völlig neue Dimensionen vorstößt.

Mit der Bekehrung und der Beziehung zu Jesus und dem Heiligen Geist sind neue Einsichtsmöglichkeiten in letzte Zusammenhänge und in den personalen Hintergrund dieses Universums gegeben. Dementsprechend sagt der Hebräerbrief:

Hebräer 11,3
Durch den Glauben erkennen wir, daß die Welt durch Gottes Wort gemacht ist, so daß alles, was man sieht, aus nichts geworden ist.

Das ist ein Beispiel, wie der Glaube unser Erkennen verändert. Evolutionisten, die sich bekehrt haben, verändern damit schlagartig, ohne daß sie weitere zusätzliche Einsichten gewinnen müßten, ihre Vorstellung über die Entstehung der Welt. Der Glaube an Christus verändert unsere Erkenntnis bezüglich der Herkunft und dem Ziel der Welt, dem Hintergrund und dem Sinn des Lebens in dieser Welt, dem Wesen von Leben, Tod und der Bedeutung sittlicher Werte.

Ohne die positive Voreingenommenheit und eine innere Beschlagnahmung durch die zuvor gemachte existentielle Erfahrung mit Jesus, die seine Realität und Liebe vermittelt, ist der Zugang zu der Welt der Erkenntnisse Gottes nicht möglich. Geistliche Erkenntnisse können nur vom geistlichen Menschen gewonnen werden (1. Korinther 2,14), was einen Glaubensakt der Annahme Jesu als Herrn und Erretter voraussetzt.

In einem ähnlichen Sinne muß auch die missionarische Heilungserfahrung am Körper als Vorbereitung auf die nachfolgende Lebensübergabe an Jesus gesehen werden. Wenn ein dem Glauben gänzlich Fernstehender durch den Dienst eines Christen oder in einem

Gottesdienst erlebt, wie er schlagartig durch Jesus von einer Krankheit geheilt wird, so wird der so Geheilte mit großer Wahrscheinlichkeit auch die Erkenntnis bejahen, daß dieser Herr sein Erretter sein will. Das wäre ohne die Vorerfahrung der Heilung, die entweder durch seinen eigenen Glauben oder den des beteiligten Christen zustande kam, nicht möglich. So sollen und werden wohl auch in Zukunft vermehrt Menschen, die völlig uninteressiert an den Fragen des Glaubens sind, zu Jesus kommen. Das soll die normale Art sein, wie sie zum Glauben an Jesus finden können.

1. Korinther 2,4-5
4 und mein Wort und meine Predigt geschah nicht mit überreden-
den Worten menschlicher Weisheit, sondern in Erweisung des
Geistes und der Kraft,
5 auf daß euer Glaube bestehe nicht auf Menschenweisheit, son-
dern auf Gottes Kraft.

Diese Reihenfolge – erfahrene Wundertat durch Jesus, Glaube und daraus folgende Erkenntnis – wird auch in dem kontroversen Gespräch deutlich, das Jesus mit den Juden führte.

Johannes 10, 37-38
37 Tue ich nicht die Werke meines Vaters, so glaubet mir nicht;
38 tue ich sie aber, so glaubet doch – wollt ihr mir nicht glauben
– den Werken, damit ihr zur Erkenntnis kommt und in ihr bleibt,
daß der Vater in mir ist und ich in ihm.

Es besteht kein Zweifel, daß diese Methode der Vermittlung von lebensverändernden Erkenntnissen wie etwa der, daß Jesus im Vater und der Vater in Jesus ist, durch eine vorgeschaltete Wundertat nicht nur legitim ist, sondern häufig die einzige Möglichkeit darstellt, wie Gott uns diese Zusammenhänge klarmachen kann. Zeichen und Wunder, hinter denen immer jemand stehen muß, der glaubt, haben neben vielen anderen Aufgaben die wichtige Funktion, die Aufmerksamkeit der betroffenen Menschen durch die erfahrene

Wohltat, die Gottes Realität beweist, zu viel bedeutenderen Erkenntnissen zu lenken, so daß der gläubig Gewordene nachfolgend etwa sein Leben Jesus übereignet.

Erkenntnis Gottes hat einen so hohen Stellenwert, daß sie – nicht nur der Glaube – zum ewigen Leben führen kann.

Johannes 17,3
Das ist aber das ewige Leben, daß sie dich, der du allein wahrer Gott bist, und den du gesandt hast, Jesus Christus, erkennen.

Wir müssen die Zuordnung von Erkenntnis der Wahrheit und Glaube des Wortes richtig verstehen. Beide bedingen und fördern sich wechselseitig. Die Regel ist, daß der Glaube nur das aufgreifen und umsetzen kann, was er erkannt hat. Also ist Erkenntnis der Wahrheit dem Glauben vorgeschaltet.

Auf der anderen Seite schafft die so gewonnene Glaubenserfahrung neue Einsichten, die dann zu weiteren, noch größeren Glaubenshandlungen inspirieren. Erkenntnis und Glaube können aber so eng miteinander verbunden sein, daß, wie es dieses Wort ausweist, schon das Erkennen Christi in seinem ganzen Wesen und in seiner Einzigartigkeit zum ewigen Leben führt.

Auch am Anfang unseres Glaubenslebens, wenn wir unsere erste Entscheidung für den Herrn treffen, liegen dieselben Verhältnisse vor. Gott flankiert sein rettunganbietendes Wort mit der Zugabe der Liebe zur Wahrheit, die wir mit oder vielleicht sogar zeitlich vor dem Wort anzunehmen haben, damit wir dadurch das Wort als absolute Wahrheit erfassen und empfangen können. In diesem Geschehen sind Erkenntnis, Wort, Wahrheit und Glaube so stark miteinander verbunden, daß wir in dem nachfolgenden Schriftwort, das diesen Komplex beschreibt, die eine der beiden im Neuen Testament vorkommenden Formulierungen „der Wahrheit glauben" vorfinden. (Die andere steht direkt im Abschnitt nach diesem Zitat in Vers 13.)

2. Thessalonicher 2,9-12

9 Denn der Frevler wird auftreten in der Macht des Satans mit allerlei lügenhaften Kräften und Zeichen und Wundern

10 und mit allerlei Verführung zur Ungerechtigkeit bei denen, die verloren werden, weil sie die Liebe zur Wahrheit nicht angenommen haben zu ihrer Rettung.

11 Darum sendet ihnen Gott auch kräftige Irrtümer, daß sie glauben der Lüge,

12 auf daß gerichtet werden alle, die der Wahrheit nicht geglaubt haben, sondern hatten Lust an der Ungerechtigkeit.

Wir sollten auch die negative Seite dieser Wechselbeziehung zur Kenntnis nehmen: Wer nicht dem Herrn und seinem Wort, der Wahrheit, glauben will, der wird von Gott mit vielen kräftigen Ideen und Einsichten verführt, die alle Erkenntnis der Unwahrheit sind, so daß solche Menschen nach ihrer vollzogenen verkehrten Grundentscheidung der Lüge glauben müssen.

Erkenntnis ist also von der Wahrheitsliebe abhängig, die in uns nicht vorgegeben sein muß, sondern die wir lediglich zu empfangen haben, wenn Gott sie uns mit seinem Wort anbietet. Jeder Versuch, zur Erkenntnis Gottes vorzustoßen, ohne von Gott Liebe zur Wahrheit zu empfangen, muß scheitern. Erkenntnis Gottes wird nicht erarbeitet, sie wird gegeben.

Erkenntnis durch Offenbarung und Fürbitte

Erkenntnis Gottes ist so wichtig, daß ihr Vorhandensein oder ihre Abwesenheit über das Wohl und Wehe des Volkes Gottes entscheidet. Ist sie aber ein so kostbares Gut, dann wird sie uns von Gott als Geschenk anvertraut, weil uns alle Angebote Gottes als Gaben, also gratis zuteil werden.

Weil aber so viele Gläubige die Bedeutung der Erkenntnis der Wahrheit doch nicht richtig einschätzen, strecken sie sich konsequenterweise auch nicht danach aus. Gaben, auch und gerade wenn sie kostenlos zur Verfügung gestellt werden, müssen begehrt und empfangen werden. Also braucht Gott Fürbitter, die mit ihrer Liebe und mit ihrem Glauben vor Gott für andere einstehen, daß er ihnen die Augen für die Wahrheit öffne.

Sehen die Christen erst einmal, was Gott an Schätzen und Möglichkeiten für sie bereitgelegt hat, dann werden sie von sich aus alles in ihrer Macht Stehende tun, um in den Besitz der bereitliegenden Güter zu kommen. Im negativen Fall, wenn sie sich vorher verkehrt entschieden haben und ins Verderben rennen, würden sie sich warnen lassen und sich von ihrem Wege abkehren, wenn sie genau wüßten, daß dieser Weg in den Abgrund führt. Kenneth Hagin pflegt diese Gesetzmäßigkeit gern an einem Beispiel zu illustrieren, daß er einer Offenbarung Gottes verdankte: Käme ein Autofahrer die Straße einer Stadt entlang und die Bewohner der Stadt wüßten, daß diese Straße nach wenigen hundert Metern auf Grund einer zerstörten Brücke abrupt in einer Schlucht enden würde, so würden sie ihn mit Zurufen, Gesten und Gebärden warnen, um ihn von der Weiterfahrt abzubringen. Natürlich würde dieser Autofahrer, wenn er die Ernsthaftigkeit der Warnungen der Stadtbewohner erkannt hätte, diese Information annehmen und gemäß seiner neuen Erkenntnis anhalten oder die Fahrtrichtung verändern.

Das bewirkt Erkenntnis, wenn sie wirklich angenommen worden ist! Wer erst einmal den richtigen Sachverhalt verstanden hat, der muß nicht lange bearbeitet werden, darauf zu reagieren. Hier setzt die Fürbitte ein. Durch sie können wir bewirken, daß andere eine Offenbarungs-Erfahrung erleben, so daß es ihnen wie Schuppen von den Augen fällt und sie auf einmal die Verhältnisse, wie sie Gott sieht, selbst richtig wahrnehmen.

Paulus war, wie seine Briefe ausweisen, ein großer Fürbitter. Der nachfolgende Text zeigt, daß er sich in seiner Fürbitte vorzugsweise für die richtige Erkenntnis der Gläubigen in anderen Gemeinden eingesetzt hat.

Epheser 1,15-23

15 Darum auch ich, nachdem ich gehört habe von dem Glauben bei euch an den Herrn Jesus und von eurer Liebe zu allen Heiligen,

16 höre ich nicht auf, zu danken für euch, und gedenke euer in meinem Gebet,

17 daß der Gott unsers Herrn Jesus Christus, der Vater der Herrlichkeit, euch gebe den Geist der Weisheit und der Offenbarung, ihn zu erkennen.

18 Er erleuchte die Augen eures Herzens, daß ihr erkennen möget, zu welcher Hoffnung ihr von ihm berufen seid, und welchen Reichtum an Herrlichkeit er den Heiligen beschieden hat, (wörtlich: welches der Reichtum an Herrlichkeit des Erbes bei den Heiligen ist)

19 und was da sei die überschwengliche Größe seiner Kraft an uns, die wir glauben, weil die Macht seiner Stärke bei uns wirksam wurde,

20 die er in Christus wirken ließ. Durch sie hat er ihn von den Toten auferweckt und gesetzt zu seiner Rechten im Himmel

21 über alle Reiche, Gewalt, Macht, Herrschaft und was sonst genannt mag werden, nicht allein in dieser Welt, sondern auch in der zukünftigen;

22 und hat alle Dinge unter seine Füße getan und hat ihn gesetzt zum Haupt der Gemeinde über alles,

23 welche da ist sein Leib, nämlich die Fülle des, der alles in allen erfüllt.

Paulus dankt Gott ununterbrochen für die Epheser und er gedenkt ihrer im ständigen Gebet (wörtlich: er erwähnt sie oder bringt sie in Erinnerung). Das Gebet nun, das er wahrscheinlich in Variationen immer wieder für die Epheser betete, hat er ihnen in seinem Brief anvertraut. Es ist ein wohlgegliedertes, vom Heiligen Geist inspiriertes Fürbittegebet, das als Modell für alle Christen gelten kann und in dem es sich hauptsächlich darum dreht, daß Gott Offenbarung von unsichtbaren und hintergründigen Wahrheiten und Tatsachen schenken soll.

Zuerst erbittet er für die Epheser vom Vater den Geist der Wahrheit und der Offenbarung, um durch diesen ihn selbst, Gott, erkennen zu können. Erkenntnis Gottes ist ein durch und durch übernatürliches Geschehen. Deswegen kann eine solche Offenbarungserkenntnis nur durch einen übernatürlichen Vermittler zustande kommen. Dieses Gebet enthält übrigens die einzige Aufforderung an geistgetaufte Christen im Neuen Testament, noch einmal um den Geist Gottes zu bitten. Wenn wir den Geist Gottes in uns haben, dann brauchen wir nicht um eine weitere Geisteserfahrung zu bitten, sondern müssen lediglich diesen in uns wohnenden Geist erwecken und ihm mehr Raum geben. Er bleibt in uns und bei uns (1. Johannes 2,27).

Aber wenn es darum geht, fortlaufend die Offenbarung Gottes zu bekommen, dann gilt diese Regel offensichtlich nicht. Um die Wahrheit zu erkennen, brauchen wir den Geist der Weisheit und Offenbarung, den wir stetig vom Vater der Herrlichkeit erbitten sollen. Wahre Erkenntnis ist Erkenntnis Gottes, in welchem alle Schätze und Erkenntnisse enthalten sind.

Durch den Geist der Weisheit und der Offenbarung sollen die Augen unseres Herzens erleuchtet werden. Wir werden also durch Gottes Geist sehfähig. Erkenntnis ist, wie ich bereits ausgeführt habe, weitgehend ein inneres Sehen. Der Geist Gottes, der durch Fürbitte freigesetzt wird, vermittelt nun den Gläubigen das Vermögen, mit ihrem Herzen im Sinne einer übernatürlichen Offenbarung Dinge zu schauen, die andere nicht erkennen können.

Was sollen die Gläubigen nun sehen? Wir sollen erkennen, zu welcher Hoffnung wir berufen sind. Ich habe diese Worte unzählige Male durchmeditiert und gebetet und habe dabei immer wieder verspürt, daß der Heilige Geist mir die Augen öffnen will – und es auch tut – für das, was wir schon hier auf Erden erwarten dürfen und nicht so sehr für jenseitige Hoffnungen. Eine solche Art zu beten bringt Resultate! Die Gläubigen, für die wir uns so einsetzen, entwickeln nach und nach klare Vorstellungen, wozu sie berufen sind. Unser Lebensziel auf Erden wird uns sehr real. Die neue Sicht setzt uns auf eine Spur von Erwartung, Vorfreude und tiefen Überzeugungen, so daß wir dann mit großer Energie nach vorne gehen. Zuerst kommt also so etwas wie eine begeisternde Aufbrucherwartung über uns.

Wenn uns dann der Geist der Weisheit und der Offenbarung weiterführt, läßt er unsere erleuchteten Augen erkennen, welche Erbschaft in Gestalt von Reichtum an Herrlichkeit uns, den Heiligen, gegeben ist. Wir erkennen unsere Rechte und unser Besitztum, was uns also an inneren Freuden und Segnungen und an äußeren Wohltaten zusteht. Wer anfängt, so zu sehen, der bewegt sich von Aha-Erlebnis zu Aha-Erlebnis.

Solche Entdeckungen werden uns nicht nach wenigen Minuten oder Stunden zuteil. Dazu muß man viel Zeit und Ausdauer investieren. Aber der Ertrag eines solchen meditierenden Gebetes ist außerordentlich groß. Wir bekommen dann eine Offenbarung über die Realität unserer Erbschaft, die überwiegend die äußeren und irdischen Anteile von Gottes Segnungen meint, aber auch einen Eindruck von seiner Herrlichkeit in Gestalt seiner Gegenwart und seines wunderbaren Charakters, der in dem Maße, wie wir Gott sehen, uns selbst zuteil wird.

These *(35)*
Wenn uns Offenbarungserkenntnis über unsere Rechte und unsere Erbschaft übernatürlich zuteil geworden ist, dann bewirkt das re-

gelmäßig einen Ruck in unserem Denken und Trachten, so daß wir danach nicht mehr in den Bahnen unserer alten Anschauungen zu halten sind. Die Mobilisierungskraft von Offenbarungserkenntnis, die uns nach vorne treibt, ist beträchtlich und durch keinen anderen Impuls zu ersetzen.

Ich glaube, daß wir erst, nachdem wir eine solche Offenbarungserfahrung gemachten haben, den Begriff Herrlichkeit verstehen und richtig mit ihm umgehen können. Dann werden wir entdecken, daß die Herrlichkeit Gottes tatsächlich auch in uns ist. Ohne diese Seh-Erfahrung werden das nur verbale Bezeugungen sein, die wir dem Worte Gottes entnehmen, aber nicht in uns erleben. Jetzt können wir diese Wahrheit anerkennen, wir werden sie pflegen und durch mehr Wort-Erkenntnis verändert werden.

2.Korinther 3,18 (wörtliche Übersetzung)
Nun aber erkennen wir alle die Herrlichkeit des Herrn wie in einem Spiegel in unserem aufgedeckten Angesicht und werden in sein Bild verändert von einer Herrlichkeit zur anderen durch den Geist des Herrn.

Indem die Herrlichkeit Gottes, ein Begriff, der seine Gegenwart, seine Eigenschaften und seinen Geist umschließt, von uns selber immer stärker in uns wahrgenommen wird und zunimmt, wird sie sich eines Tages manifestieren. Wir erfahren Gottes Wunder an uns und sie geschehen durch uns.

Als Jesus sein erstes Wunder in Kana getan hatte, die Verwandlung von Wasser in Wein, heißt es über ihn (Johannes 2,11): "... und Jesus offenbarte seine Herrlichkeit, und seine Jünger glaubten an ihn."

Es kann nur das offenbar werden, was vorher im Verborgenen schon vorhanden war. Bevor die Herrlichkeit durch Glaubensschritte nach außen hin sichtbar wird, müssen wir sie durch Erkenntnis von Gottes Wort, Wesen und Absichten in uns wahrgenommen haben. Wer von seiner Armseligkeit überzeugt ist und eine dürftige Innenbefindlichkeit erlebt, kann nie von Gott Zufuhr von Kraft erwarten, durch die anschließend Gottes Wunder geschehen sollen.

Nachdem uns die Kenntnis des Reichtums an Herrlichkeit und unseres Erbes zuteil geworden ist, führt der Geist der Offenbarung und der Weisheit in einer offenbar geordneten und logischen Reihenfolge zu neuen Einsichten und Befähigungen weiter. Wir erkennen dann die gewaltigen Kräfte des Heiligen Geistes, die durch *Glauben* in uns freigesetzt werden. Also auch hier die Reihenfolge: zuerst Erkenntnis der Wahrheit, dann glaubende Erfahrung der Wahrheitsinhalte (Epheser 1,19).

Die letzten Stationen des Erkenntnisweges, den wir in der Fürbitte erfahren oder vermitteln, ist die Wahrnehmung unserer Position mit Christus über allen Reichen, Gewalten, Instanzen und jeder Herrschaft in dieser Welt und in der künftigen. Auch diese Erkenntnis ist nicht durch Nachdenken und fleischliches Bemühen zu gewinnen. Aus der Wahrnehmung unserer einzigartigen Position in Christus über allen anderen Machtstrukturen und Systemen resultiert ein einzigartiges Überlegenheitsbewußtsein, das zum Aufbruch in Neuland und zu Eroberungszügen auch gegen schwierige Gegnerschaft ermutigt. Wer wahrgenommen hat, wie erhaben die eigene Position in Christus ist, der wird sich nicht mehr fürchten und zaudern. Er hat bereits den Vorgeschmack des Sieges erfahren und fühlt sich von Gottes Kräften getragen. Ich glaube, daß die großen Offenbarungen und auch Demonstrationen der Kraft Gottes in der kommenden Erweckung ihre Vorbereitung durch Fürbitter erfahren, die gemäß diesem Gebet in Epheser 1 füreinander einstehen und dabei selbst die Offenbarungen der Realität der unsichtbaren Welt in großer Deutlichkeit erleben werden.

Der Form nach ist dieser Abschnitt im Epheserbrief ein Fürbittegebet. Dem Inhalt nach weist es aber eine so grundsätzliche Bedeutung auf, daß es jeder Nachfolger Jesu für sich selbst durchbeten, durchmeditieren und im Glauben in Besitz nehmen sollte. Was Paulus immer wieder für andere vom Herrn erbeten hat, das sollte auch ein ständiges Gebet für uns selbst sein. Haben wir erst einmal den eigenartigen Reiz dieses Gebetes und die Tiefe seiner Bedeutung erkannt, dann werden wir uns gerne immer wieder der Meditation über diese Worte Gottes hingeben.

Was ist das eigentliche Anliegen, das der Heilige Geist mit diesem Gebetsvorschlag verfolgt?

These *(36)*
Die Gläubigen sollen und dürfen die wichtigsten Wahrheiten der Erlösung nicht mehr nur als Begriffe und Worte verstehen. Sie sollen sie als lebendige Größen voll Leben und Anschauung mit sichtbarer Realität wahrnehmen, die ihnen so wirklich werden wie die sichtbaren Dinge der Umwelt und noch realer als diese. Gott will, daß wir die wichtigsten Positionen der Wahrheit sehen, so daß wir mit ihnen allezeit rechnen und sie uns zu selbstverständlichen Fakten und Besitztümern werden.

Ich wiederhole mich, wenn ich erneut darauf hinweise, daß dieser Prozeß viel Zeit und Hingabe an das Wort und dieses Gebet erfordert. In wenigen Stunden oder Tagen wird der Heilige Geist uns diese Seh- und Offenbarungserfahrung nicht geben. Aber es zahlt sich aus, Wochen und Monate diesem Gebet zu widmen. Haben wir erst einmal angefangen, geistliche Realitäten zu sehen und innerlich in ihrer lebendigen Wirksamkeit zu erleben, dann werden wir nicht mehr dieselben bleiben. Wir werden uns nicht mehr von der Macht der sichtbaren Dinge – Krankheit, Armut und andere Bedrohungen vielfältiger Art – erdrücken lassen, als ob diese übermächtig wären und wir ihnen nichts entgegenzusetzen hätten.

Nein, wenn uns die Offenbarungen der Erkenntnis Gottes und unserer Erbschaft sowie der Kraft unseres Glaubens durch den Heiligen Geist nach und nach vermittelt werden, dann erleben wir in einer viel stärkeren Realitätstiefe als vorher, wer wir in Jesus sind und wie vollkommen unsere Ausstattung in ihm und durch ihn ist. Dann ist uns unser göttliches Kräftepotential wohl bekannt, ja fast spürbar verfügbar und erlebnisnah. Die Augen unseres Herzens sehen dann mit großer Schärfe, wer wir sind, was wir haben und können und was der Feind nicht mehr ist. Die Proportionen der unsichtbaren Welt sind dann für uns in großer Deutlichkeit gegenwärtig.

Wir können durch den Geist der Offenbarung und der Weisheit mit erleuchteten Augen des Herzens sehen, „welches der Reichtum an Herrlichkeit des Erbes bei den Heiligen ist". Mit anderen Worten, wir sollen wissen, was uns gehört und uns rechtmäßig zusteht. Wer sein Erbe genau kennt und es sogar sieht, wird anders ans Werk gehen als der, der nur von der Möglichkeit einer Schenkung gehört hat. Letzterer wird um das Geschenk bitten. Stärker vorzugehen wäre für ihn einfach unverschämt. Wer auch nur über ein bescheidenes Maß von Kultiviertheit verfügt, wird bei einem so beschriebenen Informationsstand nicht über das Bitten hinausgehen wollen und können.

Wer aber die Annehmlichkeiten und Schätze kennt, die ihm durch Erbschaft gehören und die er sogar schon in Augenschein genommen hat, der wird nicht darum bitten. Das wäre dem Besitzstand und den Rechtsverhältnissen nicht angemessen. Wer in Anbetracht eigenen Besitzes, der ihm als Erbe zusteht, mit bittenden und flehenden Worten um Wohlwollen ersucht, daß man ihm seinen Besitz aushändigen möge, der macht sich lächerlich. Dementsprechend werden wir an den einschlägigen Stellen des neuen Testamentes, wo nach unseren deutschen Übersetzungen vom Bitten im Glauben die Rede ist, eigentlich aufgefordert, etwas vom Herrn zu holen oder zu verlangen oder haben zu wollen. Das besagt nämlich das Wort „aiteo", das etwa in Markus 11, 24 und an vielen anderen Stellen steht, wo die Übersetzer in unsachgemäßer Weise das Wort

„Bitten" verwenden. Es gibt in der säkularen griechischen Literatur keinen Nachweis über die Bedeutung dieses Wortes „aiteo" im Sinne von Bitten!

Als Jesus anhand des Gleichnisses von der bittenden Witwe über die Notwendigkeit des anhaltenden, fordernden und glaubenden Gebetes sprach (Lukas 18,1-8), ließ er die Witwe und den ungerechten Richter vom Recht reden, das er ihr verschaffen soll. Er selbst hat dann in seiner Deutung dieses Gleichnisses diese Ausdrucksform aufgegriffen und nachdrücklich erklärt, daß Gott seinen Auserwählten, die Tag und Nacht rufen, in Bälde Recht schaffen wird.

Gott schafft uns Recht, wenn wir ein Recht haben. Und wir haben Rechte, verbriefte Rechte, Kindschaftsrechte, Erbrechte, Gnadenrechte. Auf diese soll sich unser Glaube berufen. Dadurch wird er fest und unerschütterlich, ohne keck oder aufmüpfig zu sein.

In beiden geschilderten Fällen, dem Fall des gesicherten Wissens über die empfangene Erbschaft und im Fall einer Schenkung, die dem Hörensagen nach stattfinden soll, sind wir aufgefordert, uns dem Worte Gottes gemäß im Glauben Gott zu nahen, weil wir ohne Glauben nichts von ihm bekommen können (Hebräer 11,6). Aber diese zwei Bedingungen des Empfangens sind denkbar unterschiedlich.

Die erste Art zu glauben ist von Vertrauen, Kühnheit, Direktheit und beharrlicher Unbekümmertheit bestimmt, was vielleicht manchmal einschließen muß, daß man Tag und Nacht vor Gott ist, um sein Recht zu empfangen. Aber das ist Glaube im besten neutestamentlichen Sinne. Dementsprechend fragte Jesus am Ende des Gleichnisses (Lukas 18,8b): „Doch wenn des Menschen Sohn kommen wird, meinest du, er werde den Glauben finden auf Erden?" Im anderen Fall wird sich der „Glaubende" unsicher verhalten. Er ist vorsichtig, fragend und bangend, ob das auch stimme, was man gehört habe und ob Gott auch wirklich und in jedem Fall das geben wolle, und ob er auch tatsächlich gnädig sei.

Beide Verhaltensweisen nennt man Glaube, und doch trennen Welten beide voneinander. Was macht den Unterschied zwischen beiden aus?

These *(37)*
Der Unterschied zwischen dem schwachen Glauben auf der einen Seite und dem gesunden biblischen Glauben auf der anderen Seite liegt weitgehend in den Erkenntnis- und Wissensvoraussetzungen. Der Glaube kann nur dann stark sein, wenn er auf einer solchen starken Wissensgrundlage ruht, die Rechtspositionen darstellt.

Der Vergleich dieser beiden Arten zu glauben zeigt, daß in diesem Fall nicht so sehr die richtige Lehre des Glaubens entscheidend ist, sondern der Stand an Erkenntnis biblischer Wahrheit, weil dieser die Qualität des Glaubens entscheidend beeinflußt. Die Werte-, Rechts- und Erlösungspositionen, die eine biblische Erkenntnislehre zu beschreiben hat, sind ausschlaggebend dafür, was und wie man glauben kann. Klare Positionen, die exaktes Wissen schaffen können, werden es leicht machen, einen starken Glauben zu entwickeln. Diese Art von Glauben wird dadurch gekennzeichnet sein, daß sie frei ist von jeder Form von Schuldgefühl, wie man es habe wagen können, auch noch dies oder jenes von Gott zu erbitten. Die Erkenntnisgrundlage des Wortes Gottes hat uns nämlich unser Anliegen als zu unserem Besitzstand gehörig ausgewiesen und uns obendrein Gott als einen Herrn gezeigt, der seine Freude daran hat, uns Gutes zu erweisen (Jeremia 32,41).

Nun kann man manchmal die Auffassung hören, daß man erst glauben müsse und dann erst, nach erfolgter Gebetserhörung, wissen könne. Diese Auffassung trifft nur für *Erfahrungswissen* zu. Wenn man Gott im Glauben um etwas gebeten und dann das Erbetene bekommen hat, dann kann man in Anbetracht der sichtbaren Resultate tatsächlich nicht mehr glauben. Dann befindet man sich im Zustand des Wissens. Das ist ein Wissen durch Sinneserfahrung.

Aber es gibt auch ein Wissen vor dem Glauben: das *Offenbarungswissen*. Auch dieses Wissen betrifft exakte Fakten, geistliche Tatsachen, die die Grundlage und Rahmenbedingung des Glaubens darstellen, wodurch dieser erst zustande kommen kann. Liegen sie nicht vor, dann wird jeder Versuch zu glauben sofort zu einem religiösen und humanistischen Glaubensersatz entarten. Ohne Offenbarungswissen als Voraussetzung und Anstoß des Glaubens kann biblischer Glaube gar nicht erst entstehen. So ist die Reihenfolge der Abläufe bei der Glaubenserfahrung folgende: Offenbarungswissen, Glauben, und dann, nach stattgehabter Gebetserhörung oder Glaubenserfahrung, Erfahrungswissen.

Das Wort Gottes erwähnt häufig solches Offenbarungswissen als Voraussetzung zum Glauben und Handeln. Häufig wird dieses Wissen in Frageform angemahnt: „Weißt du nicht, daß dich Gottes Güte zur Buße leitet?" (Römer 2,4b).
„Denn ihr wisset die Gnade unsers Herrn Jesus Christus, daß, ob er wohl reich ist, ward er doch arm um euretwillen, auf daß ihr durch seine Armut reich würdet. (2. Korinther 8,9).
„Oder wisset ihr nicht, daß euer Leib ein Tempel des Heiligen Geistes ist, der in euch ist, welchen ihr habt von Gott, und seid nicht euer eigen?" (1. Korinther 6,19).
„Wir wissen aber, daß denen, die Gott lieben, alle Dinge zum Besten dienen, denen, die nach dem Vorsatz berufen sind." (Römer 8,28).
„Oder wisset ihr nicht, daß alle, die wir in Jesus Christus getauft sind, die sind in seinen Tod getauft?" (Römer 6,3).

„...weil wir ja wissen, daß unser alter Mensch samt ihm gekreuzigt ist, damit der Leib der Sünde aufhöre, daß wir hinfort der Sünde nicht dienen." (Römer 6,6)

Der Heilige Geist will göttliche Wahrheiten in uns zu plastischen und anschaulichen Innenwirklichkeiten umformen. Sie sollen so real sein, daß sie das Denken unseres eigenen Herzens darstellen. Es muß sich die Wahrheit der Schrift mit der Wahrheit des Herzens verbinden, damit der Glaube, der das zugreifende Handlungsmoment darstellt, echt wird und nicht eine ungefüllte Glaubenshülse darstellt. Überall bei diesem Prozeß gehen Wahrheit und Aufrichtigkeit mit ein.

Ich schreibe diesen Teil des Buches gerade während eines Kurzurlaubes in Zypern. Gestern erlebte ich einen Schub einer Nierenbekkenentzündung. Natürlich habe ich die Heilung der Entzündung im Glauben beansprucht. Über Stunden, den ganzen Tag hindurch, habe ich mit dem Herzen und mit dem Mund die Tatsache, daß Jesus meine Krankheit getragen hat, glaubend ergriffen und festgehalten. Vor zwei Tagen entwickelte sich abends die Symptomatik, gestern war ich bereits im Swimmingpool, und heute badete ich draußen in der offenen See.

Ich habe mich dabei genau beobachtet. Die Glaubenshaltung einzunehmen − meine Worte und Handlungen trotz der Entzündung −, das war nicht das Besondere. Entscheidend war, ob mein Herz sich durchgehend mit der Wahrheit der Schrift identifizierte: Die Krankheit hat der Herr schon auf sich genommen und weggetragen. Sie ist gar nicht mehr da und erst recht nicht meine Krankheit. Weil das eine Tatsache ist, deswegen kann ich mir diese Haltung erlauben, die man Glauben nennt. Ich habe mir die Tatsachen im Glauben einfach abgeholt. Ich spürte deutlich, daß es mich mehr fordert, die Wahrheit der Schrift für meine Situation anzuerkennen, als sie im Glauben zu äußern. Weil ich mir aber immer wieder die Tatsachen so ansah, wie sie die Schrift schildert, blieb mein Glaube echt und war mit Wahrheit gefüllt. Nach 18 Stunden war alles vorbei; ich war gesund.

Das Mustergebet des Paulus in Epheser 1, das wir untersuchen, zeigt uns die Reihenfolge des richtigen Vorgehens: Zuerst sollen wir die wichtigsten Erkenntnispositionen wahrnehmen und sie sehen, und erst dann kommt die Aufforderung und die Befähigung zum Glauben. Wer diese Reihenfolge berücksichtigt, wird ihren Nutzen an der Leichtigkeit der Glaubensentfaltung erkennen. Dieser Weg, Erkenntnis Gottes zu gewinnen, hat nichts gemein mit Meditation im Sinne von Versenkung und Verinnerlichung. Es ist diesem Geschehen absolut nichts Mystisches eigen. Der Heilige Geist will einfach mit uns Gemeinschaft pflegen, um im Zusammensein und Einwirken auf uns das Wort aufzuschließen, so daß die Konturen der unsichtbaren Welt für uns erkennbar werden und wir unsere eigene Position in Christus immer deutlicher wahrnehmen.

Der Segen der strikten Beachtung dieser Reihenfolge von Erkenntnis und Glaube wirkt sich, wie bereits dargelegt, vor allem an der Ruhe, Angstfreiheit und Leichtigkeit des Prozesses aus, bei gegebener Not den Glauben Gottes zu entwickeln. Es wird dann nicht zu einem schweren und wogenden Kampf des Glaubens kommen, bei dem es stellenweise unsicher ist, wer obsiegen wird: die Krankheit bzw. die jeweilige existentielle Not oder die Heilungskraft und die Hilfe des Herrn. Solch eine Art von Glaubenskampf ist in unseren persönlichen Nöten eigentlich nicht nötig und auch nicht vorgesehen. Hier sollen wir unseren souveränen, aus dem Worte Gottes wachsenden Glauben beweisen, durch den wir Satan ständig unter unseren Füßen halten. Die großen Glaubensherausforderungen und -kämpfe werden uns eher – und dann sind sie sicher unvermeidbar – in den Herausforderungen erwarten, die mit der Gemeinde Gottes und ihrer Expansion in die Welt hinein zu tun haben.

Wenn uns manche Geschichten und Beschreibungen des Alten Testamentes ein Bild für Abläufe und Kräfteverhältnisse im neutestamentlichen Christsein sein können, dann sehen wir, daß die persönlichen Anliegen wie Heilung, Bewahrung der Gesundheit und Wohlergehen damals keine umkämpften Positionen waren. Diese Segnungen waren selbstverständlich. Kämpfe waren nur erforderlich, wenn sich die Feinde des Volkes Gottes erhoben hatten, um es zu vernichten.

Wenn das unter einem Bund galt, der auf schwächeren Verheißungen und Grundlagen beruhte als der neue Bund, dessen Vermittler und Garant Jesus selbst ist, wieviel eindeutiger müssen die Tatsachen unserer Überlegenheit heute sein, wo wir die volle Offenbarung Gottes haben und einem besiegten Feind gegenüberstehen?

Das gilt natürlich nur unter der Voraussetzung von gegebener umfassender Lehre. Soweit sind wir heute allerdings noch nicht. Der Leib Jesu ist zu weiten Teilen noch im Zustand der Unmündigkeit und des Mangels an Erkenntnis seiner totalen Überlegenheit. Aber es ist jetzt schon erkennbar, wie der Heilige Geist anfängt, die Gemeinde Gottes über ihre Position zu belehren, und sie auffordert, den Geist der Offenbarung und der Weisheit zu beanspruchen. In dem Maße, wie die Gläubigen diesen Anregungen des Heiligen Geistes nachkommen werden, werden sie an Selbstbewußtsein zunehmen, ihre Gaben und ihre Autorität entdecken und auf Grund von exaktem Wissen in großer Breite starken Glauben beweisen. In der Entwicklung der Gemeinde Jesu hinein in die weltweite Erweckung, die die Wiederkunft Jesu vorbereitet, wird das Gebet von Epheser 1 einen wichtigen Beitrag darstellen.

Wir verdanken Paulus ein zweites Gebet von ähnlichem, modellartigem Charakter, das auch ein Fürbittegebet darstellt. In ihm geht es mehr darum, daß die Gläubigen Erkenntnis über Christus und seine Liebe gewinnen und dadurch sieghafter leben können.

Epheser 3,14-21
14 Derhalben beuge ich meine Knie vor dem Vater,
15 der der rechte Vater ist über alles, was da Kinder heißt im Himmel und auf Erden,
16 daß er euch Kraft gebe nach dem Reichtum seiner Herrlichkeit, stark zu werden durch seinen Geist an dem inwendigen Menschen,

17 daß Christus wohne durch den Glauben in euren Herzen und ihr in der Liebe eingewurzelt und gegründet werdet,

18 auf daß ihr begreifen möget mit allen Heiligen, welches da sei die Breite und die Länge und die Höhe und die Tiefe;

19 auch erkennen die Liebe Christi, die doch alle Erkenntnis übertrifft, damit ihr erfüllt werdet mit aller Gottesfülle.

20 Dem aber, der überschwenglich tun kann über alles, was wir bitten oder verstehen, nach der Kraft, die da in uns wirkt,

21 dem sei Ehre in der Gemeinde und in Christus Jesus zu aller Zeit, von Ewigkeit zu Ewigkeit! Amen.

Paulus ringt in diesem Gebet darum, daß sie die Privilegien ihrer Kindschaft in der Familie Gottes entdecken und durch den Reichtum der Herrlichkeit, die ihnen durch den Heiligen Geist zuteil wird, am inneren Menschen stark werden. Zu diesen Innenerfahrungen soll auch gehören, daß sie Christus im Glauben in ihrem Herzen wohnen lassen.

Diese Offenbarungen weisen Ähnlichkeit auf mit jenen, die nach Epheser 1 den Gläubigen zuteil werden sollen, aber mit der Besonderheit, daß es hier primär um die *Liebe* Gottes geht, die sie erfahren und in die sie eingehüllt und gegründet sein sollen. Sie soll ihnen in ihrer ganzen Umfänglichkeit („die Breite und die Länge und die Höhe und die Tiefe", Vers 18) deutlich werden. Durch die Erkenntnis der Liebe Gottes sollen sie schließlich zur ganzen Fülle Gottes geführt werden, um aus dieser Erkenntnisfülle von Gott mehr an Segnungen und Gebetserhörungen zu empfangen als sie gebeten und verstanden haben.

Auch aus diesem Gebet wird der hohe Stellenwert von Offenbarungserkenntnis ersichtlich. Wissen aus Offenbarung ist die erste Station auf dem Wege der Nachfolge, die darüber entscheidet, ob wir überhaupt weitergehen und weiterkommen. Wir verhalten uns nun einmal gemäß unserer Erkenntnis. Womit ich nicht sagen will, daß Erkenntnis allein ausreichend sei. Aber ohne Erkenntnis kommt überhaupt kein weiterer Schritt zustande. Sehen wir große und lustvolle Ziele, stürmen wir nach vorne. Enthalten unsere Erkenntnisse aber nur stumpfe und unattraktive Ziele, werden wir nicht zu bewegen sein, weiterzugehen.

Gegenüber den Gläubigen in Kolossä äußerte sich Paulus ähnlich. In Kapitel 1,3 seines Briefes an sie beschreibt er seine Gebetsbeziehung zu ihnen.

Kolosser 1,3
Wir danken Gott, dem Vater unsers Herrn Jesus Christus, allezeit, wenn wir für euch beten.

Paulus hat allezeit für die Christen in Kolossä gebetet, und zwar, wie er später (Vers 9) sagt, damit sie erfüllt würden „mit Erkenntnis seines Willens in aller geistlichen Weisheit und Einsicht". Es war also wieder ein ständiges Beten um die richtige Erkenntnis.

Sein Gebet muß erhört worden sein, weil er folgende Aussage über die Wirkung des Evangeliums bei ihnen machen konnte:

Kolosser 1,4-6
4 (Wir danken Gott...), da wir gehört haben von eurem Glauben an Christus Jesus und von der Liebe, die ihr zu allen Heiligen habt,
5 um der Hoffnung willen, die für euch bereit ist im Himmel. Von ihr habt ihr schon jetzt gehört durch das Wort der Wahrheit im Evangelium,
6 das zu euch gekommen ist, wie es auch in aller Welt da ist und Frucht bringt und so wächst, wie auch bei euch von dem Tage an, da ihr's gehört habt und erkannt die Gnade Gottes in der Wahrheit.

Es ist schon erstaunlich, was die erkannte Wahrheit nach dem Schriftbefund alles bewirkt, wenn einem erst einmal die Augen ge-

öffnet sind und man angefangen hat, auf bestimmte Zusammen-
hänge zu achten. Hier wird uns das Evangelium als das Wort der
Wahrheit genannt, aus der die Gnade zu erkennen ist. Das Wort
Gottes ist schon in alle Welt gegangen, bringt Frucht und wächst,
und das alles ausschließlich in Abhängigkeit von der Erkenntnis der
Gnade aus der Wahrheit.

Wir dürfen uns nicht, während wir immer stärker die Bedeutung der
Erkenntnis der Wahrheit sehen, dem Fehler hingeben, Erkenntnis
gegen Glauben auszuspielen und danach zu fragen, welche Aufgabe der Glaube überhaupt noch hat. Erkenntnis und Glaube wirken
zusammen. Je stärker man den Glauben betont und ihn praktiziert,
um so stärker wird man auf die Voraussetzung zum Glauben, gesunde biblische Erkenntnis, hingelenkt werden. Wenn es um Fürbitte geht, sehen wir dementsprechend, daß wir mehr Schriftbefund
dafür beibringen können, daß wir für die Erkenntnis anderer beten
sollen als für die Förderung ihres Glaubens.

Aber gibt es heute noch Fürbitter wie Paulus, die sich so der Fürbitte
hingeben? Ich will es positiv formulieren: Ich sehe, wie der Heilige
Geist eine Fürbittebewegung schon jetzt in der Gegenwart ins Leben gerufen hat, in der Tausende und Abertausende von Nachfol-
gern Jesu in Erkenntnis dieser Zusammenhänge für andere Gläubige einstehen, damit ihnen die Augen geöffnet werden. So beschreibt Paulus seinen eigenen Dienst in

Kolosser 1,9-11
**9 Darum auch wir von dem Tage an, da wir's gehört haben, lassen
wir nicht ab, für euch zu beten und zu bitten, daß ihr erfüllt werdet
mit Erkenntnis seines Willens in aller geistlichen Weisheit und
Einsicht,**
**10 auf daß ihr des Herrn würdig wandelt zu allem Gefallen und
Frucht bringt in jeglichem guten Werk**
**11 und wachset in der Erkenntnis Gottes und gestärkt werdet mit
aller Kraft durch seine herrliche Macht zu aller Geduld und Langmut.**

Wenn wir dem Beispiel von Paulus folgen, werden wir sicher erleben, wie in erstaunlich kurzer Zeit die Gemeinde Gottes an Reife, Einsicht und Erkenntnis zunimmt und sie dadurch eine gewaltige Kraft des Glaubens entwickelt.

Kapitel 4

Erkenntnis und geistliche Kriegsführung

Wir erleben, wie der Heilige Geist dem Leib Jesu Wiederentdeckungen von alten biblischen Wahrheiten anvertraut. Eine solche Entdeckung ist das, was wir heute geistliche Kriegsführung nennen. Es sind nicht geringe Anteile des Leibes Jesu, die schon davon erfaßt sind. Die Christen, die diese Entdeckung bejaht haben, sind von dieser neu erkannten Wahrheit unbestreitbar sehr gesegnet worden.

Das Erstaunliche an dieser geistlichen Kriegsführung, in die sich in den letzten Jahren sehr viele Christen hineinbegeben haben, ist die Tatsache, daß sie ganz überwiegend, wenn nicht gar ausschließlich, gegen Gedanken und Prinzipien der Unwahrheit gerichtet ist. Wer die Lehre der geistlichen Kriegsführung bejaht, der braucht unbedingt ein solides Verständnis von der Macht der Erkenntnis und der Gedanken.

These *(38)*
Satan hat nur einen Zugang zu den Menschen: das ist der Weg über die Gedanken. Wenn er, den Jesus auch den Vater der Lüge nennt, die Menschen verderben, quälen, berauben und töten will, steht ihm nur diese eine Möglichkeit zur Verfügung, daß er ihnen verkehrte Gedanken, also Unwahrheit, anbietet.

Deswegen ist es für jeden Gläubigen so wichtig zu wissen, welche Gedanken, Lehren und Erkenntnisse wirklich göttlich und welche satanisch sind. Die einen bauen auf, die andern zerstören. Es gibt nach meiner Erkenntnis keinen biblischen Hinweis dafür, daß Satan unseren Glauben direkt zerstören oder hindern kann. Aber er darf auf unsere Gedanken, sogar wenn sie göttliche Gedanken sind, insofern Einfluß nehmen, als er sie stehlen darf, was dann nachträglich auch unserem Glauben Abbruch tun wird. Er stiehlt auf dem Weg der Lüge und der Verführung. Indem er scheinbar plausible Gedanken und Lehren anbietet, die in Wirklichkeit irrig sind, oder widrige Umstände auftürmt, die uns veranlassen zu glauben, daß gegen sie nichts zu machen ist, verführt er uns, göttliche Wahrheiten und Gedanken aufzugeben. Das ist dann ein indirekter Diebstahl auf dem Weg der Lüge.

Lukas 8,12
Die aber an dem Wege sind, das sind, die es hören; danach kommt der Teufel und nimmt das Wort von ihrem Herzen, auf daß sie nicht glauben und selig werden.

Der Teufel darf also Worte und Gedanken rauben, die an der Oberfläche unseres Herzens lagern. Am liebsten möchte er verhindern, daß göttliche Erkenntnisse überhaupt Eingang bei uns finden. Unter bestimmten Bedingungen gelingt ihm das auch.

Beachte auch hier die Abhängigkeit von Wort und Glaube: Das Wort der Wahrheit ist vom Hörenden bereits angenommen worden, wird aber vom Teufel gestohlen, damit der Betreffende nicht glaube. Er hatte also schon die Wahrheit, jedoch ohne daß bereits auch Glaube da war.

Korinther 4,3-4
3 Ist nun unser Evangelium verdeckt, so ist's denen verdeckt, die verloren werden,
4 den Ungläubigen, denen der Gott dieser Welt den Sinn verblendet hat, daß sie nicht sehen das helle Licht des Evangeliums von der Herrlichkeit Christi, welcher ist das Ebenbild Gottes.

Der Sinn, oder besser übersetzt, das Denken der Ungläubigen nimmt die frohe Botschaft mit allen in ihr liegenden Erkenntnissen infolge grundsätzlichen Unvermögens und Erkenntnisschwäche nicht wahr. Der Grund für diese Erkenntnisunfähigkeit kommt nach diesem Wort von außen. Der Teufel greift aktiv ein und verblendet den Verstand der Ungläubigen, so daß sie Informationen über Gott und die Erlösung nicht erfassen und verarbeiten können. Weil er der Gott dieser Welt ist, wird ihm das gestattet. Auch ein besiegter Teufel darf so lange verkehrte Gedanken, also Lügen, austeilen, wie er nicht von den Gläubigen daran gehindert wird.

An dieser Stelle setzt die Bedeutung der geistlichen Kriegsführung ein. Sie ist ein Kampf gegen Satan selbst und seine dämonischen Machthaber, die zwar allesamt besiegt sind, aber ihre Position in der Atmosphäre noch nicht aufgegeben haben. Sie sind jene Geister der Luft, von denen Paulus redet, die imstande sind, die Gedanken einzelner Menschen, das Denken und die Philosophie ganzer Gesellschaften, Städte und Kulturen zu lenken, zu beeinflussen und zu vergiften. Wir haben ja schon gesehen, daß sie ganze Philosophien und antigöttliche Traditionen durch die Menschen, die in ihrer Gewalt sind, ausbilden (Epheser 2,1-2; 1. Timotheus 4,1).

Weil Weltanschauung, Ideen und Ideologien mit ihren verkehrten Werten, Zielen und Lustangeboten Millionen von Ungläubigen gefangen halten und berauben, müssen wir kraft unserer Autorität, die wir im Namen Jesu haben, dazwischentreten und den Teufel und alle Mächtigen und Gewaltigen in der unsichtbaren Welt binden, gefangennehmen, berauben, demütigen, schlagen und in die Flucht jagen.

Hier ist nicht der Platz, eine umfassende Lehre über die göttliche Kriegsführung zu entfalten. Aber wir brauchen zumindest ein Grundverständnis von der Natur dieses Kampfes. Jesus hat den Teufel und sein Heer durch das Kreuz und die Auferstehung besiegt. Das war seine Aufgabe. Sie ist getan. Unsere Aufgabe liegt nun darin, den Nutzen des Sieges zu sichern. Wir sollen den bereits besiegten Feind völlig demütigen und verjagen.

Psalm 18,38
Ich will meinen Feinden nachjagen und sie ergreifen und nicht umkehren, bis ich sie umgebracht habe.

Hier ist von einem Zeitfaktor die Rede: „...bis ich sie umgebracht habe." Dieses Umbringen von dämonischen Kräften ist, wie uns das Wort Gottes sagt, eine Beseitigung ihrer zerstörerischen Funktion, nicht ihrer Existenz. Die einzige Funktion dämonischer Kräfte beruht in der Einflußnahme auf die Gedankenwelt der Menschen, um diese durch Annahme ihrer lügenhaften Gedanken zu ködern, zu täuschen und dann zu vernichten.

Wir müssen das Reglement in der unsichtbaren Welt kennen. Dämonische Kräfte haben nicht die unmittelbare Erlaubnis, die Menschen einfach zu überfallen und zu zerstören. Sie brauchen eine direkte oder indirekte Einladung unsererseits, um ihre zerstörerischen Absichten in uns realisieren zu können. Diese Einladung erfahren sie durch die Annahme ihrer Gedanken durch uns Menschen, wodurch wir zum einen die dämonischen Angebote bejahen und zum anderen das Gift dieser Gedanken in uns hineinlassen.

Ein Mensch, der Jesus nicht als seinen Herrn hat, ist verführbar und von vornherein schon verführt. In einer grundsätzlichen Zwanghaftigkeit, deren er selbst nicht gewahr wird, ist er das ständige Opfer von Gedanken und Erkenntnissen, die voller Lüge sind und deren Annahme ihn auf die Dauer ruinieren. Die Erkenntnis und die Erkenntnisfähigkeit aller nicht wiedergeborenen Menschen ist grundsätzlich lädiert und fehlerhaft. Aber das muß so nicht bleiben!

Weil Jesus uns Macht über alle Gewalt des Feindes gegeben hat (Lukas 10,19), deswegen haben wir auch die Macht, die Hauptfunktion der dämonischen Präsenz in der Atmosphäre, nämlich Lügen zu verbreiten, zu unterbinden.

2. Korinther 10,3-6
3 Denn ob wir wohl im Fleisch wandeln, so streiten wir doch nicht fleischlicherweise.

4 Denn die Waffen, mit denen wir kämpfen, sind nicht fleischlich, sondern mächtig im Dienste Gottes (wörtlich: mächtig durch Gott), **zu zerstören Befestigungen.**

5 Wir zerstören damit Anschläge und alles Hohe, das sich erhebt wider die Erkenntnis Gottes, und nehmen gefangen alle Gedanken unter den Gehorsam Christi

6 und sind bereit, zu strafen allen Ungehorsam, wenn euer Gehorsam völlig geworden ist.

Unser Wandel auf der Erde, das heißt, das Bewältigen von Alltagsaufgaben und -belangen, geschieht wohl im Fleisch. Damit will das Wort Gottes uns sagen, daß wir trotz aller Abhängigkeit von der ständig angebotenen Gnade doch nicht in den Alltags-, Familien- und Berufssituationen von dem Rückgriff auf natürliche Fähigkeiten und Fertigkeiten aus dem Reservoir unserer seelischen, intellektuellen und körperlichen Kräfte absehen sollen und können.

Aber anders verhält es sich im Umgang mit den dämonischen Strukturen und Kräften in der Atmosphäre. Dieser Umgang ist ein Streiten! Der Kampf gegen diese Kräfte erfolgt ausschließlich mit geistlichen Mitteln. Gegen diese unsichtbaren Feinde mit Waffen des Intellektes, der Erfahrung oder gar mit körperlichen Mitteln vorgehen zu wollen, ist abwegig und lächerlich.

Aber wir haben ausgezeichnete Waffen, die geistlicher Natur sind und sein müssen, weil die zu bekämpfenden Kräfte ebenfalls Geister sind. Diese Waffen sind durch Gott mächtig. Aber sie sind nur dann erfolgreich, wenn *wir* sie einsetzen. Diese Waffen werden uns wohl vom Himmel zur Verfügung gestellt, können aber nur von *uns* gebraucht werden. Gott und seine Engel benutzen sie nicht! Viele Siege, die Gott für uns vorbereitet hat, können nicht errungen werden, wenn wir nicht zu diesen Waffen greifen.

Hier finden wir eine unabweisbare Maxime im Reiche Gottes, die leider vielen Christen gänzlich unbekannt ist:

These *(39)*
Der Kampf gegen geistlich-satanische Formationen in der Sphäre von Kulturen und Weltanschauungen, der eigentlich eine Auseinandersetzung mit Wahrheiten und Gedanken ist, obliegt völlig der Gemeinde Jesu und wird nicht für uns von Gott oder irgendeiner anderen göttlichen Instanz übernommen. Wenn wir nicht kämpfen, bleiben Positionen, die uns eigentlich gehören, dem Feind überlassen.

Der Himmel tut, was wir tun, befehlen oder durch göttliche Kampfesführung bewirken, und nicht umgekehrt.

Matthäus 18,18
Wahrlich, ich sage euch: Was ihr auf Erden binden werdet, soll auch im Himmel gebunden sein, und was ihr auf Erden lösen werdet, soll auch im Himmel los sein.

Da steht es, ganz eindeutig und unverkennbar, auch wenn Generationen von Christen es ganz anders gesehen und verstanden haben: Was wir auf Erden binden oder lösen, das ist auch im Himmel gebunden oder gelöst. Die Willensentscheidung wird zuerst auf der Erde von uns formuliert und vollzogen, und der Himmel zieht nach!

Es mag für manche Leser vielleicht unfaßlich klingen, aber in dem Bereich unseres geistlichen Kampfes macht sich Gott von uns abhängig. Wenn wir die Chancen nicht nutzen, mit einem besiegten Feind angemessen umzugehen, dann läßt Gott uns gewähren und wird nicht für uns den Kampf übernehmen. Er hat den Feind bereits besiegt. Ihn zu verjagen, zu demütigen, zu schlagen, zu binden und ihm damit völlig den Einfluß zu rauben, das ist unsere Aufgabe. Freilich sollen wir bei der Erledigung dieser Aufgabe auf göttliche Kräfte und Assistenz zurückgreifen. Obendrein ist es auch insofern keine Überforderung für uns, weil Jesus alle dämonischen Reiche und Gewalten ihrer Macht entkleidet hat. Das heißt, sie sind waffen-los und können sich gegen unsere geistlichen und mächtigen Waffen nicht verteidigen.

Kolosser 2,15
Er hat die Reiche und die Gewaltigen ihrer Macht entkleidet und sie öffentlich zur Schau gestellt und hat einen Triumph aus ihnen gemacht in Christus.

Wir haben zu kämpfen. Du, lieber Leser, hast für deine eigenen Belange zu kämpfen. Schau dich nicht nach einem anderen um, der für dich das tun könnte und rufe deswegen auch nicht Gott an, daß er für dich kämpft. Er tut es nicht! Er hat dich aber erlöst, er liebt dich, er bewahrt dich, er hilft dir bei der Kampfesvorbereitung und beim Kämpfen selbst, aber kämpfen mußt du (Psalm 18,32-40). Mit dem Worte Gottes haben wir ein überlegenes Mittel in der Hand. Es ist das Schwert des Geistes, mit dem wir Satan und sein Reich im Umkreis unserer Aufgaben tatsächlich binden und lähmen können.

Die Untersuchung der Textstelle aus 2. Korinther 10,3-6, auf die ich jetzt zurückkomme, beweist uns nun, daß der Kampf der Gemeinde Jesu und auch der einzelnen Christen tatsächlich ein Kampf gegen Unwahrheiten und Bastionen verkehrter Gedanken und Philosophien ist. Für den einzelnen Gläubigen, der das einmal verstanden hat und dann seinen Kampf praktiziert, ist das eine erregende Möglichkeit, die atmosphärischen Voraussetzungen für die bessere Aufnahme des Evangeliums so zu verändern, so daß nachher die Menschen schneller und überzeugter das Evangelium erfassen können. Das heißt, wir haben die Mittel in der Hand, die darüber entscheiden, ob das Wort Gottes von der Bevölkerung angenommen wird oder nicht.

Wir wollen einzelne Aspekte dieser Auseinandersetzung untersuchen.

– *Wir zerstören mit unseren geistlichen Waffen **Befestigungen**.*
Unter Festungen sind uneinnehmbare Bollwerke satanischer Aktivitäten oder auch die gänzliche Immunität gegenüber dem Evangelium zu verstehen, weil ganze Bezirke, Städte oder Länder von unsichtbaren und mächtigen Mauern verkehrter Ideologie, scheinchristlicher Religiosität oder anderen Formen von Unwahrheit umgeben sind. In solchen Festungen, von denen es sehr viele gibt, ist auch jeder einzelne Bürger, der in bestimmten geographischen oder kulturellen Zonen wohnt, in einem eigenen Gefängnis mit seinen eigenen Mauern und seiner eigenen individuellen Unfreiheit gefangen.

Diese Festungen von Humanismus, Liberalismus, Amoralität, Perversion, Okkultismus, Satanismus, aber auch alle anderen Formen von ungöttlichen Ideologien oder politischen und gesellschaftlichen Programmen können von uns tatsächlich durch einen solchen geistlichen Kampf zerstört werden. Der geistliche Kampf stellt, wenn er richtig verstanden und praktiziert wird, ein großes Machtmittel dar. Ist er erfolgreich geführt worden, dann werden sich anschließend die früher gefangengenommenen Menschen auf einmal als fähig und willens erweisen, eine Entscheidung für Jesus zu vollziehen. Das Vorurteil, das festgefügt und unerschütterlich jede neutrale oder freie Willensentscheidung ausgeschlossen hatte, weil das einzelne Individuum hoffnungslos von einem Panzer von Gedanken und Weltanschauungen umgeben war, ist zerbrochen, so daß jetzt Entscheidungsfähigkeit gegeben ist.

– *Wir zerstören damit **Anschläge**.*
Die Wortwahl im griechischen Grundtext macht deutlich, daß es sich dabei um Anschläge und Attacken von Gedanken handelt (logismos). Solche gedanklichen Anschläge stellen das Gegenstück der Befestigungen dar. Befestigungen hatten bereits Überwältigte langzeitig oder sogar lebenslang festgehalten. Anschläge im Sinne des hier gewählten Begriffes sind plötzliche ideologische Attacken, voll von Lüge, List und Schein-Schlüssigkeit, die die noch nicht ge-

fangengenommenen Menschen und Gläubigen aus ihrer bisherigen Bahn werfen sollen. Aber auch darüber haben wir Macht, sei es, daß wir solche Überfälle überhaupt verhindern, oder, wenn sie stattfinden, sie zu unseren Gunsten entscheiden.

Die dämonischen Kräfte in der Atmosphäre bedienen sich solcher Methoden von Überfallcharakter, um dadurch die Menschen und auch die Gläubigen einzuschüchtern, zu verunsichern und zu verängstigen, womit eine spätere Übernahme oder gänzliche Zerstörung vorbereitet wird. Unsere Ausstattung in Gestalt unserer geistlichen Waffen ist nun so umfangreich und präzise, daß wir sogar solche Attacken unterbinden können.

— *Wir zerstören damit **alles Hohe,** das sich erhebt wider die Erkenntnis Gottes.*
Das Hohe, das sich gegen die Erkenntnis Gottes erhebt, muß etwas sein, was selbst ein Erkenntnisgut darstellt und sich als imponierendes und überlegenes Gedankengut präsentiert. Die Festungen, die wir zu zerstören haben, mögen vielleicht auch Haltungen und Gewohnheiten oder Einstellungen sein. Aber das Hohe, von dem hier die Rede ist, kann auf Grund seiner ihm zugewiesenen Funktion der Behinderung ausschließlich gedanklicher oder ideologischer Natur sein.

Das Hohe werden hochfahrende und erhabene Gedankengebäude in Gestalt von abgeschlossenen Philosophien sein, zu denen mancher ehrfurchtsvoll aufschaut, die in ihrer Größe und Ehrwürdigkeit alle Blicke auf sich lenken und so imposant sind, daß sie es unmöglich machen, daneben oder dahinter noch den wahren Gott erkennen zu können. Sie stellen sich einfach, massig, gewaltig und unangefochten, wie sie sind, vor das einfache Evangelium, das gegen sie ganz bescheiden und harmlos aussieht, und so von der Masse der Menschen gar nicht mehr wahrgenommen wird.

Das ist die Beschreibung der Verhältnisse, wie wir sie heute in den meisten Ländern der abendländischen Welt vorfinden. Das Evan-

120

gelium erscheint im Konzert der Religionen und Ideologien als eine Stimme unter vielen und sogar weitgehend als eine sehr unscheinbare, die nicht beachtet wird, weil andere Angebote viel illustrer, beeindruckender und überzeugender erscheinen. Diese Vordergrundszenerie stellt aber nicht die Ebene dar, auf der sich die entscheidenden Dinge tun. Sie ist nur das Abbild der hintergründigen Machtverhältnisse in der unsichtbaren Welt, in der dämonische Machthaber Philosophien und Ideologien erzeugen, um sie durch empfängliche Menschen in die sichtbare Welt zu lancieren.

Wie weit diese Kräfte ihr Werk erfolgreich betreiben können oder nicht, das hängt ausschließlich davon ab, wie wachsam die Gemeinde Jesu ist. Wir können diesen geistlichen Vergiftungsprozeß unterbinden, indem wir unsere Vollmacht über die besiegten Feinde ausüben, was bedeutet, daß die Vorherrschaft solcher Geisteshaltungen und kulturellen Systeme durch uns beendet wird.

Wir können aber auch wegen unserer Unwissenheit oder wegen unseres Ungehorsams diese Kräfte weiter wirken lassen. Es liegt allein an uns, wie die atmosphärischen Bedingungen in unserem Land oder in unserer Stadt gestaltet sind. Wir sehen, wir stehen vor Perspektiven des Wortes Gottes von schwindelerregender Bedeutung. Wenn wir diesen Offenbarungen des Wortes über den Hintergrund von Weltanschauungen und Religionen folgen, verlieren diese in unseren Augen alles Respektgebietende. Wir bewerten sie nicht mehr als eherne geistige Naturkonstanten, die von Kraft strotzen und von „ewiger" Dauer sind, und hinter denen sich das Evangelium klein und kümmerlich ausmacht. Wir erkennen durch dieses uns gegebene Offenbarungswissen die Autoren der Phänomene und Abläufe in der Geistesgeschichte und wir sehen, daß sie uns untertan sind.

Solches Wissen entbindet große Kühnheit. Christen, die hinter die Kulissen der Geisteswelt schauen, werden sich aufmachen und die

Mächtigen und Gewaltigen stürzen, wodurch sich anschließend die sichtbaren Verhältnisse dramatisch ändern können. Die ersten Erfahrungen über die Wirksamkeit dieser Methode liegen bereits vor. Die revolutionären Veränderungen in Ungarn und in Rußland, CSFR, DDR und im gesamten Ostblock, manche unerklärlichen geschichtlichen Abläufe in Korea und überhaupt alle jene geistigen Umwälzungen im Gefolge von Erweckungen sind ein Beweis dafür, daß das Gebet der Christen und erst recht der geistliche Kampf der Christen von unvorstellbarer Kraft sind.

Das Evangelium vermag nicht nur Einzelschicksale zu verändern. Es stellt eine Kraft dar, durch die auch die kulturellen und geistigen Rahmenbedingungen in einem Volk entscheidend beeinflußt werden können. Diese wiederum bestimmen, ob das Wort Gottes als absolute Wahrheit erkannt, angenommen und erfahren wird oder nicht.

Laßt uns dieses einzigartige Mittel zur Ehre Gottes und zum Wohle von vielen Menschen nutzen. Auf der Ebene der geistlichen Kriegsführung werden die entscheidenden Dinge entschieden. Deswegen ist es zu erwarten, daß der Heilige Geist im Verlauf der nächsten Jahre eine besondere Betonung auf diesen Auftrag zum geistlichen Krieg legen wird.

Weil aber unser Thema die Bedeutung der Erkenntnis der Wahrheit ist, wollen wir uns vergegenwärtigen, daß der Haupteinsatzbereich unserer geistlichen Waffen die Welt der Gedanken ist.

– *Wir nehmen gefangen alle* **Gedanken** *unter den Gehorsam Christi.* Hier wir das Anliegen des Buches direkt angesprochen. Wir haben die Autorität, alle Gedanken gefangenzunehmen, so daß sie Christus untertan und gehorsam sind. Das ist ein schönes und auch schwieriges Wort. Schwierig ist es insofern, als wir nicht unmittelbar erkennen können, wessen Gedanken gemeint sind. Sind es unsere eigenen Gedanken, sind es Gedanken von Menschen, denen wir helfen wollen oder die wir zu Jesus führen möchten? Oder sind es Gedankenangebote des Teufels an einzelne Menschen, um diese zu verführen?

Sicher ist, daß es sich hier nicht um Gedankengebäude handelt, sondern um einzelne Gedanken. Vom Zusammenhang her und in Anbetracht der göttlichen Lehre über die Funktion unseres Willens kann nicht gemeint sein, daß wir Autorität über individuelle Gedanken von Menschen haben. Es müssen also einzelne Gedanken gemeint sein, die vom Feind abgesandt sind, um Menschen in unserer Umgebung zu verunsichern, zu erschüttern, zu verführen oder in verkehrte Sicherheit zu wiegen.

Natürlich haben wir mit den geistlichen Waffen auch Macht über unsere eigenen Gedanken, sofern wir sie als ungöttlich durchschaut haben. Der Gläubige, der also diese Methoden auf sich selbst anwendet, wird die dämonischen Gedankenangebote mit dem Wort Gottes durchschauen und unter seine Gewalt bringen. Die Gedanken, die sein eigenes Produkt, aber nicht göttlicher Natur sind, die also demnach aus dem Pool eigener Unabhängigkeit aufgetaucht sind, wird er einfach abtun können, wenn er ein geistlich reifer Christ ist. Dazu braucht er keinen Kampf. Über diese Kategorie von dämonisch inspirierten Gedanken haben wir Autorität, solange sie gleichsam unterwegs sind und noch nicht Bestandteil der Gedankenwelt eines Menschen geworden sind. Diese Autorität besteht darin, daß wir solche in Bewegung befindlichen Gedanken zwingen, sich dem Willen des Herrn anzupassen. Das bedeutet, daß solche ungöttlichen Gedanken sich entweder völlig auflösen oder den Inhalt annehmen, der Gott gemäß ist, beziehungsweise ihre Verkehrtheit und das Trügerische so deutlich zu erkennen geben, daß sie von den Opfern durchschaut und abgelehnt werden können. Das gereicht zur Demütigung Satans und gleichzeitig zur Ehre Gottes, weil der ursprünglich zerstörerische Gedanke am Ende Gehorsam auslöste.

Die geistliche Kriegsführung sorgt also dafür, daß die Verführung zur Lüge aufgedeckt und unterbrochen wird und so die Menschen zur wahren Erkenntnis freigesetzt werden. Sie stellt mithin einen gewichtigen Faktor beim Gewinnen von Erkenntnis dar. Wer auf sie verzichtet, lädt indirekt die Lüge ein und läßt zu, daß seine Umgebung von göttlicher Erkenntnis ausgeschlossen bleibt.

Erkenntnis durch Ausübung der geistlichen Ämter

Die Vermehrung der Erkenntnis Gottes in der Gemeinde Jesu ist nicht die Privatsache von einzelnen Gläubigen. Natürlich ist jeder Gläubige für sich verantwortlich, daß er zunimmt an Einsicht und Reife. Aber das kann nur in dem Maße geschehen, wie bestimmte Erkenntnisse bereits vorhanden und verfügbar sind. Es gibt durchaus grundsätzliche Grenzen für die privaten Studien des einzelnen Christen über dem Wort und in der Gemeinschaft mit dem Heiligen Geist.

Wichtige Kontingente an Erkenntnis von Wahrheit bleiben nach dem Willen Gottes der kollektiven Belehrung im Rahmen der versammelten Gemeinde reserviert. Dazu hat Gott in der Gemeinde Ämter eingesetzt, die die Heiligen zur vollen Erkenntnis, zum starken Glauben und zur Mündigkeit führen sollen. Es ist die Rede vom sogenannten fünffältigen Dienst, durch den die Gemeinde Gottes eine umfassende Förderung, nicht zuletzt aber auch eine wesentliche Vertiefung von geistlicher Erkenntnis erfahren soll.

Epheser 4,11-14
11 Und er hat etliche zu Aposteln gesetzt, etliche zu Propheten, etliche zu Evangelisten, etliche zu Hirten und Lehrern,
12 daß die Heiligen zugerüstet würden zum Werk des Dienstes. Dadurch soll der Leib Christi erbaut werden,

13 bis daß wir alle hinankommen zur Einheit des Glaubens und der Erkenntnis des Sohnes Gottes, zur Reife des Mannesalters, zum vollen Maß der Fülle Christi.

14 Auf daß wir nicht mehr unmündig seien und uns bewegen und umhertreiben lassen von jeglichem Wind der Lehre durch Bosheit der Menschen und Täuscherei, womit sie uns beschleichen und uns verführen.

Die Apostel, die Propheten, die Evangelisten, Hirten und Lehrer üben ihren Dienst vorrangig im Rahmen von vorhandenen Gemeinden aus. Das schließt auch den Dienst des Evangelisten und des Apostels ein, die trotz ihres Auftrages an den Ungläubigen nicht aus der Verpflichtung gegenüber den schon für Christus gewonnenen Gläubigen entlassen sind. Es heißt doch von allen Dienstgaben, daß durch sie die Heiligen zugerüstet werden zum Werk des Dienstes, wodurch der Leib Christi erbaut werden soll. Damit ist deutlich genug zum Ausdruck gebracht, daß wirklich jedes der fünf aufgezählten Ämter zur Förderung der Heiligen und des Leibes Christi überhaupt vorgesehen ist. Der Evangelist zum Beispiel hat demnach nicht nur die Aufgabe, die Unerreichten für Jesus zu gewinnen, sondern er muß auch die Gemeinde und die Heiligen lehren, wie man evangelisiert, wie man die Geistesgaben in den Dienst der Mission stellt, wie man die Vorarbeit und die Nacharbeit betreibt und vieles andere mehr. Das Bild des von der Gemeinde losgelösten Evangelisten, der sein eigenes Werk tut, um am Ende nur die Resultate einem Pastor oder einer Gemeinde zu übergeben, findet sich im neuen Testament nicht.

Die Heiligen sollen vorbereitet werden zum Werk des Dienstes, weil sie die Hauptaufgabe im Aufbau des Leibes Jesu haben. Dazu brauchen sie jedoch die entsprechende Zurüstung, die unvermeidlich auch überwiegend erkenntnismäßiger Art sein wird. Der sogenannte fünffältige Dienst ist Gottes Vorsorge zur Ausbildung der geistlichen Laien, die nicht nur Erkenntnis und Glauben vermittelt bekommen sollen, sondern soweit trainiert werden, daß sie zur Umprägung des Charakters, zur Stabilität und zur geistlichen Reife und Mündigkeit geführt werden (Vers 13 und Vers 14).

Natürlich bin ich mir der Tatsache bewußt, daß die Strukturen der Dienstgaben oder Ämter zur Zeit im Leibe Jesu noch nicht durchgehend gelegt sind. Es dürfte eher die große Ausnahme sein, daß eine einzelne Gemeinde oder ein Verbund von Gemeinden in den regulären Genuß der Dienste dieser fünf Ämter kommen. Wir haben hier und da einzelne Ämter, und sie werden, wie es scheint, immer häufiger und immer reiner. Aber es gibt doch noch kaum Beispiele von Gemeinden, in denen der fünffache Dienst in Vollständigkeit und einer gesunden Zuordnung der einzelnen Ämter zueinander vorliegt. Das ist gewiß ein Grund, weswegen der Leib Jesu heute immer noch so arm an Erkenntnis ist, wiewohl er eigentlich über alle Quellen der Erkenntnis verfügt.

Eine frühere Hauptaussage in diesem Buch war die, daß die göttliche Wahrheit das breite Fundament für den operierenden Glauben darstellt. Die Betonung bei dieser Feststellung liegt auf dem Wort „breit". Der Sockel von Erkenntnis und Wahrheit sollte möglichst umfangreich sein und viele geistliche Wahrheiten einschließen, so daß der Glaube, der sich darauf erhebt, stark und umfassend sein kann. In der Notwendigkeit einer solchen breiten Grundlage sehe ich auch den Grund, warum die Gemeinde nicht nur ein Amt, etwa einen Lehrer oder einen Pastor, zur Unterweisung zugewiesen bekommen soll. Der Heilige Geist legt offensichtlich Wert darauf, daß alle wichtigen Erkenntnisse, die zu den einzelnen Aufgaben und Bereichen der Gemeinde vorliegen, zur Geltung kommen und so Einseitigkeiten und Lieblingsideen vorgebeugt wird.

Der Lehrer wird vorzugsweise die systematischen Grundlagen und Dimensionen der biblischen Erkenntnis vermitteln, während der Hirte mehr auf die seelsorgerlichen Belange und die Anwendung der gewonnenen geistlichen Erkenntnisse achtet. Dem Propheten werden möglicherweise Offenbarungsworte, die in die Zukunft weisen oder verkehrte Einstellungen beziehungsweise verborgene Sünde in der Gegenwart aufdecken, gegeben werden, womit er Abweichungen und schleichende Verirrungen aufdecken wird. Aber wehe der Gemeinde, in der er allein ohne die ausgleichenden Funktionen der anderen Dienstgaben lehren würde. Eine solche Gemeinde würde vermutlich erhebliche Defizite an Wärme, Inspiration, Ermutigung und Grundlagen-Erkenntnis haben.

Die Apostel, die die größten Einsichten und Erfahrungen haben, werden vermutlich ebenfalls das Element der Umsetzung von Erkenntnis betonen, dabei aber mehr auf die richtigen Strukturen in der Gemeinde achten, so daß Erkenntnis, Leben und Struktur in einem gesunden Verhältnis stehen. Selbst Evangelisten haben, wie wir bereits gesehen haben, nach Epheser 4 ihre Hauptaufgabe an der Gemeinde. Sie werden keineswegs von der Gemeinde abgestellt, um irgendwo im Neulandbereich auf einsamem Posten Menschen in Scharen zu Jesus zu führen. Das ist die Karrikatur des Evangelisten, die wir schleunigst überwinden sollten. Natürlich besteht ihr Dienst vornehmlich darin, die vom Evangelium noch nicht erreichten Menschen zu finden und zu Jesus zu führen. Aber das soll, wo irgend möglich, im Kontext der Gemeinde geschehen, damit diese an die Aufgabe herangeführt wird und so jeder einzelne in Kraft und Liebe und unter Zuhilfenahme der Geistesgaben seinen unmittelbaren Nächsten zur Umkehr bewegen kann. Das heißt, auch die Evangelisten haben der Gemeinde zu dienen, indem sie ihr Anleitung und das biblische Know-How für den missionarischen Alltagsdienst geben.

Alle Beiträge der fünf Ämter sollen sich zu einem Netz von Erkenntnis und Gedanken in Theorie und Praxis zusammenfügen, das alle wichtigen Aussagen der Schrift enthält. Das Ziel der konzertierten Lehrtätigkeit der fünf Ämter ist ein doppeltes und mutet fast paradox an: Sie sollen eine breite und mannigfaltige Lehre vermitteln und dabei doch so zusammenhängend und einheitlich lehren, daß alle

Heiligen zur Einheit des Glaubens und zur Einheit der Erkenntnis Jesu gebracht werden können (Epheser 4,13).

Die Einheit des Glaubens kann nur durch die Einheit der Lehre und der dadurch ermöglichten Erkenntnis gewährleistet werden. Was für ein Ziel: Mannigfaltigkeit von Lehre und Glaube und Einheit in Glaube und Lehre bei allen Heiligen! Wenn das die Norm in der Art und bezüglich des Ziels der Belehrung ist, dann sind wir von diesem Zustand noch ein schönes Stück entfernt. Aber es muß möglich sein, dahin zu kommen, weil uns die Schrift keine unerreichbaren Ziele setzt. Ich glaube sogar, daß wir in Kürze dahin kommen werden, woraus ein starker Schub von Erkenntnis und Glaube resultieren wird, der die Welt verändern wird.

In den Ausführungen des Apostels Paulus in Epheser 4 drückt sich der souveräne Wille Gottes aus, wie sein Volk Erkenntnis und Einsicht bekommen soll. Gott will seiner Gemeinde durch die gemeinsamen Quellen des fünffältigen Dienstes normgebende Lehre zugänglich machen. Auf diesem Wege beugt der Heilige Geist der Unabhängigkeit und Einseitigkeit in unterschiedlichen Lehrströmungen vor, und so bewahrt er die Gemeinden auch vor dem Abdriften in Modegedanken, Überspitzungen und Irrtümer.

Der gemeinsam operierende fünffältige Dienst, der sich gegenseitig ergänzt, schafft Ordnung, Klarheiten und Reife, so daß die Christen alle geistigen und geistlichen Angebote an Wahrheit und Erkenntnis prüfen und bewerten und in Mündigkeit Spreu vom Weizen der wahren Lehre trennen können.

Die auf diesem Wege mit Erkenntnis und biblischen Wahrheiten ausgestattete Gemeinde der nahen Zukunft soll sicher sein. Biblische Wahrheiten, die von den Inhabern der fünf geistlichen Ämter mit Umsicht und Herz vermittelt worden sind, sollen dazu beitragen, daß Gemeinden, und in ihnen die einzelnen Gläubigen, nicht ohne weiteres verführbar sind. Die Wahrheit macht frei und hält die Befreiten in Freiheit.

Es muß nicht sein, daß die Gläubigen immer wieder in alle möglichen Fallen und verderblichen Lehren hineingeraten, um dadurch Enttäuschung zu erleiden und viele ihrer Brüder und Schwestern zu verlieren. Man kann die Gefahren, wenn man voll biblischer Wahrheit ist, schon erkennen und durchschauen, bevor man in sie hineingerät. Die Heiligen Gottes sollen zugerüstet sein zum Dienen, sie sollen arbeitsfähig und auferbaut sein, sie sollen die Einheit des Glaubens und der Erkenntnis des Sohnes Gottes haben und in ihrem Reifegrad wie geistliche Erwachsene agieren, damit sie stark und stabil sind und nicht von jeder Lehre oder neuen Anschauung umhergetrieben oder umgeworfen werden können. Das alles erfolgt in Abhängigkeit von dem Beitrag des fünffältigen Dienstes. Man stelle sich das vor: die Gemeinde Gottes muß nicht unter der Einwirkung unterschiedlicher Theologien und als Spielball teuflischer Verführung zerrissen und geschwächt sein. Sie soll mündig, sie soll stark, sie soll glanzvoll, sie soll eins sein durch gemeinsame Erkenntnis und einheitlichen Glauben!

Erkenntnis Gottes durch Sprachenrede

Gott hat auf sehr unterschiedlichen Wegen den Zugang zur Erkenntnis der Wahrheit für uns vorgesehen. Erkenntnis Gottes, seiner Wahrheit und auch seiner Absichten durch Sprachenrede ist ein ungewöhnliches Verfahren, für das es in der Welt keine Entsprechung gibt. Diese Form, Erkenntnis zu gewinnen, imponiert als ein sehr individueller Weg, der in starkem Kontrast zur kollektiven Erkenntnisvermittlung durch den fünffältigen Dienst in der versammelten Gemeinde steht.

„Wer in Zungen redet, der erbaut sich selbst." (1. Korinther 14,4a). Mit dieser Beschreibung einer aufbauenden Wirkung des Sprachenredens auf den Betenden ist zunächst nichts über eine Vermittlung von Erkenntnis ausgesagt. Aber wir müssen wohl doch davon ausgehen, daß es nicht möglich ist, eine vielleicht schwache oder desintegrierte Person durch regelmäßiges Beten in Sprachen aufzurichten und aufzubauen, ohne daß dabei wichtige Wahrheitspositionen im Denken vermittelt und dann im Charakter eingebaut werden. Weil wir geistliche Wesen sind, ist ein Aufbau der Persönlichkeit nur durch göttliche Wahrheit möglich.

In Übereinstimmung mit dieser Forderung stehen zwei Schriftworte, die uns etwas davon sagen, daß beim Sprachenreden konkrete Gedanken und Inhalte transportiert werden.

Apostelgeschichte 2,11b
...wir hören sie in unsern Zungen die großen Taten Gottes reden.

1. Korinther 14,2
Denn wer in Zungen redet, der redet nicht für Menschen, sondern für Gott; denn niemand versteht ihn, vielmehr redet er im Geist Geheimnisse.

Das Sprachenreden enthält Botschaften, die dem Verstand des Beters auf direktem Wege nicht zugänglich sind und die von den großen Taten Gottes (solchen, die bereits geschehen sind, und auch solchen, die sich erst ereignen werden!) handeln und göttliche Geheimnisse darstellen, was nichts anderes als verborgene Erkenntnis ist. Also: geschehene und kommende Taten Gottes und Erkenntnisse sind die Inhalte des Sprachenredens. Wie können diese nun dem Beter nützen? Sollte es einen Weg geben, auf dem der Inhalt des Redens im Geist dem Beter doch mitgeteilt wird? Dann hätte dieser in der Tat einen gewaltigen Erkenntnisvorsprung vor seiner Umgebung.

Bevor ich auf diese Möglichkeit eingehe, will ich der Vollständigkeit halber auf das Sprachenreden als eines der neun Charismen im engeren Sinne hinweisen. Dieses wendet sich im Unterschied zum privaten Sprachengebet an Menschen, die durch die zusätzliche Geistesgabe der Deutung des Sprachengebetes eine klare göttliche Botschaft empfangen, die inhaltlich einer Weissagung entspricht, aber häufig auch noch mit Elementen des Wortes der Erkenntnis und des Wortes der Weisheit angereichert ist. Ein so durch die Geistesgabe der Deutung interpretiertes Sprachengebet ist demnach Offenbarungswissen für andere.

Nun aber zu dem privaten Sprachengebet als vorrangige Erkenntnisquelle von göttlichen Wahrheiten, die verborgen sind und nur durch eine übernatürliche Offenbarung ans Licht kommen können. Das Sprachenreden ist, wie es im 1. Korinther 14,2 u. 15 ausgedrückt ist, eine Äußerung unseres Geistes.

Beim Sprachenreden liegt eine Informationskette vor, in welcher der Heilige Geist unserem Geist Worte in einer uns unbekannten Sprache (allerdings mit definierten Inhalten) vermittelt, die durch unser Sprachorgan ausgesprochen werden. Unser Geist, der die einzige übernatürliche Größe und Instanz unserer Person im engeren Sinne ist, wird also zuerst mit Gottes Informationen durch Gottes Geist ausgestattet. Römer 8,16 sagt uns, daß Gottes Geist mit unserem Geist kommuniziert.

Der Text, dem wir die wichtigsten Informationen zu diesem Thema entnehmen können:

1. Korinther 14,10-15
10 Es ist mancherlei Art der Sprache in der Welt, und nichts ist ohne Sprache.
11 Wenn ich nun nicht weiß der Sprache Bedeutung, werde ich den nicht verstehen, der da redet, und der da redet, wird mich nicht verstehen.
12 So auch ihr: da ihr euch befleißiget der geistlichen Gaben, trachtet danach, daß ihr sie reichlich habet, auf daß ihr die Gemeinde erbaut.

13 Darum, welcher in Zungen redet, der bete, daß er's auch auslegen könne.
14 Denn wenn ich in Zungen bete, so betet mein Geist; aber was ich im Sinn habe, bleibt ohne Frucht.
15 Wie soll es aber denn sein? Ich will beten im Geist und will auch verständlich beten; ich will Psalmen singen im Geist und will Psalmen auch verständlich singen.

In diesem Abschnitt stellt sich der Heilige Geist, der ja der Autor dieses Wortes ist, ausdrücklich zu der Tatsache, daß die Rede zur Vermittlung von Informationen dient, welche verstehbar sein müssen. Das gilt dann aber auch für die Sprachenrede (Vers 11)! Dementsprechend muß auch der Anfang des nächsten Verses verstanden werden: „So auch ihr,...". Das heißt doch, auch in bezug auf euch müssen klare Inhalte und exakte Informationen gefordert werden, die von euch ausgehen.

Ich will diesen Vers 12 in genauer Übersetzung wiedergeben, weil er offenbar auf Grund seiner Tiefgründigkeit von den meisten Übersetzern nicht erfaßt worden und deswegen im Sinne ihrer eigenen Interpretation seines Inhaltes verkehrt übersetzt worden ist:

„So auch ihr, weil ihr begierig seid nach den Geistern (!), strebt danach, daß ihr (selbst) übervoll seid, so daß ihr die Gemeinde auferbaut."

Anschließend heißt es dann weiter: „Darum, welcher in Sprachen redet, der bete, daß er's auch auslegen könne."

In den Versen unmittelbar vor Vers 12 ist das Hauptthema die Sprachenrede. Der nächste Satz beginnt mit dem Wort „so", was vom Griechischen her auch mit „in diesem Sinne" oder „deswegen" oder „gleichsinnig" zu übersetzen ist. Der jetzt kommende Vers hat also in jedem Fall einen Bezug zu der Aufforderung, daß man in geordneter Weise mittels Auslegung in Sprachen reden soll. Es heißt also sinngemäß hier: „Weil dem so ist, seid auch ihr begierig nach den Geistern!" Das läßt nur einen Schluß zu: Wer in Sprachen redet, tritt in Kontakt mit den Geistern Gottes, was in der Tat eine ungewöhnliche Aussage ist. Das Sprachengebet ist ein Instrument, durch welches die Geister Gottes ihre spezifischen Wahrheiten, Kräfte und Einsichten dem Betenden selbst vermitteln. Und danach, so sagt uns das Wort, sollen wir regelrecht begierig sein, so daß wir anschließend angefüllt und angereichert sind mit Gottes Wahrheit und Kraft, damit wir durch diese die Gemeinde Gottes auferbauen können.

These *(40)*
Das Wesentliche und die Hauptbedeutung der Sprachenrede ist eine Befrachtung der eigenen Person mit den Aussagen, Erkenntnissen und Wahrheiten der Geister Gottes, wodurch uns übernatürliche Befähigungen zum Dienst an der Gemeinde zuteil werden.

Durch eine uns auf diese Weise zuteil gewordene Befähigung können wir die Gemeinde Gottes auferbauen, was nach dem Sprachgebrauch dieses Briefes ein Ausdruck des Wortes der Weissagung oder Prophetie ist. Es kann also formuliert werden, daß zumindest diese Geistesgabe des Weissagens ursächlich verbunden ist mit dem eigenen Reden in Sprachen. Ich verstehe überhaupt die gesamte Abhandlung in diesem Kapitel über das Sprachenreden vor allem in dem Sinne, daß es eine Art Startbefähigung für alle Geistesgaben darstellt, zumal es den Erweis der Taufe im Geist bildet, welcher ja der Geber der Gaben ist.

Die zweite Geistesgabe wird direkt im Anschluß an diesen Vers erwähnt (Vers 13): die Gabe der Auslegung, um die man beten soll. In diesem Vers wird noch einmal, aber mit anderen Worten, der Inhalt von Vers 12 aufgegriffen, weswegen dieser Vers mit einem deutlichen „darum" beginnt. In beiden Versen ist zunächst vom Sprachengebet die Rede, wobei in Vers 12 verdeutlicht wird, was es eigentlich darstellt: nämlich Umgang mit dem Geist Gottes, genauer, mit den Geistern Gottes. Das Ende beider Verse stellt die Auswirkung des Sprachengebetes für unseren Dienst an anderen heraus, indem im einen Fall von der Auferbauung der Gemeinde geredet wird und Paulus im anderen Fall von der ausgelegten Sprachenrede spricht, was ja nach 1. Korinther 14,5 mit dem prophetischen Wort identisch ist. Im ersten Fall wird das direkte Resultat, nämlich die Auferbauung der Gemeinde, beschrieben, die durch prophetische Rede zustande kommt. Im zweiten Teil geschieht dies indirekt durch die Forderung, daß das Sprachengebet ausgelegt werden soll. Beide Resultate führen aber zum selben Ergebnis: Auferbauung der Gemeinde.

Die Beschreibung dieses faszinierenden übernatürlichen Prozesses wird in den nächsten Versen fortgesetzt. Beim Beten im Geist (Sprachengebet) soll der Verstand fruchtlos bleiben. Gemeint ist nicht, daß der Verstand völlig ausgeschlossen bleibt. Er soll nur keine Frucht bringen, also ohne Ergebnisse seiner Denk- und Vorstellungstätigkeit bleiben.

In der Zeit des bewußten Sprachengebetes sollen wir uns bemühen, unsere Gedanken auf den Herrn zu konzentrieren und uns von anderen Gedanken freizuhalten, weil das die Augenblicke sind, in denen der Geist Gottes über unseren Geist den Samen seiner frischen Inspiration, also göttliche Gedanken und Erkenntnisse, in unseren Verstand legt. Deswegen sagt Paulus auch anschließend (beachte die beschreibende Ich-Form, zu der Paulus auf einmal übergeht, weil er sich jetzt ausdrücklich mit in diesen Prozeß einbezieht): „Ich will beten im Geist (in Sprachen beten) *und* will auch verständlich (mit dem Verstand) beten." Beides hat seine Zeit. Wenn wir ausdrücklich und viel im Geist beten, wird unser Verstand mit göttlichen Gedanken angereichert werden. Am Ende dieses Sprachengebetes melden sich beim Betenden inspirierte göttliche Gedanken an. Manchmal deuten sie sich allmählich an, und zwar noch zur Zeit des Betens im Geist, und manchmal treten sie kraftvoll und schlagartig nach abgeschlossenem Sprachengebet ins Bewußtsein, und in anderen Fällen können sie auf einem „organisierten", in der Schrift offiziell vorgeschlagenen Weg, nämlich über die Gabe der Auslegung, zur Wahrnehmung kommen.

These *(41)*
Einer der herausragendsten Wege, auf dem die geisterfüllten Gläubigen mit frischer Erkenntnis, Ermutigung und Weisung ausgestattet werden sollen, ist das regelmäßige Sprachengebet in der beschriebenen Form. Es stellt gleichsam ein göttliches Nachschubinstrument dar, durch das benötigte Erkenntnis und Stärkung auf Abruf empfangen werden können. Diese Möglichkeit, zu Erkenntnissen zu gelangen, ist unter den Gläubigen viel zu wenig bekannt, obwohl sie von Gott als eine wunderbare und stetig sprudelnde Quelle der Erfrischung und der Bereicherung unseres Denkens mit göttlichen Wahrheiten gedacht ist.

Das Sprachengebet ist darüber hinaus *der* Weg zu den Charismen! Diese sind ihrem Wesen nach alle übernatürliche Fähigkeiten, von denen sechs vorwiegend Wort- und Offenbarungsbefähigungen darstellen und drei vorrangig Kraftwirkungen spezifischer Art sind. Der Eintritt dieser göttlichen, übernatürlichen Befähigungen in unser Leben und in unseren Dienst erfolgt offenbar durch den Statthalter des Übernatürlichen in uns, durch unseren erneuerten Geist.

Die Sprachenrede ist dann auch im weiteren Verlauf die Energiequelle, durch die unser Geist mit göttlicher Inspiration und Kraft aufgeladen wird, um dann schließlich über Manifestationen der einzelnen Geistesgaben zu den vom Heiligen Geist gewünschten Auswirkungen zu führen. Natürlich sind an diesem Geschehen noch andere Faktoren beteiligt wie etwa der richtige, glaubende Umgang mit dem Wort Gottes oder – als entscheidende Voraussetzung – das richtige Motiv: Liebe. Denn die Charismen sollen ja überwiegend nicht zum eigenen Nutzen, sondern zur Hilfe an anderen dienen. Insofern ist ausgeübte Liebe als Bedingung für die Charismen unerläßlich, weil sie ohne dieses Motiv der Liebe den „Träger" der Charismen durch ihre Offenbarungen und ihre Macht in Gefahr bringen würden. Es gibt auch für Gott keinen Anlaß, jemanden mit seinen Geistesgaben zu betrauen, es sei denn, daß er von der Liebe zu Gott und den Menschen beseelt ist.

Erst in bezug auf diese Auswirkung des Sprachengebetes, die zu vielfältigen anderen Charismen führt, ist die zunächst befremdlich anmutende Formulierung „strebet nach den Geistern" verstehbar. Der Geist Gottes, der sich auch nach dem Schriftbefund in Jesaja 11,2 in unterschiedlichen Geistern darstellt, gibt in der dort gegebenen Aufgliederung eine interessante Entsprechung zu den unterschiedlichen Aufgaben der neun im Neuen Testament aufgeführten Charismen zu erkennen:

Jesaja 11,2
Auf ihm wird ruhen der Geist des Herrn, der Geist der Weisheit und des Verstandes, der Geist des Rates und der Stärke, der Geist der Erkenntnis und der Furcht des Herrn.

Ob die an einer anderen Stelle genannten sieben Geister Gottes (Offenbarung 1,4) mit diesen Erscheinungsformen des Geistes Gottes identisch sind oder nicht, die hier genannten Ausprägungen des Geistes Gottes, die Jesus für seinen Dienst brauchte, benötigen jedenfalls auch wir. Denn Jesus sagte: „Gleichwie mich der Vater gesandt hat, so sende ich euch." (Johannes 20,21b)

Die gleiche Sendung erfordert aber die gleiche Ausstattung. Die Geister Gottes in ihrer Beschreibung und Benennung nach Jesaja 11 bezeichnen zumindest alle jene Kräfte und Eigenschaften, die in den Geistesgaben nach 1. Korinther 12 enthalten sind. So können wir − mit Vorsicht und manchen Fragen − den Geheimnissen und Begründungen der Geistesgaben durch diese möglichen Zusammenhänge ein wenig auf die Spur kommen. Aber dennoch bleiben sie immer noch die Gaben *des Geistes*, und nicht unsere Gaben.

Uns interessieren die Wahrheiten und die Erkenntnis Gottes im Zusammenhang mit dem Lebensstil des Glaubens. Wenn Glaube seinem Wesen nach die übernatürliche Beziehung zu einem übernatürlichen Gott ist, dann wird uns jede Erkenntnis – sie muß ja ebenfalls übernatürlich sein – wichtig sein, um durch sie stärkeren und kühneren Glauben zu entwickeln. Aus diesem Grunde gilt es, diese ungewöhnliche Erkenntnisquelle kräftig zu nutzen. Das liegt ausschließlich in unserer Hand.

Es gibt genug Zeugnisse aus den Reihen großer Männer Gottes, die vom Herrn sehr gebraucht wurden, aus denen die Bedeutung dieser Erkenntnis- und Kraftquelle deutlich hervorgeht. Denken wir an den Apostel Paulus selbst, der wie kein anderer göttliche Erkenntnisse bekam und die Geistesgaben machtvoll einsetzte. Er sagt von sich: „Ich danke Gott, daß ich mehr in anderen Zungen bete als ihr alle." (1. Korinther 14,18). Und ich verweise auf das Beispiel von Oral Roberts, den Gott benutzt hatte, um eine große Universität aufzubauen, die sich ausschließlich christlicher Werte und Ziele bedient und einen hohen Ruf in den Vereinigten Staaten hat. Oral Roberts berichtet, daß er vor Jahrzehnten am Südrand der Stadt Tulsa stand und dort auf einem Acker, genau dort, wo heute die Universität steht, durch seine eigene Sprachenrede die Offenbarung über die zukünftige christliche Universität bekam.

Oder ich denke an das Beispiel, das ich einem mir wohlbekannten Bibellehrer verdanke, welcher von dem Leiter eines großen christlichen Jugendcamps sprach. Dieser wurde regelmäßig von den Seelsorgesuchenden unter den Campbesuchern regelrecht überfallen, ohne jenen in den kurzen Tagen ihres Aufenthaltes entscheidende Hilfe geben zu können. Nach längerem Suchen Gottes wegen dieses Problems bekam er den göttlichen Rat, die um Hilfe Nachsuchenden zu bitten, jeweils 30 Minuten pro Tag laut in Sprachen zu reden. Der Erfolg war überwältigend. Von jenem Tage an mußte er keine Seelsorge mehr geben. Die jungen Menschen bekamen auf diesem Weg Antwort auf ihre Fragen und konnten im Licht der ihnen zuteil gewordenen Erkenntnisse selbst die richtigen Schritte im Gehorsam setzen.

Kapitel 5

Charakter und Erkenntnis

In vielen zitierten Schriftstellen und ihren Interpretationen klang es bereits an, daß Erkenntnis der Wahrheit etwas mit charakterlicher Integrität zu tun hat. In diesem Kapitel will ich das Studium dieses Zusammenhangs zum Hauptanliegen machen. Wie nicht anders zu erwarten, beläßt es das Wort Gottes nicht bei blassen Vermutungen über solche Zusammenhänge. Wir werden erstaunliche und präzise Zusammenhänge von charakterlicher Geradlinigkeit, Ehrenhaftigkeit und Wahrheitsliebe einerseits und Erkenntnisfähigkeit andererseits feststellen.

Unsere Untersuchung führt uns zunächst in das Alte Testament zu den Spruchweisheiten Salomos. Ich gehe davon aus, daß die sogenannte Weisheitsliteratur des Alten Testamentes, wie sie so von manchen Theologen genannt wird, nicht ein Sonderleben führt in dem Sinne, daß sie in einer Ecke der Heiligen Schrift befindlich weniger verläßlich wäre und weniger Gottes Wort darstellen würde, als andere Bücher in der Heiligen Schrift. Meine Position ist an dieser Stelle eindeutig: Auch diese Schriftaussagen aus dem Munde Salomos sind inspiriertes Wort Gottes und verschaffen uns Einblicke und Kenntnisse über Hintergründe, die wir an anderen Stellen der Schrift nicht finden. Es gibt keinen Grund, sie als weniger inspiriert abzutun oder als einen Ausdruck alter jüdischer Spruchweisheit anzusehen, in der sich menschliche Erfahrung, aber nicht unbedingt der Heilige Geist äußert.

In den nachfolgenden Schriftworten sind die wichtigsten Zusammenhänge über Charakterhaltung und das Gewinnen von Erkenntnis und Weisheit ausgedrückt:

Sprüche 9,10b
...den Heiligen erkennen, das ist Verstand.

Sprüche 1,1-7

1 Dies sind die Sprüche Salomos, des Sohnes Davids, des Königs von Israel,

2 um zu lernen Weisheit und Zucht und zu verstehen verständige Rede,

3 daß man annehme Zucht, die da klug macht, Gerechtigkeit, Recht und Redlichkeit;

4 daß die Unverständigen klug werden und die Jünglinge vernünftig und besonnen.

5 Wer weise ist, der höre zu und wachse an Weisheit, und wer verständig ist, der lasse sich raten,

6 daß er verstehe Sprüche und Gleichnisse, die Worte der Weisen und ihre Rätsel.

7 Die Furcht des HERRN ist der Anfang der Erkenntnis. Die Toren verachten Weisheit und Zucht.

Psalm 111,10

Die Furcht des Herrn ist der Weisheit Anfang. Klug sind alle, die danach tun. Sein Lob bleibet ewiglich.

In diesen Worten sind die wichtigsten Zusammenhänge und Abläufe gekennzeichnet, die zu Erkenntnis und Weisheit führen. Ich glaube nicht, daß es sich hier um eine zufällige Auflistung von Begriffen handelt, sondern daß jedes Wort und damit jede Station auf dem Weg zur Erkenntnis bezüglich Reihenfolge und Verzahnung mit Nachbarerfahrungen eine tiefgründige Bedeutung hat.

Der Abschnitt aus Sprüche 1 beschreibt dementsprechend eine Entwicklung des Gläubigen, der vom Wort zur Erkenntnis schreitet. Am Anfang steht das göttliche Wort, von dem die Sprüche Salomos selbst ein Teil sind. Das Wort Gottes für sich kann noch nicht Erkenntnis geben. Erkenntnis des Wortes Gottes und allgemeine Erkenntnis kommen durch eine Grundhaltung zustande, die die Bibel die Furcht des Herrn nennt. Ohne Furcht des Herrn findet der Übergang der göttlichen Erkenntnis aus dem Wort hinein in das Herz eines Gläubigen grundsätzlich nicht statt. Furcht des Herrn ist ein Teil des Bundesangebotes Gottes (Jeremia 32,40), den Gott als Geschenk gibt und den wir im Glauben annehmen. Man könnte sie als eine Haltung des absoluten Respektes vor Gott und seinem Wort charakterisieren. Inhaltlich ist sie dadurch gekennzeichnet, daß wir Gottes Gebote halten wollen, die Gesinnung der Friedfertigkeit beweisen, und in Demut vor Gott und Menschen bewegen und mit unserem Mund richtig umgehen, indem wir uns von jeder Falschheit und Betrug fernhalten. Diese Grundhaltung ist die Voraussetzung dafür, daß das übernatürliche Wort Gottes aus der Schrift in unser Herz eindringen kann, um dort zur Erkenntnis zu werden. Insofern ist Furcht des Herrn der Anfang des Prozesses, durch den uns Erkenntnis zuteil wird. Die Furcht des Herrn ist keine Beschreibung einer intellektuellen Qualität, sondern die Definition einer geistlichen Grundhaltung, die Ehrfurcht vor Gott, Unterordnung unter sein Wort und absolute Anerkennung seines Willens ausdrückt.

These *(42)*
Erkenntnis Gottes wird nicht durch eine intellektuelle Qualifikation oder einen rationalen Prozeß ermöglicht, sondern allein durch die richtige Empfangshaltung gegenüber Gott, die die Bibel Furcht des Herrn nennt und die eine unbedingte Gehorsamsbereitschaft ausdrückt. Allerdings ist diese Haltung nicht Ausdruck einer eigenen moralischen Kraft, sondern die glaubende Reaktion auf ein Gnadenangebot Gottes, das uns die Furcht des Herrn als Geschenk vermittelt.

Was für die Erkenntnis gilt, das trifft auch für die Weisheit zu. Weisheit und Erkenntnis haben beide ihren Ursprung in der Furcht des Herrn. Auf dieser Ebene liegt auch der Inhalt des zitierten Schriftwortes aus Sprüche 9,10: „Die Furcht des Herrn ist der Weisheit Anfang, und den Heiligen erkennen, das ist Verstand." Allen drei Aussagen ist die Feststellung gemeinsam, daß Verstehen, Erkennen und Weisheit ihren Ausgang von der richtigen Beziehung zu Gott, der richtigen Erkenntnis Gottes nehmen.

Das letztgenannte Wort kann eine doppelte Aussage enthalten: Wer Gott durch die Schrift wirklich erkannt hat, der hat dadurch bewiesen, daß er über Erkenntnis verfügt, die zählt. Und zweitens: Wer Gott erkannt hat, der ist dadurch auch befähigt, jede andere Form von Erkenntnis, die die Menschen und die Welt und alle Aspekte unseres Lebens betreffen, zu gewinnen oder hat sie bereits. Ich glaube, daß beide Aussagen gemeint sind, weil sie in letzter Konsequenz identisch sind.

These *(43)*
Das Wort Gottes sagt es uns und die Erfahrung beweist es, daß jede Erkenntnis über den Menschen, sein Wesen, seine Herkunft und seine Bestimmung, die jenseits der Erkenntnis Gottes gewonnen ist, absolut falsch ist. Die Kultur der Menschheit und die Religionsgeschichte bestätigen uns, daß jede Erkenntnis, die sich in heidnischen Religionen, im Hellenismus, Humanismus, in der Aufklärung, im Sozialismus und Kommunismus, in der Psychoanalyse oder allen anderen Formen von Psychotherapie ausdrückte, jedesmal schwere Verkennungen des Menschen brachte. Erkenntnis Gottes und des Menschen und dieser Welt kommt allein von Gott und aus seinem Wort, oder sie kommt nicht zustande.

Die Eröffnung der Sprüche Salomos verschafft uns einen Einblick in die Stationen und Zwischenschritte des Prozesses, der uns vom Wort zur Erkenntnis führt. Wir werden im Folgenden wiederholt feststellen, daß intellektuelle Erfahrungen, charakterliche Haltungen und Tugenden nicht die Voraussetzungen zur nächsthöheren Form von Einsicht und Erkenntnis darstellen.

Aus dem Worte Gottes lernen wir auch Weisheit (Sprüche 1,1-2). Weisheit ist mehr als Erkenntnis, Wissen und Einsicht. Sie umschließt auch unsere Haltung und unseren Charakter, der dann gewissermaßen strukturgewordenes Wissen und Einsicht darstellt. Weisheit ist bereits charakterlich umgesetztes und praktiziertes Wort plus Erkenntnis.

Nach Sprüche 1,2 resultiert aus dem Wort auch eine Lernerfahrung in dem Sinne, daß wir Zucht - besser mit Belehrung und Erziehung zu übersetzen - erkennen (Zürcher Übersetzung) oder lernen (Luther Übersetzung). Wer sich nicht belehren läßt oder keine Erziehung annimmt, kann nicht lernen.

Die bisher erreichten Ziele sind beide nicht primär intellektueller Art, sondern eher Tugenden. Diese befähigen uns im nachfolgenden Schritt zu Erkenntnissen im engeren Sinne: „...und zu verstehen verständige Rede". Jetzt geht es um Erkenntnis. Wir nehmen somit die alte Regel wahr, die wir schon zu Beginn unserer Untersuchung häufiger festgestellt haben: Erkenntnis resultiert aus Tugend, nicht Tugend aus Erkenntnis (was jedoch in Grenzen ebenfalls möglich ist).

Wir bleiben beim Beginn des Buches der Sprüche. In Vers 3 begegnet uns die Zucht erneut. Diesmal aber im Unterschied zu vorher mit der Aussage, daß sie *angenommen* werden soll. Das ist mehr als lernen. Angenommene Zucht oder Belehrung ist eine Haltung, etwa Besonnenheit, enthält aber auch Elemente von Demut und Disziplin. Wer Zucht angenommen hat, was schon sehr nahe an der Furcht des Herrn ist, der empfängt mit ihr gleichzeitig Einsicht (Zürcher Übersetzung), Gerechtigkeit, Recht und Redlichkeit oder Aufrichtigkeit. Wir sehen also: je weiter der Prozeß läuft, um so breiter werden die intellektuellen und auch charakterlichen Auswirkungen. Der Anstoß zu diesem Lernprozeß und der Nachschub an Lerninhalten und Befähigungen kommt dabei laufend aus dem Worte Gottes.

Die nächste Station, die uns genannt wird, betrifft dann bereits unsere Umgebung, die sofort an den eigenen Erfahrungen und Erkenntnissen teilhaben soll: „...um den Einfältigen Klugheit zu geben und dem jungen Mann Erkenntnis und Besonnenheit (Zürcher Übersetzung). Die göttliche Absicht hinter dieser Anweisung ist unschwer erkennbar: Wer Erkenntnis gewinnen will, kann sich nicht in einen Elfenbeintum abgeschiedenen intellektuellen Ringens begeben. Vielmehr ist sein Zuwachs an Wahrheit und Erkenntnis an eine ausgesprochene Einbeziehung in seine geistliche Umgebung gebunden: Er muß lernen, von anderen Korrektur und Belehrung entgegenzunehmen und bereit sein, seine empfangenen Einblicke und Weisheit auch seiner Umgebung nicht vorzuenthalten. In der Schule Gottes gibt es keinen Platz für intellektuelle Eremiten.

In Vers 5 geht Salomo dann noch einmal zurück auf die Weisheit, die aus dem Wort kommt. Die Weisen und die Verständigen sollen zunehmen an Weisheit und an Verstand, um nachher noch besser die Worte, die Gleichnisse und die Sprüche der Weisen und ihre Rätsel, das heißt, die geheimnisvollen Passagen des Wortes Gottes, verstehen zu können. Das Erlangen von Erkenntnis gleicht einem zusammengesetzten Prozeß, in dem sich Wort Gottes, daraus resultierende Haltungen und vertiefte Erkenntnisse ständig abwechseln. Um zunehmende und immer tiefer gehende Einsichten in die Wahrheiten zu empfangen, reicht es nicht aus, einmal die richtige charakterliche Ausgangsposition geliefert zu haben, um dann zu hoffen, daß dadurch ein fortlaufender oder gar zunehmender Strom von Erkenntnis in Gang gesetzt wird. Vielmehr müssen bereits gewonnene Einsichten immer wieder in Haltungen und in Charakterveränderung umgesetzt werden, was dann jeweils einen neuen Schub von Erkenntnis und Weisheit durch den Heiligen Geist freisetzt. Die Summe dieser einzelnen Schritte von Lernen, Hören, Gehorsam, Heiligung, Erkenntnis, noch mehr Gehorsam und Zucht und weitere Zunahme der Erkenntnis wird mit dem Begriff der Furcht des Herrn gekennzeichnet. Wer diese im Glauben empfangen hat und wirksam werden läßt, wird von Gott mit ständig erneuerter Erkenntnis versehen.

Ich will bereits an dieser Stelle den Brückenschlag zur neutestamentlichen Charakter- und Erkenntnislehre andeuten:

These *(44)*
Die Erkenntnis Gottes und göttliche Erkenntnis seiner Wahrheit und damit des Lebens werden auf Dauer nur dem Gläubigen zuteil werden, der erkannte Wahrheit umsetzt, also selbst wahr wird.

In diesem Prozeß sind mit Sicherheit an vielen Stellen auch Glaubensschritte als Handlungen des Nehmens und Beanspruchens eingebaut. Dennoch ist er vorwiegend ein Erkenntnisprozeß. Die Echtheit dieses Geschehens ist daran erkennbar, daß solche Erkenntnisse nicht zu abstrakten und sterilen Gedankengebäuden führen. Der Beweis der Richtigkeit und Fruchtbarkeit dieser Prozesse ist an den charakterlichen Veränderungen des Erkenntnis-Suchenden erkennbar. Mehr Glaube, mehr Liebe und mehr Kühnheit sind der Beleg dafür, daß sich der Erkenntnis suchende Gläubige auf der richtigen Spur befindet und von göttlichen Motiven bewegt wird.

Im Laufe meines Dienstes als Pastor und im Rahmen der Verantwortung für andere geistliche Leiter, die mir mit der Zeit mehr und mehr zugewachsen ist, hat mich immer wieder die Frage beschäftigt: Was macht eigentlich das Geheimnis eines erfolgreichen Dienstes im Reiche Gottes aus? Was haben die Männer und Frauen Gottes, die in ihrem privaten Leben und in ihrer Gemeindeaktivität stärker gesegnet sind, denen voraus, die sich erkennbar auch abmühen, aber nicht so weit gelangen? Gibt es tatsächlich eine allgemein gültige Deutung von Erfolg und Mißerfolg, geistlichem Fortschritt und Stagnation, Gelingen und Nicht-Gelingen im Leben von Gläubigen, vorausgesetzt, daß sie unter vergleichbaren Bedingungen von Lehre und Unterweisung standen?

Das ist eine gefährliche Frage. Ich weiß das. Und doch glaube ich, daß man so fragen darf und daß es sogar eine präzise Antwort darauf gibt.

These *(45)*

Der ausschlaggebenden Beitrag für Wachstum, Segen und Erfolg, Salbung durch den Heiligen Geist und auch Ausstattung mit Gaben des Geistes und übernatürlichen Kräften beim einzelnen Gläubigen und beim geistlichen Leiter ist das Ausmaß von erkannter und angenommener Wahrheit aus der Schrift. Je mehr jemand Wahrheit aus der Schrift bejaht, annimmt und auslebt, um so mehr wird sein Leben und Dienst erhoben werden. Wahrheit, das heißt, die Summe aller göttlichen Fakten, Geschenke, Erlösungsinhalte und vor allem die Kenntnis des Wesens und des Charakters Gottes, soll das Bewußtsein des Gläubigen so vollständig ausfüllen und bestimmen, daß alle Gedanken, Reaktionen, Reflexe, Äußerungen und Handlungen davon gekennzeichnet sind.

Die nicht gesegneten oder deutlich weniger bestätigten Christen offenbaren immer „Lücken" von ausgelebter Wahrheit oder unechte Formen von Wahrheit, die künstlich, aufgesetzt und erkennbar unverbunden mit der Person sind. In solchen Fällen kann man regelmäßig wahrnehmen, daß das, was an Wahrheit fehlt, durch eigene Ersatzprodukte ausgeglichen wird, was dem geistlich geschulten Auge sofort als unecht und unnatürlich auffällt. Obendrein weisen auch die ausbleibenden Resultate auf den Defekt hin. Keine oder wenig in die Person und in den Charakter eingebaute Erkenntnis Gottes heißt auch immer mangelnder Charakter, unechter Glaube und religiöses Gebaren. Diese Dinge fallen so gut wie nie auseinander.

Lag in der Weisheitslehre nach Sprüche 1 die Betonung auf dem sittlichen Ursprung der Erkenntnis Gottes (aus dem Wort empfangene Weisheit und Furcht des Herrn schaffen göttliche Erkenntnis), so unterstreicht eine ähnliche Schriftstelle im 2. Kapitel der Sprüche Salomos die Notwendigkeit der Intensität des Suchens und des Begehrens nach Erkenntnis:

Sprüche 2,1-8

1 Mein Sohn, wenn du meine Rede annimmst und meine Gebote behältst,

2 so daß dein Ohr auf Weisheit achthat, und du dein Herz der Einsicht zuneigst;

3 ja, wenn du nach Vernunft rufst und deine Stimme nach Einsicht erhebst,

4 wenn du sie suchst wie Silber und nach ihr forschest wie nach Schätzen:

5 dann wirst du die Furcht des HERRN verstehen und die Erkenntnis Gottes finden.

6 Denn der HERR gibt Weisheit, und aus seinem Munde kommt Erkenntnis und Einsicht.

7 Er läßt es den Aufrichtigen gelingen und beschirmt die Frommen.

8 Er behütet, die recht tun, und bewahrt den Weg seiner Frommen.

Auch in diesem Schriftwort finden wir zunächst den Verweis darauf, daß das Wort Gottes die Quelle aller Erkenntnis ist. Das Wort annehmen und bewahren heißt, sich der Weisheit und dem Verstehen zuzuwenden. Aber in diesem Fall wird besonders herausgestellt, daß wir Verstand und Verständnis mit aller Dringlichkeit suchen und begehren sollen − wir sollen den Verstand regelrecht anrufen und ansprechen, als ob er eine Person wäre −, und ferner wird von uns erwartet, daß wir so intensiv nach ihm forschen und suchen, wie wir nach Schätzen und nach Silber suchen. Dann wird uns die Fähigkeit zuteil, die Furcht des Herrn zu verstehen und dadurch Erkenntnis Gottes zu gewinnen.

Wir sollen unsere Stimme erheben nach Einsicht. Wer wirklich dringlich und mit ganzer Hingabe Gottes Erkenntnis und Weisheit haben möchte, soll sie nicht nur mit aller Gewalt begehren, sondern muß das auch mit seiner Stimme zum Ausdruck bringen, er soll nach ihr rufen. Wir finden hier wie auch an manchen anderen Stellen der Schrift den interessanten Sachverhalt, daß sich die ganze Hingabe an ein Gebetsanliegen oder an Gott selbst nach dem Verständnis der Heiligen Schrift darin ausdrückt, daß wir das auch mit Lautstärke und erhobener Stimme verdeutlichen. Das stille und sanfte oder gar seriöse Suchen in der intellektuellen Schreibtischsituation führt nicht zu Resultaten.

Noch überraschender ist die Tatsache, daß ein derartiger Einsatz nicht geradlinig zur Erkenntnis Gottes führt, sondern über das Verstehen der Furcht des Herrn. Furcht des Herrn ist also nicht nur eine formale Voraussetzung für alle möglichen göttlichen Segnungen – unter anderem auch für das Gewinnen von göttlicher Erkenntnis –, sie ist im tiefsten Grunde eine innere Übereinstimmung mit Gott, eine Art Gnadengeschenk, das verstanden sein will, bevor man es praktizieren und anschließend seine vielfältigen Auswirkungen erleben kann. Eine dieser Auswirkungen ergibt sich in der Befähigung, ständig frische Erkenntnis Gottes zu empfangen. (Die anderen beeindruckenden Auswirkungen der Furcht des Herrn werden uns unter anderem in Psalm 34, Psalm 112 und Psalm 118 genannt.)

Der Vers 6 in der zitierten Schriftpassage will uns offenbar sagen, daß uns Erkenntnis und Einsicht nicht in dem Sinne zuteil wird, daß unser Einsatz und unser Verstehen diese Gott *entreißen*. Weisheit und Erkenntnis werden uns vielmehr von Gott *gegeben*. Unser dringliches Forschen und Rufen ist allein der Ausdruck unserer Wahrheitsliebe und Sehnsucht nach Erkenntnis, aber es ist nicht selbst die Methode und der Leistungsbeitrag, durch welchen wir uns Erkenntnis gleichsam verdienen.

Daß es dem Aufrichtigen (dem Geraden) gelingt, wie es Vers 7 ausdrückt, beweist am Ende doch nur wieder, daß starkes Begehren und eifriges Suchen den Aufrichtigen ausweisen. Wer charakterlich echt und in seiner Motivation rein ist (der Weise und der den Herrn fürchtet), wird das mit der Intensität seines Strebens ausdrücken. Aufrichtigkeit zeigt sich in starker Hingabe und sichtbarer Entschlossenheit, in Ausdauer und auch in dem Ausdruck der Stimme.

Ich glaube nicht an einen irgendwie gearteten Gegensatz von alttestamentlicher Weisheitslehre und der Offenbarung über Erkenntnis und Weisheit im Neuen Testament. Das Wort Gottes in den Sprüchen will uns mit großem Nachdruck klar machen, daß es keinen Weg zur Erkenntnis vorbei an Weisheit und Heiligkeit einerseits und Furcht des Herrn andererseits gibt. Gott verweigert jedem Erkenntnis, der bereits empfangene Erkenntnis nicht in seinen Charakter umgesetzt hat. Zunahme von geistlicher Einsicht und wachsender Durchblick in die geheimen Absichten Gottes kommt in einem ständigen Wechselspiel von Erkenntnis und Glaubensgehorsam zustande. Der Gehorsame ist aber der Aufrichtige, Aufrichtigkeit drückt sich indessen in sichtbaren und hörbaren Verhaltensweisen aus.

Ich habe die Erfahrung gemacht, daß alle großen Männer und Frauen Gottes über ein beachtliches Potential an Entschlossenheit, Dringlichkeit und Ausdauer verfügen. Es ist für sie typisch, daß sie nicht vorsichtig und zurückhaltend beten und sich vor Gott artikulieren. Ich glaube, keine Ausnahme von dieser Regel gesehen zu haben. Hier finden wir den theoretischen Hintergrund für diese Erfahrungstatsache.

Veränderung des Denkens

Bei Paulus sehen wir die Abhängigkeit unserer Erkenntnisfähigkeit von der richtigen charakterlichen Grundhaltung und Einstellung noch deutlicher dargestellt:

Römer 12,1-2
1 Ich ermahne euch nun, liebe Brüder, durch die Barmherzigkeit

Gottes, daß ihr eure Leiber gebet zum Opfer, das da lebendig, heilig und Gott wohlgefällig sei. Das sei euer vernünftiger Gottesdienst.

2 Und stellet euch nicht dieser Welt gleich, sondern verändert euch durch Erneuerung eures Sinnes, auf daß ihr prüfen möget, was Gottes Wille ist, nämlich das Gute und Wohlgefällige und Vollkommene.

In den Versen vor diesem Abschnitt ist von dem Reichtum der Weisheit Gottes und der Erkenntnis Gottes die Rede.

Paulus beginnt sehr praktisch: Wir sollen unsere Leiber Gott zum Opfer geben. Dieses Opfer ist lebendig, heilig und Gott wohlgefällig. Solche Opferhandlungen sind Gehorsamshandlungen, die wiederum aus Glauben resultieren. Erkenntnis führt zu Glaube, Glaube zieht motorische Reaktionen des Körpers nach sich. Der ganze Körper reagiert. Kommt es nicht zu Handlungen mit dem Körper, dann war kein aktiver und göttlicher Glaube wirksam. Liegt Glaube nicht vor, war entweder keine Erkenntnis vorhanden oder diese war unvollkommen, statisch und steril.

Die Handlungen des Leibes (Beine, die gehen – Hände, die sich regen – Augen, die hinsehen usw.) sollen lebendig sein, was im Gegensatz zu den toten Werken zu verstehen ist, die Werke der Selbstprofilierung und der eigenen Leistung sind.

Die Handlungen des Körpers sollen auch heilig sein, was heißt, daß sie Gott geweiht sind, rein sind und daß sie Gott gefallen sollen. Paulus empfängt diese praktischen Anweisungen „durch die Barmherzigkeit Gottes". Das ist eine sonderbare Begründung. Was hat das mit Barmherzigkeit zu tun?

Barmherzigkeit drängt zum liebenden Handeln und zur helfenden Tat oder auch zum mitleidenden Wort der Anteilnahme und der

Tröstung. Unser Handeln, zu dem wir hier gerade aufgefordert werden, soll denselben Ursprung haben. Und schließlich ist die Aufforderung, so praktische Erkenntnis und Glauben auszuleben, ebenfalls ein Akt von Barmherzigkeit. Gott will uns daran hindern, alle Inhalte des Evangeliums nur gedanklich abzuhandeln. Dann würden wir sofort um den Genuß und den Wert des Glaubens und aller Erkenntnis gebracht werden und diese würden einen sofortigen Abbruch erfahren. Insofern ist praktisches Ausleben von Erkenntnis, Glaube und Liebe ein *vernünftiger* Dienst an Gott. Er ist logisch und ertragreich in seiner Konsequenz auf eigene weitere Erkenntnisbereicherungen und er ist ein sinnvoller Dienst an Gott und gleichzeitig Gottes Dienst durch uns an anderen.

In diesem gesamten Abschnitt war bis jetzt kaum von Erkenntnis die Rede, bestenfalls in dem Sinne, daß bereits gewonnene Erkenntnis zur Glaubenstat werden soll, die am Ende immer vom Körper ausgeführt wird. Der Nachfolgesatz (Vers 2) beginnt mit einem „und", was ihn an den vorherigen Satz anbindet und auch die Reihenfolge der Satzinhalte weiterführt: „Und stellt euch nicht dieser Welt gleich, sondern verändert euch durch Erneuerung eures Sinnes..."

Im Griechischen wird das Wort „verändert" auch in der Passivform benutzt, was man übersetzen müßte „und werdet verändert"! Ich verstehe diesen Ausdruck so, daß wir das Geschehen zuerst wollen müssen, aber daß es dann an uns geschieht.

Wir sind der Autor dieser Handlung, aber dennoch werden wir dabei nicht so aktiv, daß wir diese Handlung selbst bewerkstelligen. Aus weiteren Anweisungen, jeweils alle in der Befehlsform, die wir nachher noch betrachten werden, wird ersichtlich, daß Gott die Veränderung durch seinen Geist und durch sein Wort bewirkt.

Interessant ist nun, wodurch wir verändert werden sollen: Durch die Erneuerung unseres Denkens oder Verstandes! Die Bedeutung des von Luther gewählten Begriffes „Sinn" erscheint heute so vielschichtig und verschwommen, daß man ihn nicht mehr gebrauchen sollte. Im Griechischen steht hier der sehr geläufige Begriff „nous", was Verstand, Vernunft und Denken heißt. Das ist sehr eindeutig.

These *(46)*
Das Neue Testament macht das erneuerte Denken zum Hauptfaktor der Veränderung der gesamten Person!

Das entspricht dem Wort in den Sprüchen: „Wie jemand denkt, so ist er." (Sprüche 23,7, direkte Übersetzung aus der New American Standard Bible). Zum Denken braucht man Denkinhalte, Wahrheiten und Erkenntnisse. Diese sollen wir dem Worte Gottes entnehmen, das wir in ständiger und bewußter Entscheidung freiwillig auf unser Denken einwirken lassen. Das Wort Gottes spricht deswegen auch von einem Wasserbad des Wortes:

Epheser 5,26
...auf daß er sie (die Gemeinde) **heiligte, und hat sie gereinigt durch das Wasserbad im Wort.**

Hier drängt sich der Vergleich zur Gehirnwäsche auf, die ja eine Wäsche des Denkens ist, nur, daß dieser Prozeß hier aus eigenem Antrieb mit der Hilfe Christi stattfindet. Durch erneuertes Denken unterscheiden wir uns von der Welt und werden durch diesen Abstand und die in uns liegenden Kriterien des Wortes im Stande sein, alle Dinge und Phänomene unseres Lebens daraufhin zu untersuchen (prüfen), ob in ihnen das göttlich Gute, das Wohlgefällige und das Vollkommene enthalten ist, was identisch ist mit seinem Willen.

Erkenntnis des Willens Gottes im Einzelfall setzt die genaue Kenntnis des biblischen Maßstabes voraus. Dahinter steht die Aussage, daß wir Menschen − und zwar die Nicht-Gläubigen wie auch die Gläubigen, die nicht im Worte Gottes trainiert sind − nicht fähig sind, von uns aus zu erkennen, was gut, Gott wohlgefällig und vollkommen ist. Auch dazu braucht man Offenbarungserkenntnis. Nicht einmal die Bewertungsqualität „gut" können wir eindeutig festlegen und vorgeben. Ohne das Wort werden unsere Einschätzungen, was objektiv gut und was für uns gut ist, sehr schwanken. So nimmt es auch nicht Wunder, daß der größte Teil der gläubigen Christenheit nicht weiß, daß Gott durch und durch gut, liebevoll, freundlich, sanft, geduldig und voll Erbarmen ist.

Eigentlich müßte es doch sehr einfach sein, anhand des Wertekataloges des Wortes Gottes herauszufinden, was Gottes guter, wohlgefälliger und vollkommener Wille ist. Aber das ist ja gerade die durchgehende Botschaft der Schrift, die wir immer wieder und auch an dieser Stelle wahrnehmen: Gottes Wahrheit kann nur von dem Wahren erkannt werden, und wahr sein ist nicht eine intellektuelle Qualifikation, sondern eine Tugend, die sich in Haltungen und in Handlungen ausdrückt.

These *(47)*
Wer wahr ist, nimmt eine wahre Botschaft (das Evangelium) so radikal und uneingeschränkt an, daß er daneben in seinem Verstand und Herzen keinen anderen Gedanken stehen läßt, der sich im Gegensatz zu der erkannten biblischen Wahrheit befindet.

Wer eine bestimmte göttliche Wahrheit so ergriffen hat, verhält sich kompromißlos und wird alle bereits in ihm vorhandenen Gedanken und Erkenntnisse nach dieser Wahrheit ausrichten und gegebenenfalls aussondern. Er wird mehr von der erkannten Wahrheit wissen wollen und auf Grund seiner Hingabe an die Wahrheit diese als wohltuend, beglückend und freimachend erleben, was seine Liebe zur Wahrheit weiter vermehrt. Weil er die Wahrheit bejaht, wird er sie haben wollen und alle Konsequenzen verfolgen, die aus ihr resultieren. Er wird ein Mensch des Glaubens werden, weil er es nicht ertragen kann, göttliche Angebote vorgelegt zu bekommen, ohne sie zu besitzen.

Erneuerung – was ist das?

Paulus sagt, daß wir die Veränderung unser selbst durch die Erneuerung des Denkens vollziehen sollen. Von diesem Satz habe ich bislang allein die Konsequenzen verfolgt, die mit unserer Erkenntnisfähigkeit zu tun haben.

In diesem Zusammenhang haben wir noch zu untersuchen, was eigentlich im biblischen Verständnis Erneuerung ist. Es kann kaum ein einmaliges Geschehen gemeint sein, weil dieses dann doch wohl mit der Bekehrung zusammenfallen müßte. Paulus spricht hier aber zweifelsfrei Christen an, die schon längst die Entscheidung für Christus vollzogen haben, also bekehrte, wiedergeborene Christen sind, und die dennoch eine weitere Veränderung brauchen. Ihre Gedankenwelt soll immer wieder mit neuen göttlichen Gedanken angereichert werden. Vielleicht hängt das damit zusammen, daß Gedanken flüchtig sind und sich verbrauchen, so daß immer wieder für den Nachschub von neuen Gedanken gesorgt werden muß. Wie mag dieser Prozeß aussehen?

Eine hilfreiche Veranschaulichung der Erneuerung der Gedankenwelt steuert folgendes Wort bei:

Epheser 4,23
Erneuert euch aber im Geist eures Gemüts.

Auch hier steht für das deutsche Wort Gemüt im Griechischen das Wort „nous", das am besten mit Verstand, Vernunft oder Denken zu übersetzen ist. Interessanterweise lautet diese Aufforderung aber nicht, daß wir uns im Denken oder bezüglich des Verstandes verändern lassen sollen, sondern im Geist unserer Vernunft oder unseres Verstandes. Es kann somit nicht unser eigener Geist gemeint sein, weil dieser Geist kein Oberbegriff oder ein Teil der Vernunft ist. Also kann nur der Heilige Geist gemeint sein. Durch die Erfahrung der Erfüllung und Taufe mit dem Heiligen Geist wird unsere ganze Seele und der Leib von ihm durchtränkt.

Geisterfüllte Christen sind wirklich *voll* des Heiligen Geistes, so daß alle Anteile ihres Wesens unter Einschluß des Verstandes von diesem Geist durchsetzt und erfüllt sind. Der Heilige Geist wird uns im Neuen Testament als der große Helfer vorgestellt, der uns in jeder Hinsicht und an jeder Stelle unserer Persönlichkeit helfen will. Nichts sollen wir alleine tun, ohne ihn; und das Denken sollen wir erst recht nicht alleine besorgen. Nach biblischer Offenbarung (Jesaja 11,2) ist der Heilige Geist ein geordneter und gegliederter Geist, der auch der Geist des Verstandes und der Erkenntnis ist. Wenn nun dieser Geist uns fortlaufend durchströmt und dann auch aus uns herausströmt, wird er uns dementsprechend auch ständig seine frischen und vom Thron Gottes kommenden Einsichten und Offenbarungen vermitteln, die dann zum Kristallisationspunkt unserer Gedanken werden.

Je mehr wir also vom Heiligen Geist erfaßt sind, um so eher besteht die Gewähr, daß unsere Gedanken und unsere ganze Verstandestätigkeit ihre Inhalte nicht mehr ausschließlich aus der Tiefe der Seele oder aus Umsetzung von Sinneswahrnehmungen bekommen. Der geisterfüllte Gläubige, der immer wieder neu vom Heiligen Geist erfüllt wird, soll und kann göttliche Gedanken bekommen, die an seelischen Ursprüngen und Außeneinflüssen vorbei direkt vom Heiligen Geist eingegeben werden. Die fortwährende Übung des Sprachengebetes stellt dabei den leichtesten Weg dar, ständig aus göttlicher Quelle Inspiration für die Gedankentätigkeit zu empfangen.

Im Epheserbrief wird uns beschrieben, wie wir, die wir die Erfahrung der Taufe im Heiligen Geist gemacht haben, immer wieder neu voll Heiligen Geistes werden sollen. In der Hinführung zu der Anleitung der stetigen Neuerfüllung mit dem Heiligen Geist lesen wir, daß wir weise und nicht unverständig sein sollen, und daß wir verstehen sollen, was der Wille des Herrn sei.

Epheser 5,15-21
15 So seht nun wohl zu, wie ihr wandelt, nicht als Unweise, sondern als Weise,
16 und kaufet die Zeit aus; denn es ist böse Zeit.
17 Darum werdet nicht unverständig, sondern verstehet, was da sei des Herrn Wille.
18 Und saufet euch nicht voll Wein, daraus ein unordentlich Wesen folgt, sondern werdet voll Geistes:
19 redet untereinander in Psalmen und Lobgesängen und geistlichen Liedern, singet und spielet dem Herrn in euren Herzen
20 und saget Dank allezeit für alles Gott, dem Vater, in dem Namen unsres Herrn Jesus Christus,
21 und seid einander untertan in der Furcht Christi.

Wir werden also aufgefordert, uns immer wieder vom Heiligen Geist füllen zu lassen (so die wörtliche Übersetzung des Gebotes „werdet voll Geistes"). Indem wir dieser Aufforderung nachkommen, werden wir durch die Erneuerung des Heiligen Geistes dem Gebot gerecht werden und weise, verständig und effizient leben. Wir kaufen die Zeit aus und wir lernen so, den Willen Gottes zu verstehen.

Die jedem Christen dringend anempfohlene ständige Neuerfüllung mit dem Heiligen Geist geschieht aber, wie wir diesem Wort entnehmen können, nicht etwa dadurch, daß man immer wieder eine dementsprechende Bitte an Gott vorträgt, das bei uns bewirken zu sollen. Vielmehr ist diese Erfahrung an eine Kette von Gehorsamsschritten gebunden, auf die Gott mit weiterer Austeilung des Heiligen Geistes reagiert: Wir sollen einander und für uns selbst in Psalmen, Lobgesängen und geistlichen Liedern reden, dem Herrn im Herzen singen und spielen, Gott allezeit und für alles im Namen des Herrn Jesus danken und einander in der Furcht des Herrn untertan sein.

These *(48)*
Die Neuerfüllung mit dem Heiligen Geist ist die Voraussetzung zum erneuerten Denken. Indem unser Denken ständig von Gottes Impulsen und Anregungen bestimmt und verändert wird, wird die Gesamtperson erneuert. Erkenntnis verändert den Charakter!

Als weiterer Schriftbeweis für die These, daß Erkenntnis den Charakter prägt und über mehrere Umsetzungsstufen der Schlüssel für alle weiteren Erfahrungen ist, mag das folgende Schriftwort aus dem 2. Petrusbrief gelten.

2. Petrus 1,3-9
3 Alles, was zum Leben und göttlichen Wandel dient, hat uns seine göttliche Kraft geschenkt durch die Erkenntnis des, der uns berufen hat durch seine Herrlichkeit und Kraft.
4 Durch sie sind uns die teuren und allergrößten Verheißungen geschenkt, auf daß ihr dadurch teilhaftig werdet der göttlichen Natur, die ihr entronnen seid der verderblichen Lust in der Welt.
5 So wendet allen Fleiß daran und beweist in eurem Glauben Tugend und in der Tugend Erkenntnis
6 und in der Erkenntnis Mäßigkeit und in der Mäßigkeit Geduld und in der Geduld Gottesfurcht
7 und in der Gottesfurcht brüderliche Liebe und in der brüderlichen Liebe die Liebe zu allen Menschen.
8 Denn wenn solches reichlich bei euch ist, werdet ihr nicht faul noch unfruchtbar sein in der Erkenntnis unsers Herrn Jesus Christus.
9 Wer aber solches nicht hat, der ist blind und tappt im Dunkeln und hat vergessen, daß er rein geworden ist von seinen vorigen Sünden.

Alles, was wir zum Leben und zum göttlichen Wandel brauchen, ist uns durch die göttliche Kraft geschenkt, die uns durch Erkenntnis Gottes vermittelt wird. Es heißt in dem zitierten Schriftwort ausdrücklich, daß die uns von Gott gewährten Einsichten und Erkenntnisse, welche uns durch bestimmte Verheißungen zuteil werden, unseren Charakter so umprägen, daß wir seiner göttlichen Natur teilhaftig werden. Es ist unübersehbar, daß uns das Wort eine gewisse Systematik in der Veränderung unseres Wesens durch Erkenntnis und Glauben (Vers 4 und Vers 5) zeigen will:

* durch Fleißschritte (die das Wort Gottes betreffen) sollen wir im Glauben Tugend beweisen.

Das heißt, erkannte Verheißungen und Angebote Gottes aus seinem Wort, die man im Glauben ergreift, bilden in uns bestimmte Tugenden aus. Positive Anschauung, die man auf eine sichere Quelle zurückführen kann, erzeugen mit der Zeit positive Haltungen.

* In der Tugend beweisen wir Erkenntnis.

Das entspricht der uns wohlvertrauten Wahrheit: Gott offenbart dem Gehorsamen Erkenntnis, weil dieser mit früheren Austeilungen von göttlichen Erkenntissen angemessen und in Treue umgegangen ist. Diesen vertraut der Herr gerne weitere Einblicke in sein Wesen und in seine Absichten an.

* In der Erkenntnis Selbstkontrolle.

Hier geht es vermutlich darum, daß wir uns aus der klaren Einsicht heraus, worauf es ankommt und was jetzt zu tun ist, auf das Wesentliche konzentrieren, es bei uns durchsetzen und darauf achten, daß wir mit unserem Charakter nicht im Gegensatz zur erkannten Wahrheit stehen.

* Insofern sollen wir in der Selbstkontrolle auch Ausdauer beweisen.

* Wer sich nun in Ausdauer (Geduld) bewährt, dem fällt Gottseligkeit zu, was vermutlich die subjektive und auch gefühlsmäßige Gotteserfahrung und das Verspüren von Gottes Gegenwart beinhaltet.

* Diese Gottseligkeit befähigt uns dann zur Bruderliebe und schließlich zur Liebe überhaupt.

Die Erkenntnis Gottes steht am Anfang, führt dann über Glaube zur Tugend und zu der speziellen Form der Erkenntnis, die uns sagt, was im aktuellen Fall zu tun ist. Das bereitet den Weg für Selbstkontrolle, Ausdauer, Gottseligkeit (erlebte Gottesbeziehung), für Bruderliebe und für Liebe schlechthin. Erkenntnis ist also zweimal in diesem Prozeß vertreten. Beide Male ist sie der Ausgang von bestimmten nachfolgenden Veränderungen und Tugenden des Gläubigen. Erkenntnis ist der Anfang und Antrieb für alle Stadien von Heiligung und Charakterveränderung.

Wahrheit und Liebe

Das Anliegen dieses Kapitels war ja, die Bedeutung der Erkenntnis im Hinblick auf Charakter und Charakterformung herauszustellen. Dabei geht es jetzt nicht so sehr darum, die Notwendigkeit gediegener biblischer Erkenntnis als Voraussetzung zum nachfolgenden Glauben zu betonen. Das ist bereits ausreichend geschehen. Ich möchte aber noch stärker den Zusammenhang von erkannter Wahrheit und damit bereits gegebener Charakterveränderung herausstreichen, weil uns das Wort Gottes diese Beziehung so nachdrücklich und wiederholt vor Augen stellt. Zwei Briefe im Neuen Testament sind fast ausschließlich diesem Thema gewidmet. Ich spreche vom 2. und 3. Johannesbrief. Wir wollen nachfolgend einige Passagen dieser beiden kurzen Briefe genauer untersuchen:

2. Johannes 1
Der Älteste an die auserwählte Herrin und ihre Kinder, die ich lieb habe in der Wahrheit, und nicht allein ich, sondern auch alle, die die Wahrheit erkannt haben,...

Es heißt hier: „...die ich lieb habe in der Wahrheit..." und „...auch alle, die die Wahrheit erkannt haben". Johannes und die anderen Mitgläubigen lieben, weil sie die Wahrheit erkannt haben und in der Wahrheit sind. Das heißt doch: zuerst kommt die Wahrheit, dann und aus ihr die Liebe. Erkannte Wahrheit setzt Liebe frei!

Im folgenden ist nun ununterbrochen von der Wahrheit die Rede. Deswegen will ich noch einmal kurz den biblischen Begriff vergegenwärtigen, wiewohl dies schon früher geschehen ist: Die biblische Wahrheit stellt die Summe aller Beschreibungen Gottes, seines Wesens, seines Charakters und seiner Absichten im Worte Gottes dar, sowie auch die Beschreibung Jesu und des Heiligen Geistes. In der Wahrheit ist enthalten, was Gott durch Jesus für uns getan hat, wie vielfältig die Erlösung für uns Menschen ist, wie dadurch unser Status, unser Leben, unsere Zukunft und unsere Persönlichkeit verändert ist. Ferner beschreibt die Wahrheit, was Gott dem Teufel und seinem Reich an Niederlage zugefügt hat, was dieser heute nicht mehr ist und daß wir Macht über ihn, sein Reich und die Dinge dieser Welt haben. Schließlich gehört zur Wahrheit auch der Auftrag und die Befähigung, durch den Heiligen Geist das Reich Gottes auf Erden zu bauen und durch Glaubensgehorsam mit der Hilfe des Heiligen Geistes diesen Planeten rechtmäßig aus dem Zugriff des Feindes zu Gott zurückzuführen.

Wer diese Wahrheit in leidenschaftlicher Ausschließlichkeit anerkennt, wird dadurch so beglückt und gesegnet sein, daß er nicht anders kann, als Gott für diese Geschenke zu danken und zu lieben. Insofern ist erkannte Wahrheit die Voraussetzung von Liebe.

2. Johannes 2-3
2 ...um der Wahrheit willen, die in uns bleibt und bei euch sein wird in Ewigkeit:
3 Gnade, Barmherzigkeit, Friede von Gott, dem Vater, und von Jesus Christus, dem Sohn des Vaters, sei mit uns in Wahrheit und Liebe!

„...um der Wahrheit willen, die in uns bleibt und bei euch sein wird in Ewigkeit." Das ist eine ungewöhnliche Formulierung. Normalerweise werden bei Briefanfängen die Adressaten genannt und angesprochen. Doch hier redet Johannes in der Wir-Form. Der Gedankengang ist folgender: Uns soll um der Wahrheit willen Gnade,

Barmherzigkeit und Friede zuteil werden, sofern wir wirklich (Vers 2b) in dem Maße in der Wahrheit sind, daß diese auch Liebe freisetzt. Das ist eine wichtige Aussage. Wer sich tief und ehrlich der Wahrheit hingibt, erfährt nicht nur Liebe und wird liebesfähig, sondern dem werden obendrein Gnade, Barmherzigkeit und Friede zuteil. Das ist auch eine Art Diagnostikum. An den Auswirkungen wie Liebesfähigkeit und Liebeswilligkeit, Erfahrung der Gnade, der Barmherzigkeit und des Friedens kann man erkennen, ob jemand die göttliche Wahrheit tatsächlich erfaßt hat oder nur vorgibt, sie erkannt zu haben. Die Wahrheit ist der Schlüssel und der Zugang zu allen großen geistlichen Erfahrungen.

2. Johannes 4
Ich bin sehr erfreut, daß ich gefunden habe unter deinen Kindern solche , die in der Wahrheit wandeln, wie wir denn ein Gebot vom Vater empfangen haben.

Johannes schreibt, daß er hoch erfreut ist, unter den Kindern einige gefunden zu haben, die in der Wahrheit wandeln. Beachten wir den Unterschied: Alle, an die der Brief gerichtet ist, sind Kinder Gottes. Sie sind demnach geistlich wiedergeboren. Alle haben die Wahrheit der Erlösung und der Wiedergeburt gefunden und ergriffen, aber nur einige wandeln danach. Sie haben sich so mit der Wahrheit des Wortes Gottes verbunden, daß sie in dieser Wahrheit ihren ganzen Alltag verbringen. Das war für Johannes erfreulich. Es gereicht zur Freude des Heiligen Geistes.

2. Johannes 5
Und nun bitte ich dich, Herrin — nicht als schriebe ich dir ein neues Gebot, sondern das wir gehabt haben von Anfang -, daß wir uns untereinander lieben.

Johannes schreibt im Auftrag des Heiligen Geistes ein Gebot, das nicht neu ist, sondern das das alte Gebot darstellt, das von Anfang an ist, nämlich, daß wir einander lieben sollen. Das sind fast dieselben Worte, die im Vers davor über die Wahrheit gebraucht werden, in der die Briefempfänger wandeln sollen, wie sie ein Gebot vom Vater empfangen hatten. Wir dürfen also vorsichtig folgern, daß das Gebot, in der Wahrheit zu wandeln, und das Gebot, einander zu lieben, in letzter Konsequenz identisch sind. Achten wir in diesem Zusammenhang auf den nächsten Vers – Vers 6 – und auf eine besonders aussagekräftige Schriftstelle aus dem 1. Johannes.

2. Johannes 6
Und das ist die Liebe, daß wir wandeln nach seinen Geboten; das ist das Gebot, wie ihr gehört habt von Anfang, damit ihr in ihr wandeln sollt.

1. Johannes 2,7
7 Meine Lieben, ich schreibe euch nicht ein neues Gebot, sondern das alte Gebot, das ihr von Anfang gehabt. Das alte Gebot ist das Wort, das ihr gehört habt.

Gehen wir zunächst auf den Vers 6 des 2. Johannesbriefes ein. Gemäß diesem Wort drückt sich unsere Liebe zu Gott darin aus, daß wir nach seinen Geboten wandeln. Dieser Satz klingt zunächst so, als ob sich unsere Liebe zu Gott und zu den Geschwistern darin erweist, daß wir alle bestehenden Gebote erfüllen, als ob die Parole gelte: Wenn du mich wirklich liebst, dann beweise das durch gewissenhaftes Halten aller meiner Vorschriften.

Aber das ist mit Sicherheit nicht gemeint. Welche neutestamentlichen Gebote gibt es denn überhaupt? Folgen wir dem Hinweis, der im letzten Teil dieses Verses enthalten ist: „das ist das Gebot, wie ihr gehört habt von Anfang, damit ihr in ihr (gemeint ist die Liebe) wandeln sollt." Die oben zitierte Schriftstelle aus 1. Johannes 2,7 hilft uns weiter: „Meine Lieben, ich schreibe euch nicht ein neues Gebot, sondern das alte Gebot, das ihr von Anfang gehabt. Das alte Gebot ist das Wort, das ihr gehört habt." Wohlgemerkt, es steht nicht da, daß das Wort das Gebot ist, nämlich die ganze Liste von

Befehlen und Verboten, die uns genau sagen, was wir zu tun und zu lassen haben. Nein, umgekehrt: das Gebot ist das Wort. Nicht Aufforderung zum Handeln ist das alte Gebot, welches identisch ist mit dem neuen Gebot, sondern die schlichte Aufforderung, sich mit dem Worte Gottes zu beschäftigen.

Es gibt nicht unbeschränkt viele Gebote im Neuen Testament. Eigentlich sind es nur vier, und sie fallen bei konsequenter Analyse ihrer Inhalte praktisch auf eins zusammen. Hier heißt es: Das alte, grundsätzliche Gebot ist das Wort. Wir sollen ihm unser Herz, unseren Willen, unsere Zeit, unsere Beachtung, unsere Liebe zuwenden. Wir sollen es betrachten, bedenken, durchsinnen, durchbeten, darüber nachdenken und darüber meditieren, es auswendig lernen, es verdauen, es bearbeiten, Zeit mit ihm verbringen, es glauben und es sprechen. Der Gläubige des neuen Bundes handelt nicht nach göttlichen Befehlen drauflos. Wir wenden uns zunächst seinem Wort zu. Das ist das erste Gebot. Es ist identisch mit dem Gebot der Zuwendung zu Jesus, der das Wort ist.

Wenn wir Täter des Wortes (Bearbeiter des Wortes — nicht: Täter gemäß dem biblischen Befehl) sind, dann wird dieses Wort in uns Liebe freisetzen (siehe auch den Fortgang des Textes in 1. Johannes 2,8 ff, der davon handelt).

Ein anderes neutestamentliches Gebot, das wir vor allem im Johannesevangelium häufiger finden, besteht darin, daß wir lieben sollen. Schließlich wird uns, um diesen Dreiklang der neutestamentlichen Gebote zu vervollkommnen, gesagt, daß wir an den Namen des Herrn glauben sollen: 1. Johannes 2,23.

So sehen wir also, daß wir die Wahrheit erkennen sollen, die identisch ist mit dem Wort, daß wir einander lieben sollen und daß wir an den Namen Jesus glauben sollen. Diese Gebote hängen so miteinander zusammen, daß sie in Wirklichkeit eine Einheit darstellen. Wer das Wort hat, hat Jesus und hat damit auch die Wahrheit erkannt. Wer sie aber wirklich in sich aufgenommen hat, wird in ihr wandeln und dementsprechend ständig in der Autorität des Namens Jesus wandeln und in seiner Liebe leben.

Den Zusammenhang von Glauben an den Namen Gottes und Liebeserfolg macht uns ein Vers in Johannes besonders deutlich:

Johannes 17,26
Und ich habe ihnen deinen Namen kundgetan und will ihn kundtun, damit die Liebe, mit der du mich liebst, sei in ihnen und ich in ihnen.

These *(49)*
Wer Erkenntnis der Wahrheit gewonnen hat, muß lieben. Liegt bei einem Nachfolger, der vorgibt, die Wahrheit zu erkennen, keine Liebe vor, mag er einige Dinge über die Wahrheit wissen, aber er hat sie innerlich nicht erkannt. Für jemanden, der die Wahrheit kennt, wird es auch zutreffen, daß er das Wort Gottes kennt und liebt, daß er es hält und vom Worte Gottes dazu angeleitet wird, an den Namen Jesu zu glauben und göttliche Autorität auszuüben. Diese Erfahrungen und Befähigungen werden gemeinsam vorkommen. Akademische und theoretische Erkenntnis Gottes und seiner Wahrheit, die sich nicht durch diese Erfahrungen zu erkennen gibt, ist praktisch Nicht-Erkenntnis.

2. Johannes 7-12
7 Denn viele Verführer sind in die Welt hinausgegangen, die nicht bekennen, daß Jesus Christus im Fleisch gekommen ist. Das ist der Verführer und der Widerchrist.
8 Seht euch vor, daß ihr nicht verlieret, was wir erarbeitet haben, sondern vollen Lohn empfanget.
9 Wer weitergeht und bleibt nicht in der Lehre Christi, der hat Gott nicht; wer in der Lehre Christi bleibt, der hat beide, den Vater und den Sohn.

10 So jemand zu euch kommt und bringt diese Lehre nicht, den nehmet nicht ins Haus und grüßet ihn auch nicht!
11 Denn wer ihn grüßt, der macht sich teilhaftig seiner bösen Werke.
12 Ich hätte euch viel zu schreiben, aber ich wollte es nicht mit Brief und Tinte tun, sondern ich hoffe, zu euch zu kommen und mündlich mit euch zu reden, auf daß unsre Freude vollkommen sei.

Dieser Abschnitt mutet wie ein Abbruch der Thematik „Wahrheit, Liebe und geheiligter Charakter" an. Aber tatsächlich geht der Gedankengang weiter, was auch formal daran erkennbar wird, daß Johannes diesen Abschnitt mit einem *„denn"* an die vorigen Aussagen anbindet. Der Zusammenhang ist folgender: Weil ihr ein komplexes Gebot empfangen habt, auf das Wort zu achten, das zur Erkenntnis der Wahrheit führt und euch dadurch liebesfähig macht und euch auch zur Heiligung und Vollmacht befähigt, deswegen achtet darauf, daß ihr nichts davon verliert, indem ihr durch verkehrte Lehre verführt werdet oder von dieser empfangenen Lehre irgendwelche Abstriche zulaßt.

Hier wird ein neuer Begriff eingeführt: Lehre. Lehre ist nichts anderes als die verkündigte Wahrheit in ihrem ganzen Zusammenhang. Das Wort Gottes redet sehr hoch von der richtigen Lehre, was in völligem Gegensatz zu manchen saloppen Anschauungen steht, daß es doch eigentlich nur auf Liebe, Ehrlichkeit und Willigkeit ankäme, während sich die Theologen mit ihren dogmatischen Spitzfindigkeiten doch nur wichtigtuerisch verhielten und mit ihren Haarspaltereien den Buchstaben der vermeintlich richtigen Lehre ergeben wären, aber dabei am Leben vorbeigingen.

Das Wort Gottes urteilt dahingegen, daß Lehre die systematische Austeilung von Wahrheiten im Verbund ist, wodurch uns Gottes Leben, seine Güte und Erlösung zuteil werden. Es gibt nur eine richtige Lehre, aber viele Verführer und Antichristen, die alle durch Streichungen, Reduzierungen und Zufügungen die Gläubigen berauben wollen. Die richtige Lehre ist die Grundlage für die richtige Erfahrung von Gottes Liebesangeboten. Jenseits biblischer Lehre lauern sofort Lüge, falsche Lehrer und das Joch.

Im zitierten Schriftabschnitt wird besonders eine Lüge herausgestellt, weil sie das ganze Evangelium aushöhlt: daß nämlich Jesus Christus nicht im Fleisch gekommen sei. Das war eine Aussage der damaligen, in Kleinasien beheimateten Gnosis-Lehre, die besagte, daß Jesus in Wirklichkeit gar nicht als Mensch gekommen sei oder zumindest vor der Kreuzigung als Sohn Gottes aus dem menschlichen Körper geschlüpft sei, so daß nur der irdische Jesus am Kreuz hing.

Wenn Jesus Christus nicht gleichzeitig Mensch und Gott war, sind entscheidende Wahrheiten des Evangeliums zunichte geworden:

* Jesus war nur Gott, und weil er nicht Mensch war, konnte er kein Beispiel für uns sein.
* Weil er nicht unsere Begrenzungen, Lebensbedingungen und unseren sündigen Leib hatte, konnte er auch nicht den Nachweis des makellosen menschlichen Lebens schaffen. Seine Sündlosigkeit wäre unter anderen Voraussetzungen zustande gekommen.
* Wäre Jesus nicht Mensch gewesen, dann hätte es niemanden gegeben, der das Gesetz unter unseren menschlichen Bedingungen vollständig erfüllt und dem Teufel trotzend und sieghaft hätte entgegen treten können.
* Er hätte sich deshalb auch nicht mit unserer Sünde identifizieren können, weil er außerhalb unseres Lebensraumes gewesen wäre.
* Infolgedessen hätte er auch nicht für andere sterben können, weil sein Stellvertretungsleiden unter ausschließlich göttlichen Lebensvoraussetzungen keinen Wert gehabt hätte.
* Weil aber die Erde von Gott den Menschen übergeben war und weil es Menschen waren, die sie an den Teufel verspielt hatten, konnte und durfte es nur ein echtes menschliches Wesen sein, das auf

Erden in legaler Umkehr des Sündenfalles durch Halten der Gebote dem Feind seinen Besitz zu entreißen vermochte. Dieses Heil mußte aus dem Samen der menschlichen Frau Eva kommen.

* Der Erlöser mußte aber auch Gott sein, weil er nur als Gottes Sohn − der ja das Wort und die Wahrheit ist − von uns durch den Glauben aufgenommen werden kann.

* Weil Jesus in völligem Gehorsam makellos lebte und als stellvertretender Leidender nicht für sich, sondern für uns starb, und weil er jetzt ein Teil unseres Ichs ist (Galater 2,20a: „Ich lebe; doch nun nicht ich, sondern Christus lebt in mir."), deswegen sind durch unseren Glauben an ihn seine Verdienste unsere Verdienste, sein Gehorsam unser Gehorsam, seine Gerechtigkeit unsere Gerechtigkeit, sein Ich unser Ich. Weil Jesus das Wort ist und weil seine Worte Geist und Leben sind, deswegen ist Jesus durch unseren Glaubensakt ein Teil unserer Person.

* Weil Jesus als einer, der dem Zugriff des Teufels ausgesetzt war, Autorität über den Teufel hatte, deswegen haben wir, die wir in ihm sind, und weil er in uns ist, ebenfalls durchgehende Autorität über den Teufel.

These *(50)*
Erkenntnis Gottes hat eine besondere Qualität. Sie ist erkanntes und geglaubtes Wort, das heißt, wir wissen bestimmte Inhalte des Wortes nicht nur, sondern sie werden in uns Gläubigen zu einem Teil unserer Person. Wie Jesus auch Mensch war, so sind wir durch Erkenntnis dieser Wahrheit auch Kinder Gottes, gleichsam „Götter", weil Jesus ein Teil unserer Identität ist.

Ohne die Doppelnatur Jesu gäbe es auch keine Doppelnatur von uns wiedergeborenen Christen. Wir wären nur Menschen, nicht eine neue Kreatur mit einem neuen göttlichen Wesen. Wer diese Lehre aufgibt, verliert alles. Es gäbe dann keine Gnade, keine Stellvertretung, keine geschenkte Gerechtigkeit, keine Erlösung. Es gäbe nur Gebote und sittliche Forderungen, die wir einfach nicht erfüllen könnten.

Das ist der Grund für die beschwörenden Ermahnungen von Johannes an die Empfänger des Briefes: das nicht zu verlieren, was ihnen durch die Arbeit des Apostels zuteil geworden ist. Wer hinzufügt und nicht in der Lehre Christi bleibt, der hat Gott nicht, weil er den Weg zu Gott nicht kennt. Eine solche Verdrehung der Lehre ist so gefährlich, daß man sogar den Kontakt mit den Vertretern solcher Auffassungen total abbrechen muß, sagt Johannes. Solche Gedanken fallen jeden an, der sie in seiner Umgebung zuläßt. Ein ernstes Wort. So stark ist die Macht der Erkenntnis, und zwar sowohl in der richtigen wie auch in der irrigen Form. Die Erkenntnis entscheidet über unser Wohl und Wehe. Durch richtige Erkenntnis können wir zum Leben kommen und durch verkehrte es verlieren.

Seine Wahrheit – unsere Wahrheit

Auch der dritte Johannesbrief widmet sich dem Thema der Erkenntnis von Wahrheit und ihrer Auswirkungen auf das Ergehen und den Charakter der Gläubigen.

3. Johannes 1-4
1 Der Älteste an Gajus, den Lieben, den ich lieb habe in der Wahrheit.
2 Mein Lieber, ich wünsche, daß dir's in allen Stücken wohlgehe und du gesund seiest, so wie es deiner Seele wohlgeht.
3 Denn ich bin sehr erfreut worden, da die Brüder kamen und Zeugnis gaben von deiner Wahrheit, wie du denn wandelst in der Wahrheit.
4 Ich habe keine größere Freude als die, daß ich höre, wie meine Kinder in der Wahrheit wandeln.

Johannes, der sich hier demütig nur als der Älteste vorstellt, beschreibt seine Beziehung zu Gajus, dem Empfänger des Briefes, so, daß er ihn in der Wahrheit liebt. Diese Beziehung von Wahrheit und Liebe ist und bereits aus dem 2. Johannesbrief bekannt: Weil er in der Wahrheit ist, deswegen muß er lieben.

Aber nicht nur Johannes lebt und liebt in der Wahrheit, auch von Gajus wird gesagt, daß er darin wandelt, und Johannes äußerte seine besondere Freude darüber. Es wird hier berichtet, daß er sich in einem solchen Maße mit der Wahrheit Gottes identifiziert hat, daß sie *seine* Wahrheit geworden ist. Gottes Wahrheit wurde des Gajus Wahrheit. An dieser Formulierung wird es besonders deutlich, daß Erkenntnis von Wahrheit nicht allein Wahrnehmung derselben, sondern ihre Einverleibung bedeutet. Das scheint aus Gottes Sicht sogar das Normale zu sein. Wir sollen uns so sehr mit allen Gedanken und Wahrheiten Gottes verbinden, daß seine Gedanken, sein Wille, seine Ziele völlig unsere Gedanken, Ziele und Bewußtseinsinhalte werden.

Johannes äußert sich dann weiter – und weil es ein inspiriertes Wort ist, sagt es auch uns der Heilige Geist –, daß es für ihn keine größere Freude gebe, als zu sehen, wie wir in der Wahrheit wandeln. Wollen wir also Gott erfreuen, dann verbinden wir uns mit seiner Wahrheit, machen sie uns gänzlich zu eigen, so daß wir in ihr denken, reden, leben und wandeln.

Der größten Freude auf Gottes Seite steht der größte Nutzen auf unserer Seite gegenüber. Es ist nicht von ungefähr, daß der von den Charismatikern so geliebte Bibelvers ausgerechnet in diesen Zusammenhang plaziert wird: „Mein Lieber, ich wünsche, daß es dir in allen Stücken wohlgehe und du gesund seiest, so wie es deiner Seele wohlgeht."

Der Zusammenhang, in dem dieses Wort steht, enthält eine bestimmte Botschaft: Die Erkenntnis biblischer Wahrheit fördert die Heilung unserer Seele und läßt uns Wohlergehen zuteil werden. Geht es der Seele wirklich gut, das heißt, ist sie befriedigt, diszipliniert, geheilt und wohlernährt, dann hat dieser Gläubige Anrechte und leichten Zugang zu allen anderen Formen von Wohlergehen und Gesundheit.

Diese Beschreibung des Ursachen-Wirkungs-Geflechtes stellt allerdings eine sehr starke Raffung des gesamten Sachverhaltes dar. Andere Textstellen belehren uns, daß die entscheidende Instanz unserer Person der Geist ist. Wir sind Geistes-Wesen und haben kraft unserer Wiedergeburt im Sinne eines Schöpfungsgeschehens einen neuen Geist bekommen. Dieser jedoch benötigt nun auch eine neue Kost, das Wort Gottes, zu seiner Erstarkung und Ausbildung. Nur ein starker Geist ist imstande, der Seele, die nach biblischem Verständnis mit der Wiedergeburt keine sofortige Veränderung erfährt, entgegenzutreten, sie zu kontrollieren, zu prägen und schließlich aufzubauen (siehe das Buch „Lust am Herrn", Berlin, Aufbruch-Verlag 1991).

Menschen der Wahrheit sind geistlich stark und verfügen über eine geheilte und befriedigte Seele. Dieser Zustand ist *die* Gewähr für ein auch äußerlich gesegnet Leben. Kommt die Wahrheit erst einmal bei der Seele an, indem sich diese den neuen Fakten fügt und willig dem Geist als dem neuen Chef der Persönlichkeit unterordnet, dann werden die Tore des Himmels für vielfältige Wohltaten Gottes geöffnet sein.

Die erstaunliche Wirkung der Wahrheit

Alle bislang im Worte Gottes gefundenen Aussagen über Wahrheit und Erkenntnis haben bewiesen, daß diese Begriffe die allergrößte Bedeutung haben. Das ist auch erkennbar an den nachfolgenden Worten.

1. Johannes 2,3-6
3 Und an dem merken wir, daß wir ihn kennen, wenn wir seine Gebote halten.
4 Wer da sagt: Ich kenne ihn, und hält seine Gebote nicht, der ist ein Lügner, und in solchem ist die Wahrheit nicht.
5 Wer aber sein Wort hält, in dem ist wahrlich die Liebe Gottes vollkommen. Daran erkennen wir, daß wir in ihm sind.
6 Wer da sagt, daß er in ihm bleibt, der soll auch wandeln, gleichwie er gewandelt ist.

Woran kann man erkennen, daß man wirklich die wahre Erkenntnis Gottes gefunden hat? Das Wort nennt uns ein Kriterium: dann halten wir seine Gebote. Erkenntnis, die wir wirklich gewonnen haben und in unserem Herzen festhalten, beweist sich an dem richtigen Umgang mit dem Wort.

These (51)
Wer da sagt, daß er Gott kennt und hält seine Gebote nicht, ist in einem doppelten Sinne ein Lügner (Vers 4): Erstens lebt er in der Lüge, weil er sich nicht an die Gebote Gottes hält, und zweitens, weil es nicht stimmt, daß er Gott kennt, denn sonst würde er die Gebote halten. Die Erkenntnis Gottes hat eine solche Kraft, daß sie uns sogar zum Gehorsam befähigt.

Der Vers 5 aus der zitierten Schriftpassage erwähnt noch einmal jenes Kriterium über tatsächlich erlangte göttliche Erkenntnis, das wir bereits kennen: Wer sein Wort hält (was nach Vers 3 die Konsequenz der wahren Erkenntnis Gottes ist), in dem ist auch die Liebe Gottes vollkommen. Und daran kann man obendrein erkennen, daß man in ihm ist. Wenn jemand zweifelt, ob er die Theologie des In-Christus-Seins wirklich verstanden und innerlich erfaßt hat, dann kann er sich den Beweis dafür dadurch verschaffen, indem er sich fragt, ob er vollkommen in der Liebe Gottes ist, das heißt, ob er die Kunst versteht, sich von Gott lieben zu lassen.

170

Was bedeutet eigentlich der Ausdruck „sein Wort halten"? Wohl jeder Gläubige weiß sofort, was gemeint ist, wenn er diese wohlvertraute Formulierung hört: Gehorsam sein und die Gebote Gottes befolgen und nach seinem Worte handeln. Sein Wort halten, das ist ein Synonym für die Aufforderung, gemäß dem gegebenen Wort gehorsam zu sein.

Aber wer sagt denn oder schreibt es uns gar vor, daß das die Bedeutung dieser Formulierung ist? Das ist eine im Laufe der Jahrhunderte allmählich gewachsene Interpretation dieses Begriffes, die inzwischen so durchgehende Anerkennung gefunden hat, daß sie nicht mehr in Frage gestellt wird. Aber sie stimmt dennoch nicht! Das Wort halten heißt: das Wort halten, also festhalten, bei sich behalten, nicht hergeben – und nicht mehr!

Es hat sich im Verlauf von vielen Generationen von Christen eine Bedeutungsverschiebung dieser biblischen Formulierung ergeben, die wir rückgängig machen müssen. Wir sollen das Wort fest im Visier und im Herzen halten. Das setzt schon Gottes vollkommene Liebe frei und auch eine gewisse Erkenntnis über uns und über unseren Status in Christus.

Also noch konkreter: Dauerndes und intensives Festhalten des Wortes im Herzen und im Bewußtsein bewirkt
* Erfahrung der Liebe Gottes
* die Erfahrung des In-Christus-Seins, also die ganze Abhängigkeit von ihm
* und Erkenntnis über uns, daß wir die Liebe Gottes in uns haben und Christus in uns ist.

Erkenntnis Gottes und der Wahrheit Gottes ist zweifelsfrei die Voraussetzung für alle anderen geistlichen Erfahrungen, für das Leben in der Kraft und in der Liebe mit sichtbaren Auswirkungen an Vollmacht, Wundern, Zeichen und geistlichen Gaben. Die nachfolgende Wahrheitendatei wird dem Leser einen Eindruck vermitteln, in welch fatalem Umfang viele Christen Gottes Angebote verfehlen, weil sie entweder keine Kenntnis darüber haben oder verkehrt beten oder Glaube durch Gebet ersetzen, wodurch die Erkenntnisse wirkungslos bleiben, weil nur empfangene und festgehaltene Wahrheiten zu Gebetserhörungen führen. Wer das Wort Gottes nutzt, um daraus detaillierte Kenntnis zu gewinnen, dem sind mehr Möglichkeiten und Vollmachten in die Hand gegeben, als er sich je hat träumen lassen.

Kapitel 6

Wahrheitendateien

1. Erkenntnisdatei
Grunderkenntnisse im Hinblick auf das Nehmen

Dieses Kapitel ist von sehr praktischer Natur. Eine grundlegende These in diesem ersten Teil des Buches über Erkenntnis besagte, daß wir uns nur das nehmen können, von dem wir wissen, daß es uns gehört. Ohne Wissen kommt keine Gewißheit des Glaubens zustande, so daß wir dann auch nicht nehmen (glauben) werden. Erkenntnis aus dem Wort Gottes sagt uns,

daß ein Geschenk da ist,
daß es für uns da ist,
daß wir es holen dürfen, weil es uns gehört,
daß wir es nicht haben werden, wenn wir es nicht holen, obwohl es uns gehört,
daß wir keine Schuldgefühle haben sollen, wenn wir von Gott etwas Gutes erwarten, holen, bekommen und dann haben.

Das Wort Gottes gibt mir Kenntnis darüber, wie ich ein Geschenk nehme, auf welche Voraussetzungen und Hindernisse ich zu achten habe, so daß ich dann schließlich wirklich zugreife, was der eigentliche Glaubensakt ist.

"Glaube" ist insofern lediglich die Beschreibung einer "Zugreif-Handlung". Schulung unseres Glaubens umfaßt die Belehrung über die Voraussetzungen des Glaubens, die Beziehung zum Herrn und zu seinem Wort und die Beschreibung, wie Glaube sich in Haltung, Denken, Reden, Ausdauer und in der Tat äußert.

Es gibt manche Übergänge zwischen Glaube und Erkenntnis, vor allem im Bereich der Auswirkungen, die sie auf den Charakter, die

Entwicklung von Tugenden und Gehorsam haben. Dennoch kann man diese beiden Begriffe sehr gut voneinander trennen. Je klarer und präziser unsere Erkenntnis über die uns zustehenden Geschenke und die Natur des Schenkenden ist, desdo leichter wird es uns fallen, Gott zu glauben, daß er uns versorgt, liebt, schützt und segnet.

Muß man unbedingt alle folgenden Punkte beachten, wenn man von Gott etwas haben will? Weswegen ist das alles so kompliziert? Manch einer denkt bei sich: "Wenn ein Kind von seinem Vater etwas begehrt, geht es einfach und selbstverständlich zu ihm hin, um seine Wünsche anzumelden. Muß es im Hinblick auf unsere Bitten an den Vater im Himmel so gänzlich anders sein?

Die nachfolgenden Hinweise und Hilfen sollen den Leser zur Einfachheit einer kindlichen Einstellung gegenüber Gott führen. Das Problem liegt doch darin, daß sich die allermeisten Christen in ihrer Beziehung zu Gott völlig außerhalb der Normalität bewegen. Wenn sie nehmen sollten, bitten sie den Vater, daß er geben möge. Sie tun so, als ob das, was sie vom Vater begehren, noch gar nicht da sei, und bedrängen ihn, die Gebetserhörung zu bewirken, wo doch im unsichtbaren Raum schon alle Segnungen vorliegen. Und wenn sie dann schließlich diese Segnungen empfangen haben, wollen sie sie noch mit einer Gegenleistung erwerben, statt sie einfach als Gratisgeschenk aus Gnade mit Freude entgegenzunehmen. Es gibt schon viele Gründe, unsere verdrehten Einstellungen zu normalisieren, bis die revidierten Auffassungen zu unserer wahren Natur werden.

Alle nachfolgend aufgeführten Punkte sind bereits im Text dieses ersten Teiles des Buches angesprochen worden. Diese erste Datei enthält Erkenntnis-Bedingungen, die für das Nehmen (Glauben) generell gelten. In den anderen Sach-Dateien werden dann die spezifischen Erkenntnis-Voraussetzungen für das jeweilige Anliegen-Gebiet genannt.

1. Johannes 5,14-15

14 Und das ist die Zuversicht, die wir haben zu ihm, daß, wenn wir etwas bitten nach seinem Willen, so hört er uns.

15 Und wenn wir wissen, daß er uns hört, was wir auch bitten, so wissen wir, daß wir erlangen, was wir von ihm gebeten haben.

1. Gott ist gut (Psalm 145,8)

Diese Qualität Gottes ist der Urgrund für unsere Bitten an ihn. Weil er geduldig, gnädig, barmherzig und von großer Güte ist, hat es Sinn, mit unseren Anliegen zu ihm zu kommen. Jeder Beter, der ein verkehrtes Gottesbild hat, in dem noch zornige, abwehrende und mißmutige Anteile des Charakters Gottes vorliegen, muß im Augenblick der Not erhebliche Schwierigkeiten haben, wenn er zu Gott geht, um Hilfe zu bekommen.

2. Gott hilft und gibt gern (Psalm 13,6,; 37,26)

Die Liebe und die Güte, wesensmäßig Gottes Charakter ausmachen, sind die Garantie für Gottes grundsätzliche, bereite und schnelle Hilfe. Wir müssen Gott nicht etwas abringen, das er nur ungern und widerstrebend losläßt. Gott hat seine Freude daran, uns zu helfen. „Es soll meine Freude sein, ihnen Gutes zu tun..." (Jeremia 32,41a). Wir können ohne Beklemmung zu Gott gehen, weil wir wissen, daß er ein offenes Ohr für unsere Anliegen hat. Wir müssen ihn nicht bekehren und beknien, gütig zu sein. Es ist sein eigenes, von vornherein vorhandenes Verlangen, uns Gutes zu erweisen. Wer so nicht denkt, erschwert seinen Glauben und die Möglichkeit des Empfangens.

3. Gott ist unerschöpflich und ein reicher Gott, der viel hat, um viel zu geben. Er ist reich über alle, die ihn anrufen. (Römer 10,12)

175

Es ist Gott eine Freude und ein Vergnügen, uns Menschen aus seinem sich stetig vermehrenden Reichtum zu geben, was wir in unserer Armut brauchen. Gott hat keine Freude an dem Kontrast, daß er reich ist und wir arm sind. Erst recht gebraucht er diesen nicht, um über uns herrschen zu können.

4. Gott ist ein Gott der Wunder und der Zeichen, der Heilungen und des Übernatürlichen. (Römer 15,19; Psalm 72,18; Jesaja 9,5)

Es ist für Gott eine Ehre, unsere Gebete so zu erhören, daß das Jenseitige und das Übernatürliche darin deutlich werden. Das Wort Gottes charakterisiert Gott in unzähligen Stellen als einen Gott, der Wunder tut und ein Gedächtnis seiner Wunder stiftet, und dessen Evangelium von Kraft, Wundern und Zeichen charakterisiert ist (Römer 15,19). Wenn wir ein Wunder brauchen, sollten wir uns nicht schämen, es vom Herrn zu begehren. Gott fühlt sich dabei verherrlicht. Für alle wirklichen Nöte brauchen wir ja sowieso Wunder, die den Ablauf der natürlichen und innerweltlichen Beziehung von Ursache und Wirkung durchbrechen. Wunder sind für Gott normal und natürlich, weil er ein übernatürlicher Gott ist.

5. Gott erhört gern und muß (!) uns sogar erhören, weil er verfügt hat, daß wir uns selbst nicht helfen sollen.

Psalm 60,13
Schaff uns Beistand in der Not; denn Menschenhilfe ist nichts nütze.

Jeremia 17,5
So spricht der Herr: Verflucht ist der Mann, der sich auf Menschen verläßt und hält Fleisch für seinen Arm und weicht mit seinem Herzen vom Herrn.

Gott hat sich verpflichtet, auf jeden Fall in jeder Not jede notwendige Hilfe zu bringen, weil jede Selbsthilfe der Anfang und der Ursprung von Unabhängigkeit und Sünde ist. Wer das verstanden hat, wird mit Freuden und systematisch mit seiner Not zu Gott kommen.

6. Mangel ist keine Tugend, sondern das Gegenteil vom Charakter Gottes. (Johannes 10,10)

Dementsprechend sollen seine Kinder auch nicht von Mangel gekennzeichnet sein und Mangel zu einer positiven Erfahrung aufwerten. Deswegen sollen wir uns schuld- und verdammnisfrei Gott nahen auf die Zeit, wenn Hilfe not ist. Niemand muß ein schlechtes Gewissen haben, daß er aus einem Defizit oder Mangelzustand heraustritt.

7. Deswegen sagt uns das Wort, daß es uns an nichts Gutem mangeln soll. (Psalm 84,12)

Jeremia 32,40a
Und ich will einen ewigen Bund mit ihnen schließen, daß ich nicht ablassen will, ihnen Gutes zu tun...

Gott ist stolz auf seine Kinder und möchte seine Eigenschaften und Lebensbedingungen auch bei ihnen sehen. Im konkreten Fall gibt es keine geistliche Begründung, in Mangel bleiben zu wollen oder zu müssen, weil Gott daran Freude hätte oder weil Mangel uns zu wichtigen geistlichen Innenerfahrungen und zur Charakterveränderung führt. Wir sollen Überfluß haben und auch Mangel ertragen können. Aber Mangel an sich hat keine charakterverändernde Fähigkeit und Aufgabe.

8. Wenn er uns Jesus gegeben hat, wie sollte er uns mit ihm nicht alles geben? (Römer 8,32)

Aus Gottes Sicht gesehen ergibt es keinen Sinn, daß er uns das Kostbarste, was er hat, Jesus, geschenkt hat, und uns, gemessen daran, weniger wertvolle Dinge vorenthält. In der Person Jesu sind alle Schätze enthalten, über die Gott verfügt. Haben wir ihn, dann haben wir mit ihm alles. „...alles, was mein ist, das ist dein." (Lukas 15,31). Wer verstanden hat, daß er mit Christus selbst und mit seiner Gerechtigkeit die allergrößten Geschenke empfangen hat, entwickelt wie selbstverständlich eine große Kühnheit, alles andere auch zu begehren, weil es bereits im Hauptgeschenk eingeschlossen ist.

9. Wir müssen genau wissen, was uns durch das Neue Testament bereits gegeben ist, damit wir es beanspruchen und nutzen können. Wir können wissen, was uns von Gott geschenkt ist (1. Korinther 2,12).

Ohne exakte Erkenntnis und einen hohen biblischen Wissensstand gibt es keinen Glauben, der das Erkannte und Gesehene in Anspruch nimmt. Glaube stellt sich einfach nicht ein, wenn dieses Wissen nicht in großer Klarheit und Konkretion gegeben ist. Mehr Wissen bringt mehr Glauben, mehr Gewißheit und eine größere Glaubenstiefe.

10. Zweifel macht Glauben zunichte und verhindert die Gebetserhörung und die Glaubenserfahrung.

Deswegen brauchen wir eine exakte Kenntnis aller göttlichen Wahrheitspositionen. Denn was wir an verkehrtem Gedankengut in uns haben, wird wirksam. Das Wirksamwerden einer Unwahrheit oder ungöttlichen Erkenntnispositon offenbart sich in Gestalt eines Zweifels. Dieser Zweifel kommt aber gerade dann hoch, wenn wir ihn am wenigsten brauchen können, im Augenblick der Herausforderung, wenn wir dem Herrn glauben sollen. Mithin ist die exakte Kenntnis von biblischer Wahrheit für den praktischen Glaubensvollzug unabdingbar wichtig. Wer kein biblisches Wissen hat, ist dazu verurteilt zu zweifeln.

11. Gott hat schon gehandelt. (2. Petrus 1,3; Epheser 1,3; 2,10)

Es ist schon alles da, was wir brauchen. Deswegen sind *wir* gefordert, durch unseren Glauben zu nehmen, und nicht Gott, daß er auf Grund unserer Bitte erst einmal tätig wird und die Gebetserhörung fertigt. Alle Werke Gottes sind von Anbeginn der Welt schon konzipiert und durch das Kreuz und die Auferstehung Jesu in die unsichtbare Wirklichkeit gebracht worden. Sie sind real da. Also nicht Gott muß handeln, sondern wir müssen handeln im Sinne des Abholens und Glaubens, wobei uns Gott allerdings behilflich ist.

12. Gewalttätiges Nehmen (Matthäus 11,12)

Der Umgang mit dem Reich Gottes und seinen Geschenken hat etwas Gewalttätiges unsererseits an sich! Für alle Dinge und Segnungen, die Jesus grundsätzlich am Kreuz für uns bewirkt hat, brauchen wir keine ausdrückliche Einladung oder Sondererkenntnis oder ein Rhema, um sie zu bekommen. Wir brauchen lediglich eine Haltung des Beanspruchens, Nehmens und Habenwollens.

Dem steht auch nicht die biblische Terminologie entgegen. Bitten heißt im Griechischen im Gegensatz zu den meisten Übersetzungen (aiteo) "haben wollen, verlangen, in Anspruch nehmen". "Aber von den Tagen Johannes des Täufers bis hierher leidet das Himmelreich Gewalt, und die Gewalt tun, reißen es weg." (Matthäus 11,12).

Es ist keine Unverschämtheit zu nehmen, was einem schon gehört, nachdem man durch Gnade vorher das Gesamtkontingent aller Geschenke empfangen hat. Wer um Gnade und Erbarmen bittet, obwohl er bereits besitzt, wird nie seinen Besitz ergreifen, auspakken und nutzen.

13. Lust am Herrn und die Notwendigkeit, intensiv und ständig zu begehren

Dennoch redet das Wort Gottes davon, daß wir mit unserem Herzen begehren sollen. Bevor wir kühn und im Glauben zupacken, müssen wir die Grunderfahrung des Begehrens und des leidenschaftlichen Wollens in uns entwickeln. "Habe deine Lust am Herrn; der wird dir geben, was dein Herz wünscht." (Psalm 37,4). "Er gebe dir, was dein Herz begehrt, und erfülle alles, was du vorhast!" (Psalm 20,5).

Zum Begehren gehört aber auch die Vorerfahrung, daß wir unsere Lust schon beim Herrn empfangen haben. Wer ohne Lust an Gott einen Gegenstand oder eine Hilfe begehrt, ist diesem bereits verfallen. Erst kommt die Lust am Herrn, die wirklich erlebte und empfundene Lust und Freude an ihm, und dann das Begehren der jeweiligen Hilfe, die wir brauchen.

14. Segnungen in richtiger Reihenfolge

Gott gibt im Regelfall seine Geschenke in einer gewissen qualitativen Reihenfolge. Zuerst läßt er uns die Errettung erfahren. Dann gibt er uns seinen Heiligen Geist in Fülle und erwartet schließlich, daß wir uns durch viele geistliche Segnungen an unserem innwendigen Menschen aufbauen, wodurch unsere Seele Heilung und Wohlergehen erfährt. Äußere Segnungen wie Heilung des Körpers, Veränderung der sozialen und beruflichen Umweltbedingungen und Eingreifen Gottes im Bereich von Gütern und Geldern sind regelmäßig nachgeordnete Gebetserhörungen. (Eine Ausnahme stellen missionarische Heilungen dar, durch die der so Geheilte auf Jesus als den Erretter hingewiesen werden soll.) Viele Bitten, bei denen es um körperliche Heilungen und finanzielle Hilfen geht, finden aus diesen Gründen häufig keine Erhörung. Die Mißachtung der Reihenfolge ist gleichbedeutend mit einer Mißachtung von Gottes Wahrheit überhaupt (Matthäus 6,33; 3. Joh. 2; Johannes 15,11 und Johannes 16,24, siehe mein Buch „Lust am Herrn").

15. Gewißheit durch Kenntnis des Erlösungsangebotes

Alle Segnungen, die durch Kreuz und Auferstehung des Herrn bereits grundsätzlich erworben sind, gelten im praktischen Fall ausnahmslos. Viele Gebete kommen deswegen nicht zum Ziel, weil der Betende in der Tiefe seines Herzens von der Angst oder Ahnung beschlichen ist, daß in seinem Fall der vorliegende Mangel doch gottgewollt sei, damit er dadurch noch bestimmte Schritte zu gehen lerne oder Veränderung an seinem Charakter erfahre. Hinter solchen Mutmaßungen steht die Theologie der Ausnahme, wonach Gott im Einzelfall von der allgemeinen Gültigkeit seiner Segenszusagen abweicht, weil in diesem Fall die Nichterhörung den größeren Segen bringt. Dieses Denken ist stark in der Gemeinde Jesu verbreitet und betrifft einige Gebetsbereiche, wie etwa Heilung von Krankheit, besonders. Ein solcher Denkansatz muß gründlich aus dem Bewußtsein ausgemerzt sein.

16. Konkretes Beten und Formulieren als Glaubensausdruck

Wer im Glauben betet, sollte seine Bitten exakt formulieren und auch durch die Genauigkeit seines Gebetsanliegens seinen Glauben ausdrücken. Wer verschwommen betet, ist sich nicht sicher, ob ihm der Gegenstand oder die Erfahrung zusteht, derentwegen er zu

Gott geht, und verbirgt darüber hinaus durch vage Bitten seinen Unglauben, damit er nachher möglichst keine Enttäuschung erlebt. Die befürchtete Enttäuschung, gleichsam die innerlich vorweggenommene Enttäuschung, ist der Beweis für Unsicherheit und Unglauben.

17. Motivation bezüglich Gebetsziel

Die von Gott erbetenen Güter müssen in ihrer Nutzung bestimmten sittlichen Mindestanforderungen genügen. "Ihr bittet und empfanget nicht, darum daß ihr übel bittet, nämlich darum, daß ihr's in euren Lüsten verzehren wollt." (Jakobus 4,3). Übles Bitten und Nutzung für die eigenen Lüste liegt nicht vor, wenn jemand in Not und in Mangel ist und zur Ehre Gottes vom Herrn daraus befreit wird. Eigene Lüste liegen aber dann vor, wenn man auf Kosten anderer und im Gegensatz zur erklärten Sittlichkeit der Schrift Gebetsziele verfolgt, die von Gott wegführen. Wer die Lust am Herrn hat, ist damit grundsätzlich gegen verkehrte Nutzung und Mißbrauch von Gebetserhörungen gefeit.

18. Gnadenlosigkeit und Glaubensstörung

Von Gott etwas zu empfangen, bedeutet immer, Gnade zu bekommen. Gott gibt seine Gnade jedoch nur demjenigen, der selbst Gnade gewährt und ein Mensch der Gnade ist. Gnadenlosigkeit und Unbarmherzigkeit gegenüber anderen schließen regelmäßig Gebetserhörungen aus. Wer alles für sich selbst sucht und das Empfangene nicht weiterreicht, ist zum Glauben und damit zum Empfangen nicht fähig.

19. Glauben ist Handeln

Das glaubende und beanspruchende Gebet zu Gott resultiert aus Erkenntnis und führt zu einer Handlung. Wenn Glauben Nehmen ist, dann wird sich dieses Nehmen immer in irgendeiner Form als Handlung ausdrücken. Gebete, die den Herrn bestürmen (was in diesem Sinne noch keine Handlung ist) und alle Dinge Gott überlassen, stellen keine Abholhandlung dar. Solche passiven Gebete und Verhaltensweisen haben kaum Aussicht auf Erhörung.

2. Erkenntnisdatei
Krankheit und seelisches Leiden

Alle Wahrheiten der ersten Datei, die die Voraussetzungen und die Rahmenbedingungen des Nehmens erklären, gelten auch für die spezielle Anwendung der Bitte um Heilung. Einige der dort genannten Gesichtspunkte werden hier wiederholt, weil ihnen beim Thema Krankheit und Heilung eine besondere Bedeutung zukommt. Auch in diesem Fall werden die klassischen Komponenten des Glaubensgeschehens nicht aufgeführt. Sie können im zweiten Teil des Buches nachgelesen werden.

1. Gott sagt: „Ich bin der Herr, dein Arzt". (2. Mose 15,26)

Gott ist zuständig für die Heilung unseres Körpers und unserer Seele, weil er sich als unser Arzt darstellt. Gott ist seinem Wesen nach ein Arzt, weil alles in ihm auf Heilung und Wiederherstellung ausgerichtet ist. Er ist durch und durch antizerstörerisch. Gott ist nicht mitunter oder nebenbei unser Arzt. Das ist eine führende Eigenschaft und Fähigkeit in seinem Wesen und in seinem Programm. Für die Behandlung von Krankheiten ist in erster Linie Gott zuständig.

2. Heilung ist ein Teil der Erlösung!

„Fürwahr, er trug unsre Krankheit und lud auf sich unsre Schmerzen ....er ist um unsrer Missetat willen verwundet und um unsrer Sünde willen zerschlagen. Die Strafe liegt auf ihm, auf daß wir Frieden hätten, und durch seine Wunden sind wir geheilt." (Jesaja 53,4a u. 5). Jesus trug *unsere* Krankheit und lud auf sich *unsere* Schmerzen. Jesus ist um unserer Sünde willen verwundet und zerschlagen worden und hat durch seine Wunden unsere Heilung bewirkt und am Kreuz unsere Krankheit getragen. Wir dürfen das Opfer Jesu nicht mutwillig halbieren, indem wir nur zulassen, daß er für unsere Sünde gelitten hat und gestorben ist. Jesus trug beides, unsere

Sünde und unsere Krankheit. Wer das letzte leugnet, versündigt sich am Leib unseres Herrn. Die Heilung unseres Körpers und aller seelischen Nöte hat einen geschichtlichen Hintergrund. Sie geschah nicht durch ein Machtwort, sondern durch das stellvertretende Leiden und Sterben unseres Herrn. Worte reichten nicht aus, um diese Wirkung zu erzielen. Es bedurfte der Fakten des stellvertretenden Gequältwerdens.

3. Das Anrecht auf Heilung besteht grundsätzlich für jedermann.

Weil Heilung ein Bestandteil der Erlösung ist, bedarf niemand, der krank ist oder Heilung braucht, einer speziellen Erfahrung oder einer besonderen Rhema-Situation, durch die der Herr kundtut, daß er heilen will. Worte der Erkenntnis haben in der Regel die Aufgabe, den Glauben aufzubauen und die zeitlich bevorstehende Heilung anzukündigen.

4. Gott macht niemals krank.

Gott läßt zu, daß Krankheit geschieht. Der Verursacher von Krankheit ist der Teufel, dem wir durch unser Verhalten eine Einladung zuteil werden lassen. Jede Krankheit kommt letztlich durch die Machenschaften Satans zustande. „(Gott hat) Jesus von Nazareth gesalbt mit heiligem Geist und Kraft; der ist umhergezogen und hat wohlgetan und gesund gemacht alle, die vom Teufel überwältigt waren, denn Gott war mit ihm." (Apostelgeschichte 10,38). Krank sein heißt, überwältigt sein vom Teufel. Das ist die zusammenfassende Darstellung der Entstehungsursachen aller Krankheiten, die Jesus geheilt hat. Es gibt nie eine Kollision zwischen einem krankmachenden und einem gesundmachenden Gott. Selbst dort im Worte Gottes, wo tatsächlich dem Wortlaut nach Gott dem Menschen Krankheiten auferlegt hat, war es in Wirklichkeit nach der genaueren Paralleldarstellung der jeweiligen Geschichte der Teufel. Er ist der Ausführende.

5. Die Krankheit ist – was Jesu Handeln anlangt – bereits besiegt und weggetragen.

Der eigentliche Teil der Heilung liegt bereits in der Vergangenheit und ist jetzt abrufbereit im unsichtbaren Raum vorhanden. Deswegen bitten wir Gott nicht darum, daß er heilen möge, sondern wir empfangen im Glauben die Heilung. Das ist unser Teil, mit dem wir Gott ehren und erfreuen.

6. Jesus hat jede Krankheit auf sich genommen.

Weil jede Krankheit ohne Unterschied von Jesus getragen worden ist, gibt es streng genommen auch keine Unterschiede zwischen geringer und schwerer Krankheit. Der Unterschied liegt allein in unserer Glaubenshaltung, denn wir müssen uns gegen die Macht der Symptome und sichtbaren Verhältnisse entscheiden und die Heilung aus der unsichtbaren Welt ergreifen. Schwere Krankheiten sind nun einmal imposanter und beeindruckender als leichte Krankheiten. Die Schwächung unseres Glaubens erfolgt unter anderem durch die negativ programmierte Vorstellungskraft.

7. Der Umgang mit Krankheit im Sinne der Glaubensheilung unterliegt Wachstumsgesichtspunkten.

Weil unser Glaube wächst, sollen und dürfen mit ihm auch die Herausforderungen wachsen. Wenn jemand für seine eigene Heilung glauben möchte, ist er gut beraten, mit vorhandenen kleinen körperlichen Belästigungen zu beginnen, um dadurch Gewißheit, Erfahrung und Sicherheit zu bekommen. Manch einer, der sein Leben lang mit der Krankheit kooperierte und nie seinen Glauben einsetzte, wird überfordert sein, wenn er erstmalig im Fall der eigenen Krebserkrankung glauben will. Aber auch dann ist noch der Sieg möglich!

8. Laß keine Ausnahmetheologie im Umkreis von Krankheit und Heilung zu!

Von Jesus heißt es viele Male, daß er alle Krankheiten heilte (Matthäus 12,15; 14,36). Ähnliches wird von dem alttestamentlichen Bundesvolk gesagt (Psalm 105,37; Psalm 103,3). Weil Jesus jede Krankheit geheilt hat, sollten wir im Glauben jede Heilung für uns beanspruchen. Zumindest, wenn es um die eigene Krankheit geht, sollte dies unser unbedingter Wille sein. Wir können ja wissen, was in unserem Herzen abläuft, und können Einfluß darauf nehmen, was bei einem anderen Kranken nicht ohne weiteres gegeben ist. Eine nicht geheilte Krankheit ist insofern eine nicht geglaubte Verheißung. (Dieser Satz sollte nur für uns selbst gesagt und nie gegen andere angewendet werden!)

Bei Gott gibt es keine Verherrlichung der Krankheit oder eine gewollte Auslassung der Heilung. Gott fühlt sich niemals durch krankheitliche Umstände verherrlicht. Dafür ist der Preis, den er durch seinen Sohn Jesus entrichten ließ, zu hoch.

9. Heilung durch das Glaubensgebet der Ältesten.

Das Wort Gottes weiß von einer Notbremse im Fall des krankheitlichen Leidens eines an Jesus Gläubigen: Wenn jemand, der Jesus nachfolgt, aber in seinem Glauben schwach ist, die Ältesten zu sich ruft, dann wird deren Gebet des Glaubens — aber es muß das Gebet des Glaubens sein — zur Heilung führen (Jakobus 5,14-15).

10. Im Gegensatz zu manchen Auffassungen und seltsamen theo-logischen Strömungen ist die Zeit der Heilungserfahrung noch nicht zu einem Ende gekommen.

Keine der im Worte Gottes enthaltenen Verheißungen oder Be-schreibungen unserer Heilung ist zeitlich befristet. Alle angeblichen Aussagen mancher Textstellen, die dies beinhalten sollen, beruhen auf irrigen Auslegungen. Heilung ist ein Ausdruck der Liebe und des Erbarmens Gottes und unseres Herrn Jesus Christus. Weil wir den Auftrag haben, als Glaubende den Menschen die Hände aufzule-gen, damit sie gesund werden, und weil Jesus Christus gestern, heute und in Ewigkeit derselbe ist, läuft die Gültigkeit dieser Auffor-derung weiter bis zur Wiederkunft des Herrn.

11. Krankheit ist keine Züchtigung.

Wenn Gott uns züchtigt, wie er in Hebräer 12,6-8 gesagt hat, dann ist Züchtigung eine Erziehung, aber keine Verletzung. Unser Vater verhält sich uns gegenüber nicht anders als ein liebevoller irdischer Vater gegenüber seinem Kind. Er züchtigt wohl – und das mit hal-bem Herzen und liebevoller Gesinnung –, aber er wird das Kind nicht verletzen. Das Material der Züchtigung entnimmt der Herr den Verfolgungen, Verspottungen und Beeinträchtigungen der Men-schen, die uns um Jesu willen belästigen (siehe Hebräer 12,3). Die-se Art von Leid ist durch keine Verheißung, kein Gebet oder gar ei-nen Glaubensakt gänzlich zu verhindern.

12. Glaube und Medizin.

Ärzte sind eine Gabe Gottes. Sie verfolgen denselben Auftrag wie gläubige Christen oder Pastoren, die sich dem Heilungsdienst zur Verfügung gestellt haben. Weil Gott Krankheit haßt, bewegt sich jeder, der sie mit Erfolg bekämpft, auf der Ebene des Willens Gottes. Wenn Gott Krankheit wollte oder in seinen Dienst stellen würde, dann wären Ärzte gleichsam geistliche Gesetzesbrecher. Dafür gibt es im Worte Gottes nicht den geringsten Anhalt. Wir aber sollen zuerst zum Herrn gehen und dann zum Arzt.

13. Erkenntnis Gottes und seines schriftlich niedergelegten Willens ist von extremer Bedeutung für die Heilung unserer Krankheiten.

Das gilt insbesondere bei chronischen Krankheiten, bei denen die Symptome stetig reden und unser Denken und unsere Gefühle bzw. die Körperwahrnehmung bestimmen wollen. In solchen Situation ist die Erkenntnis sogar wichtiger als der Glaube, der ansonsten unerläßlich ist, weil wir nur durch Glauben die Verheißung ergreifen können. Im aktuellen Krankheitsfall sind wir nicht deswegen geheilt, weil auf unseren Glaubensschritt hin eine Beseitigung der Symptome erfolgte (die können nämlich wiederkehren), sondern weil Gottes Wort das so ausdrückt.

14. Freude und Friede sind unerläßliche Voraussetzungen für die Heilung des Körpers, sonderlich bei chronischen Krankheiten.

„Ein fröhliches Herz bringt gute Besserung, aber ein niedergeschlagener Geist dörrt das Gebein aus." (Sprüche 17,22 revidierte Elberfelder Bibel). Krankheiten, besonders länger bestehende Krankheiten, heilen von innen nach außen. Weil viele Krankheiten eine psychosomatische und damit letztlich eine geistliche Wurzel haben, müssen wir darauf achten, daß unsere Seele zuerst heil wird. Jemand, der in Unversöhnlichkeit, Mißgunst und Bitterkeit lebt oder einen zerbrochenen Geist hat (Sprüche 15,4), wird kaum zur Heilung gelangen. Der Strom der Heilungskraft zum Körper wird bereits in der Seele angehalten.

15. Auch seelische Krankheiten heilt der Herr!

Bei seelischen Krankheiten ist der Zusammenhang zwischen Sünde (im Sinne erlittener Sünde durch andere), sündhafter und bitterer Reaktion auf Beeinträchtigung durch andere und eigene Schuld in Gestalt von Tat- und Haltungssünden zu den nachfolgenden seelischen Symptomen besonders eng. Die Heilung von seelischen Krankheiten ist in den meisten Fällen ein Prozeß, der durch das Wort Gottes, den Heiligen Geist und vor allem durch Umgang mit Gnade unterhalten wird. Sehr häufig liegen obendrein dämonische Bindungen vor. Seelische Krankheiten können ohne Heilung und ohne Kenntnis des Wortes und Umgang mit dem Wort nicht zur Ausheilung gebracht werden. Auf der anderen Seite wird jeder Gläubige, der voll Heiligen Geistes ist und ein Mensch des Wortes geworden ist, also Mündigkeit erlangt hat, seine Erbschaft der seelischen Heilung empfangen.

16. Gott liebt unseren Körper.

Der Körper ist ein Tempel des Heiligen Geistes und ebenfalls von Jesus teuer erkauft. „Oder wisset ihr nicht, daß euer Leib ein Tempel des heiligen Geistes ist, der in euch ist, welchen ihr habt von Gott, und seid nicht euer eigen? Denn ihr seid teuer erkauft; darum so preiset Gott an eurem Leibe." (1. Korinther 6,19-20). Wir gehören nicht uns selbst. Unser Körper ist die Wohnstätte von Gottes Geist. Das biblische Gottes- und Menschenbild kennt keine Leibfeindlichkeit. Weil Gott, der Herr, unseren Körper geschaffen hat und ihn liebt, deswegen hat Jesus auch die Unzulänglichkeiten und die Krankheiten unseres Körpers getragen.

17. Die Heilung des Körpers ist häufig an eine spezifische Handlung oder Unterlassung von Schonmaßnahmen gebunden.

Manche Heilung kommt ohne die Glaubens-Nachhilfe einer Handlung nie zur Manifestation. Bei Jesus finden wir sehr viele Beispiele, wie er Kranke aufforderte, unter seiner Handauflegung oder als Ausdruck ihres Glaubens Handlungen zu vollziehen, zu denen sie auf Grund ihrer Krankheit gar nicht imstande sein konnten. Dieselben Regeln gelten heute noch. Wer sich den Symptomen hingibt, kooperiert mit ihnen.

18. Wir haben Autorität über alle Gewalt des Teufels und nichts kann uns schaden.

Das betrifft nicht nur die Autorität über die Personalgewalt des Teufels, sondern auch über die Auswirkungen seiner Aktivitäten. Wer bei sich und anderen Heilung sehen will, darf nicht zögerlich mit der Verheißung umgehen. Wir sollen dem Berge befehlen, daß er weiche. Das trifft auch für Berge von Krankheiten und Symptomen zu, und es gilt um so mehr, als manche Krankheiten eine dämonische Wurzel im engeren Sinne des Begriffes haben, indem im Körper und in der Seele dämonische Kräfte wohnen und die Symptomatik unterhalten.

19. Krankheit und dämonische Bindung.

Gewisse Krankheiten werden ausschließlich durch das Innewohnen dämonischer Kräfte bedingt. Auch für diese Krankheiten gilt, daß Jesus sie auf sich genommen hat. Aber die biblisch angemessene Form des Vorgehens in einem solchen Fall ist die Ausübung unserer Autorität. Solche dämonischen Mächte müssen ausgetrieben werden. Voraussetzung ist aber die Auflösung der stillschweigenden Kooperation mit ihnen, die bis dahin vorlag, und die Rücknahme von Anrechten, auf die sie pochten, und die ihnen Wohnrecht, Gewohnheitsrecht und das Recht zur Zerstörung gaben. Wer

Sünde bekennt, Gnade gibt und Menschen vergibt, aber auch Gnade für sich beansprucht und jede Form von Selbsterlösungsmaßnahmen einstellt, entzieht diesen Kräften das Recht zum Verweilen.

20. Jede Krankheit stellt eine Behinderung und Beeinträchtigung dar. Insofern ist Krankheit ein Ausdruck von Beraubung.

Nach den Worten Jesu ist der Teufel, der Dieb, daran erkennbar, daß er raubt, würgt und tötet. Diese Zerstörungsformen des Teufels können auch im Krankheitsgeschehen beobachtet werden. Jede Krankheit führt zur Einschränkung von Körperfunktionen oder dem seelischen Freiheitsradius. Im fortgeschrittenen Fall zeigen sich Würgeerscheinungen, das heißt, der Betreffende ringt um sein Leben, und am Ende tritt der Tod ein. Jesus aber ist gekommen, um Leben, und zwar Leben im Überfluß, zu bringen (Johannes 10,10).

Allein schon aus dieser Aussage müssen wir folgern, daß Jesus Krankheit nicht will und uns übersprudelnde Gesundheit schenken will. Das ist eine Verheißung, die für uns jetzt, hier auf Erden gilt!

21. Glaubendes Anwenden der Verheißung ist eine Sache, Weglassen der vom Arzt gereichten Medizin eine andere.

Das Absetzen der Medikation ist nicht unbedingt ein Ausdruck des Glaubens. Glauben ist positiv begründet, und nicht eine Weglaßhandlung. Viele Gläubige möchten gerne die Behandlung beenden, weil sie deren Nebensymptome scheuen. Aber weil die Medizin im Regelfall die chronischen und gefährlichen Krankheiten doch nicht heilen kann, gibt es zwischen dem Ausüben unseres Glaubens und der Beibehaltung der Pharmako-Therapie zur Linderung der Symptome keine Kompetenzkollision. Die durch die fortlaufende Medikation gewährte Linderung und in Akutfällen verschaffte Überlebenszeit sollte zum Aufbau unseres Glaubens benutzt werden. Das Weglassen der Medizin seitens der Kranken bei Psychosen ist ein geistlicher Kunstfehler. Das darf erst dann geschehen, wenn alle Beteiligten (Ärzte, Familie, Pastor usw.) die Heilung attestiert haben.

22. Die missionarische Heilung.

Das Wort Gottes spricht von der missionarischen Heilung. Durch sie wird die Aufmerksamkeit des Geheilten und seiner Umgebung erst auf Jesus hingelenkt. Sie ist wichtig für Millionen von Menschen, die anders nicht für das Evangelium erreicht werden können. Die missionarische Heilung erfolgt durch glaubende Christen, die ungläubigen Kranken die Hand auflegen und dabei in aller Regel eine Sofortheilung bewirken. Die Heilung erfolgt durch eine aus dem Geist des Händeauflegenden über dessen Körper in den Körper des Kranken fließende Heilungskraft. In diesem Fall wird nicht ein Glaubensimpuls übertragen, sondern die Heilungskraft selbst. Die Gesetzmäßigkeiten, die sich bei dieser Art von Heilung durch unseren Glauben oder durch die Geistesgabe der Krankenheilung ausdrücken, sind nicht ohne weiteres auf den Heilungsvorgang beim Glaubenden, der für seine eigene Krankheit glaubt, zu übertragen.

23. Der Heilungsablauf unterliegt unterschiedlichen Formen und Zeitspannen.

Der Christ, der seinen Glauben gegen die eigene Krankheit einsetzt, muß mit einem prozeßhaften Verlauf bei der Heilung rechnen. Die Latenzzeit zwischen beanspruchter Heilung und Manifestation der Heilung kann Sekunden bis Jahre dauern. Je häufiger er positive Erfahrungen gemacht hat und je bewährter sein Glaube ist, desto häufiger kommen jedoch auch Sofortheilungen zustande. Wer im Glauben seine Heilung ergriffen hat, muß sie nicht unbedingt sofort seinem Glauben entsprechend im Sichtbaren sehen oder fühlen. Weitergehende Krankheitssymptome sind also kein Beweis für ein vergebliches Glaubensgebet!

24. Was tut man bei ausgebliebener Heilung?

A. Die Abwesenheit der sichtbaren Heilung ist nichts anderes als der Normalzustand einer beanspruchten, aber noch nicht sofort in Existenz getretenen, sichtbaren Heilung.

B. Wenn man nicht sicher war, daß man im Glauben tatsächlich die Heilung ergriffen hat, entscheidet man sich erneut mit seinem Willen, Heilung zu beanspruchen. Danach ist Ausdauer angesagt.

C. Bleibt Heilung aus und ist auch keine Innengewißheit über die empfangene Heilung im Herzen vorhanden, dann muß etwas verändert werden. Liegt Sünde vor, die der Heilige Geist aufdeckt, dann muß sie bekannt werden. Der Heilige Geist kann auch auf ein allgemein mangelndes Heiligungsleben hinweisen. Dann bedarf dieses der Korrektur durch die biblischen Mittel zur Heiligung. Schließlich muß auf Unversöhnlichkeit, mangelnde Bereitschaft zur Vergebung, Bitterkeit und gestörte Beziehungen geachtet werden. Auch für diesen Fall gilt die generelle Frage: Gewähre ich Gnade und lebe ich ein Leben der Gnade? Befinde ich mich in Unabhängigkeit und in einer Haltung der Selbstversorgung und der Selbstbefreiung?

Das Evangelium ist eine frohe Botschaft. Dementsprechend soll jede Verkündigung ermutigend sein. Das trifft in besonderem Maße für den thematischen Umkreis des Heilungsgebetes zu. So sollte die Ermutigung, die das ausgeteilte Wort bewirkt, nicht nur zum Aufbau von Glauben und Zuversicht im Hinblick auf die erwartete Heilung führen, sondern gerade bei ausgebliebener oder noch nicht sichtbarer Heilung sich beweisen, indem es verhindert, daß der Kranke in ein Loch von Enttäuschung und Verzweiflung fällt.

An dieser Wirkung wird erkennbar sein, ob die Verkündigung biblisch korrekt und seelsorgerlich aufbauend ist.

25. Bekennet einander eure Sünden und betet füreinander, daß ihr gesund werdet. (Jakobus 5,16)

Manche Form von Heilung tritt *nur* nach Sündenbekenntnis und Demütigung und nachfolgender gegenseitiger Fürbitte ein. Wenn das in Ehrlichkeit geschieht, dann können die tiefsten Wurzeln von Krankheitsphänomenen erreicht und herausgezogen werden. Das ist eine seltene Form praktizierten gegenseitigen Beistandes zur Heilung.

26. Die berühmten Ausnahmefälle in der Schrift.

Die biblischen Ausnahmesituationen, die scheinbar die Verhältnisse so undurchsichtig und vieldeutig machen, und die doch keine Ausnahmesituationen sind, ändern den bisher erhobenen biblischen Befund nicht:

Hiob wurde nicht von Gott krank gemacht, sondern vom Teufel, den er mit seiner Haltung von Selbstgerechtigkeit, Unglaube, Angst und Stolz längst eingeladen hatte. Gott sagte nicht: „Er gehöre dir.", sondern er sagte: „Er ist (schon) in deiner Hand." Gleichsam: „Sieh nur genau hin. Dann wirst du es merken." Als Hiob die Sünde seiner Überheblichkeit und Selbstgerechtigkeit eingesehen hatte, sich demütigte und in Demut für die ersten drei Freunde betete, wurde seine Krankheit geheilt.

Der Dorn im Fleisch des Paulus kam nicht durch den Herrn zustande, sondern durch die Engel des Teufels, die ihn als Apostel mit Gottes Zulassung über Jahre und Jahrzehnte durch die Juden und unechten Freunde verfolgten. Der Dorn im Fleisch des Paulus war keine Krankheit! Durch diesen Dorn im Fleisch wurde er geschwächt, worin er aber dann besondere geistliche Kraft empfing. Die ausführliche Beschreibung seines Schwächezustandes und der Natur seines Dornes in Kapitel 11 und 12 des 2. Korintherbriefes enthält nicht die Spur eines Hinweises auf eine Krankheit. Sein vom Herrn zugelassener Zustand war nichts anderes als die Folgen der Verfolgung und Verspottung und Beeinträchtigung auf Grund seines Glaubens an Jesus.

Trophimus war krank geworden und zunächst krank geblieben, ohne daß es an irgendeiner Stelle heißt, daß Gott ihn krank machte oder daß er krank bleiben sollte. Obendrein beweist dieser Fall, daß die Anwesenheit eines großen Gottesmannes in unserer Umgebung uns nicht gesund macht. Gläubige werden durch ihren Glauben gesund und nicht durch den anderer geistlicher Leiter (2. Timotheus 4,20).

Epaphroditus hat eine schwere Erkrankung erlitten, aus der er sich schließlich erholte, was gewiß durch die Gebetsunterstützung des Paulus geschah (Philipper 2,27).

Timotheus, der Lieblingsjünger des Paulus, wird als liebenswürdiger, aber scheuer und ängstlicher junger Mann beschrieben, der offenbar wiederholte Ermahnungen des Paulus, die empfangenen Gaben des Heiligen Geistes zu nutzen, nicht beachtete. Er beanspruchte auch nicht ausreichend die Kraft des Heiligen Geistes ("erwecke die Gabe Gottes") und wurde deswegen auf Grund seiner Unterlassung ein Opfer mancher ängstlicher und nervöser Belastungen, die sich auf seinen Magen legten. Weil aber das Rahmengebot gilt, daß wir gesund werden und nicht leiden sollen, empfiehlt ihm Paulus, wenigstens etwas Wein zur Linderung seiner Magenbeschwerden zu nehmen. Die ausgeschlagenen geistlichen Hilfen zur Linderung der Beschwerden bei den uns anbefohlenen Kindern Gottes dürfen nicht zur Häme seitens der Pastoren führen, deren Rat nicht angenommen wurde. Dann ist eben medizinische Hilfe angezeigt.

27. Verkehrte Scham

Krankheit ist schon schlimm genug. Der Mann und die Frau des
Glaubens, die krank geworden sind, sollten sich nicht noch zusätzlichen Druck und Schaden aufladen, indem sie sich ihrer Krankheit
schämen und darüber Schuldgefühle empfinden. Das ist Ausdruck
von unechtem Umgang mit den Fakten und insofern in sich schon
Glaubensmangel und Unwahrhaftigkeit. Wer sich so verhält, will in
letzter Konsequenz nicht wahrhaben, wie es mit ihm steht. Man sollte zu seiner Krankheit stehen, zwar nicht kokettierend und eingebil-
det, aber in dem Wissen, daß die Überwindung der Krankheit zur
Herrlichkeit Gottes geschieht.

28. Gottes Ziel: Gesundheit.

Das eigentliche Ziel der biblischen Lehre über Heilung ist: gesund
werden und gesund bleiben. Wer dieses Ziel nicht erreicht, sollte
sich deswegen nicht grämen, sondern sich dann über die Überwindung der einzelnen Krankheiten freuen. Aber das Ziel sollten wir
nicht aus dem Auge lassen. Gott will, daß wir gesund sind und es
uns gut geht, wie es auch unserer Seele gut geht (3. Johannes 2).
Hier finden wir noch einmal die Voraussetzung für körperliches
Wohlergehen. Sie liegt in der Heilung und dem Wohlergehen unserer Seele.

29. Vorzeitiger Tod und Sinn des Todes

Erfahrene Heilung oder erlebte ständige, durch Gottes Gnade ge-
wirkte Gesundheit setzt die Kraft des Todes nicht außer Funktion.
Der Tod hat seine Zeit, die ihm Gott bestimmt. Gottes Maßstab sind

siebzig oder achtzig Jahre, nachdem wir lebenssatt geworden sind, uns diese Erde keine weiteren Freuden mehr geben kann und unsere ganze Freude auf den Übergang in die himmlische Herrlichkeit gerichtet ist. Tod ist insofern kein Absterben, sondern der Übergang zu einer neuen Ebene von Leben und Gemeinschaft mit dem Herrn. Jeder Todesfall vor dem biblischen Alter ist ein vorzeitiger Tod, der von Gott so nicht gewollt ist! Diese biblische Zahlenangabe hat in sich eine ungemein trostreiche und glaubensstärkende Kraft. Wer nämlich vor diesem Alter an einer schweren Krankheit erkrankt, darf sich von vornherein des Willens Gottes über seine Heilung gewiß sein. Das ist ein wichtiger, schier unschätzbarer Nebeneffekt der biblischen Aussagen über die Umstände und den Zeitpunkt unseres Todes.

3. Erkenntnisdatei
Wissen, Fähigkeiten, Beruf, beruflicher Erfolg, Karriere

Auch in dieser Datei sind einige Punkte, die schon in den ersten beiden Dateien vorkamen, noch einmal enthalten. In dieser Datei erscheinen sie auf Grund ihrer besonderen Aussagekraft für den Themenbereich Wissen, Fähigkeiten und Erfolg. Naturgemäß wird eine große Ähnlichkeit zwischen dieser Datei und den Dateien über Wohlergehen, Reichtum und Befreiung von Armut vorhanden sein. In dieser Datei werden biblische Prinzipien aufgezeigt, die den Weg zum Erfolg beschreiben, in jener wird mehr abgehandelt werden, wie man mit ihm umgeht.

1. Das Wort Gottes sagt, daß wir den Verstand Christi haben (1. Korinther 2,16), weswegen wir von dem Gott dieser Welt, dem Teufel, nicht mehr in unserer Gedankenwelt verblendet werden können (2. Korinther 4,4).

Die Erlösung durch Jesus bezieht den Bereich des Verstandes, des Wissens, der Fähigkeit und der Fertigkeiten mit ein. Gott will, daß sein Volk zu einem neuen Denken und neuer Klarheit erlöst ist. Diese durch das Kreuz vermittelte Qualität soll sich nicht nur in den „geistlichen" Bereichen im engeren Sinne, sondern in allen Bereichen unseres Lebens offenbaren, so daß kein Teil unserer Persönlichkeit und keine Funktion in Eigenständigkeit und Unerlöstheit, unabhängig von den Beiträgen Gottes operiert. Wir haben damit eine hervorragende Ausstattung für alle Aufgaben des praktischen und beruflichen Lebens.

2. Dementsprechend sagt uns das Wort, daß wir durch den Heiligen Geist fähig gemacht worden sind.

Diese Fähigkeit ist eine doppelte. Erstens ist sie eine spezielle Fähigkeit, Diener des neuen Bundes zu sein, und zweitens ist sie eine allgemeine Fähigkeit, die uns zu allen Diensten mit Gott und für Gott in diesem Leben ertüchtigt (2. Korinther 3,5-6). Es gibt somit die rahmenmäßige Verheißung, durch Gottes Potential unsere übernatürliche Fähigkeit in allen Bereichen, wo Fähigkeit erforderlich ist, zu beweisen! Das ist eine geschenkte Fähigkeit, die nicht mit Anstrengung verbunden ist und durch die Gott verherrlicht wird. Sie wird sich dementsprechend auch gerade im beruflichen Umkreis, wie z.b. in den Beziehungen zu Menschen, aber auch in intellektuellen Befähigungen erweisen.

3. Eine erste Auswirkung nach der Bekehrung ist die Befreiung unseres Denkens.

Dementsprechend war auch die erste Folge des Herrschens des Teufels über die Menschen die Besetzung des Denkens. Ein erlöster Mensch erfährt schlagartig eine Zurechtrückung seines Denk- und Wertesystems, so daß er von einem auf den nächsten Augenblick festgelegte und fixierte Ideen aufgibt: Er wird frei zur nüchternen und neutralen Beurteilung von Situationen, Menschen und Hintergrundfaktoren. Aber diese initiale Befreiung ist ausbaufähig und -bedürftig. Mit der Nachfolge und durch Gehorsam steigert sich unsere Fähigkeit zum logischen Denken. Der Zusammenhang ist folgender: Das Wort Gottes (die Wahrheit) befähigt zum logischen Denken und Reagieren, weil das logische Wort immer mehr Bedeutung in unserer Person und unserem Denken erfährt. Dadurch müssen bessere Resultate zustande kommen, die zum sozialen Aufstieg führen. Das negative Gegenstück: Unwahrheit im Lebenskonzept und in der Weltanschauung führt immer mehr zum Verfallensein an dämonische Ideologien oder Methoden, die daran erkennbar sind, daß sie unwahr und unlogisch sind, was zum Niedergang und zur Verarmung beiträgt.

4. Durch Jesus werden wir befreit von dem Zwang der Unabhängigkeit, des Stolzes und damit auch der Blindheit.

Das ist der Grund, weswegen wiedergeborene Menschen, die die empfangene Gnade und Führung durch den Heiligen Geist dann anschließend fortlaufend beanspruchen, zum Erfolg verurteilt sind. Wenn die Blindheit über Zusammenhänge, Werte, geistige Methoden und Einschätzung von Menschen genommen ist und sie auf dem normalen Weg der Heiligung und durch Umgang mit dem Wort charakterlich wachsen und Gottes Hilfe erfahren, müssen sie Erfolg haben. Nur stehengebliebene Christen oder solche, die nach ihrer Wiedergeburt durch verkehrte Lehre am Fortschreiten gehindert sind, können nicht erfolgreich sein.

Der Begriff „Erfolg" ist vielen Theologen verdächtig und verrucht. Es gehört in vielen Kreisen zum guten Ton, ihn als vordergründig, ungeistlich und Ausdruck von Materialismus oder Beweis von billigem Karrierestreben abzutun. Zu dem begrifflichen Instrumentarium der Ächter dieses Wortes gehört regelmäßig der abschätzige Verweis auf die doch längst überwundene Theologie der Puritaner, die an ihrem weltichen Erfolg die Güte ihres Glaubenslebens beweisen wollten.

Dem Worte Gottes sind derartige Skrupel fern. Und wenn man genau hinsieht, findet man sie auch nicht im Alltag und Geschäftsverhalten ihrer Verfechter, nur in ihrer Theologie. Es ist nichts untugendhaftes an dem Wunsch, auch materiell gesegnet und im beruflichen und gesellschaftlichen Leben erfolgreich zu sein, sofern wir mit diesem Gut so umgehen, daß das Reich Gottes erkennbare Priorität hat.

5. In manchen Einzelfällen kommt es zur Befreiung des Gedächtnisses, indem belastende Gedächtnisinhalte durch Vergebung und Gnade beseitigt werden und insofern ihre deformierende Wirkung auf Entscheidungen, Reflexe, Assoziationen und Handlungen in der Gegenwart verlieren.

Darüber hinaus ergibt sich durch die aktive Leistungsverbesserung des Gedächtnisses ein praktischer Fortschritt für Alltagsaufgaben.

6. Die herausragende Folge der Hinwendung zu Jesus und der Aufnahme eines neuen Lebensstils durch Gnade, Gottes Gerechtigkeit und ewiges Leben ist die Willigkeit und Fähigkeit zur Redlichkeit, Integrität, Wahrhaftigkeit und Aufrichtigkeit.

Das sind aber wiederum entscheidende Faktoren für den beruflichen Erfolg und für jede Form von Karriere. Das Wort Gottes sagt uns, daß die Sünde der Menschen Verderben ist. Wenn Menschen sich aber in Christus gesichert wissen und sich von ihm und seiner Gnade angenommen erleben, können sie es wagen, die „Schutzlosigkeit" eines ehrlichen Lebensstils im geschäftlichen Leben und im Umgang mit Kollegen und Konkurrenten zu suchen und auszuleben. Sie werden nicht Schwarzgeld nehmen, Steuern hinterziehen oder andere Unregelmäßigkeiten, Übertreibungen oder Lügen im beruflichen Alltag praktizieren, weil sie wissen, wer sie hält und schützt. Und auf diese Weise wird ihre soziale, berufliche und gesellschaftliche Aufwärtsentwicklung gefördert. Die Sünde, die durch Gnade und Erkenntnis keine Macht mehr hat, kann den beruflichen Weg nicht mehr stören. Heiligung, die sich in richtiger Waage, richtigem Umgang mit den Kunden und mit Geldern äußert, muß zum Gewinn und Fortschritt führen.

7. Gottes Wort gibt Anweisung, wie man fortlaufend ein bewahrtes Denken mit frischen göttlichen Gedanken empfangen und unterhalten kann.

Philipper 4 zeigt uns die Reihenfolge auf: Wir freuen uns in dem Herrn, und das immer wieder, und bekommen dadurch die Fähigkeit, Menschen in unserer Umgebung in Lindigkeit und Sanftmut anzusprechen. Auf dieser Basis ist es möglich, sich der Sorge zu entledigen, indem man alle Anliegen und Bitten mit Flehen und Danksagung vor den Herrn bringt, um dann zu erleben, daß der Friede Gottes unsere Herzen und unsere *Gedanken* bewahrt. Dadurch sind wir befähigt, jene Gedanken zu denken, die wahrhaftig, ehrbar, gerecht, rein und von Liebe gekennzeichnet sind, so daß wir im Verlauf eines solchen stetigen Trainings erleben werden, daß der Gott des Friedens mit uns ist. Das ist aber identisch mit Segen, Erfolg und Fortschritt in allen Belangen. Alle Herausforderungen des beruflichen Lebens im stetigen Konkurrenzkampf mit neidischen und mißgünstigen Menschen erfordern eine solche hochstehende Grundhaltung. Ist Gott mit uns, dann sind wir nicht zu überwinden.

8. Das Verlangen, in seinen Fähigkeiten und im beruflichen Leben gesegnet zu sein, hat eine unaufgebbare Vorbedingung: Die Lust am Herrn.

Jedes Bemühen, durch biblische Mittel zu Erfolg, Karriere und Einfluß zu gelangen, ohne Gott die erste Priorität einzuräumen, indem er unsere Hauptlust, Freude und Lebensmitte ist, führt zum Götzendienst und ist schon Götzendienst und ist von vornherein zum Scheitern verurteilt. Hier liegen die Haupthindernisse bei dem Versuch, auf diesem Gebiet Gottes Bestätigung zu erfahren. Jedes Ziel, das mehr Lust freisetzt als Gott selbst, kann von Gott nicht unterstützt werden. Gott muß dann sogar hindernd eingreifen, damit ein solcher Gläubiger nicht auf Abwege gerät. Wenn wir in unserer Seele nicht durch Gottes Gegenwart und Liebe gesättigt sind und nicht überwältigt sind von der Güte Gottes, wird jedes Bemühen, bestimmte Erfolge zu erringen, immer ein Lustersatz sein. Dieser Gesichtspunkt ist von außerordentlicher Wichtigkeit. Hier scheitern die meisten.

9. Das Reich Gottes hat neben Gott selbst absolute Priorität.

Wer sich in allen seinen beruflichen Strebungen und in der Entwicklung seiner Fähigkeiten und Fertigkeiten nicht in erster Linie zum Wohl des Reiches Gottes einsetzt, hat keine Chance, unter Gottes Vermittlung und mit seinem Beistand Erfolg zu bekommen. Dieser Erfolg würde sein eigenes Leben zerstören. Wer sich also aufmacht, in seinem privaten Berufsleben erfolgreich zu sein, muß letztlich wissen, für wen er das tut. Will er sich selbst profilieren und selbst verwirklichen, dann liegt in dieser stillschweigenden Motivation bereits die Grundlage seines Scheiterns. Es bedarf einer fortgeschrittenen Beziehung zum Herrn und wirklich dessen, was wir eben Lust an Gott genannt haben, um sein eigenes berufliches Leben in diesem Sinne zu konzipieren. Man kann leicht vorgeben, alle möglichen ideellen Ziele zu verfolgen, aber es wird nicht stimmen und dann auch nicht ersichtlich sein, wenn unsere Lust nicht in erster Linie am Herrn ist.

10. Im Gegensatz zum Konkurrenzprinzip der freien Marktwirtschaft (die ansonsten unter allen irdischen Wirtschaftssystemen noch das sinnvollste ist) besteht für den Gläubigen, der in seinem privaten und beruflichen Leben Erfolg sehen will, das Hauptprinzip im Segnen, im Gewähren von Gnade und in der Barmherzigkeit. Das trifft auch für das geschäftliche Leben im Umgang mit Kollegen, Untergebenen und der Konkurrenz zu!

Wer segnet, also anderen auch etwas gönnt, wird gesegnet werden. Wer Gnade gibt, bekommt Gnade, und wer barmherzig ist, wird Barmherzigkeit empfangen. Barmherzigkeit ist im Geschäftsleben keineswegs ausgeschlossen! Aber das bedeutet nicht, daß man alle negativen Dinge, Fehler und Schwächen von Mitarbeitern übersieht. Dennoch gibt es in jeder Reaktion einen Platz für Gnade.

11. Ein Christ muß wissen, was eigentlich Erfolg bedingt. Es ist nicht Anstrengung und nicht nur ein befreites Denken oder göttliche Weisheit. Die Hauptkomponente für Wissen, Fähigkeiten und berufliche Karriere ist das Wort der Verheißung, das wir in unserem Herzen, in unserem Denken, in unserer Vorstellung haben.

Wie Abraham gesegnet wurde – nicht durch des Fleisches Kraft, sondern durch die Verheißung, um den Sohn der Verheißung zu bekommen –, so sollen auch wir in allen unseren Wegen gesegnet werden. Wenn wir das Wort Gottes Tag und Nacht betrachten (Psalm 1), wenn wir das Buch des Wortes Gottes nicht von unserem Munde wegkommen lassen, sondern es Tag und Nacht betrachten, um dadurch zu tun, was es sagt, dann werden wir Erfolg haben und alles richtig ausrichten (Josua 1,8). Wenn wir bei Jesus bleiben und seine Worte in uns bleiben, dann werden wir bitten, was wir wollen, und es wird uns werden. Das betrifft auch die berufliche Seite unseres Lebens und alle Sachfragen, mit denen wir zu tun haben. Geschäftsleute, Menschen in hoher Verantwortung und Verpflichtung, überhaupt jeder, der mit seinem Wissen, seinem Einsatz und seinen Fähigkeiten im beruflichen Leben gefordert ist, muß ein Mensch des Wortes sein, der den Lebensstil des Wortes pflegt. Das Wort muß sein Denken ausfüllen, und das erneuerte Denken befähigt ihn zum Glauben. Die Arbeit tritt, gemessen daran, eher in den Hintergrund. Der Fleiß eines auf diese Weise erfolgreichen Menschen bezieht sich in erster Linie auf den Umgang mit dem Wort.

12. Wir sind auch im beruflichen Leben, und da erst recht, befreit vom Fluch des Gesetzes.

Dieser betraf ja gerade die Erwerbsquellen, das Erlangen von Nahrung, Geld und Gut, weil dort der Fluch des gebrochenen Wortes Gottes am deutlichsten wird (5. Mose 28,15-68). Wenn wir in der Gnade leben und wenn wir die Gerechtigkeit Gottes sind, dann kann dieser Fluch uns nicht mehr ereilen. Seine Hauptauswirkung, die sich auf unser Erwerbsleben richtet, bleibt aus. Wenn wir Menschen der Gnade sind, können wir auch Fehler zugeben, ohne Angst haben zu müssen, dabei ins Bodenlose zu stürzen und uns vor unseren Mitmenschen zu blamieren. Das fürchten Menschen auf dem Weg zum Erfolg am allermeisten: Fehler zu machen oder begangene Fehler einzugestehen. Wer voll vom Wort und vom Heiligen Geist ist, kann sich das gestatten und wird dadurch erst recht in den Segen hineinkatapultiert.

13. Geschäftlich und beruflich strebsame Menschen kommen in die Gefahr der Härte und des Machertums.

Das führt in gewissem Maße zu Anfangserfolgen, um dann in gesetzmäßiger Regelmäßigkeit im Niedergang zu enden. Daran scheiterte Hiob. Er war ein Mensch der moralischen Integrität und von hoher, fast skrupelhafter Genauigkeit, aber ein Mensch ohne Gnade. Das Hiob-Syndrom sorgt immer dafür, daß es bei einer solchen Konstellation – hohe Zielgerichtetheit, ganze Hingabe, totale Anstrengung und Einsatz auf hohem moralischem Niveau ohne Gnade – einen Wendepunkt zum Negativen gibt. Menschen der Gnade können genauso zielgerichtet und sogar noch erfolgreicher sein als diese Machertypen. Aber bei ihnen ist alles weicher, souveräner, natürlicher, fließender und von Sanftheit bestimmt. Das Hiob-Syndrom hat vielen Geschäftsleuten in ihrem fortgeschrittenen Alter beruflich und auch emotional das Genick gebrochen. Früher waren sie unglücklich, aber erfolgreich. Nach dem Umbruch sind sie nur noch unglücklich.

14. Der Segen Abrahams kommt unter die geschäftstüchtigen „Heiden", wenn sie frei von Gesetzlichkeit sind.

Dazu gehört die Leichtigkeit des Erfolges wie bei Abraham, die Dauerhaftigkeit des Erfolges wie bei Abraham, der Fortgang des

206

Erfolges trotz Fehlern wie bei Abraham, und die Übernatürlichkeit des Erfolges wie bei Abraham. Schließlich soll dieser Prozeß auch so lange währen wie bei Abraham, der hochbetagt wurde und allenthalben gesegnet war. Abraham ist *das* Beispiel in der Schrift für die bruchlose Allgegenwart des Segens im geistlichen, familiären und beruflichen Leben.

15. Männer und Frauen Gottes, die in den Kontakten zur Welt von sichtlichem Erfolg begleitet sind, sind Menschen der Hoffnung.

Hoffnung ist eine seelische Qualität, die nach den Aussagen des Wortes Gottes (1. Thessalonicher 5,8) einen Schutz für unsere Gedankenwelt und für unseren Kopf darstellt. Der Verlust von Hoffnung bedeutet einen sofortigen Abbruch aller Visionen, aller Ziele und aller Zielstrebigkeit. Die Gedanken sind ungeordnet, fruchtlos und jede Entwicklung kommt zum Stillstand. Wenn Männer und Frauen des Glaubens durch bestimmte Umstände kurzzeitig aufhören zu glauben, dann sollen und können sie wenigstens weiter hoffen, um im Drive der göttlichen Visionen zu bleiben. Erfolgreiche Geschäftsleute sind Künstler der Hoffnung, ohne bei ihr stehenzubleiben. Nach Hoffnung soll ja immer Glaube kommen.

16. Die gewissenhafte und vollständige Abgabe des Zehnten in das Haus Gottes mit entsprechender Freude und segnender Haltung sind unaufgebbare Voraussetzungen für den beruflichen Erfolg.

Wer Gott vorenthält, was ihm gehört, wer nicht die Erstlingsgabe seiner Frucht an ihn ausliefert, verhindert Gottes Segen.

17. Es ist Gottes Absicht, uns zu ehren.

Er gibt uns Gnade und Ehre (Psalm 84,12) und will uns aus Schwierigkeiten zu Ehren bringen (Psalm 91,15). Gott demütigt uns nicht.

Vielmehr sollen wir uns selbst vor ihm demütigen. Gottes letztes Ziel ist es, uns durch unser Abhängigmachen von ihm (was das Wesen der Demut ist) und den daraus resultierenden Glaubensgehorsam zu ehren und zur Anerkennung zu führen, indem er unsere Wege und Werke bestätigt. Allerdings sollen wir uns nicht selbst ehren, sondern wir sollen seine Wege gehen, die uns unweigerlich zur Höhe bringen. Das wird unvermeidlich auch und gerade unser Berufsleben betreffen, weil sich in ihm am sichtbarsten die Auswirkungen des Segens vor den Augen der Menschen ergeben, weswegen sie uns ehren werden.

18. Erfolg im Beruf auf Grund der Gnade Gottes und eines Lebensstils der Gnade und des Glaubens soll auf dem Weg des Neides und der Anerkennung unserer Umgebung auf Jesus aufmerksam machen. Es gibt eine missionarische Dimension der Karriere!

Wer ein Mensch der Gnade ist und dennoch und gerade dadurch im beruflichen Leben erfolgreich wird, ist attraktiv für seine Umgebung. Solche Menschen fallen auf. Deswegen sind wirklich geistliche und erfolgreiche Geschäftsleute die besten Missionare! Aber solche Männer und Frauen unterstützen die Mission auch durch ihre geldlichen Zuwendungen an das Reich Gottes. Sie sehen in ihrer Arbeit und in ihrem Verdienst die Gabe und das Amt der Hilfeleistung und können so auf zwei Ebenen für den Herrn tätig werden. Das sollten die wahren Motive für die Nutzung von göttlichen Werten und Methoden zum beruflichen Erfolg sein.

19. Wer mit Wissen, Fähigkeiten und beruflichen Zielen antritt, stößt in seiner Umgebung auf Widerstand bei denen, die ebenfalls ihr Lebensglück suchen.

In der ständigen Auseinandersetzung mit Konkurrenten ist die geistliche Fähigkeit des Sehens von außerordentlicher Bedeutung. Nur wer klare Ziele und Visionen hat, kann die doch immer wieder eintretenden Rückschläge und Enttäuschungen verkraften. Er schaut durch sie hindurch und hat das Problem, an dem er gerade steht, bereits in seiner gelösten Form vor Augen. Menschen im Beruf, die sich nicht kaputtmachen wollen, müssen Seher sein! So war es Jakob, der in seinem Berufsleben die von Gott gegebene Sehfähigkeit besonders kultivierte und dadurch alle Widerstände überwand. Das ist die entscheidende Methode, die Männer und Frauen Gottes im Berufsleben haben sollten. Überhaupt ist jeder Weg von dem Zustand, der gerade jetzt vorliegt, zu dem vollentwickelten Segenszustand der Zukunft gekennzeichnet durch stetiges Sehen.

20. Wer im intellektuellen, beruflichen oder öffentlichen Leben erfolgreich sein will, braucht viel Zeit, und zwar Zeit zum Beten, zum Begehren und zum fleißigen Umgang mit dem Worte Gottes.

Auch wenn die schönsten Ziele Gottes durch Gnade in Erfüllung gehen, wird doch immer wieder das Begehren und heiße Streben nach dem von Gott vorgelegten Ziel eine unaufgebbare Voraussetzung für den stetigen Fluß des Segens sein. Wer mit Begehren nachläßt, der füttert nicht mehr sein Herz mit jenen Segnungen, die nachher sichtbar werden sollen.

21. Es gibt eine Gesetzmäßigkeit der Nullpunkt-Situation: Wir können nur dann glaubend begehren, wenn wir wissen, daß wir von keinen menschlichen Sicherungen, Verbindungen und Beziehungen abhängig sind.

Es gibt so etwas wie eine geistliche Liquidität, die das innere Kapital für jene Objekte und Ziele darstellt, die man verfolgt (Lukas 14,25-35). Wer nicht einmal alles aufgegeben hat, was ihn menschlich sichert, wird nicht die Mittel haben, um „den Turm zu bauen" und „in den Krieg zu ziehen". Auch die großen und reichen Männer in der Schrift wie Abraham, Isaak, Jakob, Joseph, Daniel oder David hatten jeweils eine Lebenssituation, meistens am Anfang ihres Lebens, wo sie nichts waren und nichts hatten, um von diesem Zustand aus durch Glauben die Bestätigung des Herrn zu bekommen. Unsere Sehnsucht, von einer guten materiellen Anfangsausstattung ausgehend durch viel geistlichen Input diesen Anfangssegen kontinuierlich zu verlängern, ist ein Zeichen von Sicherheitsdenken und wird kaum in Erfüllung gehen.

22. Geht es um konkrete geschäftliche oder berufliche Projekte, an denen mehrere beteiligt sind, gelten unbedingt die Regeln von 1. Mose 11 (Turmbau zu Babel).

Wer ein Ziel verfolgt, das in Einheit tut, mit einer Sprache und in einer Vorstellung vorgeht und das nicht nur konzipiert, sondern dementsprechend auch praktisch anfängt, dem ist nichts zu verwehren. Was damals mit unguten Absichten geschah, soll die Christen in positiver Weise kennzeichnen, die sich für irdische Aufgaben zusammentun. Unter ihnen sollte keiner am fremden Joch ziehen. Das ist eine dringende Warnung vor Partnerschaft mit Nichtgläubigen! Geschäftspartner sollten in allen grundlegenden Fragen eins sein, was nur möglich ist, wenn sie alle einem Herrn angehören und frei von Bitterkeit und Unversöhnlichkeit sind. Sie müssen nicht nur eins sein im Hinblick auf das Ziel, sondern auch im Hinblick auf ihre Grundhaltung und die Methoden.

23. Nicht nur Gott hat Vorrang vor unserem beruflichen Leben und unseren Zielen, sondern auch unsere Familie! Diese rangiert hinter Gott vor unserem Berufsleben.

Wer sich an ihr versündigt und sie durch zuviel berufliches Engagement vernachlässigt, entzieht sich selbst sein eigenes Glück und

210

unterläuft seinen beruflichen Erfolg. Die Verfehlung dieses einen Punktes reicht aus, um das von Gott gesetzte berufliche Ziel und die von Gott kommende Ehrung zu verpassen.

24. Die Bedeutung der Arbeit.

Von allen Faktoren, die im Hinblick auf dieses Thema genannt werden können, ist sie fast der unwichtigste. Natürlich sollten die Christen nicht der Faulheit, der Arbeitsscheu und der Lethargie ergeben sein. Sie sollten gewissenhaft und zuverlässig und auch ausreichend lang arbeiten. Aber wir dürfen keine Workoholics werden. Diese empfangen zu wenig. Überstunden haben bei einem Nachfolger Jesu, wenn sie in seinem eigenen Ermessen liegen, kaum Berechtigung. Wenn Überstunden notwendig sind, dann sollten sie dem Worte Gottes und dem Umgang mit dem Herrn gegeben werden, damit der wirtschaftliche Segen hereinkommt. Den seinen gibt's der Herr im Schlaf. Mit Arbeit beweisen wir unsere Treue, aber die Arbeit ist nicht das Mittel, durch welches der übermäßige Segen hereinkommt. Das schafft die menschliche Arbeit nicht. Sie schafft nur Arbeitsleistung, aber keinen Segen. Das ist weitaus mehr. Obendrein, wer immer nur arbeitet, begeht einen verhängnisvollen Fehler. Er vergißt zu leben und zu genießen. Arbeitsbesessenheit mag zwar gesellschaftlich eine fast tugendvolle Sünde sein, aber sie ist im Grunde genommen aus der Sicht Gottes genauso häßlich wie alle anderen Sünden. Wer so sündigt, kann nicht gesegnet werden.

25. Wir sind Kinder der Kreativität.

Unser Vater ist kreativ, Jesus hat den Weg zu ihm bereitet, und der Heilige Geist ist die kreativste Person und Kraft überhaupt. Es sollte unser gesunder geistlicher Ehrgeiz sein, nicht nachzuahmen, was die anderen tun. Im geschäftlichen Leben und in der Entfaltung unserer Fähigkeiten und Kenntnisse sollten wir die originellen, die schöpferischen Beiträge bringen, die wir vom Heiligen Geist empfangen und die dieser gerne gibt, wenn wir ihm untertan sind. Kreativität muß geschult werden, indem wir auf den Heiligen Geist achten und einen Wachstumsprozeß in Kreativität durchlaufen. Auch geschenkte Kreativität führt zur Erfüllung, ohne daß man sich die Ehre selbst nehmen muß. Es macht Spaß, Neues zu schaffen, das von Gott eingegeben wird, ihm auch dafür die Ehre zu geben und von anderen Ehre für die Produkte und Kunstwerke und den beruflichen Erfolg zu empfangen. Die Geschäftätigkeit der Christen sollte sich darin auszeichnen, daß sie die neuen Produkte oder die besseren und originelleren Produkte mit neuen Eigenschaften auf den Markt bringen. Wenn wir sie nicht erfinden und planen, wer sollte es sonst tun?

4. Erkenntnisdatei
Wohlergehen, Befreiung von Mangel und Armut, Reichtum

Wir haben einen guten und reichen Gott, weswegen es seinen Kindern auch gut gehen soll. Ob uns Kindern und Erben Gottes indessen durchgehend Reichtum auf Erden verheißen ist, das wage ich zu bestreiten. Aber Wohlergehen soll typisch für die Kinder Gottes sein. Die entscheidende Kennzeichnung des Lebens der Gläubigen im Hinblick auf Güter und Umstände ist der Begriff Überfluß, der noch zu kennzeichnen ist. Mit Sicherheit sind jedoch Negativsituationen im Bereich von materiellen Dingen und Gütern, wie Mangel und ausgemachte Armut, nicht im Sinne Gottes. Davon will er uns befreien.

Wie bei keiner anderen Auflistung von Wahrheits- und Erkenntniskomponenten ist beim Gebet um materielle Güter die Motivation entscheidend. Die allermeisten Christen verfehlen das Ziel der Segnung durch materielle Güter, weil ihre Motive nicht ausreichend sind und weil sie in ihren Wünschen und Gebeten der Lust an den Dingen verfallen sind. Man bedarf als Christ der exakten Erkenntnis der Voraussetzungen zum Wohlergehen wie auch der Erkenntnis seiner selbst und seiner innersten Triebkräfte, um die im Prinzip leichten Grundlagen und Bedingungen für Gebetserhörungen in diesem Themenkreis in seinem eigenen Leben zu verwirklichen.

Der Leser möge insbesondere auf die Gesetzmäßigkeiten der Reihenfolge beim Gebet um Wohlergehen oder gar Wohlstand achten, weil diese Erfahrungen und Segnungen prinzipiell und zeitlich nachgeordnete Schätze darstellen. Allein schon die Tatsache, daß jemand das zuerst und vor allem anderen reich sein will, ist ein Beweis dafür, daß er Gott nicht ausreichend erfahren hat und nichts über die Lust an Gott, die Freude in ihm und die Segnungen einer intensiven geistlichen Beziehung mit Jesus und dem Vater und die Gemeinschaft des Heiligen Geistes weiß.

1. Unser Gott ist ein reicher Gott. Darin liegt die letzte Begründung für den in der Heiligen Schrift vielfach ausgesprochenen Willen Gottes, uns auch materiell und finanziell zu segnen.

Diese Absicht Gottes ist einfach begründet in seinem Wesen, das nicht zuläßt, daß wir etwas anderes erfahren als er selbst. Ein guter und reicher Vater kann keine Freude daran haben, daß seine Kinder arm sind. Ein liebender Vater ist zu einem solchen Denken und Vorsatz grundsätzlich nicht imstande. Reichtum, Wohlergehen und die Vielfalt unserer Segnungen sollen Gottes Charakter auf Erden verdeutlichen, daß er ein reicher und manigfaltiger Gott ist. Wohlstand und Wohlergehen als Ausdruck der Güte Gottes sollen uns über den Weg der Dankbarkeit und der Freude an den Herrn binden und nicht trennen. Gott hat eine Freude daran, uns Gutes zu tun und hat das in Gestalt eines Bundes mit uns festgelegt (Jeremia 32,40). Das enthält freilich vielfältige Arten von Segnungen, schließt aber auch materielle Güter ein.

2. Nach biblischer Schau ist Armut keine Tugend!

Das Denken der abendländischen Christen ist weitgehend von hellenistischen Anschauungen geprägt, die über die Scholastik Eingang in unsere christliche Lehre und Wertevorstellung gefunden haben. Danach ist Armut neben Keuschheit und unbedingtem Gehorsam gegenüber geistlichen Vorgesetzten eine der drei Haupttugenden. Aber Armut und Reichtum sind weder Tugenden noch Untugenden, sondern ein Sachverhalt, der dem Willen Gottes entweder entspricht oder zuwiderläuft. Gott liebt den Armen, aber er haßt die Armut. Man kann reich sein und weit von Gott entfernt sein. Entscheidend ist nicht der Reichtum oder die Armut selbst, sondern unsere Beziehung zu ihnen. Wohlergehen und Reichtum sind nicht unbedingt ein Beweis des Gesegnetseins von Gott, wiewohl Reichtum in sich schon ein Segen ist. Wohlstand kann in Grenzen sehr wohl auch vom Teufel gesteuert sein, der der Gott dieser Welt und der Herr über die Schätze dieser Welt ist. Wegen der Doppelnatur von äußerem Reichtum muß der Gläubige mit großer Vorsicht an dieses Thema herangehen. Entscheidend ist nun einmal das Motiv im Hinblick auf materielle Güter.

3. Der wegweisende Begriff in der Schrift im Umgang mit materiellen Gütern ist der des Überflusses. Wir sollen mehr an Gütern aufweisen, als wir selbst unbedingt für eigene Bedürfnisse brauchen.

Während der Teufel der Dieb ist, der trotz seiner Befähigung, Reichtum zu geben, letztlich seine Freude am Raub hat und zur Verarmung führt, wird Jesus in Johannes 10,10 als der Herr gekennzeichnet, der uns Dinge im Überfluß gibt. Man kann auf unterschiedlichen Bedürfnis- und Gewohnheitsebenen jeweils Überfluß haben, also imstande sein, anderen, die weniger haben, abzugeben. Unser Überfluß hat seine Begründung darin, daß wir dadurch geben können. Weil Gott ein Gott des Überflusses ist, will er diesen Überfluß auch in unserem Leben sehen, aber auch wahrnehmen, daß wir ihn in seinem Sinne handhaben, nämlich das Maß der Güter, das über eigene Bedürfnisse hinausgeht, weiterreichen. Bei einem solchen Verständnis und nachfolgender Praxis wird die Überflußerfahrung von anfangs bescheidenem Niveau von Gott auf immer größere Höhen befördert.

4. Reichtum und Wohlergehen ist seiner Qualität und Bewertung nach nicht ein erstrangiges Ziel Gottes und der Gläubigen.

Salomo bekam − weil er nicht um Reichtum gebeten hatte, sondern um Weisheit und Verstand, um Gott richtig zu hören und zu verstehen − diese geistlichen Segnungen und darüber hinaus das, worum er nicht gebeten hatte, nämlich Reichtum und Ehre. Es gibt wertemäßige Abstufungen unter den Geschenken Gottes. Dabei rangiert das materielle Wohlergehen oder gar Reichtum am unteren Ende der Skala. Es bleibt aber immer noch ein Segen und wird von Gott gerne und keineswegs widerstrebend gegeben. Aber weil es in der Reihenfolge der uns zugedachten Schätze am Ende rangiert, dürfen wir diese Rangordnung nicht umkehren. Andernfalls wird das weniger Wichtige zu unserm Herrn und wird uns beherrschen.

5. Die Erfahrung Salomos soll unsere Erfahrung werden. Erst kommen Weisheit, Verstand und Erkenntnis, dann Wohlergehen (Sprüche 3, 13-18).

Der Weg zum Reichtum ist die Weisheit. Der Reichtum des Toren gereicht ihm zum Untergang. Die oben genannte Doppelnatur und auch Doppelwertigkeit des Reichtums ist der Grund dafür, daß sich Reichtum auch zerstörerisch auswirken kann, was von den anderen geistlichen Geschenken Gottes nicht gesagt werden kann. Deswegen wurde auch Salomo ihr Opfer. Aber die Tatsache, daß Reichtum diese eigenartige Qualität an sich hat, ist kein Grund, vor ihm zu warnen, sondern nur die Begründung dafür, sich die Geschenke Gottes in der richtigen Reihenfolge abzuholen. „Trachtet am ersten nach dem Reich Gottes und nach seiner Gerechtigkeit, so wird euch solches alles zufallen." (Matthäus 6,33). Wer dieses Gebot beachtet, für den wird Reichtum ein Segen sein – und damit er für seine Umgebung.

6. Die Furcht des Herrn ist der Schlüssel zum Wohlergehen!

Weil Reichtum eine nachgeordnete Erfahrung ist, muß es Vorerfahrungen geben, die auf Vorbedingungen beruhen. In der Furcht des Herrn, die ebenfalls ein Geschenk ist, werden wir zur Wahrhaftigkeit gegenüber Gott in unseren Strebungen und Motiven und zur Genauigkeit im Glaubensgehorsam fähig. Wer in der Furcht des Herrn lebt, meint wirklich Gott um seiner selbst willen und empfängt dementsprechend alle intimen Innenerfahrungen, weswegen Gott ihm auch Reichtum anvertrauen kann. Dieser Zusammenhang ist so eng, daß in sehr vielen Verheißungen, die die Auswirkungen der Furcht des Herrn beschreiben, der materielle Aspekt der Segnung so herausgehoben wird (Psalm 112; 34,11-15).

7. Der geradlinige Weg zu äußeren Gütern als Ausdruck des Segens Gottes ist die Lust am Herrn.

Psalm 37,4
Habe deine Lust am Herrn; der wird dir geben, was dein Herz wünscht.

Gott kann uns nicht mit dem Übermaß materieller Segnungen betrauen, wenn unser Herz nicht Lust an ihm hat. Das wäre der direkte Weg zum Untergang. Die aber, die Freude und Lust am Herrn haben, sind dadurch so gesichert, daß sie andere Segnungen nicht überbewerten werden. Es liegt ein Regulativ in der Lust am Herrn, das dafür sorgt, daß alle anderen Schätze eine nachrangige Bedeutung haben und nie zu unserem Gott oder Idol werden können. Wer die Lust am Herrn erlebt, hat in seiner Beziehung zu Gott zuvor schon so viel Wahrhaftigkeit und Verständnis von richtiger Priorität bewiesen, daß auswendige Segnungen mit Freuden und gefahrlos vom Herrn gegeben werden können.

8. Reichtum ist ein Bestandteil der Erlösung.

2. Korinther 8,9
Denn ihr wisset die Gnade unsers Herrn Jesus Christus, daß, ob er wohl reich ist, ward er doch arm um euretwillen, auf daß ihr durch seine Armut reich würdet.

Als Jesus am Kreuz hing, nackt und bloß, hungrig und durstig, arm und verlassen und sogar ohne Kleidung, wurde in dem Kreuzes-

Austauschgeschehen unsere Armut getilgt. Denn sie ist ja auf den Herrn geworfen worden, so daß dadurch der Weg zum Reichtum möglich ist. Das betrifft dem Textzusammenhang nach in erster Linie materielle Güter, erstreckt sich aber darüber hinaus auf alle anderen Formen von Reichtum. Ohne diese Erlösungstat des Herrn wären alle irdischen Schätze nach wie vor in der Hand des Teufels! Er würde sie verwalten und nur freigeben zur Täuschung und Verführung der Menschen. Das hat jetzt ein Ende. Die Erlösung schließt materielle Güter ein!

9. Es hat mit der nachgeordneten Bedeutung und dem niedrig-rangigen Wert von Reichtum zu tun, daß wir unser Herz nicht daran hängen sollen.

Wenn er uns zufällt – und er fällt uns als göttliches Neben-Segensprodukt zu –, so sollen wir ihm unser Herz nicht zuwenden (Psalm 62,11). Wir dürfen aus Reichtum nicht unsere Hoffnung ableiten, darauf nicht stolz sein, sondern allein auf Gott hoffen und wissen, daß unser Reichtum ein gegebener ist, den wir wohl genießen dürfen, aber auf den wir uns nicht verlassen sollen (1. Timotheus 6,17).

Wenn schon uns zugefallener Reichtum mit Vorsicht und Vorbehalt genutzt und genossen werden darf, so sollen wir auf gar keinen Fall den noch nicht vorhandenen Reichtum in unseren Gedanken und Wünschen unbedingt erstreben wollen. „Denn die da reich werden wollen, die fallen in Versuchung und Stricke und viel törichte und schädliche Lüste, welche die Menschen versinken lassen in Verderben und Verdammnis." (1. Timotheus 6,9). Das Streben nach Reichtum ist uns verboten. Wer sich ihm doch ergibt, fällt auf direktem Wege über Versuchungen und Bindungen und der Ergebenheit an zerstörerische Lüste in Verderben und Verdammnis. Das sind klare Worte, die uns sagen, daß solche Motive der Ursache nach beweisen, daß die Freude am Herrn fehlt, daß minderwertige Ziele zu den hauptrangigen Gesichtspunkten geworden sind und daß der

Betreffende gar nicht weiß, was er eigentlich tut. Es ist interessant, daß Reichtum dem Wesen nach gut ist und daß er dennoch, wenn er ungeschützt und ohne Vorbereitung und Einbettung in eine lustvolle Beziehung zum Herrn begehrt wird, uns in den Untergang treibt.

10. Der Segen des Reichtums ist wegen seiner Doppelwertigkeit so fragwürdig, daß er Unruhe und Unsicherheit bringt. Reichtum macht nicht sicher und beruhigt nicht die Nerven!

Prediger 5,11
Wer arbeitet, dem ist der Schlaf süß, er habe wenig oder viel gegessen; aber die Fülle läßt den Reichen nicht schlafen.

Man bedarf eines geistlich konsolidierten Charakters und der Abhängigkeit vom Herrn, um Reichtum ohne Schaden ertragen zu können. Das möge der bedenken, der seine Pläne und Gedanken darauf richtet, reich werden zu wollen.

11. Reichtum hat etwas Verführerisches an sich. Er läßt einen glauben, daß man durch ihn seelische Bedürfnisse sättigen kann.

Die, die noch nicht wohlhabend sind, glauben, daß sie dadurch viele Wünsche und Bedürfnisse befriedigen können. Aber es sind erstaunlich wenige Bedürfnisse, die durch äußeres Wohlergehen Absättigung erfahren. Die Seele ist in letzter Konsequenz viel anspruchsvoller, als wir das denken. Der reiche Kornbauer war dieser Verkennung erlegen und mußte dann obendrein noch sterben (Lukas 12,16-21). Also, verkenne nicht die tiefen und umfassenden Bedürfnisse deiner Seele. Laß dich vom Reichtum nicht blenden.

12. Das Hauptproblem des Reichtums besteht darin, daß er bindet und uns daran hindert, ins Reich Gottes zu kommen, bzw. uns am

Fortschreiten im Reiche Gottes hindern kann, wenn wir bereits Kinder Gottes geworden sind.

Wenn unser Herz nicht am Herrn hängt, weil wir von ihm alle Freude und Lust empfangen, werden wir Opfer einer Gesetzmäßigkeit werden, die der Herr wie folgt charakterisiert: „Denn wo euer Schatz ist, da ist auch euer Herz." (Matthäus 6,21). Ist unser Hauptschatz nicht Gott selbst, dann wird sich unser Herz bei allen anderen Schätzen, überwiegend den irdischen, befinden. Diese binden uns, wie überhaupt jede Sache, die vor Gott den ersten Platz einnimmt, unfrei macht. Diese Schätze werden knechtend, wir werden Sklaven. Schließlich gibt es das Gesetz der Unvereinbarkeit des Dienens und Unterordnens unter verschiedenartige Schätze. Wer einem irdischen Schatz dient, kann Gott nicht dienen.

13. Wer materiellen Dingen ergeben ist, weil er nicht zuerst Gott dient (weil dieser nicht seine erste Lust darstellt), ist gleichzeitig dem Geiz und der Habgier verfallen. Geiz ist aber eine Wurzel allen Übels (1. Timotheus 6,10), und Habgier ist dem Wesen nach ein Ausdruck von dämonischer Besetzung (Kolosser 3,5).

Es kann auch gar nicht anders sein, weil jeder Dienst, der nicht Gott meint, Unabhängigkeit ist und eine Öffnung für die dämonische Welt darstellt. Man muß also genau hinschauen, wem man wirklich dient und in welche Richtung unsere Motive uns treiben.

14. Weil Reichtum keine Tugend und als Geschenk minderrangig ist, sollen wir uns des Reichtums nicht rühmen und ihn auch nicht zur Schau stellen.

Jeremia 9,22c-23
22c ...ein Reicher rühme sich nicht seines Reichtums.

23 Sondern wer sich rühmen will, der rühme sich dessen, daß er klug sei und mich kenne, daß ich der Herr bin, der Barmherzigkeit, Recht und Gerechtigkeit übt auf Erden; denn solches gefällt mir, spricht der Herr.

Jakobus 1,10a
...und der da reich ist, rühme sich seiner Niedrigkeit.

So soll der Reiche sehr behutsam und distanziert mit seinem Reichtum umgehen. Der Hintergrund dieser Anordnung ist der, daß Reichtum zwar von Gott und wohl zum Genießen gegeben ist, aber hauptsächlich weitergereicht werden soll. Wer diese Haltung nicht hat, soll sich von vornherein von solchen Gebeten und solchem Begehren fernhalten. Er kommt ja doch nicht dahin.

15. Dementsprechend soll man nicht auf die Reichen neidisch sein, was nur verrät, daß man innerlich doch das haben will, was die anderen haben, weil man sich nicht im Herrn geborgen und durch ihn völlig zufriedengestellt weiß (Psalm 49,17).

Daher sagt das Wort (Sprüche 23,4), daß wir uns nicht bemühen sollen, reich zu werden. Nicht nur die offensichtlichen Strebungen nach Wohlergehen aus verkehrten Motiven, sondern auch die verdeckten und indirekten Wünsche im Sinne von Neid sind ein Eingeständnis, daß wir die Lust am Herrn nicht haben und deswegen in Ersatzbefriedigungen ausbrechen wollen.

16. Dennoch ist Wohlergehen und Wohlstand das Schicksal der Gläubigen, die das ganze Heil des Neuen Testamentes erfaßt haben. Denn wir sind befreit vom Fluch des Gesetzes.

Dieser Fluch betraf überwiegend Krankheit, vorzeitigen Tod und Armut. Weil der Fluch, der uns an den Zerstörer, Verwüster und Räuber ausgeliefert hatte, auf dem Herrn liegt, ist der Zugang zu den Schätzen Gottes in ganzer Breite und in der richtigen Reihenfolge frei.

17. Gott ist mein Versorger. Ich soll mir nicht selbst helfen. Reichtum fällt mir zu, weil Gott eine Freude daran hat, mich zu versorgen.

Das schließt Fleiß nicht aus. Des Fleißigen Hand macht reich, indem Gott unseren Fleiß als Instrument gebraucht, um uns Schätze anzusammeln. Bei genauer Untersuchung ist es nur normaler Fleiß, nicht ständige und übermäßige Anstrengung, die Wohlergehen und Reichtum bewirken. Wir müssen begrifflich unterscheiden zwischen Fleiß (eine Kette von normalen Handlungen, die leicht möglich und nicht anstrengend sind) und forciertem Bemühen bis hin zum Abrackern. Unser Hauptfleiß sollte sich auf das Wort Gottes beziehen, das als das Wort der Verheißung der Weg zum Wohlergehen ist. Gottes Gaben, also auch Wohlergehen, werden geschenkt und nicht verdient!

18. Der eigentliche Produzent von Reichtum ist Gott selbst.

Der Herr macht arm und macht reich; er erniedrigt und erhöht. (1. Samuel 2,7).
Der Segen des Herrn allein macht reich, und nichts tut eigene Mühe hinzu. (Sprüche 10,22).

Wir schaffen durch unser Verhalten und glaubendes Reagieren auf Gottes Gnade die Voraussetzung für Gottes Handeln. Wir müssen uns dessen bewußt bleiben, daß nicht die einzelnen Maßnahmen der Berufstätigkeit Wohlergehen schaffen. Sie sind nur das Mittel, in dem sich eine Haltung ausdrückt. Die Quelle des Reichtums sind Gottes eigenes Wesen und seine Vorkehrungen.

Abraham kannte diese Regel, und deswegen wurde er sehr reich an Vieh, an Silber und in jeder anderen Hinsicht, und er wurde auch reich an Jahren. Dasselbe trifft für Jakob zu, der über die Maßen reich wurde. Beide empfingen ihren Reichtum als Erben der Verheißung und als solche, die Gott und den Menschen viel gegeben haben. Beide waren Vorbild im Umgang mit Gnade und waren frei von Bitterkeit. So ist äußeres Wohlergehen die Folge von Gerechtigkeit durch Glauben und Erbe sein gemäß der Verheißung. Es basiert ferner auf dem Wissen, wer unser Versorger ist, Großherzigkeit beim Geben, Treue im Umgang mit dem Zehnten sowie Freisein von Bitterkeit.

19. *Geben allein reicht nicht aus. Einen fröhlichen Geber, der segnend und glaubend gibt, hat Gott lieb (2. Korinther 9,7).*

Geben ist säen, was eine Glaubenshaltung und ein Wort Gottes voraussetzt. Wer nur gibt, allein aus Dankbarkeit und Liebe, und nicht, weil Gott es gesagt hat, drückt in seiner sogenannten Dankbarkeit und Liebe im Grunde eine humanistische Gebe-Gesinnung aus. Wer gibt, ohne zu glauben, hindert Gott an seinem Vorsatz, daraufhin selbst zu geben. Wer nicht glaubend gibt, kann auch nicht in der Liebe geben. Das Geben als solches ist also noch nicht ausreichend, um den Segenskreislauf in Gang zu setzen und Gott zu erfreuen. Auch das ist ein häufiger Denkfehler bei den Christen, die ihre unzureichende geistliche Motivation beim Geben übersehen und sich wundern, daß nichts oder zu wenig zurückkommt.

20. *Der Zehnte, den wir geben sollen, ist eine gute Anfangsdosierung unseres Gebe-Einsatzes. Wenn wir ihn vollkommen und an die richtige Adresse, nämlich das Haus Gottes, aus dem wir unsere geistliche Nahrung empfangen, weiterleiten, dann wird Gott für uns den Fresser bedrohen und des Himmels Tore auftun, damit wir mehr Segen bekommen, als wir selbst fassen können (Maleachi 3,10-11).*

Aber auch der Zehnte muß im Glauben gegeben werden, sonst können diese Resultate nicht zustande kommen.

21. Wer gibt, empfängt. Wer viel gibt, empfängt viel. Die Dimensionierung des immer stärker zurückströmenden Segens Gottes auf unser Geben hängt von dem Ausmaß unseres Gebens ab.

In jedem Fall soll es ein überfließendes Maß sein! Wenn wir um Jesu willen geben oder Güter aufgeben, sollen sie uns tausendfältig erstattet werden. Wie wir in allen Dingen reich sein sollen (im Glauben, im Wort, in der Erkenntnis, im Fleiß und in der Liebe), so sollen wir auch reich sein in der sozialen Liebestat und im Verschenken von Gütern (2. Korinther 8,7). Dementsprechend wird die glaubende Liebestat, durch die wir Gut und Gelder den Armen im Namen Jesu ausstreuen, auch eine vielfältige Art von Gottes Antwort zur Folge haben: Wir werden in allen Dingen alle Zeit volles Genüge haben und reich werden zu jedem guten Werk und sollen in allen Dingen reich sein (2. Korinther 9,8-11). Wir müssen also wissen, daß finanzielle Opfer nicht nur finanzielle Antworten bringen, sondern einen breit gestreuten Segen. Eine weitere Segenskomponente liegt darin, daß andere dadurch in den Stand gesetzt werden, Gott für uns, die Gebenden, zu danken und ihn zu preisen (2. Korinther 9,12).

22. Das Reich Gottes hat Vorrang vor unserem eigenen Wohlergehen.

Zuerst kommt also die Lust am Herrn, das heißt, Gott selbst. Dann kommt sein Reich. Und dann kommen unsere eigenen materiellen Bedürfnisse. (Hinsichtlich der geistlichen und sozialen Belange rangiert die Familie allerdings vor der Gemeinde!) Wenn wir die Interessen des Reiches Gottes verfolgen, werden uns Wohlergehen, Wohlstand und vielleicht sogar Reichtum zufallen (Matthäus 6,33). Diese Regel ist so wichtig, daß wir auch dann, wenn wir durch diesen Glaubensgehorsam längst Wohlergehen empfangen haben, weiter in diese Richtung gehen sollen. Für den Wohlhabenden und Reichen in Christus gibt es keinen Grund, weitere Reichtümer anzuhäufen, außer dem, daß er sie für das Reich Gottes und für die Ausbreitung des Evangeliums zur Verfügung stellt. Aber achte auf die innewohnende Gesetzmäßigkeit: Das alles kann nur derjenige, der zuvor sein Herz an Gott verloren hat und wirklich von der Freude am Herrn bewegt wird.

23. Wenn wir in ihm sind und seine Herrlichkeit uns ausfüllt und dadurch unsere Seele genesen und geheilt ist, fließt der Segen Gottes in ganzer Breite.

Paulus hatte Fülle und wünschte auch den Christen in Philippi Fülle in allen Dingen. Gott wird allen unseren Mangel ausfüllen gemäß seinem Reichtum an Herrlichkeit bei uns, die wir in Christus Jesus sind. Wir müssen wissen, welchen Status wir in Jesus haben (was wir in ihm sind, haben und können) und daß wir der Herrlichkeit des Heiligen Geistes teilhaftig geworden sind, um zu dieser Verheißungshöhe im Alltag zu gelangen. Ohne kräftige, wiederholt vorgetragene und auch angenommene Lehre über unsere Position in Christus kommt es zu keiner Berührung mit der Ebene der materiellen Segnungen.

24. Wenn wir denen, die nichts haben oder die bedürftig sind, geben, dann bekommen wir einen Schatz im Himmel (Markus 10,21).

Aber dieses Konto befindet sich tatsächlich im Himmel. Wer nicht weiß, daß er mit Jesus gestorben und auferstanden ist und sich mit Christus am Throne Gottes befindet (im Himmel), der kommt an

diesen realen unsichtbaren Schatz nicht heran. Die Lehre über den himmlischen Schatz und seinen Nutzen hat zwei Seiten:
1. Durch glaubendes Geben wird wirklich ein Konto auf unserer Himmelsbank eingerichtet.
2. Das Abheben von dieser Himmelsbank ist nur dann möglich, wenn wir wissen, wie wir zum Throne Gottes kommen und uns in himmlischen Bereichen bewegen. Das verstehen und praktizieren nur die Gläubigen, die wirklich in Christus Jesus sind, das heißt, die geistlich mündig sind (Epheser 1,3 und 18-20).

25. Von allen Segnungen, die uns Gott versprochen hat, trifft der Segen irdischer Güter und irdischen Besitzes zeitlich zuletzt ein.

„Laß dein Brot über das Wasser fahren; denn du wirst es finden nach langer Zeit." (Prediger 11,1). Es gibt natürlich eine Sofortversorgung des Herrn, und der Herr will überhaupt jeden wirklichen Mangel möglichst schnell beheben. Die Manifestation von zunehmendem Wohlstand stellt aber bezüglich des zeitlichen Ablaufes im Regelfall das Ende einer Kette von göttlichen Segnungen dar.

5. Erkenntnisdatei
Alleinsein, Einsamkeit, Eheanbahnung, Familie, Kinder und Erziehung

Diese Datei enthält natürlich keine umfassende Abhandlung der oben genannten Themen. Es geht vielmehr auch in diesem Kapitel darum, daß wir jene Erkenntnisinhalte genau sehen, die für Gebetserhörung bzw. Behinderung von Gebetserhörungen von Wichtigkeit sind. Dementsprechend sind in dieser Datei nur jene Gesetzmäßigkeiten enthalten, die nach breiter seelsorgerlicher Erfahrung immer wieder verkannt werden und das Erreichen von göttlichen Zielen behindern, ohne daß der betreffende Gläubige, der sich aufrichtig in seinem Gebet abmüht, erkennt, durch welche Blockaden er sich selbst beeinträchtigt.

1. Der Vorrang der Schöpfungsordnung.

Es ist nicht gut, daß der Mensch allein sei. Es ist von Anfang an vorgesehen, daß die Menschen in heterosexueller Verbindung und Beziehung durch das Leben gehen, um der Gefahr der Einsamkeit zu wehren. Was Gott in der Schöpfungsordnung ausgedrückt hat, ist niemals im Worte Gottes widerrufen worden und sollte in der Gemeinde Jesu erst recht gelten.

Allerdings müssen wir bedenken, daß Jesus und der Heilige Geist in uns sind und daß insofern die Qual des Alleinseins, die in der ersten Schöpfung durchaus noch möglich war, in der zweiten Schöpfung (der Wiedergeburt in Christus) im Prinzip besiegt ist. Wer heute allein leben muß, das heißt ohne Ehepartner, hat einen anderen Status als der Alleinstehende vor der Erlösung durch Jesus.

Dennoch will der Herr seine Schöpfungsordnung unter uns realisieren. Das ist eine außerordentlich ermutigende Tatsache und in sich eine erste Legitimation für den Wunsch und die Hoffnung, selbst einen Ehepartner zu finden. Solange Gott im konkreten Fall im Hinblick auf die Ehe nicht nachweislich etwas anderes gesagt hat, gilt diese Aussage Gottes immer noch für jeden einzelnen.

2. Die Grundsatzverfügung des Herrn, wonach der Mensch nicht allein sein soll, bedeutet nicht, daß sich damit jede eigene Maßnahme, sich selbst auf die Ehe vorzubereiten und in den Stand der Ehefähigkeit zu bringen, erübrigt. Es gehört mit zu den selbstverständlichen Aufgaben eines jeden Menschen, durch Gottes Mithilfe seinen Charakter, seine Erscheinungsweise, seinen Bildungsstand, seine Natürlichkeit, Anmut und Echtheit durch das Wort Gottes und den Heiligen Geist so zu entwickeln, daß eine natürliche Attraktivität sowohl für das andere Geschlecht im allgemeinen, als auch für den Ehepartner im besonderen zustande kommt.

Wir sollen ja überhaupt erfreuliche Personen für unsere Umgebung sein, die man gerne sieht, gerne sucht und die heilsam für ihre Mitmenschen sind. Was so generell gilt, gilt erst recht für die Ehevorbereitung.

Es liegt leider völlig außerhalb der Blickweite vieler Eheloser, daß sie mit der Erscheinungsform ihrer Persönlichkeit eine Verantwortung haben für das Zustandekommen der Ehe. Wer sich gehen läßt, seine Fehler und Schwächen nicht sieht und in praktischer Gemeinschaftsunfähigkeit lebt, ist als Autor dieser Handlungen und Haltungen verantwortlich für seine eigene Ehelosigkeit. Er hintertreibt den Willen Gottes, ihn in die Ehe hineinzuführen.

Viele Gläubige sind charakterlich deformiert durch Haltungen von Ablehnung, Sperrung, Gemeinschaftsunfähigkeit, Minderwertigkeitsgefühle, Verachtung, Mißtrauen, Bitterkeit, Aggressivität und weitere derartige Charaktereigenschaften, die in ihrer Summe andere Menschen fernhalten, verstören und daran hindern, in Beziehung zu ihnen zu treten. Und weil diese Haltungen für den potentiellen Partner so gefährlich sind, deswegen behindert Gott manchmal auch aktiv die Eheanbahnung bei manchen, sehnsüchtig nach

Partnerschaft Ausschau haltenden Gläubigen, weil Gott einen etwaigen Partner, der dann das Opfer eines so nicht vorbereiteten Menschen werden würde, vor der Katastrophe bewahren will.

Weitaus mehr als fünfzig Prozent aller Bemühungen um einen Partner müssen bei einem selbst und dem eigenen Charakter ansetzen und sind nicht Sache des Gebetes für eine gottgefügte Begegnung. Wenn ein solches Opfer auf einen nicht vorbereiteten Partner stößt, ist das wirklich ein größeres Desaster: „Ein Land wird durch dreierlei unruhig, und viererlei kann es nicht ertragen: einen Knecht, wenn er König wird; einen Toren, wenn er zu satt ist; eine Verschmähte, wenn sie geehelicht wird, und eine Magd, wenn sie ihre Herrin beerbt." (Sprüche 30,21-23).

Wenn etwa eine Christin jahrelang um einen Ehemann ringt, dann ist nicht die Fortsetzung des Gebetes um weitere Jahre das nächste Gebot, sondern die Veränderung ihrer selbst. (Weitere Details in meinem Buch „Befreiung", Aufbruch-Verlag, 1988).

3. Wir müssen unterscheiden zwischen Alleinsein und Einsamkeit.
Wer allein ist, muß nicht unbedingt einsam sein.

Einsam kann der Mensch in Christo eigentlich nicht sein. Einsamkeit ist die Wahrnehmung von Schutzlosigkeit, Verlassenheit und das Eingeständnis, daß uns Jesus nicht real ist und der Heilige Geist nicht wirksam in uns ist. Einsamkeit ist der größte Feind für den Wunsch, heiraten zu wollen. Wer aus dem Zustand der Einsamkeit verschmachtend und sehnsüchtig voller Angst und Not, am Ende doch allein bleiben zu müssen, um einen Partner betet, begibt sich in eine denkbar schlechte Ausgangsposition. Er betet aus der Not und Verzweiflung heraus, und nicht aus dem Frieden mit Gott und der Freude an der Gemeinschaft mit dem Herrn heraus. Ein solches Gebet ist in sich der Grund für die Nicht-Erhörung. Würde ein solcher Christ in einem schmachtenden und verzweifelten Gebet erhört werden, dann hätte Gott ihm ein Idol ins Leben gesetzt.

Wer einsam und in sehnsüchtiger Verzweiflung um einen Ehepartner bittet, gibt damit zu verstehen, daß Gott ihm nichts bedeutet, daß er nichts weiß von der Lust am Herrn und daß das für ihn alles nur Begriffe ohne wirklichen Inhalt und ohne praktisches Erleben sind.

Wer mit Jesus lebt und seine Gegenwart kennt, sollte so davon ausgefüllt sein, daß er gelegentlich bis in die gefährliche Nähe der Frage kommt, weswegen er eigentlich noch heiraten solle. Er wird dann dennoch sehr konkrete Defizite und Wünsche erleben, aber er wird sich nicht im Zustand des Unausgefülltseins, der Leere und der Einsamkeit befinden können. Das ist die beste Voraussetzung für eine Eheanbahnung durch Gottes Eingreifen. Dann, wenn man den Partner kaum mehr braucht, weil Jesus einem real so wichtig ist (leicht übertrieben), dann wird er sehr bald auf der Bildfläche erscheinen. Wer hat, dem soll gegeben werden.

4. Der natürliche Anfang, der zur Ehe führt, ist Liebe.

Manche Christen haben die fragwürdige Kunst entwickelt, durch tatsächliche oder vermeintliche Gewißheit (der andere sei der von Gott gegebene Partner) alle schönen und gottgewollten Vorstadien einer sich anbahnenden Beziehung zu überspringen, um gleich zum Heiratsantrag zu kommen. Das ist schade und eine Beraubung – zumindest des anderen Partners. Er hat ein Recht darauf, alle Abschnitte einer Liebesbeziehung zu durchschreiten und zu genießen, die von der ersten scheuen Kontaktaufnahme des Mannes über Neugier, Interesse, erste Anflüge von Gefühlen bis zur Verliebtheit reichen. Wer im Gebet und Glauben seine Ehe vorbereiten will, darf in seiner Voreiligkeit und inneren Gewißheit nicht alle Freuden der aufkeimenden Liebe beim Partner zerstören. Auch die romantische Liebe hat ihren Platz in der Beziehung und ist wichtig für die Gründung der späteren Ehe. Ganz abgesehen davon kann ein schwacher Partner durch eine zu ausdrücklich erklärte göttliche Gewißheit überfahren werden, so daß er in etwas einwilligt, was nicht vom Herrn kommt und was dann notwendigerweise in der späteren Ehe Probleme erzeugen muß. Hinter manchem voreilig vorgetragenen Eheantrag aus dem „Reden Gottes" heraus stehen in letzter Konsequenz Angst und Unglaube, weswegen man die Dinge möglichst schnell festmacht.

5. Gibt es den einen bestimmten Ehepartner, der von Gott ausgewählt ist, ihn und keinen anderen?

Ja, ich glaube, daß Gott eine erste Wahl hat. Sie muß nicht notwendigerweise der erste Freund oder die erste Freundin sein, die man getroffen hat. Diese mögen vielleicht nur unsere Bekanntschaften sein, hinter denen nicht unbedingt Gottes Führung steht.

Es ist sicher auch möglich, die erste Wahl des Herrn durch Fehler und verkehrte Vorentscheidungen zu verfehlen und dennoch eine immer noch maximal glückliche Ehe mit der zweiten Wahl des Herrn eingehen zu können. Wir selbst werden mitunter kaum wahrnehmen, welches die erste, zweite oder dritte Wahl war. Sofern der Wille des Herrn auf der Ehe ist, die wir eingegangen sind, nachdem möglicherweise andere Chancen von uns verkannt oder vertan worden sind, liegt darauf der volle und bestätigende Segen des Herrn, der es uns unmöglich macht, uns auch nur gedanklich mit einer besseren Alternative im Vergleich zum gefundenen Partner zu beschäftigen.

Entscheidend für Gelingen oder Mißlingen der Ehe ist also nicht, ob man den einen einzigen Partner, den Gott in seiner Reihenfolge als ersten ausgewählt hat, gefunden oder verfehlt hat. Entscheidend ist, daß man in die Ehe, die man mit Christus eingegangen ist, die ganze Gnade des Herrn hineinlegt, um so alle Freude und Segnung daraus zu empfangen. Wer nicht von einem solchen Erkenntnishintergrund ausgeht, wird nie entspannt glauben und seine Ehe genießen können, weil er niemals ganz sicher sein kann, ob seine Wahl auch die richtige war.

6. Die Partnerwahl ist kein Sonderfall unter allen Gebetsanliegen und Glaubensherausforderungen. Gab es die generelle Regel, daß wir gezielt und exakt bitten sollen, weil das allein Glauben freisetzt, so gilt eine solche Gesetzmäßigkeit auch hier.

Wir sollten wissen, was und wen wir wollen, in dem Sinne, welches der nach unserer Vorstellung geeignete und am meisten begehrenswerte Partner ist. Wenn man ihn vor Augen hat, dann kann man eigentlich erst richtig glauben. Das ist keineswegs ein Mißbrauch von Personen, sondern Ausdruck der Tatsache, daß man selbst ein Mensch mit bestimmten Neigungen, Vorlieben, Hobbies und Festlegungen ist, zu denen man in Gestalt des Partners Entsprechungen oder Ergänzungen suchen möchte. Wie kann man eine Person wirklich begehren und glauben, daß sie in Erscheinung tritt, wenn man ihren Typ, ihr Äußeres und weitere Eigenschaften gar nicht mag?

7. Die Gefahr der Manipulation durch verkehrtes Beten um einen Partner.

Wenn ein Christ sein Augenmerk auf eine andere Person gerichtet hat und sich in sie verliebt hat, ist es zunächst erlaubt und angemessen, Gott darum zu bitten, daß er das Herz des Betreffenden in Liebe zu einem hinlenkt. Wenn das jedoch ausbleibt, was häufig der Fall ist, weil der Herr diese Verbindung gar nicht geplant hatte und weil sich der andere in seiner eigenen Willensfreiheit und -festlegung anders orientiert hat oder gleichgültig ist, dann gibt es Grenzen der Nachhilfe durch das Mittel des Gebetes! Wer immer und immer wieder Gottes Thron bestürmt, damit die von ihm geliebte Person ihm endlich Zuwendung erweist, gebraucht Gott und das Gebet zum Zwecke der Manipulation. Gott vergewaltigt nicht den Willen von Menschen – auch dann nicht, wenn ein anderes seiner Kinder ihn deswegen im Gebet bedrängt. Das ist eine ungeistliche Manipulation, die häufig genug vorkommt und als Hintergrund fast immer eine mangelnde Gottesbeziehung hat. Solche Christen sind regelmäßig unausgefüllt und haben eine ereignislose Beziehung zum Herrn, in der Frieden, Freude über Gott und die Lust am Herrn keine große Rolle spielen. Ein derartiges Gebet ist von vornherein zum Scheitern verurteilt, weil Glauben im engeren Sinne des Wortes gar nicht aufkommen kann. Die verkehrten Denk- und Erkenntnisvoraussetzungen führen zu einer pervertierten Form des glaubenden Beanspruchens, das in Enttäuschung und Frustration enden muß.

8. Ehelosigkeit als Schicksal und als freiwilliger Verzicht.

Paulus war ehelos geblieben, um dem Herrn besser dienen zu können (1. Korinther 7, 32-33). Er empfiehlt diesen Stand der Ehelosigkeit vielen anderen (1. Korinther 7,27), weil man dadurch allein Gott dienen kann und ihm gefallen will. Auf der anderen Seite warnt Paulus (1. Timotheus 4,3) vor Verführern und Lügenrednern, die am Ende der Zeiten auftreten werden, welche gebieten, nicht zu heiraten.

Ehelosigkeit als von Gott gewollter Zustand, in den wir aus unserem eigenen Willen heraus einwilligen, ist eine rare Ausnahme der ansonsten geltenden göttlichen Schöpfungsordnung. Nur wenige Männer wie Paulus sind dazu berufen. Vielleicht erfahren mehr Frauen diesen Ruf. Es muß aber im Einzelfall genau untersucht werden, ob die Berufung zur Ehelosigkeit wirklich auf eine göttliche Willensentscheidung zurückzuführen ist oder ob es der verborgene Ausdruck von Flucht, Kompensations-, Verdrängungs- und Meidungserscheinungen in der Tiefe unserer verwundeten Seele ist.

Ehelosigkeit darf nur dann als göttliches Geschenk angenommen werden, wenn man darunter nicht leidet und von dem Leben – nicht nur von dem Dienst für Christus – so ausgefüllt ist, daß Gott uns Freude und Lust in dem Maße bedeutet, daß tatsächlich kein Defizit besteht und kein Verlangen nach einem Ehepartner vorhanden ist. Ein Schicksal der faktisch aufgenötigten Ehelosigkeit, das voll von Entbehrung, Leid und Einsamkeit ist, liegt nicht im Willen Gottes. In diesem Fall sollten die seelischen Defizite durch geistliche Gesundung aufgedeckt und aufgefüllt werden, so daß der Zustand nachher erträglich und sogar schön und die Ehe dann möglich wird (siehe Punkt Nr. 2). Ich glaube, daß sehr viele geistlich etikettierte oder verbrämte Formen von Ehelosigkeit, die also auf den „Willen Gottes" zurückgeführt werden, einer genaueren Überprüfung der ihnen zugrunde liegenden Motive und Ursachen nicht standhalten würden.

9. Untauglich sein zur Ehe

Matthäus 19,11-12
11 Er sprach aber zu ihnen: Dies Wort fasset nicht jedermann, sondern denen es gegeben ist.
12 Denn etliche enthalten sich der Ehe, weil sie von Geburt an zur Ehe unfähig sind; etliche enthalten sich, weil sie von Menschen zur Ehe untauglich gemacht sind; und etliche enthalten sich, weil sie um des Himmelreichs willen auf die Ehe verzichten. Wer es fassen kann, der fasse es!

Jesus redet von drei Formen der Ehelosigkeit:
1. Manche Menschen sind durch angeborene körperliche und seelische Beeinträchtigungen zur Ehe unfähig.
2. In anderen Fällen können seelische Verwundungen, selten auch körperliche Verletzungen, der Grund zur Eheunfähigkeit sein. Das dürfte die größte Gruppe sein.

3. Schließlich enthalten sich einige Menschen um ihres Dienstes am Reiche Gottes willen der Ehe.

Wenn Jesus sagt: Das fasse, wem es gegeben ist, dann meint er vielleicht, daß zur Eheuntauglichkeit auch eine Eheunwilligkeit dazukommt. Wer in diesen Kategorien nicht zur Ehe fähig ist, soll nicht darunter leiden. Das trifft insbesondere für die dritte Gruppe, die ja biologisch und seelisch durchaus ehetauglich ist, zu. Hinter dem freiwilligen Verzicht auf die Ehe steht eine besondere Begnadigung. Paulus redet von seiner Ehelosigkeit im Sinne einer besonderen eigenen Gabe (1. Korinther 7,7).

10. Liebe zum Ehepartner

Vielen Eheleuten fehlt die ausreichende Liebe zueinander. Das Gebet um Liebe ist hier fehl am Platz und hat keine schriftmäßige Grundlage. Die Männer sollen ihre Frauen lieben wie Jesus die Gemeinde. Die Frauen sollen auf die Liebe der Männer reagieren. Wer seinen Mangel an Liebe spürt, sollte folgenden Weg des Glaubens wählen: Er beschäftige sich mit der bedingungslosen und totalen Liebe Gottes, die sich in seinem Charakter, in seinem geschichtlichen Handeln und in der jetzigen Hingabe Gottes an ihn ausdrückt. Er soll dann, nachdem er die Liebe Gottes erkannt hat (1. Johannes 4,10.16) diese Liebe glauben, das heißt also, für sich beanspruchen. Die Liebe Gottes wahrnehmen, sie in der Beschreibung des Wortes Gottes sehen und in der Aktualisierung des Heiligen Geistes erkenntnismäßig noch stärker erleben führt zwanglos und naturgemäß zu ihrer glaubenden Aneignung.

Es ist dabei zunächst einmal nur von *der* Liebe die Rede, die Gott zu uns hat. Wer nun diese Liebe Gottes ununterbrochen erkennt und durch Erkennen und Glauben aufnimmt, wird so von ihr erfüllt und überwältigt, daß er dann eigentlich gar nicht anders kann, als selbst zu lieben. Der Glaube ist also nicht so sehr in unseren Gebeten um

Liebe für den anderen, sondern in der Annahme der von Gott strömenden Liebe für uns selbst enthalten.

Liebe genommen zu haben und das Wesen der Gnade Gottes erkannt zu haben ist gleichbedeutend mit Liebesfähigkeit und Liebeswilligkeit. Bei dieser Aufgabe ist die Wichtigkeit der richtigen Erkenntnis besonders offensichtlich. Gebete um Liebe, die der Herr uns geben möge und die wir fühlen mögen, sind absolut zwecklos!

11. Vielfältige Ehestörungen, Erkenntnis Gottes und des eigenen Charakters und Glaubens.

Was für die Anbahnung der Ehe zutraf, nämlich, daß wir selbst uns richtig erkannt und vorbereitet haben müssen, gilt erst recht für die bereits bestehende Ehe. Der Hauptfehler bei der Behandlung aller ehelichen Probleme mit geistlichen Mitteln liegt in dem Nicht-Erkennen der eigenen Schuld. Selbst wenn tatsächlich der andere Partner objektiv den größeren Schuldanteil trägt, so liegt der Ansatz zur Veränderung immer bei demjenigen, der die Entscheidung getroffen hat, die Ehe zu verbessern. Ohne zuvor stattgefundene eigene Veränderung (Einsehen der Schuld, Bekennen vor Gott und den Menschen, liebesfähig werden und Liebe erklären und ausdrücken) ist Veränderung des anderen grundsätzlich nicht möglich.

Jeder Versuch, beim anderen eine Korrektur zu erreichen und selbst im alten Zustand zu bleiben, wird vom Ehepartner als Heuchelei, Beherrschung, Manipulation und Indoktrinierung verstanden und hat obendrein im geistlichen Umkreis den Geruch der Religiosität (Unechtheit) an sich.

12. Das Wort Gottes vermittelt uns einen eindeutigen Zusammenhang zwischen Erhörungsfähigkeit unserer Gebete, auch der gemeinsamen Gebete als Ehepartner, und der richtigen Lastenverteilung in der Ehe.

Wenn der Ehemann seine Ehefrau als das schwächere Gefäß mit unangemessenen Aufgaben und Lasten beschwert, für die sie nach Gottes Schöpfungsordnung seelisch und körperlich nicht geschaffen ist, führt diese Mißachtung der Eigentümlichkeit und Zartheit des weiblichen Wesens zu einer göttlichen Verweigerung der Annahme der Gebete. Ausgebliebene Gebetserhörungen, die insbesondere die Familie und das gemeinsame Leben betreffen, die aber auch darüber hinausgehen, bedürfen deswegen jeweils dringend einer Prüfung: Habe ich mich an meiner Frau vergangen, indem ich sie überstrapazierte und ihr Aufgaben zugemutet habe, für die sie nicht geschaffen ist? Die Nichtbeachtung dieses Hintergrundes kann Monate und Jahre fruchtlosen Betens und „Glaubens" nach sich ziehen.

13. Wahrheitspositionen zum Thema Ehescheidung und Wiederverheiratung.

Zu diesem Thema gibt es besonders viele greuliche Verkennungen des göttlichen und biblisch festgelegten Willens. Dementsprechend kommen manche wild wuchernden Dauergebetskämpfe bei den Beteiligten auf, durch die die Betreffenden das Schicksal ihrer gescheiterten Ehe verändern wollen. Hier die Positionen in Kürze:

In Gottes Augen ist die Ehe im Prinzip unauflöslich. Ausnahmen sind nach Matthäus 19,9 allein Ehebruch, Hurerei und Unzucht (im Griechischen existiert nur ein Begriff für diese Tatsünden). Bei einer geistlich legitimen Ehescheidung auf Grund von Ehebruch, Hurerei und Unzucht des anderen Partners ist nach 5. Mose 24,1-2 die Wiederverheiratung erlaubt, weil Jesus dieses Gebot nie außer Kraft gesetzt hat. Es gibt auch ein faktisches Verlassen der Ehe, eine Eheauflösung durch Perversion und geistliche Hurerei im Sinne des Anhängens an heidnischen Religionen und Philosophien und eine praktische Vernachlässigung der ehelichen Aufgaben, der Versorgung von Frau und Kindern sowie faktische Abwesenheit in der Ehe, was ebenfalls zur Eheauflösung berechtigt. Wenn der verbliebene Ehepartner an dem Gesamtgeschehen unschuldig ist, ist eine Wiederverheiratung erlaubt.

Liegen diese Fehlzustände beim Partner vor, muß auf den Mißbrauch der Hoffnung geachtet werden, der so aussieht, daß der intakt lebende Ehepartner auf Grund seiner Bindung an den anderen Partner über Jahre im Gebet und vermeintlichen Glauben ausharrt, in der Hoffnung, daß dieser zurückfindet. Aber es gibt folgende Regel: Wenn sich ein Mensch einmal festgelegt hat, seinen Weg mit Vorsatz gegen Gott und an Gott vorbei zu gehen, kann auch Gott sein Herz nicht umwenden.

Das trifft insbesondere für einen weiteren Fall von legaler Ehescheidung zu: Wenn in einer bis dahin ungläubigen ehelichen Partnerschaft ein Ehepartner zum Glauben kommt und der andere daraufhin von sich aus die Ehe verläßt. Auch in diesem Fall ist der christliche Ehepartner frei. Frei sein heißt aber Freiheit zur Wiederverheiratung (1. Korinther 7,15).

14. Das Problem der Kinderlosigkeit

Nach dem Zeugnis der Schrift gibt es keinen einzigen Fall einer Kinderlosigkeit von Gläubigen und Gott ergebenen Ehepaaren, die Gott in seiner Liebe nicht gnädig angesehen und beendet hätte. Weil Kinder ein Segen Gottes sind, sollen wir ihn haben, auch wenn aus biologischen oder anderen Gründen der Kinderwunsch scheinbar nicht erfüllt werden kann. Abraham ist der Kronzeuge dafür, daß Gott an dieser Stelle unbedingt helfen will. Es gibt kaum einen Punkt, zu dem sich der Herr so definitiv festgelegt hat, wie bei dem, Kinderlosigkeit zu beheben.

Wir müssen dem Herrn vertrauen, daß er uns gerne beschenken will, und nicht auf die Umstände sehen. Der führende Gesichtspunkt bei diesem Thema heißt "Furcht des Herrn" (zum Beispiel Psalm 112)! Wenn Ehepartner, die im Glauben und in der geschenkten(!) Furcht des Herrn leben, in Einheit und Aufrichtigkeit um Kinder beten, werden sie ihnen gegeben werden.

15. Erziehungsfragen

Schwierigkeiten in der Erziehung und im Charakter der Kinder spiegeln in aller Regel die vergrößerten eigenen Fehler der Eltern wider. Jeder Versuch, auf charakterliche Mängel der Kinder im Gebet einzuwirken, muß zunächst einmal am eigenen Charakter ansetzen. Die Eltern sind mit ihrer eigenen Persönlichkeit eine strukturgewordene Anschauung für die Wahrheiten des Wortes Gottes, die sie angenommen haben. Nur das Wort Gottes, das wir im eigenen Wesen empfangen und und ausleben, verändert und prägt die Kinder, nicht unser Wissen über das Wort Gottes.

Dementsprechend gibt es keine Möglichkeit, an unserem Wesen vorbei durch die Mittel von Erkenntnis und Glaube isoliert kindliches Verhalten oder krankheitliche Erscheinungen an ihnen zu verändern. Kinder lernen durch Imitationsverhalten, wobei sie die sichtbaren und auch zum Teil in der Tiefe unserer Person versteckt liegenden Fehler und Schwächen übernehmen. Kinder sind gleichzeitig ein Diagnostikum und eine Herausforderung.

Im Umgang mit Kindern müssen wir besonders Glauben praktizieren, indem wir sie so verändert sehen, wie sie es in Gottes Sicht sind und auch tatsächlich sind, wenn sie Jesus als Herrn bereits angenommen haben. Wir dürfen Kinder nicht negativ bestätigen, was eine Anti-Glaubensreaktion ist.

16. *Der Befreiungsdienst bei Kindern unterliegt deutlich anderen Gesetzmäßigkeiten als bei Erwachsenen.*

Das glaubende und gebietende Beten, das Kinder von finsteren Kräften befreien soll, hat nur dann Erfolg, wenn die Erwachsenen für das Kind glauben und in einer Haltung von Heiligkeit und Beispielhaftigkeit leben. Befreiungen, die nicht von Erziehungsmaßnahmen flankiert werden, welche ihrerseits von Gnade gekennzeichnet sind, kommen entweder nicht zustande oder werden augenblicklich rückgängig gemacht. In der Befreiung der Kinder spielt die göttliche Erziehung, die von dem eigenen, befreiten Charakter getragen wird, eine außerordentliche Rolle. Wer diese Zusammenhänge nicht kennt, kann sich zu Tode beten und gebieten.

17. *Wenn Kinder völlig aus der Art geschlagen sind, sich ungöttlich verhalten und rebellisch entwickeln, unterliegt die Fürbitte für sie besonderen Gesetzmäßigkeiten: Die Eltern dürfen sich nicht in das Problem hineinbeten, sondern müssen die Lösung stetig vor sich sehen.*

Sie sollten ihre Kinder mit Glauben und mit Liebe umgeben. Sie müssen die Kinder auch an Gott abgeben können und nicht ununterbrochen die Not seelisch vor Augen haben und in ihren Herzen bewegen. Vor allem müssen sie alle Fehler, die in ihrem eigenen Herzen, in ihrer eigenen Entwicklung und im Charakter bzw. in der gestörten Beziehung zueinander liegen, voreinander und vor Menschen offenlegen und sich demütigen, weil nur so ihre Gebete erhört werden können und das heimgekommene Kind die Eltern ertragen kann. Maßnahmen, die unter diesem Niveau bleiben, führen regelmäßig zu Mißerfolg. In einem solchen Fall ist radikale und ehrliche Demütigung angezeigt, durch die sich der Himmel bewegen läßt und die Hölle ihre Macht verliert.

6. Erkenntnisdatei
Bekehrung von Familienangehörigen

Für diesen Themenbereich gelten die Warnungen und Ermahnungen, auf der richtigen Erkenntnishöhe zu beten, mindestens in demselben Umfang, wie bei den anderen Dateiblöcken. Viele Eltern beten Jahre oder Jahrzehnte für ihre Kinder, ohne Resultate zu sehen. Es ist immer wieder erschütternd, ansehen zu müssen, wie wenig solche ergebnisarmen Dauergebete von der Frage begleitet sind, was die Beter selbst zu tun oder zu verändern haben, damit die Erhörung stattfinden kann. Wer als Betroffener die nachfolgenden Punkte wirklich beherzigt, wird aus der Reihe der enttäuschten Eltern heraustreten, die dem Herrn bis zu ihrem Lebensende immer wieder dieselben flehentlichen Gebete im Hinblick auf ihre Kinder vorgetragen haben, ohne irgendwelche Resultate sehen zu können. Es gibt einen biblisch bezeugten Weg, wie die Familienangehörigen zur Errettung geführt werden können.

1. Gott denkt in Familien.

Das Wort Gottes sagt uns, daß auch der ungläubige Familienangehörige durch das gläubige Familienmitglied schon geheiligt, das heißt, für Gott reserviert ist. Gott will seine Schöpfungsordnung nicht durch die Nachfolge einzelner – die durch Wiedergeburt in die Gemeinde gekommen sind, während die restlichen Familienangehörigen im alten Denken bleiben – in Frage gestellt sehen. Das kann das Evangelium nie gemeint haben.

Tatsächlich ermutigt uns das Wort Gottes in erstaunlich vielen Beispielen, davon auszugehen und zu glauben, daß Gott ganze Familien zur Umkehr führt. Das ist aus seiner Sicht und gemessen an den biblischen Beispielen sogar das Normale, also der normgebende Sachverhalt (Apostelgeschichte 16,31; Johannes 4,34; Josua 2,12-13.18). Die Kraft des Evangeliums, die vom einzelnen empfangen und ausgelebt wird, ist so gewaltig, daß dadurch alle anderen Familienmitglieder zum Herrn kommen können und sollen. Das Wissen um diese Zusammenhänge hat eine außerordentlich inspirierende und ermutigende Wirkung auf unser Gebet.

2. Die göttliche Vorentscheidung, Familien zu erretten, erübrigt nicht das Schaffen von Voraussetzungen unsererseits, durch welche der Plan Gottes in Erfüllung gehen kann.

Die biblischen Beispiele, die voll mit der seelsorgerlichen Erfahrung übereinstimmen, beweisen, daß es bestimmte Anhaltspunkte gibt, an denen man erkennen kann, ob eine ganze Familie sofort oder im Laufe von absehbarer Zeit zum Herrn kommt: Der Repräsentant des Evangeliums in der Familie muß seinen Glauben in ganzer Wahrhaftigkeit ausleben.

Wahrhaftigkeit und Echtheit sind die Hauptvoraussetzungen dafür, daß die Familie hellhörig wird. Nach dem Beispiel der Schrift sind offensichtliche Liebe, die nach der Bekehrung bei den Gläubigen erkennbar ist, wie auch ganze Hingabe im Sinne von Glauben weitere Bedingungen. Wenn eine überraschte bis abwartende oder skeptische Familie sieht, daß die drastischen Glaubensschritte des Neubekehrten wirklich von übernatürlichen Resultaten begleitet sind, erschüttert das ihre Reserviertheit.

Schließlich gehört zu den Vorbedingungen der Bekehrung der Familie eine intensive und lückenlose Fürbitte, die mit einem Verständnis und der Praxis des geistlichen Krieges einhergeht und von Ausdauer begleitet wird. Von besonderer Bedeutung ist, daß die oben genannte Echtheit und Natürlichkeit des frisch Bekehrten sich auch und gerade in vermehrter Zuwendung, Liebe und Freundlichkeit äußert. Gegen diese Mischung von Tugenden und Verhaltensweisen, die der neu Bekehrte aus Gott empfängt und laufend vom Heiligen Geist erneuern läßt, ist kaum ein Kraut gewachsen.

242

3. Wenn Ehefrauen oder Mütter als erste in der Familie zum Glauben kommen, müssen die Warnungen der Schrift besonders beachtet werden, daß diese ihre Ehemänner und den Rest der Familie nicht mit indoktrinierenden Worten bedrängen und quälen.

Es ist einem Mann fast unmöglich, einem lehrmäßigen Überredungsbemühen sein Herz zu öffnen und damit vor Gott und der Ehefrau zu kapitulieren. Männer werden durch Liebe, mehr Anmut und Natürlichkeit und das bezwingend natürliche Beispiel der Frauen überwunden. Obendrein müssen jedoch auch die anderen Voraussetzungen, wie unter 2 genannt, vorliegen.

4. Ein Hauptproblem bei dem Bemühen, einzelne Familienangehörige zum Herrn zu führen, sind negative und sorgenvolle Gebete.

Mit Weinen und Klagen und einer vom Ist-Zustand besetzten Phantasie wird niemand aus der Familie zum Herrn geführt. Solche sorgenvollen Gebete ersticken den Glauben der Beter und nehmen deswegen Gott die Chance, einzugreifen. Wir müssen nicht problem-, sondern lösungsorientiert beten (wenn z.B. Kinder, die auf einem verkehrten Wege sind, errettet werden sollen). Die Phantasie der Familienangehörigen, die um ihre Familie ringen, muß bereits von den neuen, durch Gottes Intervention zustande gekommenen Umständen erfüllt sein. Liebe und Glaube müssen das Denken und das Gebet beherrschen.

5. Bleiben die Resultate aus, so gilt auch für diese Situation die dringende Regel: Die Beter müssen sich selbst prüfen, ob sie mit ihrer Haltung und Einstellung nicht selbst die Erhörung der Gebete verhindern.

Wie steht es mit negativem Denken und negativer Erwartung? Glaubt der einzelne oder die Gesamtzahl der in der Familie vorhandenen Gläubigen tatsächlich daran, daß die Familie zum Herrn kommt? Wie sieht es aus mit Bitterkeit, Rebellion, Minderwertigkeitsgefühlen, Verzagtheit und Resignation? Diese und viele andere Haltungen müssen verändert werden, wenn sich in der Familie etwas verändern soll.

6. Es gibt keine absolute Garantie dafür, daß jeder Familienangehörige unbedingt für den Herrn gewonnen werden kann.

Das Wort Gottes enthält keine Grundsatz- und Garantieaussage, sondern nur Lehre darüber in Gestalt von Beispielen, die einen geistlichen Trend oder die Norm beschreiben. Im Einzelfall ist es durchaus möglich, daß ein Familienangehöriger, etwa der nicht bekehrte Ehepartner, sich so mit seinem Willen gegen Gott festgelegt hat, daß Gott nicht imstande ist, diesen von seiner Einstellung abzuwenden. Weil es bei diesem ganzen Thema letztlich um die Willensfreiheit des einzelnen Menschen geht, kann die Bekehrung in manchen Einzelfällen auch ausbleiben. Aber das ist nicht der Normalfall, sondern eher die Ausnahme (siehe 1. Korinther 7,16).

7. Man muß unterscheiden zwischen abhängigen Familienangehörigen (Kindern) und gleichgestellten Angehörigen der Familie (Ehepartnern, Eltern usw.).

Für Kinder gilt ein entschieden höheres Maß an Sicherheit, daß sie zum Herrn kommen, wenn beide Eltern gläubig sind und ihren Glauben ausleben. Ja, unter dieser Voraussetzung werden die Kinder in jedem Fall den Weg zum Herrn finden.

8. Der Grund für die sich gesetzmäßig einstellende Bekehrung der Kinder gläubiger Eltern in ihren frühen Kindheitsjahren liegt nach

der biblischen Lehre vom Menschen in dem Umstand begründet,
daß die Eltern für die ersten Lebensjahre ihrer Kinder bis zum reli-
gionsmündigen Alter (12 bis 14 Jahre) geistlich allein verantwortlich
für ihre Entwicklung sind.

Es geschieht also im Herzen und im Leben der Kinder das, was die Eltern glauben, denken und entscheiden. In dieser Tatsache ist die Gewähr für die Hinwendung der Kinder zu Gott in dem Zeitraum vor der Religionsmündigkeit gegeben. Aber dann kommt es darauf an, daß die Entscheidungen der Kinder für Jesus durch Lehre, Wahrhaftigkeit, Liebe und Glauben der Eltern heranreifen zu einer gesunden Jesusnachfolge, bei der die Persönlichkeit und der wiedergeborene Geist der Kinder aufgebaut werden. Es ist also kein unbedingter Verlaß auf die Frühentscheidung der Kinder, wenn diese nicht durch Beispiel und Belehrung angeleitet werden, wirklich geistliche Menschen zu werden.

9. Der spätere Abfall der Kinder und das Wiedergewinnen für den Herrn.

Wenn sich Kinder, die sich einst für Jesus entschieden hatten, dann später vom Glauben an Christus und von den Eltern weit weg entwickeln, bedarf es eines intensiven Gebetseinsatzes, um sie zurückzuholen. Aber noch wichtiger ist die Demütigung der Eltern mit der Korrektur jener Haltungen, die verantwortlich waren für den Abfall der Kinder vom Glauben. Es liegen immer ganz bestimmte Ursachen für eine solche Entwicklung vor, die in fehlerhaften Haltungen der Eltern begründet sind! Es müssen einschneidende Prägungen und Belastungen durch die Eltern vorgelegen haben, wenn die Kinder ihren Glauben an Jesus aufgeben, der so viel Frieden, Geborgenheit und Vorteil verschafft. Mit großer Wahrscheinlichkeit muß die Haltung der Eltern von Heuchelei, Unechtheit und anderen Einstellungen und Handlungen gekennzeichnet sein, die dem

Glauben entgegengerichtet waren. Eine dramatische und radikale Korrektur dieser Haltung mit Demütigung der Eltern voreinander und vor den Kindern ist dann die Voraussetzung dafür, das Herz der Kinder neu zu erreichen. Es ist eine Tragödie, daß in der Praxis diese Zusammenhänge nicht erkannt und statt dessen durch sinnlose Dauergebete überdeckt werden. Hier ist Erkenntnis in besonderer Weise vonnöten!

10. Wichtige Einzelheiten!

Wenn etwa ein Kind in seiner beginnenden Jugendzeit oder auch in der Mitte seiner Jugend im Rahmen seines Abweichens vom Herrn und den Werten der Familie seinen eigenen Lebensstil entfaltet, fremde Freunde oder Freundinnen einlädt und überhaupt eine gegengeschlechtliche Freundschaft mit einem nichtgläubigen Jungen oder Mädchen eingeht, reagieren die gläubigen Eltern regelmäßig in einer bestimmten fatalen Weise verkehrt: Sie gehen stillschweigend von der Voraussetzung aus, daß sie die Verhaltensweisen ihres Kindes nicht dadurch indirekt bestätigen dürfen, daß sie dem Freund oder der Freundin das Haus öffnen. Sie verhalten sich gegenüber dem Freund oder der Freundin ihres Kindes ablehnend und distanziert. Sie bedrängen ihr Kind im Hinblick auf die moralischen christlichen Werte mit Vorhaltungen, Verboten und vielen weiteren restriktiven Maßnahmen, weil sie meinen, dazu von Gott her verpflichtet zu sein, um weiteren Schaden von ihrem Kind fernzuhalten.

Das ist ein großer Irrtum! Die Eltern können davon ausgehen, daß ihr Kind sowieso schon weiß, daß sie die Beziehung zu dem jeweiligen Freund nicht gerne sehen. Das kann vielleicht einmal erwähnt werden. Ansonsten aber sollen die Eltern ihre Liebe und Hochachtung gegenüber ihrem Kind dadurch ausdrücken, daß sie dessen Wahl nicht ununterbrochen madig machen. Damit geben sie dem Kind nur zu erkennen, daß sie gegen es sind, daß sie es nicht verstehen, sein Denken und seine Haltung nicht einschätzen können und ihm alle Freude und Lust vorenthalten wollen. So wird das Kind am schnellsten in eine zunehmende innere Distanz zu den Eltern gezwungen, es fühlt sich abgelehnt, ungeliebt und ausgestoßen und wird deswegen schnell das Elternhaus verlassen.

Statt dessen sollen die Eltern für ihr Kind und für den Freund beten. Im Regelfall diesem sogar besondere Zuwendung und Aufmerksamkeit zukommen lassen und das eigene Kind und seine Freundschaft mit Liebe, Aufmerksamkeit und Wertschätzung bis zum geringsten Detail umgeben.

Damit ist nicht zum Ausdruck gebracht, daß man umschriebene Einzelsünden der Kinder tolerieren oder gar gutheißen soll. Es gibt Grenzen, die die Eltern in ihrem Hause nicht überschreiten lassen dürfen. Aber darüber hinaus gibt es einen großen Bereich, in dem die Eltern ihr Vertrauen in den Herrn durch praktische Liebe beweisen können.

Das Resultat wird sein, daß das eigene Kind überrascht und nachdenklich werden und in seiner Befähigung zur Werteunterscheidung und geistlichen Sensibilität gefördert werden wird. Aus solchen Situationen ergibt sich in den meisten Situationen die spontane Trennung des eigenen Kindes vom verkehrten Freund oder aber – durchaus nicht selten – die dramatische Bekehrung des Freundes mit dessen Charakterveränderung und einer dann später erfreulichen Freundschaft, Liebesbeziehung oder gar Ehe unter Christus.

7. Erkenntnisdatei
Befreiung von dämonischer Bedrückung

Die Gesichtspunkte, die zu beachten sind, wenn man in der Seelsorge Befreiung von dämonischen Kräften bewirken will, sind vielfältig. Hier können nur einige wenige Kerngedanken und Prinzipien erwähnt werden. In jedem Fall ist es notwendig, daß der Leser, der glaubt, von dämonischen Kräften beeinträchtigt zu sein, meine ausführliche Darstellung in dem Buch „Befreiung" (Aufbruch-Verlag, 1988) nachliest.

Ich wiederhole mich, wenn ich auch im Fall dieser Thematik darauf hinweise, daß sich der Verzicht auf die Beachtung von vorhandenen biblischen Erkenntnispositionen furchtbar rächt mit tausendfachen Verirrungen, denen man dann beim Befreiungsdienst zum Opfer fällt. Die Geschichte der Lehre und Praxis des Befreiungsdienstes in den vergangenen Jahrzehnten und Jahrhunderten ist ein einziger Beleg dafür. Grauenhaft vielen Verirrungen bei den Denk- und Therapieansätzen stehen nur wenige Beispiele gegenüber, in denen die biblischen Wahrheiten berücksichtigt wurden und bei denen dementsprechend ein guter und bleibender Ertrag der Befreiung erzielt werden konnte. Gott sei Dank, daß er im Verlauf der letzten Jahre sehr viel mehr Licht über diese Zusammenhänge unter uns bewirkt hat. Heute gilt daher die Regel, daß jeder in irgendeiner Weise dämonisch Gebundene zur völligen Freiheit geführt werden kann, wenn er dies will und wenn er die dafür gültigen Wahrheiten der Schrift voll anerkennt und beherzigt.

1. Der Teufel und sein Reich sind besiegt. Es gibt keinen Grund, ihm durch Angst, Respekt, Scheu und Überbetonung zu viel Ehre zukommen zu lassen.

Weil er besiegt ist, müssen wir auch nicht in das Gegenteil verfallen und seine Existenz und seine Methoden totschweigen. Wer die biblische Position über das Schicksal des Teufels wirklich kennt und in seinem Leben umsetzt, wird eine souveräne und angemessene Haltung gegenüber dem Teufel und allen Phänomenen des Dämonischen einnehmen.

2. Wer aus Gott geboren ist, wird von Gott bewahrt und in solchem Maße geschützt, daß der Böse ihn nicht einmal antasten darf (1. Johannes 5,18).

Dämonische Kräfte können und dürfen nicht einfach daherkommen und nach ihrer Willkür, Lust und Laune Menschen überfallen. Wir an Christus Gläubigen sind erst recht geschützt.

3. Ohne Einladung (Anrecht) kommt keine dämonische Besetzung oder Beeinträchtigung zustande.

Jedes dämonische Wesen, das von seiner eigenen Innenverfassung her das zwanghafte Verlangen hat, sich in einem anderen Körper auszudrücken, um sich dadurch vermutlich relativ von der Qual seines eigenen Charakters zu entlasten, muß sich dann ein Recht verschaffen, das sich von einer bestimmten Tat, Haltung oder Einstellung der Person herleitet, in die es eindringen will.

Dämonische Belastungen aus der Familienvorgeschichte sind nur bedingt und in begrenztem Umfang Ursachen für dämonische Besetzung. Die Übertretung des ersten Gebotes, die genaugenommen immer eine Okkultsünde darstellt, hat zwar zur Folge, daß die Auswirkungen einer solchen Sünde, die dämonischen Kräften Eintritt gewährt hat, bis zur dritten oder vierten nachfolgenden Generation dauern können. – Ist aber jemand in Christus, das heißt, haben wir es mit einem wiedergeborenen Seelsorge- und Befreiung-Suchenden zu tun, dann ist mit seiner Hinwendung zu Jesus die Einwirkung der Fremdschuld und auch die Auswirkungen dieser Schuld in Gestalt der nachfolgenden dämonischen Aktivität aufgehoben (Hesekiel 18). Die Bedeutung der Familienvorgeschichte für den Eintritt dämonischer Kräfte und ihre Diagnose liegt allenfalls darin, daß man durch die spezifischen Zerstörungsspuren in der Familiengeschichte die Natur der vorliegenden dämonischen Kräfte leichter bestimmen kann. Aber das sagt nichts darüber aus, wie die Befreiung im vorliegenden Fall zu geschehen hat. Das Durchschneiden irgendwelcher Belastungslinien ist unsinnig. Ist jemand in Christus, dann ist das Alte vergangen. Ein Neues ist geworden.

4. Dasselbe trifft für Flüche zu, die einem in der Familienvorgeschichte oder im eigenen Leben auferlegt worden sind.

Flüche, die nicht verdient sind, treffen nicht ein (Sprüche 26,2). Ist jemand durch Jesus geschützt und Kind Gottes, so kann ihn kein Fluch treffen, wenn er in göttlicher Gerechtigkeit wandelt. Bestehen offensichtliche Belastungen durch die Voreltern, dann können diese nicht durch die bloße Tatsache ihrer Existenz in die nächste Generation übergehen, sondern nur durch spezifisches negatives Reagieren auf das Verhalten der Eltern, Großeltern oder anderer Angehöriger, die selbst dämonisch stigmatisiert und in ihrem Charakter deformiert und zerstört sind.

Jede Verkennung dieser Prinzipien führt unweigerlich zum Entstehen eines pervertierten Befreiungsdienstes, der in mechanistischer Verengung der Prinzipien durch stetiges weiteres Suchen nach neuen Flüchen und Greueltaten in der Vergangenheit und deren nachfolgender Auflösung Befreiung wirken will. Aber dabei kommt das Gegenteil zustande. Solche ewigen Seelsorgebeziehungen führen zur Bindung und zur Zunahme der Unfreiheit. Dafür gibt es unzählige Beispiele in den Gemeinden in unserem Land.

5. Eine Eintrittspforte für dämonische Kräfte ist die willentliche Einlassung auf okkulte, magische, dämonische und perverse Praktiken.

Jede Beschäftigung mit diesen Dingen führt zu Bindungen an dahinterstehende dämonische Kräfte, auch wenn der Umgang mit diesen okkulten und magischen Dingen nur spielerisch, zum Zeitvertreib oder im Rahmen eines gesellschaftlichen Juxes erfolgte. Diese Dinge müssen ausdrücklich beim Namen genannt und bekannt werden, wodurch sie dann ihre Wirksamkeit verlieren. Wenn ein Seelsorger dann bindet und löst, verlieren sie ihre Kraft und müssen weichen. Seelsorger kann jeder mit Erkenntnis ausgestattete Gläubige sein, in manchen Einzelfällen auch der Seelsorge-Suchende selbst.

6. Alle sündhaften Handlungen, die auch im bürgerlichen Gesetzbuch aufgelistet werden und insofern ein fortgeschrittener Ausdruck von Lüge, Betrug und Unwahrheit sind, führen im Regelfall ebenfalls zu einer nachfolgenden dämonischen Besetzung, die sich anschließend in Zwängen verschiedenster Art äußern.

Befreiung kann nur durch tiefe Buße, Annahme der Vergebung und, wo notwendig, durch Wiedergutmachung erfolgen. Dann verlieren die dämonischen Kräfte ihr Anrecht und müssen weichen. Viele gehen unmerklich, andere bedürfen des Nachsetzens durch Gebieten im Namen Jesu.

7. Unversöhnlichkeit und die Haltung des Nicht-Vergebens sind eine Hauptursache für die Besetzung durch dämonische Kräfte.

Dämonische Kräfte sind ihrer Natur nach unsichtbare Wesen, die im Aufstand gegen Gott und in der Unabhängigkeit von ihm leben. Gnadenlosigkeit und Unversöhnlichkeit entspricht exakt ihrer Lebensweise. Wer in der Unversöhnlichkeit, Unbarmherzigkeit und Gnadenlosigkeit lebt, kooperiert stillschweigend, aber sehr nachdrücklich mit diesen Kräften. Wer nicht vergibt, entzieht sich damit nach Römer 2,1-3 selbst der Wirksamkeit der Gnade und lebt damit praktisch in der Unabhängigkeit. Unabhängig sein von Gott ist aber *die* Einladung für dämonische Kräfte schlechthin. Das Verkennen solcher Zusammenhänge äußert sich in Entstellungen der Befreiungsseelsorge, die alle Beteiligten – den Seelsorge Suchenden wie auch den Beter – berauben und in die Verirrung führen. Ohne Wahrheit gibt es keine Freiheit. Die Wahrheit, die wir erkennen, wird uns frei machen (Johannes 8,32; Römer 8,32).

8. Die Belastung durch dämonische Kräfte aus unserer eigenen Kindheitsvorgeschichte im Umgang mit unseren Eltern stellt einen Sonderfall der Verhältnisse unter 7. dar. Weil die Eltern nach biblischer Schau bis zum religionsmündigen Alter die ausschließliche Verantwortung für unsere geistliche Entwicklung haben, sind sie indirekt aber wirksam für den Schutz der kindlichen Persönlichkeit gegenüber den Angriffen der dämonischen Welt verantwortlich.

Dieser Schutz wird normalerweise durch ihr Wohlverhalten, ihre Liebe, ihre Fürsorge und erzieherische Maßnahmen im Sinne von Grenzensetzen gewährleistet. Er ist auch dann wirksam, wenn die Eltern nicht gläubig sind!

Wenn aber die Eltern trotz der von Gott so eingerichteten naturbedingten spontanen Liebe zu ihren Kindern diese in irgendeiner Weise vernachlässigen, werden sie ihre Kinder seelisch verwunden und dabei obendrein den Schutz gegenüber der dämonischen Welt öffnen, so daß zusätzlich gleichsinnige (bezogen auf die Natur der psychologischen Verletzung) dämonische Kräfte eindringen können, durch die das Problem chronisch und zwanghaft wird. Es liegt dann immer ein doppelter Schaden vor: zum einen die Folgen der eigenen kindlichen Reaktion, also der Willenseinstellung und eigenverantwortlichen Grundhaltung des Kindes, die dann auch im Erwachsenenalter beibehalten wird, und zum anderen die zusätzliche dämonische Komponente. Gemäß den vielfältigen Verletzungen, Beeinträchtigungen, Defiziten und Störungen, die bei den Eltern vorliegen, wird auch das Verletzungsbild beim Kind vielfältig sein (näheres siehe im Buch „Befreiung", Aufbruch-Verlag, 1988).

9. Jeder aus der Kindheit heraustretende junge Mensch hat seine spezifischen Schäden und Defekte, deren Anwesenheit er subjektiv in Gestalt von Minderwertigkeitsgefühlen, Bedeutungsmangel und Imageverlust oder Identitätsstörung wahrnimmt. Da ein solcher Zustand unerträglich ist, versucht jeder so geschädigte Mensch mit eigenen Maßnahmen, in eigener Kraft die Defizite aufzufüllen. Diese Maßnahme führt zu einem zusätzlichen Fluch, das heißt, zu einer weiteren Belastung durch dämonische Mächte.

Denn das Wort Gottes sagt: „Verflucht ist der Mann, der sich auf Menschen verläßt und hält Fleisch für seinen Arm und weicht mit seinem Herzen vom Herrn." (Jeremia 17,5).

Jede Maßnahme der Selbsterlösung, Selbstverwirklichung und Selbstbefreiung führt unweigerlich und für die Augen der geistlich nicht trainierten Mitbürger unerkennbar zu weiteren dämonischen Besetzungen, die sich in exakten Symptomen äußern. Die Befreiung von diesen Formen dämonischer Beeinträchtigung kommt zustande durch das Erkennen der Selbsterlösungsmaßnahme, Bekennen vor dem Herrn und Verlaß auf die Gnade Gottes, die dafür sorgt, daß wir unser Selbstwertgefühl direkt durch Gottes Liebe, Lust und Freude und seine Bestätigung heilen lassen.

Ein lädiertes Selbstwertbewußtsein zu haben ist keine Sünde. Aber sich zur Behebung dieses Schadens auf die eigene Kraft oder auf das Vermögen anderer Menschen zu verlassen, das ist Sünde. Und diese Sünde führt sogar zu einer zusätzlichen Besetzung mit entsprechenden dämonischen Kräften.

Ein Befreiungsdienst, der die Dimension der Selbsterlösung nicht erkennt und in die Therapie mit einbezieht, greift zu kurz. Die Enttäuschungen sind belastend. Dementsprechend werden heillose Ersatz-Therapieformen bemüht, die das Problem nur verschlimmern. Hier ist Erkenntnis als Voraussetzung zum Glauben, Beten und Handeln von besonderer Bedeutung. Die Befreiung kommt zustande durch Glaube und Wahrheit. Wenn wir Gott glauben, daß er den Feind besiegt hat und daß er aus Liebe zu uns alles getan hat, damit wir die Freude, Lust und Bestätigung erfahren können, die in ihm ist, dann wird uns diese Einsicht in die Wahrheit freisetzen.

Beim Befreiungsdienst ist Wahrheit genauso wichtig wie Glaube. Insofern ist die umfassende Kenntnis des Wortes Gottes die Voraussetzung, um durch das Gestrüpp vieler Irrtumsmöglichkeiten und Verführungen hindurchzukommen. Auf keinen Fall darf man sich im Rahmen der Befreiung in irgendeiner Weise auf die Äußerungen der dämonischen Mächte einlassen. Sie werden nicht gefragt, sie werden nicht akzeptiert, sie sollen gehen und nicht reden. Insofern ist es auch nicht unbedingt erforderlich, daß man den Namen der dämonischen Kraft kennt. Man kann sie nach biblischer Gesetzmäßigkeit an den Wirkungen erkennen und benennen.

10. Die beste Voraussetzung für eine Befreiung, die auch in die Feinheiten von zwanghaften Charakterprägungen hineingeht, ist das Training im Wort.

Mündige Menschen, die selbst noch nicht die ganze Befreiung erfahren haben, die aber durch stetigen Umgang mit dem Wort dafür sorgen, daß ihr Geist wächst, sind die idealen Kandidaten für Befreiung. Wenn unser aus dem Worte Gottes und durch den Heiligen Geist genährter und trainierter Geist seine dominante Stellung in unserem Wesen eingenommen hat, dann ist die entscheidende Vorbereitung für die Trennung von den Fremd-Egos der dämonischen Auflagerungen getroffen. Das Leben aus unserem Geist

(Römer 8,10) wird die Aufdeckung und Abstoßung der dämonischen Kräfte erleichtern, so daß sie keinen Halt in der Persönlichkeit mehr haben. Sie müssen auf Befehl des Belasteten selber oder eines Mitchristen hin weichen. Die Regel ist sogar, daß die dämonischen Kräfte bei einer solchen Entwicklung von alleine gehen.

11. Die Autorität, die wir über die dämonischen Mächte haben, rührt von der Tatsache her, daß wir Kinder Gottes sind. „Wie viele ihn aber aufnahmen, denen gab er Macht [Autorität], Kinder Gottes zu werden, die an seinen Namen glauben." (Johannes 1,12)

Irgendwelche seelischen Maßnahmen, äußerer Druck, laute Stimme, bedrohliche Gesten, Benutzung von Kreuz, Bibel, Weihwasser und dergleichen ist absolut überflüssig und auch hinderlich. Wenn der Belastete in der Wahrheit ist und der Seelsorger mit Wahrheit operiert, muß der Feind weichen.

12. Entscheidend für den Prozeß der Befreiung ist die Vorbereitung. Weil Wahrheit der Faktor ist, der nach den Worten Jesu freisetzt, muß in der Vorarbeit zur Befreiung die Wahrheitsgrundlage erreicht werden.

Wenn der Belastete weiß, daß die Wahrheit gut tut, weil sie hilfreich, schön und sanft ist, wird er sich der Wahrheit stellen und im Hinblick auf die kommende lustvolle Befreiung gern bereit sein, sich von seiner eigenen Sünde und Festlegung zu distanzieren, von der er bisher seine Lust bezogen hat. Wenn man diese Wahrheitsgrundlage nicht erreicht hat, kann man mit noch so viel Vollmacht befehlen, es kommt keine endgültige Freiheit zustande.

13. In letzter Konsequenz ist ein nach biblischen Regeln ablaufender Befreiungsprozeß nichts anderes als eine besonders detailliert und nuanciert ablaufende Umkehr, die sich nicht nur auf einige Handlungen, sondern auch auf feinste und verborgene Haltungen erstreckt.

Es ist der Beginn eines Lebens in der Gnade. Gnade für sich selbst beanspruchen und denen Gnade geben, durch die man verwundet und beeinträchtigt worden ist, das ist der Schlüssel zur Befreiung.

8. Erkenntnisdatei
Erneuerung „meiner" Gemeinde

Erkenntnis weist uns den Weg, den wir gehen sollen und auch durch Gebet vorbereiten sollen. Wer auf Grund seines Verständnisses von biblischen Positionen der Meinung ist, daß seine Gemeinde erneuert werden kann, wird sich konsequenterweise im Gebet dafür einsetzen. Das schließt natürlich auch ein, daß man im Fall eines Irrtums – wenn also unter den gegebenen Umständen und den obwaltenden geistlichen Gesetzmäßigkeiten die lokale Gemeinde gar nicht erneuert werden kann – Jahre des Hoffens, Bangens, Betens und Glaubens vertun kann. Allerdings trifft dies auch für das Gegenteil zu, daß man eine Gemeinde abschreibt, weil scheinbar die Voraussetzungen zur Erneuerung fehlen, und doch hätte der Herr es tun können, wenn er Fürbitter gehabt hätte, die in Kenntnis von biblischen Positionen im Glauben und in Ausdauer ausgehalten hätten. Mit einem Wort, auch die Frage der Erneuerbarkeit einer einzelnen Ortsgemeinde setzt, bevor man sich mit Gebet und Glauben engagiert, Kenntnis von biblischer Wahrheit über die Prinzipien der Erneuerung voraus. Wer sie nicht hat oder wer meint, auf sie verzichten zu können, kann tatsächlich Jahre verschenken. Es gibt eben keinen Ersatz für Wahrheit.

1. Wir müssen davon ausgehen, daß Gott die Erneuerung von toten oder schlafenden Gemeinden will.

Die Sendschreiben am Anfang der Offenbarung bezeugen das (Offenbarung 3,1-2). Gott möchte die Werke des Teufels auf dieser Erde zerstören, was er über sein Volk tut und wozu er die Gemeinden braucht.

2. Gott beeinflußt Gemeinden in dem Umfang und in der Richtung, wie er dazu gebeten wird. Der Himmel tut das, was auf Erden beschlossen wird (Matthäus 18,18).

Gemeinden sind Ansammlungen von an Christus gläubigen Menschen, die jeweils nach ihrer eigenen Willensentscheidung leben und sich verhalten. Deswegen kann Gott die Gemeinden nicht so ohne weiteres nach eigenem Gutdünken lenken. Er braucht dazu das Votum unserer Entscheidung und die Einladung unseres Willens. Wir sind bei dem Prozeß der Erneuerung von einzelnen Gemeinden wirkliche Mitarbeiter Gottes. Ohne unser Gebet und ohne unsere Willensentscheidung, mittels derer wir die Anliegen des Heiligen Geistes aufgreifen, kann Gott seinen Plan nicht realisieren. Der Heilige Geist, der Herr der Ernte, ist auf die Kooperation der schon vorhandenen Christen angewiesen. Wenn die Gläubigen einer gegebenen Gemeinde keinen Bedarf für Erneuerung sehen, sich also willentlich und bewußt anders orientieren, hat Gott große Mühe, dieser Gemeinde Erneuerung zu vermitteln. Er kann nicht die Willensentscheidung von Menschen – auch nicht die seines eigenen Volkes – übergehen.

3. Erneuerung der Gemeinde ist identisch mit Übernahme der Ortsgemeinde durch den Heiligen Geist, der dazu eingeladen wird.

Es gibt keine Erneuerung einer Ortsgemeinde, die diesen Namen wirklich verdient, wenn diese nicht die bedingungslose Anerkennung des Heiligen Geistes einschließt. Wer sich gegen den Heiligen Geist sträubt, wer Begriffe und Erfahrungen wie „Erfüllung mit dem Heiligen Geist", „Taufe im Heiligen Geist", „Sprachenrede" und „Geistesgaben" ablehnt, hat damit auch grundsätzlich den Weg zur Veränderung der Ortsgemeinde verbaut.

4. Der göttliche Modus, wie eine Gemeinde in ihrer Gesamtheit verändert wird, ist festgelegt: Gott handelt von oben nach unten.

Er spricht die Leiterschaft an, die sich für das neue Denken und auch für neue Erfahrungen mit dem Heiligen Geist entscheidet. Nachfolgend ergreift diese Entwicklung auch die restliche Gemeinde, um am Ende bei der Basis anzugelangen.

Gott hält sich selbst an jene Regel, die er uns gegeben hat: Er respektiert Leiterschaft. Dementsprechend gibt es *ausnahmsfrei* kein Modell oder Beispiel einer Gemeinde, die durch erweckliche Einflüsse oder erneuerte Menschen im Unterbau oder Mittelbau allmählich umgeprägt worden wäre. Jedes Beispiel einer tatsächlich erneuerten Gemeinde, die sich in ihrer ganzen Breite und grundsätzlich dem Heiligen Geist übergeben hat und in Beständigkeit neue Frucht bringt, begann mit einer Erneuerung in der Leiterschaft! Wenn sich auch nur eine Person, etwa der hauptverantwortliche Pastor einer Ortsgemeinde, der Bewegung entgegenstellt, wird sie am Ende doch scheitern.

Deswegen muß jeder Christ, der für seine Gemeinde glaubt und betet, wissen, wie die Pastoren und die oberste jeweils verantwortliche Leiterschaft in der Gemeinde denkt. Ist es offensichtlich, daß sich die Leiter mit Nachdruck und vorsätzlich dem Heiligen Geist verschlossen haben, dann sollte man sich nicht dem Wahn hingeben, daß Gott ohne weiteres diese Willensentscheidung durch die Gebete der erweckt geprägten Geschwister umdrehen kann. Auch hier ist wieder das alte Problem der von Gott nicht antastbaren Willensentscheidung der Menschen gegeben. In einem solchen Fall müssen möglichst frühzeitig die Konsequenzen aus der negativen Beharrlichkeit der Gemeindeleitung gezogen werden, d.h., man muß selber gehen.

Viele Gemeinden haben kraft ihrer Einbettung in eine Denomination oder in ein Gemeindebund-System einen organisatorischen Überbau, der entweder eine mit Autorität und Weisungsbefugnis ausgestattete Zentrale hat oder aber durch atmosphärische Kanäle die eigentlich unabhängigen Gemeinden lenkt und prägt. Auch für diesen Fall gilt die Regel, daß das in einer Ortsgemeinde geschieht, was die übergeordnete Instanz in ihrer geistlichen Beschlußfassung und ihrem Selbstverständnis an Entscheidungen formuliert. Liegt eine Bundesgemeinschaft vor, die der Ortsgemeinde Autonomie beläßt, kann in einem solchen Fall die geistliche Reform und Erneuerung einer Ortsgemeinde durchaus stattfinden, auch wenn der übergeordnete Bund seiner Tradition verpflichtet ist und eine solche Entwicklung nicht schätzt oder unterstützt.

Die Erfahrung lehrt jedoch, daß auch in solchen Bundesgemeinschaften die atmosphärischen Bedingungen durch gemeinsame Konferenzen, regionale Gruppierung, das gemeinsame Organ oder Pastoren-Ausbildungsstätten erheblich geprägt sind, so daß die auf dem Weg der Erneuerung befindlichen Gemeinden immer wieder mit der indirekten Einflußnahme durch die übergeordneten Instanzen zu rechnen haben. Nur starke Persönlichkeiten im Leitungskreis solcher Gemeinden, die sich dem Heiligen Geist unterstellt haben, werden sich auf die Dauer durchsetzen können.

5. Die Erneuerung der Denominationen.
Es gibt sie nicht!

In der neueren oder älteren Kirchengeschichte ist kein Fall bekannt geworden, in dem sich eine ganze Denomination auf den Weg gemacht hat, um sich von alten Belastungen und Traditionen zu befreien und sich der Lehre über das Wort Gottes, über den Heiligen Geist, über Heilung, Befreiung und neue Gemeindestrukturen so zu öffnen, daß nachweislich die gesamte Denomination umgeprägt worden ist. Denominationen weisen in ihrem Gefüge demokratische oder zentralistische Strebungen und Strukturen auf, die leicht dazu führen können, daß eine kontrollierende Aufsicht über die einzelne Gemeinde und ihre Leiterschaft erfolgt oder in anderen Fällen ein Bett von weitgehenden Sicherungen angeboten wird, in dem man sehr bequem leben kann, ohne die Herausforderung des Glaubens aufnehmen zu müssen. Allein von dem Ansatz der verkehrten Sicherheit, aber auch wegen des Verlustes von Freiheit und Eigenverantwortung ist der Denominationsgedanke nachteilig und hat in diesem Sinne auch keine biblische Entsprechung.

Ich sage es noch einmal: Denominationen können offensichtlich nicht in ganzer Breite erneuert werden. Das liegt im Wesen des Konzeptes. Die Gründe, die dazu führten, daß eine Bewegung eine Denomination wurde und geblieben ist, stehen im Gegensatz zu den Bestrebungen des Heiligen Geistes, der einzelne Gemeinden in ihrer Unabhängigkeit völlig von sich abhängig machen will, damit sie sich nicht auf menschliche Faktoren und Sicherheiten verlassen.

Diese Zusammenhänge muß der Gläubige, der im Eifer um eine ganze Denomination ringt, kennen.

6. Jesus sagt, daß man in alte Schläuche keinen neuen Wein füllen soll, weil andernfalls der gärende neue Wein die alten Schläuche zerreißen und dabei selbst auf den Boden ausgeschüttet wird.

Wenn der dynamische Inhalt der Lehre über den Heiligen Geist mit allen seinen praktischen Nebenaspekten und Anwendungsmöglichkeiten auf die alten und festgelegten Strukturen einer denominationell geformten Gemeinde trifft, kommt es nicht nur zu einer Konfrontation von theologischen Inhalten, sondern auch zu einer Infragestellung der Strukturen und der Verfassung der Gemeinde.

Die Veränderung, die der Heilige Geist bringen will, reicht weit über Lehrinhalte hinaus. Sie trifft in einem großen Maß den Frömmigkeitsstil einer Gemeinde, die Freiheiten in der Ausübung des Glaubens und den Lebensstil im Miteinander und hat durch die Lehre über die Charismen und die Ämter zu jedem Punkt von Gemeindesatzungs- und Strukturfragen ein alternatives Angebot. Eine Gemeinde, die ihrer Tradition und ihrem Stil treu bleiben will, kann dementsprechend den Heiligen Geist in dem Sinne, wie er sich ausweisen und manifestieren will, nicht aufnehmen. Sie wird ihn entweder abstoßen oder aber ihre alten Strukturen einbüßen müssen. Im Fall des Gleichnisses Jesus geht der kostbare Inhalt zu Boden. Das heißt, die Gemeinde in ihrer alten sichtbaren Erscheinungsform geht ebenfalls in die Brüche. Diese Gesetzmäßigkeit muß man kennen, wenn man sich entscheidet, den Heiligen Geist durch Gebet und Glauben in überkommene Strukturen einzuladen.

7. Die teilweise Erneuerung einer Gemeinde in dem Sinne, daß man dem Heiligen Geist Raum gibt und für ihn offen ist (ein Modewort an der Peripherie der charismatischen Gemeindeerneuerung) hat keinen Wert.

Eine angepaßte charismatische Erneuerung, die unter das Dach einer ehrwürdigen Tradition gebracht wird und sich in schöngeistigen charismatischen Gebetszirkeln und monatlich ein- bis zweimal anberaumten Segnungsgottesdiensten äußert, ist in ihrer Harmlosigkeit für niemanden eine Hilfe. Über einem solchen Vorgehen steht der ständige beschwörende Ruf der etablierten Christen, ja nicht mit der Tür ins Haus zu fallen, der Gemeinde Zeit zu geben, die gewachsenen traditionellen Kräfte und Erscheinungen in Ehren zu halten u.s.w..

Dahinter steht nichts anderes als Angst, Visionslosigkeit und Mangel an Wahrheit und Kühnheit. Diese Form von charismatischer Erneuerung ist fast schlimmer als gar keine Erneuerung. Sie immunisiert gegenüber dem göttlichen Original und enttäuscht diejenigen, die sich als die Wissenden vorkommen, durch Ereignislosigkeit und Kraftlosigkeit. Das darf nicht das Ziel und nicht einmal ein Durchgangsstadium für jemanden sein, der sich im Aufbruch wähnt. Eine solche Position sollte nicht durch Glauben und Gebet gestützt werden, weil Gott sie nicht für stützenswert hält. Es gibt im Neuen

Testament weit und breit keinen Hinweis dafür, daß solche Formen von edelcharismatischer Pseudoerneuerung, die nichts bewegt und nichts in Frage stellt, existieren sollten.

8. Auch bei dem Thema und dem Gebetsziel der begehrten Erneuerung der eigenen Ortsgemeinde kann Hoffnung mißbraucht werden, was häufig genug geschieht!

Es ist sogar fast die Regel, daß aufrichtig nach vorne strebende Mitglieder einzelner Gemeinden, die mit dem vorhandenen Gemeindeleben einfach nicht zufrieden sind und sich nach Aufbruch sehnen und die selbst schon die Wirksamkeit des Heiligen Geistes durch die Erfüllung mit dem Geist, Taufe im Geist und Sprachenreden gemacht haben, über Jahre darum ringen, daß sich auch ihre Gemeinde endlich dem Heiligen Geist öffnet. Natürlich kommt es vor, daß einzelne Gemeinden in dem beschriebenen Sinne durch eine zunächst bei der Leiterschaft einsetzende Veränderung eine Umprägung erfahren. Aber die andere Erfahrung ist noch häufiger, daß sich die verantwortlichen Pastoren und Ältesten in ihrem Kurs festgelegt haben und in vielfältigen Anschauungen, Entscheidungen und Bekräftigungen erklären, daß sie sich von jeder Form der Erneuerung distanzieren, weil sie diese angeblich nicht bräuchten oder weil sie extrem oder unausgeglichen oder gefährlich sei. Wenn eine solche Haltung vorliegt und sogar von mehreren Mitgliedern der amtierenden Gemeindeleitung vertreten wird, ist nicht weiteres Gebet angezeigt, sondern die ernsthafte Frage an den Heiligen Geist, wie es weitergehen soll. Und dann ist die genaue Berücksichtigung der geistlichen Prinzipien über die Voraussetzungen von Gemeindeerneuerung angesagt. Es sind nicht Hunderte, sondern Zigtausende von einzelnen Gläubigen, die die entscheidenden Wahrheitspositionen der Schrift dann nicht kannten oder nicht anerkennen wollten und die sich buchstäblich zu Tode gehofft haben. Sie beteten und hofften und glaubten (wie sie meinten), ohne daß sich irgendeine Veränderung ihrer Gemeinde eingestellt hätte. Hoffnung, die nicht von biblischen Wahrheiten gestützt wird, kann die Gläubigen betrügen!

9. Die Schaffung von innergemeindlichen Parallelstrukturen, in denen der Heilige Geist zum Zuge kommen kann, ist keine wirkliche Alternative.

Dadurch entstehen Spannungen, Friedlosigkeit, Zerwürfnisse und zunehmende Lähmung der Gemeinde. Die dagegenstehenden Ältesten und Pastoren finden sich in ihrer Ablehnung bestärkt, weil die charismatischen Gruppen innerlich emigriert sind und die Gefolgschaft in wichtigen Fragen aufgekündigt haben. Dieser Zustand darf nicht zementiert werden. Eine solche Situation sollte nicht durch irgendwelche Glaubens- oder Gebetsmaßnahmen verlängert werden.

10. Die einzig vernünftige Alternative in einem solchen Fall besteht darin, daß die vom Heiligen Geist erneuerten Geschwister in Friede und Würde und ohne jeglichen „Gestank" die Gemeinde verlassen.

Sie haben darauf zu achten, daß sie frei sind von Bitterkeit, der Gemeinde vergeben haben, vielleicht sogar diese um Vergebung für die Tatsache ihres Andersseins bitten, aber dennoch gehen. Das Resultat wird sein, daß nach der Trennung beide Gruppen in sich mehr Frieden haben und im Idealfall anschließend sogar besser miteinander umgehen können als vorher. Wenn unterschiedliche Auffassungen in einer Gemeinde so gravierend sind, daß man sie nicht in derselben Gemeinde auf einen Nenner bringt, dann ist eine Trennung von größerem Segen als ein Zusammenbleiben in stetiger Spannung und wachsender Allergie gegenüber den Belastungen, Zumutungen und Infragestellungen der anders denkenden Geschwister.

Für die Entscheidung zum Aufbruch ist es wichtig, daß sich die geistlich erneuerten Christen nicht durch wiederholte klischeehafte Vorwürfe seitens der Gemeindeleitung aus der richtigen Erkenntnisposition drängen lassen. Einheit kann in solchen Situationen zu einer Art Fetisch-Wort werden. Sie wird beschworen, sie wird als höchstes Gut dargestellt, und jede Durchbrechung der Gemeinsamkeit wird von vornherein als außerhalb des Willens Gottes befindlich gebrandmarkt.

Die diesbezügliche Erkenntnisposition aus dem Neuen Testament sagt, daß Spaltungen in der Gemeinde sein müssen, damit offenbar wird, wer rechtschaffen ist (1. Korinther 11,19). Es ist nicht zu verhindern, daß der Vorwurf der Arroganz und Überheblichkeit kommt. Wer sich seines Weges sicher ist und verläßliche biblische Positionen sieht und ihnen folgt, kann das in Frieden und ohne Entwicklung von Schuldgefühlen verkraften. Dieser Vorgang einer Ablösung, der in aller Regel recht schmerzhaft und langwierig ist, kann erleichtert werden und zu einer Kette von Glaubensschritten werden, wenn man die Wahrheit kennt. Weh dem, der ohne Kenntnis von biblischen Positionen eine solche Auseinandersetzung bestehen will.

11. Erweckung und nationale bzw. regionale atmosphärische Bedingungen.

Intakte und vom Heiligen Geist geführte Leiterschaft ist nicht genug. Eine Gemeinde, die über das Vorrecht verfügt, eine geistlich progressive Leiterschaft zu haben, darf sich nicht nur auf eine oder zwei Wahrheiten aus dem breiten Spektrum biblischer Lehre zurückziehen. *Der Heilige Geist und das Wort zusammen ergeben erst die Ausgangsbasis für wirkliche Erweckung.* Die Gläubigen werden aber ohne intensives und anhaltendes Gebet, ohne Praktizieren der Liebe, ohne die Erfahrung des Übernatürlichen durch eingesetzten Glauben, ohne den Nachweis der Tatsache, daß

Jesus praktisch in den Gottesdiensten und in den Häusern heilt und ohne eine biblisch gesunde Gemeindestruktur oder eine starke und mündige Laienschaft, die das Gros der Aufgaben in der Gemeinde erledigt, nicht die Herrlichkeit Gottes und Wachstum in der Gemeinde oder gar Aufbruch in eine Erweckung sehen. Gesunde Konzepte allein machen es nicht; sie müssen ausgelebt werden.

12. Erweckung im Kairos Gottes oder durch Planung der Gläubigen?

Charles Finney glaubte an die Planbarkeit und Machbarkeit der Erweckung durch den Gehorsam der Christen. Manche Kapitel in der Geschichte der Gemeinde Jesu sprechen dafür, daß die Gemeinde am Ort, wenn sie Einsicht hat und die göttlichen Instrumente bedient, tatsächlich planend, betend und glaubend in ihre regionale Erweckung hineinschreiten kann. Andere denken, daß alles von der geeigneten göttlichen Zeit, dem Kairos, abhängig ist. Vermutlich wird beides zusammenfallen, ohne daß wir die Zusammengehörigkeiten und Übereinstimmungen beider Wege klar erfassen können.

Wenn Christen, ausgehend von der richtigen Erkenntnis – sie steht tatsächlich immer am Anfang –, mit der Hilfe des Heiligen Geistes lernen zu glauben und zu beten, dann kommt Erweckung. Der göttliche Kairos tritt dann ein, wenn die Gläubigen ihr Privileg wahrnehmen und die geistlichen Mittel nutzen. Allein schon in der Vergegenwärtigung der Vorrechte ist bereits Gottes Zutun enthalten. Denn ohne die Mithilfe des Heiligen Geistes werden wir nicht verstehen, was wir haben, und dementsprechend unsere geistlichen Mittel auch nicht einsetzen können.

Wem Gott die Augen geöffnet hat über die ungeheuren Vorrechte und das gewaltige Potential an vorhandener geistlicher Kraft in der Person des Heiligen Geistes, der soll nicht künstlich nach dem Kairos Gottes fragen, sondern einfach anfangen, Gott zu suchen, Gott zu glauben und die Hand Gottes zu bewegen durch Erkenntnis, Glauben und Liebe.

13. Die Erneuerung einer Gemeinde braucht nicht mehr als eine Person.

Es muß nicht eine ganze Fraktion von entschiedenen Gläubigen her, um eine Gemeinde zu verändern. Wenn ein Beter da ist, der Erkenntnis seiner Position in Christus hat und der deswegen im Glauben und in geistlicher Mündigkeit erhörlich beten kann, dann reicht das aus, um eine ganze Gemeinde zu verändern. Am besten ist es, wenn dieser Beter der verantwortliche Pastor oder Leiter der Gemeinde ist. Aber wenn Gott sieht, daß der Hirte der Gemeinde ehrlich neue Orientierung sucht, dann reicht ein beliebiger Laie in der Gemeinde aus, der machtvoll beten und dem Himmelreich Gewalt antun kann, um so eine Gemeinde zu reformieren und zu erneuern, so daß der Glanz der Herrlichkeit Gottes auf sie kommt, sie Gottes Worte mit Macht sprechen kann und Gottes Taten in ihren Reihen zum Heil und zur Heilung vieler geschehen.

2. Teil

Kapitel 1

Stadien des Glaubens

Was wir bisher über die Bedeutung des Erkennens von biblischer Wahrheit vernommen haben, ist so weitgehend, daß man sich fragt, welche Aufgabe dem Glauben dann noch überlassen bleibt. Der Nutzen des Glaubens, wie ihn die Schrift uns entfaltet, kann indessen nicht hoch genug veranschlagt werden. Alles, was wir über die Erkenntnis Gottes und seiner Wahrheit kennengelernt haben, ist mehr oder weniger nur die Vorbereitung auf den operierenden Glauben. Wir haben wohl gesehen, daß in bestimmten Bereichen, etwa bei der Charakterbildung und dem Prozeß der Befreiung, allein das Erkennen der richtigen biblischen Zusammenhänge schon so viel bewirkt, daß es zum Teil die Funktion des Glaubens übernimmt. Aber dennoch bleibt es dabei, daß uns durch biblische Erkenntnis gesagt wird, was Gott für uns bereitgelegt hat, während der Glaube jenen Vorgang darstellt, durch den wir die Geschenke Gottes nehmen.

Die kürzeste und prägnanteste Definition von Glauben ist somit schon gefallen. Glauben heißt Nehmen. Glauben ist somit ein aktiver Vorgang, der weit über dem liegt, was sonst der Begriff Glauben in unserer Alltagssprache beinhaltet, wo er eigentlich nichts anderes als eine mindere Form von Gewißheit oder Überzeugung bezeichnet.

Aber mit der Kennzeichnung des Glaubens als einem Vorgang des Beanspruchens oder Nehmens ist keineswegs der gesamte Bedeutungsinhalt dieses Begriffes bestimmt. Im Glauben drückt sich auch eine Beziehung zu einer Person aus, der man vertraut oder deren Wort man vertraut. Außerdem liegt in dem Wort „Glauben" auch noch die Wertschätzung und die Anerkennung der Person, der man glaubt. Glauben ist insofern ein anderes Wort für Vertrauen, was noch das Moment der Zuverlässigkeit, der Verläßlichkeit und der Aufrichtigkeit enthält.

Glaube an Gott und an sein Wort enthält alle diese Elemente und noch vieles mehr, was weit über das übliche Verständnis des Begriffes „Glauben" in der Gemeinschaft der Menschen hinausgeht, so daß Glaube im biblischen Sinne eigentlich ein übernatürliches Geschehen und Geschenk ist. Aber Glaube ist erlernbar, weil alle Voraussetzungen im Verständnis und in der Praxis des Glaubens im Worte Gottes enthalten sind.

In diesem Kapitel will ich in sehr geraffter Form die Grundzüge und die einzelnen Stadien im Aufbau des biblischen Glaubens darstellen. Die Kenntnis dieser Prinzipien des Glaubens ist ein unbedingtes Muß auf dem Weg zu übernatürlichen göttlichen Erfahrungen. Die einzelnen Schritte, die ich in diesem Kapitel darstelle, sind ein Kondensat des Inhaltes meines Buches „Glaube der Wunder wirkt", (Aufbruch Verlag, 1987). Wer die biblischen Regeln für die Entwicklung seines Glaubens genauer kennenlernen will, greife nach diesem Buch.

Am Anfang steht das Wort

Der konkrete biblische Glaube, den Gott uns ins Herz legt und durch den wir ihn als Retter erkennen können, ihm gefallen können, seine Taten und Wunder tun können, Heilung erfahren, über Umstände triumphieren, und den wir zur Gestaltung unseres Lebensstiles als Glaubende benutzen, entsteht nicht irgendwann und irgendwie, sondern durch das Wort Gottes und das Hören auf Jesus, der das Wort Gottes in Person ist. Biblischer Glaube ist ein wortgebundener Glaube.

Weil nach dem Zeugnis des Neuen Testamentes Jesus, der Autor des Wortes, und sein Wort identisch sind, hat der göttliche Glaube seinen Ursprung in Jesus selbst.

Hebräer 12,2a

(Lasset uns) aufsehen auf Jesus, den Anfänger und Vollender des Glaubens...

Johannes 1,1-4

1 Im Anfang war das Wort, und das Wort war bei Gott, und Gott war das Wort.

2 Dasselbe war im Anfang bei Gott.

3 Alle Dinge sind durch dasselbe gemacht, und ohne dasselbe ist nichts gemacht, was gemacht ist.

4. In ihm war das Leben, und das Leben war das Licht der Menschen.

Haben wir das Wort Gottes im Herzen, was heißt, daß wir damit auch Jesus in uns aufgenommen haben, dann entsteht aus dem Wort Gottes in uns der Glaube an Gott und an das, was sein Wort enthält. Die erste Funktion, zu der das Wort Gottes imstande ist, wenn wir es uns mit Bedacht und göttlicher Nachhilfe angeeignet haben, ist, daß es Glauben an sich selbst freisetzt.

Aber dieser Glaube ist kein Produkt unserer Seele oder unserer selbst, sondern er ist ein übernatürliches und göttliches Geschehen. Deswegen sagt Jesus in **Markus 11,22: „Habt den Glauben Gottes!"** (wörtliche Übersetzung).

Somit kann niemand aus eigener Eingebung, Überzeugung, eigenen Motiven, Zielen und guten Wünschen etwas glauben, was nicht dem Worte Gottes entspringt oder zumindest entspricht. Eine Kollision unseres Glaubens (mit dem wir etwas Bestimmtes erreichen oder gar erzwingen wollen) mit dem, was Gott will und was vielleicht unseren Wünschen entgegensteht, ist somit grundsätzlich unmöglich. Der biblische Glaube ist immer ein Glaube Gottes, der aus seinem Wort heraus wächst.

Aber allein die Erkenntnis und auch Bejahung eines *geschriebenen* Wortes Gottes in der Schrift ist keine ausreichende Voraussetzung für die Entwicklung von Glauben. Wir müssen erleben, wie Gott zu uns *redet*.

Römer 10,17
So kommt der Glaube aus der Predigt(wörtlich: dem Hören), **das Predigen aber durch das Wort Christi.**

Wenn der Heilige Geist uns behilflich sein will, in unserem Herzen die übernatürliche Kraft des Glaubens zu entwickeln, damit wir dementsprechend auch übernatürliche Erlebnisse mit Gott machen, dann läßt er sein Wort sprechen. Er aktualisiert es so, daß wir es mit den Ohren unseres Herzens wahrnehmen und dann in die Mitte unseres Herzens hineinnehmen.

Wenn wir das Kostbarste, was wir haben, unser Herz, dem Worte Gottes öffnen, dann geschieht unmerklich und unscheinbar noch etwas Zusätzliches: Wir erleben, daß das Wort Gottes wahr ist und entwickeln durch das Wort, das wir hören, eine Liebe zur Wahrheit, die wir lediglich anzunehmen haben. Wir kommen über das Annehmen von Gottes Geschenken nicht hinaus. Nicht einmal eine vorgegebene Wahrheitsliebe wird von uns gefordert. Auch diese Liebe zur Wahrheit wird von dem Wort bewirkt, das wir im Begriff sind, anzunehmen (2. Thessalonicher 2, 9-10). Wer, getrieben von einer Not, das hilfreiche und heilsame Verheißungswort Gottes in seinem Herzen so empfängt, macht eine Erfahrung: Er erlebt spontan in zeugnishafter Eindeutigkeit, daß Glaube eine Realität ist. Er weiß, daß etwas geschehen ist. Er hat eine Innengewißheit.

Hebräer 11, 1-2 (wörtlich)
1 Es ist aber der Glaube die Grundlage dessen, das man hofft,

und ein Beweis dessen, das man nicht sieht.
2 In solchem Glauben haben die Alten Zeugnis empfangen.

These *(52)*

Biblischer Glaube, der Glaube Gottes, der von übernatürlicher Qualität ist, kommt zustande durch das Reden Gottes, das wir mit unserem Herzen hören, bejahen und annehmen, weil wir von der Richtigkeit und Wahrheit des Wortes Gottes überführt werden. Das Wort Gottes hat die Kraft, Glaube an sich selbst zu erzeugen, wenn wir es im Herzen aufgenommen haben. Göttlicher Glaube bestätigt sich selbst dem Glaubenden, indem er mit großer Gewißheit, wie bei einer Erfahrung, deren Zeuge er selbst geworden ist, weiß, daß Gott gesprochen und er selbst das Verheißungswort empfangen hat. Ein solcher Glaube kann niemals etwas beinhalten oder anstreben, das nicht mit dem Willen Gottes übereinstimmt. Man kann Gott mit Glauben nicht zu irgendetwas zwingen. Man kann nur sein Wort mit dem Glauben ergreifen, der aus seinem eigenen Wort erwächst.

Der Glaube und die einzigartige Funktion des menschlichen Herzens

Biblischer Glaube entsteht durch das Hören des Wortes Gottes in unserem Herzen. Unser Herz, jene Instanz unserer Person, in der sich Geist und Seele verbinden, ist der einzige Ort im Universum, in dem Glaube im Sinne des Wortes Gottes entstehen kann. Glaube ist kein seelisches Produkt.

Römer 10,9-10
9 Denn so du mit deinem Munde bekennst Jesus, daß er der Herr sei, und glaubst in deinem Herzen, daß ihn Gott von den Toten auferweckt hat, so wirst du gerettet.
10 Denn wenn man von Herzen glaubt, so wird man gerecht; und wenn man mit dem Munde bekennt, so wird man gerettet.

Das Gleichnis vom vierfachen Ackerfeld vermittelt wesentliche Einzelheiten über die Funktion des Herzens im Hinblick auf die Entwicklung des Glaubens.

Glaube entsteht im Herzen (im Bild des Gleichnisses: der Boden) durch das Wort (im Bild: der Same), wenn es in das Herz eingedrungen ist. Glaube wächst aus dem Wort im Herzen. Der Glaube wird also nicht fabriziert und auch nicht als fertiges Produkt von Gott gegeben, sondern er ist das Ergebnis des Zusammenkommens von Gottes Wort und dem menschlichen Herzen, sofern das Wort in die Mitte des Herzens gelangt.

Das Wort Gottes entwickelt allein dann eine reife Frucht des Glaubens, wenn im Herzen keine anderen Samenkörner (geistige, philosophische und weltanschauliche Ideen, Prinzipien und Werte, Sorgen und eigener seelischer, geistiger oder materieller Reichtum) vorliegen.

Jedes Herz ist grundsätzlich imstande, aus dem Worte Gottes, das gleichsam die inaktive Vorstufe von Glauben darstellt, einen starken Glauben hervorzubringen. Voraussetzung ist nur, daß das Wort Gottes den Herzensboden vorbereitet, fruchtbar macht und dann das Wort Gottes in seiner Funktion als Same in das Herz hineingelassen wird. Diesen Sachverhalt unterstreicht das Gleichnis von der von selbst wachsenden Saat (Markus 4,26-29), in dem es den Wachstumsprozeß des Saatkornes in seiner Folgerichtigkeit und Zwangsläufigkeit beschreibt. Die Schlüsselaussage dieses Gleichnisses heißt: „Denn die Erde bringt von selbst Frucht." Wohlgemerkt, die *Erde* bringt die Frucht.

Unser Herz bringt in jedem Fall ohne irgendwelche besonderen Vorbereitungsmaßnahmen göttliche Frucht, sofern es das Wort Gottes hört, annimmt und festhält. Dazu ist nur das menschliche Herz imstande.

Allerdings müssen wir darauf achten, daß unser Herz wirklich keine anderen Inhalte in sich trägt. Denn alles, was es beinhaltet, wird von ihm selbst zum Wachstum angetrieben. Dem Worte Gottes zuwiderlaufende Gedanken und Inhalte erzeugen im Herzen Zweifel (Markus 11,23).

Dem Herzen ist demnach eine Verstärker- oder Lautsprecherfunktion zu eigen, durch die alle geistigen und geistlichen Angebote, die einmal von ihm akzeptiert worden sind, verstärkt und vergrößert werden.

Aus diesem Grunde empfiehlt uns das Wort, unser Herz mit besonderem Fleiß und großer Sorgfalt zu bewachen, damit nichts Verkehrtes hineingelangt:

> **Sprüche 4,20-23**
> **20 Mein Sohn, merke auf meine Rede und neige dein Ohr zu meinen Worten.**
> **21 Laß sie dir nicht aus den Augen kommen; behalte sie in deinem Herzen,**
> **22 denn sie sind das Leben denen, die sie finden, und heilsam ihrem ganzen Leibe.**
> **23 Behüte dein Herz mit allem Fleiß, denn daraus quillt das Leben.**

Aus dem Herzen fließt das Leben (Vers 23), während es davor heißt, daß die Worte Gottes Leben denen sind, die sie finden, und Jesus sagt, daß seine Worte Geist und Leben sind (Johannes 6,63).

These (53)
Das Wort Gottes ist die Entstehungsursache für jeden biblischen Glauben, der Entstehungsort für den Glauben ist das menschliche Herz. Unser Herz ist so angelegt, daß es jeden Inhalt, den wir durch die Prüfungsorgane unserer Person (Gewissen) passieren lassen,

aufgreift und durch Wachstumsprozesse zu einem Glaubensgut werden läßt. Dieses kann entweder positiv sein, was der Glaube Gottes ist, oder negativ sein, was Zweifel und Unglaube ist und somit die Unwahrheit und die Drohungen des Teufels für stärker erachtet als die Wahrheit des Wortes Gottes. Weil dem Herzen diese außerordentliche Fähigkeit eigen ist, müssen wir unser Herz bewahren, damit keine verkehrten Inhalte von ihm gefördert werden. Das Herz des Menschen braucht zur Entwicklung des Glaubens keinerlei Vorbereitung in eigener Kraft oder durch andere menschliche Einflüsse wie Erziehung, Herkunft, Umgang und dergleichen. Diese Einflüsse sind hinderlich. Jedes menschliche Herz, das mit dem Worte Gottes erfüllt ist, bringt göttliche Frucht.

Nachsinnen über das Wort

Der Glaube ist keine elegante Methode, schnell zu schönen Ergebnissen zu kommen, indem man nur oben das Wort hineinwirft und unten den Glauben herausholt. Der Glaube ist überhaupt kein Abkürzungsweg, um an allen anderen im Worte Gottes enthaltenen Werten und biblischen Prinzipien vorbei schnell zu greifbaren Resultaten zu gelangen.

Bevor das Wort Gottes sichtbare Auswirkungen aus dem entstandenen Glauben zuwege bringt, durchläuft der Glaubende eine Phase, in der andere nichts an sichtbaren oder beweisbaren Ergebnissen erkennen können. In dieser Vorbereitungsphase wächst das Wort Gottes in die Tiefe der Person hinein, in die es seine Wurzeln hineintreibt, um es mit den Bildern der Gleichnisse Jesu auszudrücken.

Das entspricht den Verhältnissen in der Pflanzenwelt. Bevor ein Samenkorn seine sichtbaren Anteile in Gestalt von Halm, Stamm, Ästen, Laub und Frucht entwickelt, bilden sich die Wurzeln, die für das Auge des Menschen verborgen in die Tiefe des Erdbodens treiben, um dort Nachschub und Standfestigkeit zu sichern. So verhält es sich auch mit dem Glauben, der aus dem Worte Gottes entsteht.

Ein tragfähiger Glaube braucht eine kräftige Verwurzelung und Verflechtung des Wortes Gottes in und mit der Person des Glaubenden. Das geschieht durch einen intensiven Umgang mit dem Worte Gottes, wodurch auch die erste Reaktion im Herzen des Glaubenden selbst zustande kommt.

Hebräer 4,3
Denn wir, die wir glauben, gehen ein in die Ruhe, wie er spricht: „Ich schwur in meinem Zorn, sie sollten zu meiner Ruhe nicht kommen." Nun waren ja die Werke von Anbeginn der Welt fertig.

Hebräer 4,11
So lasset uns nun Fleiß tun, hineinzukommen zu dieser Ruhe, auf daß nicht jemand zu Fall komme in gleichem Ungehorsam.

Unser Herz und unser ganzes Wesen sollen von dem Worte Gottes durchtränkt, durchsetzt, erfüllt und gesättigt werden. Dazu brauchen wir viel Zeit, die wir dazu nutzen, uns immer wieder mit bestimmten Schriftworten zu beschäftigen, sie von allen Seiten her zu beleuchten und zu betrachten und uns solange mit ihnen zu beschäftigen und über sie nachzusinnen, bis sie zu einem Teil unserer Person geworden sind. Im Rahmen einer solchen intensiven Beschäftigung mit dem Worte Gottes kommt es zu einer Begegnung mit Jesus selbst, der ja das Wort ist. In diesem Stadium der Auseinandersetzung mit dem Worte Gottes und der Entscheidung zum Glauben werden die Grundlagen dieser Erfahrung deutlich: eine intensive Gemeinschaft mit Jesus und eine starke vertrauensvolle Beziehung zu ihm.

Dieser Abschnitt der Entwicklung unseres Glaubens aus konkreten Worten Gottes heraus ist von unschätzbarer Bedeutung und kann und darf nicht übersprungen werden, wenn es einem um biblischen Glauben geht.

Wer sich dem Anliegen mit Zeit und Hingabe verschreibt, über einzelne Worte Gottes zu ihrem Autor, dem Herrn, vorzudringen, wird mit außergewöhnlichem Ertrag belohnt werden.

Psalm 20,8
Jene verlassen sich auf Wagen und Rosse; wir aber denken an den Namen des Herrn, unsres Gottes.

In dem Denken und Nachsinnen über Gott und sein Wort steckt eine ungeheure Kraft, die jeder anderen Energie auf Erden und jeder feindlichen Attacke überlegen ist. Folgende ausgewählte Beispiele aus der Schrift sollen das verdeutlichen:

Psalm 1,1-3
1 Wohl dem, der nicht wandelt im Rat der Gottlosen noch tritt auf den Weg der Sünder noch sitzt, wo die Spötter sitzen,
2 sondern hat Lust am Gesetz des Herrn und sinnt über seinem Gesetz Tag und Nacht!
3 Der ist wie ein Baum, gepflanzt an den Wasserbächen, der seine Frucht bringt zu seiner Zeit, und seine Blätter verwelken nicht. Und was er macht, das gerät wohl.

Sprüche 4,20-23
20 Mein Sohn, merke auf meine Rede und neige dein Ohr zu meinen Worten.
21 Laß sie dir nicht aus den Augen kommen; behalte sie in deinem Herzen,
22 denn sie sind das Leben denen, die sie finden, und heilsam ihrem ganzen Leibe.
23 Behüte dein Herz mit allem Fleiß, denn daraus quillt das Leben.

Johannes 15,7
Wenn ihr in mir bleibet und meine Worte in euch bleiben, werdet
ihr bitten, was ihr wollt, und es wird euch widerfahren.

Josua 1,7-9
7 Sei nur getrost und ganz unverzagt, daß du hältst und tust in allen Dingen nach dem Gesetz, das dir Mose, mein Knecht, geboten
hat. Weiche nicht davon, weder zur Rechten noch zur Linken, damit du es recht ausrichten kannst, wohin du auch gehst.
8 Und laß das Buch dieses Gesetzes nicht von deinem Munde
kommen, sondern betrachte es Tag und Nacht, daß du hältst und
tust in allen Dingen nach dem, was darin geschrieben steht. Dann
wird es dir auf deinen Wegen gelingen, und du wirst es recht ausrichten.
9 Siehe, ich habe dir geboten, daß du getrost und unverzagt seist.
Laß dir nicht grauen und entsetze dich nicht; denn der Herr, dein
Gott, ist mit dir in allem, was du tun wirst.

These *(54)*
*Göttlicher Glaube kommt nicht beiläufig und durch kurze Beschäfti-
gung mit dem Worte Gottes zustande. Wenn wir bestimmte Verheißungsworte, die wir in den Augenblicken der Not durch Vermittlung
des Heiligen Geistes empfangen haben, immer wieder durchsinnen, über ihnen brüten, sie bedenken, über sie meditieren und sie in
unserem Herzen bewegen, dann entsteht eine Verbindung von
Wort und Person, die die eigentliche Grundlage für die Entwicklung
des Glaubens und aller daraus resultierenden Glaubensauswirkun-
gen ist. Dieser Vorgang braucht Zeit. Wer diese Phase, die die Voraussetzung für den Lebensstil des Glaubens überhaupt darstellt,
überspringen will, muß scheitern. Glaube ist in seiner letzten Begründung Ausdruck einer gewachsenen Beziehung zwischen uns
und dem Herrn, die von Vertrauen, Liebe und Wertschätzung geprägt ist.*

Hoffnung und Glaube

Bevor wir ein Verheißungswort für uns beanspruchen können, es also dem Herrn aus seiner göttlichen Hand abnehmen, bedarf es einer Vorbereitung durch Hoffnung.

Genauso wie Glaube aus dem Wort entsteht, wird auch Hoffnung durch das Wort Gottes bewirkt. Eine Person, die resigniert, verzweifelt und enttäuscht ist und keinerlei Ausweg sieht, kann nicht glauben. Wir können von Gott nichts nehmen, wenn wir nicht zunächst einmal durch sein Wort ermutigt worden sind, mit neuen Verhältnissen, einer Veränderung des Status Quo und einer konkreten verheißungsvollen Zukunft zu rechnen. Dazu befähigt uns das Wort Gottes, wie keine andere Offenbarung es vermag. Das Wort Gottes ist von außerordentlicher hoffnungsgebender Kraft und ist imstande, jedem Menschen in jeder Situation eine neue Erwartungshaltung, eine neue Aufbruchsstimmung und Ausrichtung auf Lösungen und Ziele zu vermitteln.

Ist durch das Wort Gottes Hoffnung zustande gekommen, dann erst kann der Glaube zugreifen.

Hebräer 11,1 (wörtlich)
Es ist aber der Glaube die Grundlage dessen, das man hofft und ein Beweis dessen, das man nicht sieht.

Die Hoffnung hat zwar dieselbe Entstehungsursache wie der Glaube, nämlich das göttliche Wort, entwickelt sich aber in einer anderen Instanz unserer Person: in der Seele.

Hebräer 6,18-19
18 So sollten wir durch zwei Stücke, die nicht wanken — denn es

ist unmöglich, daß Gott lügt –, einen starken Trost haben, die wir unsre Zuflucht dazu genommen haben, festzuhalten an der angebotenen Hoffnung.

19 An ihr haben wir einen sichern und festen Anker unsrer Seele, der hineinreicht bis in das Innere hinter dem Vorhang.

Diese Worte beweisen nicht nur, daß nach göttlicher Offenbarung die Hoffnung eine Funktion der Seele ist, sondern daß die Hoffnung auch die Seele stabilisiert, ihr Trost gibt und sichere Verankerung verschafft.

Wenn die Hoffnung ihre Aufgabe der Ermutigung und des Aufbaus einer positiven Erwartungshaltung erfüllt hat, muß sie abtreten. Hoffnung hat einen schwerwiegenden Nachteil an sich. Sie ist immer auf die Zukunft ausgerichtet. Wer aber Hilfe vom Herrn empfangen will, muß in die Gegenwart hineintreten. Man kann sich zu Tode hoffen, was weidlich in den Reihen der Christen geschieht, wenn man immer nur seine Hilfe in die Zukunft hineinprojiziert. Wer empfangen will, muß die vorbereitende Hoffnung verlassen und in den Glauben hineingehen, der vom Jetzt und Hier bestimmt ist. Wer sich mit Hoffnung am Glauben vorbeidrückt, also sich nicht in der Gegenwart festlegt, betrügt sich selbst.

Deswegen heißt es von Abraham, dem Vater der Hoffnung und des Glaubens, in Römer 4,18: „Und er hat geglaubt auf Hoffnung, da nichts zu hoffen war (wörtlich: auf Hoffnung gegen Hoffnung), auf daß er würde ein Vater vieler Völker, wie denn zu ihm gesagt ist: „So soll dein Geschlecht sein."

Die Gebete vieler Christen, die nie oder selten Gebetserhörungen erleben, beweisen, wie wichtig dieser Gesichtspunkt für die Praxis ist. Wenn sie Gott bitten, daß er etwas tue, verlagern sie ihre Erwartung so gut wie immer in die Zukunft. Selbst wenn sie ihre Gebete als Glaubensgebete bezeichnen, sind es Gebete der Hoffnung.

These *(55)*
Hoffnung hat unter anderem eine vorbereitende Aufgabe für die Entwicklung des Glaubens. Man kann nur dann etwas von Gott beanspruchen, wenn man weiß, daß er die benötigten Hilfen und Geschenke hat, sie gerne gibt und uns nicht in der Pedrouille stecken lassen möchte. Wenn das Wort Gottes seine außerordentlich hoffnungsgebende Kraft in uns entfaltet hat, was unserer Seele wohltut, ihr Stabilität, Ausrichtung und Geborgenheit gibt, dann ist der Zeitpunkt gekommen, daß wir uns von der Hoffnung verabschieden und in die Position des Glaubens hinüberwechseln. Hoffnung weist immer in die Zukunft. Wer aber vom Herrn empfangen will, muß durch Glauben im Jetzt und Hier empfangen.

Wer glaubt, empfängt

Alles, was wir bis jetzt über das Wesen des Glaubens gelernt haben, ist nur eine Vorbereitung für den entscheidenden Augenblick, in dem wir durch Glauben die Verheißungen Gottes in unserem Herzen empfangen. Wer empfangen hat, der weiß dies genau und tritt deswegen in einen tiefen Frieden bezüglich der Problematik ein, die er durch Glauben beheben wollte. Dieses Geschehen des Zupackens, in dem wir mit einer Willens- und Glaubensentscheidung das angebotene Geschenk Gottes ergreifen, ist die absolute Mitte der Glaubenserfahrung. Davon handelt Markus 11, 23-24:

> **23 Wahrlich, ich sage euch: Wer zu diesem Berge spräche: Hebe dich und wirf dich ins Meer! und zweifelte nicht in seinem Herzen, sondern glaubte, daß es geschehen würde, was er sagt, so wird's ihm geschehen.**
> **24 Darum sage ich euch: Alles, was ihr bittet in eurem Gebet, glaubet nur, daß ihr's empfangt, so wird's euch werden.**

In Vers 23 wird uns gesagt, daß wir im Herzen glauben sollen, daß das geschieht, was wir glauben. In Vers 24 werden wir aufgefordert,

284

zu glauben, daß wir empfangen bzw. empfangen haben, um dann zu sehen, daß es uns wird.

Der Augenblick des Empfangens geschieht also in der Gegenwart, die Manifestation dessen, was wir im Herzen und im Glauben empfangen haben, kann noch auf sich warten lassen und mag eine Sache der nahen oder möglicherweise auch ferneren Zukunft sein. Aber wir müssen wissen, daß wir empfangen haben.

Ein Glaubensgebet, daß nicht in dieser Entscheidung und der nachfolgenden Gewißheit gipfelt, ist vergeblich. Es reicht also nicht aus zu glauben, weil in dieser Erfahrung noch keine Festlegung im Jetzt und Hier erfolgt ist. Wir müssen glauben, daß wir *empfangen haben*. Erst dann werden sich die Gebetsziele materialisieren.

Wir können nur das empfangen, was Gott schon vorbereitet hat und was für uns abholbereit in der unsichtbaren Welt vorliegt. Wer also im Glauben spricht oder betet, bittet Gott nicht mehr, daß er etwas tun möge. Gott hat durch Jesus vor 2000 Jahren, genaugenommen schon vor Anbeginn der Welt, alles vorbereitet, was wir für unser Leben und zur Überwindung der Not brauchen. Gott ist also jetzt nicht mehr dran. Es ist *unsere* Aufgabe zu glauben, bei der uns allerdings der Heilige Geist kräftig hilft.

Wer sich als Christ weigert, in diesen Vorgang hineinzutreten, daß er im Glauben in der Tiefe seines Herzens etwas empfängt, ohne es gleich im Sichtbaren zu haben, kann nie den ganzen von Gott ihm zugedachten Segen empfangen.

Gottes Wort sagt uns sehr deutlich, daß alle Geschenke und Werke, die wir zu empfangen oder zu übernehmen haben, an einem Ort vorliegen, wo wir ohne weiteres im Glauben hingelangen können, in der unsichtbaren Welt, am Throne Gottes.

Epheser 2,10
Denn wir sind sein Werk, geschaffen in Christus zu guten Werken, welche Gott zuvor bereitet hat, daß wir darin wandeln sollen.

Epheser 1,3
Gelobt sei Gott, der Vater unsers Herrn Jesus Christus, der uns gesegnet hat mit allerlei geistlichem Segen in himmlischen Gütern durch Christus.

Epheser 2,6
Und hat uns samt ihm auferweckt und samt ihm in das himmlische Wesen (wörtlich: himmlische Dinge oder Bereiche) gesetzt in Christus Jesus.

Das Schlüsselwort zum Thema Glauben in Markus 11,24 (Elberfelder Übersetzung): „...glaubt, daß ihr es empfangen habt, und es wird euch werden", beinhaltet, daß zwischen dem Augenblick des Zupackens und Empfangens im Glauben und dem Zeitpunkt, zu dem die Hilfe sichtbar wird, ein gewisser Zeitraum liegen muß. Diese Latenzzeit zwischen dem Empfangen-Haben im Herzen und der Manifestation der Gebetserhörung im Sichtbaren ist ein unabdingbares Merkmal des Glaubens. Je stärker wir uns auf den Lebensstil des Glaubens einlassen, um so häufiger werden wir sofortige oder schnelle Gebetserhörungen durch den investierten Glauben empfangen. Aber niemals wird es möglich sein, in allen Fällen die Latenzzeit auf Null zu reduzieren. Durch diese zeitliche Verzögerung zwischen dem inneren Empfangen und dem äußeren Erleben, die wir mit Ruhe, Gewißheit, Freude und Zuversicht durchstehen, ohne im Vertrauen schwankend zu werden, wird unser Charakter verändert. Glaube und Ausdauer schaffen neben den sichtbaren Erfahrungen von Gebetserhörungen die Frucht der Charakterveränderung.

Jakobus 1,3-4
3 und wisset, daß euer Glaube, wenn er bewährt ist, Geduld wirkt.

4 Die Geduld aber soll ihr Werk tun bis ans Ende, auf daß ihr seid vollkommen und ohne Tadel und kein Mangel an euch sei.

Glaube muß sich also bewähren. Der bewährte Glaube führt dann zur Geduld beziehungsweise Ausdauer. Von der Ausdauer, die aus dem bewährten Glauben resultiert, wird uns aber gesagt, daß sie uns vollkommen macht, so daß wir ohne Tadel und mängelfrei erscheinen. Der Glaube allein wirkt sich demnach weitgehend im Bereich der Dinge durch einzelne Gebetserhörungen aus. Glaube und Geduld verändern den Charakter.

These *(56)*
Die Mitte der Glaubenserfahrung ist das reale Erlebnis, eine konkrete, begehrte göttliche Hilfe durch das zugehörige Verheißungswort im Glauben empfangen zu haben. Wer so empfängt, der legt sich fest und weiß, daß das Problem gelöst ist. Die Latenzzeit zwischen dem inneren Empfangen – die für sich schon nützlich ist, weil sie von Frieden, Gewißheit, Freude und Zuversicht gekennzeichnet ist – und der äußeren Manifestation der sichtbaren Gebetserhörung ist die unaufgebbare Voraussetzung dafür, daß sich unser Glaube durch Ausdauer bewähren kann, was zur Umprägung unseres Charakters führt. Wer in Geduld und Ausdauer glaubt, wird vollkommen werden, so daß an ihm kein Tadel und Mangel erkennbar ist. Unter Vollkommenheit versteht das Wort Gottes geistliche Mündigkeit.

Die Kunst des Sehens im Glauben

Wer sich in dem beschriebenen Sinne im Glauben festgelegt hat und weiß, daß er empfangen hat, erlebt diese Gewißheit und Erfahrung als so real, daß er sie regelrecht bezeugen kann, ohne sie mit natürlichen Augen gesehen zu haben.

Hebräer 11,1

(wörtlich)

Es ist aber der Glaube die Grundlage dessen, das man hofft und ein Beweis dessen, das man nicht sieht.

Nicht sehen ist also eine unaufgebbare Voraussetzung des Glaubens. Demnach ist Glaube jener einzigartige Zustand, in dem man die Zusage Gottes so intensiv angenommen hat, daß er sogar einem Beweis gleichkommt, obwohl man nichts sieht. Alles, was davor lag, war Wünschen oder Hoffen, und alles, was nach dem Glauben kommt, ist Wissen durch Sinneserfahrung.

Alle andern Menschen kennen nur die zwei Lebensmodalitäten im Hinblick auf Dinge und Erfahrungen, die sie suchen und erhoffen: Zunächst haben sie nur einen Mangel und begehren, wünschen und hoffen, daß der Mangel durch eine konkrete und sichtbare Erfahrung ausgefüllt wird. Sie kennen also nur die beiden Erlebensformen Nicht-Haben und Haben.

Wer aber im biblischen Sinne glaubt, weiß etwas von der wichtigen zeitlichen Zwischenphase, in welcher er bereits innerlich empfangen hat, ohne es äußerlich zu sehen. Das ist sogar ein Teil der Definition des Glaubens. Die Erfahrung des Glaubenden besteht aus drei Abschnitten: Zuerst liegt der Mangel vor. Er wünscht, begehrt und hofft, daß dieser Mangel ausgefüllt wird. Aber schon auf dieser Ebene gibt es einen Unterschied zu dem Nicht-Gläubigen: Wer das Wort Gottes kennt, kann seine Hoffnung auf präzise Grundlagen setzen.

Danach empfängt er im Glauben in seinem Herzen und hat demnach wirklich das Geschenk schon innerlich erhalten, obwohl es äußerlich noch nicht sichtbar ist. Diese Erfahrung kennt der ungläubige Mensch — und leider auch so mancher Christ — nicht. Schließlich kommt die Phase der Manifestation, in der man auch im Sichtbaren das Begehrte empfängt, worauf es ja letztlich ankommt.

Diese so im einzelnen beschriebenen Glaubensgrunderfahrungen sollen im Leben des Gerechten zu einem Glaubens-Lebensstil zusammenfließen.

Römer 1,17
Denn darin wird offenbart die Gerechtigkeit, die vor Gott gilt, welche kommt aus Glauben in Glauben; wie denn geschrieben steht: „Der Gerechte wird aus Glauben leben."

Wir an Christus Gläubigen leben nur durch Glauben und nicht durch den direkten Appell an das Sichtbare oder den Umgang mit dem Sichtbaren, denn alles, was nicht aus Glauben geht, das ist Sünde (Römer 14,23).

Allerdings ist den Glaubenden durch den Heiligen Geist das Vermögen geschenkt worden, mit den Augen unseres Herzens das zu sehen, was unsichtbar ist.

2. Korinther 4,18
(Wir sehen nicht) **...auf das Sichtbare, sondern auf das Unsichtbare. Denn was sichtbar ist, das ist zeitlich; was aber unsichtbar ist, das ist ewig.**

Dementsprechend berichtet der Epheserbrief in Kapitel 1,17-19, daß Gott uns den Geist der Weisheit und der Offenbarung gegeben hat, um ihn zu erkennen:

Epheser 1,17-19
17 daß der Gott unsers Herrn Jesus Christus, der Vater der Herrlichkeit, euch gebe den Geist der Weisheit und der Offenbarung, ihn zu erkennen.
18 Er erleuchte die Augen eures Herzens, daß ihr erkennen möget, zu welcher Hoffnung ihr von ihm berufen seid, und welchen Reichtum an Herrlichkeit er den Heiligen durch Erbschaft gegeben hat.

19 und was da sei die überschwengliche Größe seiner Kraft an uns, die wir glauben, weil die Macht seiner Stärke bei uns wirksam wurde.

Wir sehen also, daß wir, die wir uns in der Welt des Glaubens bewegen, hervorragend ausgestattet sind, um doch das sehen zu können, was mit physischen Augen noch nicht erkennbar ist. Wenn wir unsere geistlichen Augen trainieren, indem wir uns immer wieder neu vom Heiligen Geist mit dem Geist der Offenbarung und der Weisheit erfüllen lassen, dann werden wir uns nach einiger Zeit des Trainings sehr sicher in der unsichtbaren Welt bewegen, die uns durch das Wort Gottes eben doch erschlossen ist.

Wir werden zeitlich den sichtbaren Ereignissen immer etwas voraus sein, indem wir nicht mehr abhängig sind vom natürlichen Ablauf der Dinge, sondern sie durch Glauben im Sinne unseres Herrn in Bewegung setzen, schöpferisch Neues gestalten und uns die Dinge untertan machen.

Das ist auch die Art und Weise, wie Gott selbst handelt. Abraham hat Gott geglaubt, „der die Toten lebendig macht und das Nichtseiende ruft, wie wenn es da wäre." (Römer 4,17, Elberfelder Übersetzung). Also auch Gott muß, bevor er das schöpferische Wort im Glauben ausgesprochen hat, die Dinge bereits vor Augen gehabt haben, die er schaffen wollte. Wenn wir nicht vor unseren geistlichen Augen des Herzens sehen, was unser Glaube bewirken soll, dann werden unsere Glaubenserfahrungen immer sehr begrenzt bleiben.

Aber zur Glaubens-Seherfahrung gehört auch, daß wir wegschauen von jenen sichtbaren Dingen, die der neuen Realität entgegenstehen. Deswegen lesen wir von Abraham, dem Vater des Glaubens, daß er sehr wohl wußte, daß man auch wegschauen muß, um durch Glauben das Verheißene zu erlangen.

Römer 4,19
Und er ward nicht schwach im Glauben, sah auch nicht an seinen eigenen Leib, welcher schon erstorben war, weil er fast hundertjährig war, noch den erstorbenen Leib der Sara.

Was wir bei Abraham für den Einzelfall der Zeugung des verheißenen Sohnes Isaak sehen, gilt für uns generell, wenn wir Menschen des Glaubens sein wollen. Das drückt das Wort in Hebräer 12,2 in seiner wörtlichen Übersetzung wie folgt aus: „Lasset uns wegsehen, hin zu Jesus, den Anfänger und Vollender des Glaubens, welcher, da er wohl hätte Freude haben können, erduldete das Kreuz und achtete die Schande nicht und hat sich gesetzt zur Rechten des Thrones Gottes."

Wenn wir auf Jesus, den Autor und den Vollender des Glaubens sehen wollen, müssen wir wegsehen von den jeweiligen Umständen, die uns gefangennehmen wollen. Wir sollen und können nicht das Problem ständig vor Augen haben und gleichzeitig auf den Herrn sehen, durch den wir Glauben beziehen. Natürlich müssen wir das Problem registrieren — Glauben heißt nicht, so zu tun, als ob es keine Schwierigkeiten und Nöte gäbe —, aber dann entscheiden wir uns, wegzuschauen von den Umständen und hinzuschauen auf den Herrn, wie er am Kreuz hing und dabei alle unsere Leidenserfahrungen auf sich zog. Wir sehen aber auch auf Jesus zur Rechten des Thrones Gottes, wodurch wir die Dimension der Autorität und Überlegenheit in unseren Glauben einfügen.

These *(57)*
Wer im biblischen Sinne glaubt, wird in der Zeit des Glaubens die begehrten Dinge nicht mit seinen physischen Augen sehen, aber von einer derartigen Gewißheit über die Realität der im Glauben empfangenen Antworten Gottes sein, daß er sie in seinem Herzen bezeugen kann. Es gehört aber auch zur Glaubenserfahrung, daß wir uns vom Heiligen Geist die Augen des Herzens erleuchten und

öffnen lassen, wodurch wir im Lebensstil des Glaubens den Verhältnissen unserer Umwelt zeitlich voreilen und die Ziele unserer Gebete bereits innerlich erhört sehen. Wer so glaubt, fixiert sich nicht auf das leidvolle Sichtbare und kann deswegen von den Umständen nicht überwunden werden.

Die Sprechkultur des Glaubenden

Wer dem Worte Gottes und seinen präzisen Verheißungen mehr Glauben schenkt als den Umständen, die den Worten Gottes widersprechen, hat eine so bestimmte und außergewöhnliche Haltung eingenommen, daß alles davon gekennzeichnet sein wird, auch die Art seines Redens.

Die Bedeutung des angemessenen Redens und Bekennens in Abhängigkeit von dem, was man glaubt, ist so wichtig, daß ich diesem Thema den dritten Teil dieses Buches reserviert habe. Das geschieht auch im Hinblick auf die vielen Verkennungen und auch Verzerrungen der biblischen Lehre des Redens. Wir brauchen so etwas wie eine Theologie des Redens, damit wir unser Sprechen verändern.

Aus zwei Schriftworten wollen wir die wichtigsten Aussagen über die Bedeutung des glaubenden Bekennens ableiten:

Römer 10,10
Denn wenn man von Herzen glaubt, so wird man gerecht; und wenn man mit dem Munde bekennt, so wird man gerettet. (Wörtlich heißt es: „Mit dem Herzen glauben wir zur Gerechtigkeit, aber mit dem Mund erfolgt das Bekennen zur Rettung".)

Markus 11,23
Wahrlich, ich sage euch: Wer zu diesem Berge spräche: Hebe

dich und wirf dich ins Meer! und zweifelte nicht in seinem Herzen, sondern glaubte, daß es geschehen würde, was er sagt, so wird's ihm geschehen.

Nach diesen beiden Worten hat das glaubende Bekennen eine Doppelfunktion. Zum einen ist es ein Geschehen nach bereits entstandenem Glauben und auf Grund von Glauben. Römer 10,10 sagt, daß man mit dem Herzen auf die Gerechtigkeit hin glaubt. Glaube ist also schon vorhanden. Aber die Auswirkung des Glaubens ist an das Reden gebunden. Dieses Ergebnis wird noch deutlicher durch Markus 11,23 ausgedrückt.

Mit dem Herzen zu glauben reicht nicht aus, um Resultate zu erzielen. Glaube mag wohl da sein, aber er hat keine Auswirkung. Die Resultate des Glaubens, die sich im Sichtbaren, Hörbaren und Diesseitigen erweisen sollen, sind an das glaubende Bekennen gebunden.

Unser Mund ist unser Beschlußorgan, durch welches der Inhalt unseres Glaubens aus der Tiefe und Unsichtbarkeit unseres Herzens in die Hörbarkeit und Sichtbarkeit unseres diesseitigen Lebens verlagert wird. Bis zu dem Stadium des Bekennens waren alle Glaubensschritte immaterielle und weitgehend unsichtbare, interne Vorgänge unseres Herzens. Weil aber Glaube kein Selbstzweck bleiben soll, sondern letztlich auf konkrete Resultate in der Diesseitigkeit unseres Lebens in Zeit und Raum angelegt ist, bedarf es eines Durchbruchs aller Glaubensinhalte vom Unsichtbaren ins Sichtbare und Hörbare. Das ist das Reden und Bekennen des Wortes des Glaubens.

Wohlgemerkt, das Bekennen als solches bringt keinerlei Resultate. Hier liegt der große Irrtum vieler Jünger des Bekennens. Beide Elemente gehören zusammen: das glaubende Herz, das mit konkreten Glaubensinhalten gefüllt ist, und das Aussprechen dieser Inhalte durch glaubensvolle Worte und Aussagen.

These *(58)*

Bekennen im Umkreis der Thematik Glaube heißt, Glaubensinhalte in Worte zu fassen, die in unserem Herzen lagern und unser Bewußtsein und Denken prägen und bestimmen. Reden in diesem Sinne ist eine Art biblischen Handelns (Kolosser 3,17), wodurch der Glaube einen Schub erfährt, der seine Inhalte ins Sichtbare befördert. Unter der Voraussetzung, daß Glaube vorhanden ist, gilt die Regel: Wir kommen in unserer Erfahrung nicht weiter, als unsere Bekenntnisse gehen.

Glaube enthält Handlung

Einen Handlungsausdruck des Glaubens haben wir nun kennengelernt, das glaubende Bekennen. Jeder gesunde, produktive Glaube hat eine Handlungskomponente an sich.

Nach dem Zeugnis des Jakobusbriefes ist der Glaube, der frei ist von Werk oder Handlung, ein toter Glaube.

Jakobus 2,17-23.26

17 So auch der Glaube, wenn er nicht Werke hat, ist er tot in sich selber.

18 Aber es könnte jemand sagen: Du hast Glauben, und ich habe Werke; zeige mir deinen Glauben ohne die Werke, so will ich dir meinen Glauben zeigen aus meinen Werken.

19 Du glaubst, daß nur einer Gott ist? Du tust wohl daran; die Teufel glauben's auch und zittern.

20 Willst du aber erkennen, du törichter Mensch, daß der Glaube ohne Werke tot ist?

21 Ist nicht Abraham, unser Vater, durch Werke gerecht geworden, als er seinen Sohn Isaak auf dem Altar opferte?

22 Da siehst du, daß der Glaube zusammengewirkt hat mit sei-

nen Werken und durch die Werke der Glaube vollkommen geworden ist,

23 und so ist die Schrift erfüllt, die da spricht: „Abraham hat Gott geglaubt, und das ist ihm zur Gerechtigkeit gerechnet", und ward „ein Freund Gottes" geheißen.

26 Denn gleichwie der Leib ohne Geist tot ist, so ist auch der Glaube ohne Werke tot.

Wenn wir also begrifflich genau vorgehen, dann müssen wir formulieren, daß der Glaube, wie wir ihn bisher definiert und entwickelt haben, zwar biblisch gültiger und zulänglicher Glaube ist, aber ihm eignet ein wichtiger Mangel: Er hat kein Leben. Auch ein toter Glaube ist ein Glaube, aber er hat keinerlei praktische Auswirkung. Er bringt nichts zuwege. Er ist leblos.

Wer wirklich dem Worte Gottes glaubt und sich in seinem Herzen festgelegt hat, dem Herrn zu vertrauen und die Worte Gottes über alle Erfahrungen und Umstände seines Lebens zu setzen, der wird nicht anders können, als sich so zu verhalten, das heißt, so zu wirken, zu reden und zu handeln, wie er glaubt. Handeln ist insofern der sichtbarste und verläßlichste Beweis dafür, daß wir uns unumkehrbar in unserem Herzen auf die biblische Wahrheit festgelegt haben. Wer nicht so handelt, wie er glaubt, der bewahrt sich einen Rest von Unverbindlichkeit und Vorbehalt, mit dem er seinen mangelnden Glauben schließlich doch verrät.

Wenn der Jakobusbrief von den Werken des Glaubens berichtet, dann versteht er unter dem Werk oder unter der Handlung nicht eine eigenständige, menschliche Produktion des Wunders selbst, als ob wir Menschen selbst das Wunder durch unsere Handlung fertigten, sondern nur den sichtbaren Ausdruck einer Haltung, die hier das Wunder abholt. Die Handlung oder das Glaubenswerk steht nicht im Gegensatz zum Glauben, sondern ist Ausdruck des Glaubens und macht den Glauben erst vollkommen.

Der vollkommene Glaube ist der erfolgreiche Glaube, dem sichtbare, hörbare oder anfaßbare Fakten folgen. Alle biblischen Beispiele über den Glauben enthalten eine Handlungskomponente. Wer glaubt, der muß es mit seiner ganzen Person tun, was die Motorik seiner Sprechorgane und aller Gliedmaße mit einschließt. Wie Petrus auf das Wort des Herrn hin die Netze auswarf, so sollen wir auf das Wort unseres Herrn hin, das wir im Glauben ergriffen haben, gehen, handeln, greifen, aufstehen – aber auch Dinge lassen, die ein Ausdruck unseres Unglaubens wären.

These *(59)*
Glaube wird erst durch die Tat, die den Glauben flankiert und ausdrückt, lebendig und vollkommen. Wer glaubt, hat den Drang, das mit Taten, Werken und Handlungen auszudrücken. Glaube ohne Handlung ist tot und bringt deswegen keine Frucht zustande. An der Glaubenshandlung erkennt man die Wahrhaftigkeit des Glaubenden. Auf der anderen Seite ist jede Tat ohne Glaube in letzter Konsequenz Sünde und ein Akt der Unabhängigkeit.

Die motivierende Kraft der Liebe

Glaube braucht ein Motiv. Wenn das Motiv nicht Liebe ist, die einem anderen Gutes tun will, erfreuen und helfen will, dann gibt es für Gott keinen Grund, unseren Glauben zu stärken. Ein Glaube, der ausschließlich auf eigene Interessen fixiert ist, würde uns zu Glaubensmonstern werden lassen. Wir dürfen nicht vergessen, daß Liebe größer ist als Glaube:

> **1. Korinther 13,13**
> **Nun aber bleibt Glaube, Hoffnung, Liebe, diese drei; aber die Liebe ist die größte unter ihnen.**

Der Weg zur Liebe führt über Glauben. Bis jetzt haben wir ausschließlich vom Wort Gottes als dem Ziel und Objekt des Glaubens gesprochen. Aber unser Glaube kann auch nach der Liebe greifen.

1. Johannes 4,16
Und wir haben erkannt und geglaubt die Liebe, die Gott zu uns hat. Gott ist Liebe; und wer in der Liebe bleibt, der bleibt in Gott und Gott in ihm.

Wenn wir erkennen, daß in Gott die Liebe ist, ja, daß Gott Liebe ist, dann haben wir nach diesem Schriftwort das Recht und die Möglichkeit, durch Glauben Liebe zu ergreifen. Die Liebe Gottes ist zwar ausgegossen in unser Herz durch den Heiligen Geist, aber durch den Glauben, mit dem wir uns immer wieder die Realität der Liebe Gottes zu uns vergegenwärtigen und ergreifen, wird sie erlebbar, fühlbar und zur wirksamen Kraft in unserem Denken und in unseren Motiven. Erst wenn wir die Liebe, die Gott zu uns hat, in voller Breite in Empfang genommen haben, sind wir unsererseits imstande, Gott selbst und auch andere Menschen zu lieben.

Die im Glauben von Gott empfangene Liebe hat indessen die allergrößte Bedeutung für die weitere Intensivierung und Mehrung unseres Glaubens.

Galater 5,6
Denn in Christus Jesus gilt weder Beschneidung noch Unbeschnittensein etwas, sondern der Glaube, der durch die Liebe tätig ist.

Die Bedeutung der Liebe geht nach diesem Pauluswort weit über den Gesichtspunkt der rechten Motivation für den Glaubenden hinaus. Glaube wird durch Liebe erst im vollen Umfang wirksam. Natürlich können und sollen wir das Angebot des Glaubens für eigene Bedürfnisse und Belange benutzen. Wollen wir aber sehen, daß der Herr außerordentliche Taten durch uns tut, dann ist das nur durch die Motivation der Liebe möglich, die wir zuvor durch Glauben von Gott bezogen haben.

Durch Glauben erkennen wir, daß Gott gut, freundlich, geduldig und von großer Liebe ist. Indem wir durch Erkenntnis und Glauben diese Eigenschaften Gottes wahrnehmen und erleben, trauen wir ihm alles andere zu, was die Kraft unseres Glaubens verstärken wird.

Der Epheserbrief sagt uns in Kapitel 3,17, daß Christus durch den Glauben in unseren Herzen wohnen soll und wir in der Liebe eingewurzelt und gegründet sein sollen. Vom Worte Gottes haben wir vernommen, daß es, wenn es sich in unserem Herzen befindet, Wurzeln in das Herz hineinwachsen läßt. Von der Liebe Gottes hören wir nun, daß sie uns umgibt, sofern Christus durch den Glauben in unseren Herzen wohnt, und daß wir als Gesamtperson in diese Liebe hinein eingewurzelt und gegründet sein sollen. Wer Gottes Güte und Liebe, seine Freundlichkeit und Langmut durch Glauben erfaßt, erlebt sich nicht mehr von einer feindlichen und gefährlichen Umwelt umgeben und bedroht – er erlebt sich von der Liebe Gottes geborgen und umfangen. Für den Glaubenden ist die Erde voll von der Güte des Herrn (Psalm 33,5).

Eine solche Haltung und die Erfahrung von Geborgenheit wird ein ganz anderes Maß an Glaubensselbstverständlichkeit und -zuversicht freisetzen als eine Glaubenshaltung, die sich mühsam von Verheißungswort zu Verheißungswort vorankämpft, um sich für jeden Einzelfall erneut die Gewißheit von Gottes Eingreifen zu verschaffen.

These *(60)*
Es ist entscheidend, daß wir uns nicht nur an einzelne Aussagen Gottes halten (Glaube an sein Wort), sondern daß wir seinen Charakter, seine Liebe und sein freundliches Wesen erkennen und glauben und als Grundbefindlichkeit stetig in uns haben.
Wer nicht grundsätzlich und faktisch immer wieder von der vorhandenen Güte Gottes ausgeht, läuft Gefahr, daß sein Glaubensleben

zur Glaubensarbeit verformt wird, also mühsam, starr und gesetzlich wird und somit das Gegenteil von dem, was Glaube nach Gottes Willen eigentlich sein soll: das Vertrauen in Gott, von dessen Liebe und Freundlichkeit man überwältigt ist und dem man deswegen jedes einzelne Versprechen mit Freuden und in Selbstverständlichkeit abnimmt.

Kapitel 2

Glaube, Unglaube und Zweifel

Gewöhnlich hat jede Wahrheit, Tugend oder Haltung ein Gegenteil, der Glaube hat zwei: Unglaube und Zweifel. In den Reden Jesu finden wir häufig die Brandmarkung des Unglaubens der Jünger. Er erklärte ihnen auf ihre Frage, weswegen sie die bösen Geister aus dem dämonisch besetzten Jungen, der ihnen in der Abwesenheit des Herrn von dem Vater vorgeführt wurde, nicht austreiben konnten, daß das wegen ihres Unglaubens oder Kleinglaubens nicht möglich war. An einer anderen Stelle sagt er einfach: „...sei nicht ungläubig, sondern gläubig!" (Johannes 20,27). Und während und nach der Speisung der Vier- und Fünftausend bemerkte und kommentierte er ihren Unglauben. Bei der stürmischen Bootsfahrt auf dem See Genezareth, als ihr Boot bereits voll Wasser war, fragte er sie: „Wo ist euer Glaube?" (Lukas 8,25).

Unglaube ist schlicht die Folge von unterlassenem Aufbau des Glaubens durch das Wort Gottes. Wer nichts dafür tut, daß sich sein Glaube entwickelt, indem er das Wort Gottes studiert und ihm sein Herz öffnet, der muß im Unglauben verbleiben. Insofern ist Unglaube das Gegenteil von Glaube.

Auch Zweifel läuft dem Glauben zuwider, kann sich aber auch unverbunden neben dem Glauben befinden oder verborgen hinter dem Glauben verstecken, um sich auf einmal zu offenbaren und das Werk des Glaubens zu vereiteln. Der Zweifel ist eine heimtückische Kraft, die unversehens auftaucht, meist von dem, der glauben will, gar nicht gewollt ist und doch durch seine Anwesenheit die Pläne Gottes verhindert.

Die große Masse der Menschen und auch vieler schlecht belehrter Christen ist schlicht ungläubig. Aber der Zweifel kann den engagiert

Glaubenden ereilen, ihn unterlaufen und zu Fall bringen. Wer jemals mit ganzer Leidenschaft und Hingabe ein Glaubensziel verfolgte und dann auf einmal in seinem Herzen Zweifel feststellte, mit dem er sich nicht identifizierte und den er bekämpfte und verjagen wollte, der aber dennoch hartnäckig blieb, der weiß, wovon ich spreche. Zweifel ist nicht identisch mit Unglauben.

Aber die Tatsache, daß ein solcher Zweifel, den wir gar nicht gewollt und gerufen haben, auftritt, ist dennoch nicht belanglos. Achten wir noch einmal auf die Worte Jesu:

Markus 11,23:
Wahrlich, ich sage euch: Wer zu diesem Berge spräche: Hebe dich und wirf dich ins Meer! und zweifelte nicht in seinem Herzen, sondern glaubte, daß es geschehen würde, was er sagt, so wird's ihm geschehen.

Und fügen wir noch das wohlbekannte Wort aus dem Jakobusbrief hinzu:

Jakobus 1,6-8
6 Er bitte aber im Glauben und zweifle nicht; denn wer da zweifelt, der ist gleich wie die Meereswoge, die vom Winde getrieben und bewegt wird.
7 Solcher Mensch denke nicht, daß er etwas von dem Herrn empfangen werde.
8 Ein Zweifler ist unbeständig in allen seinen Wegen.

Beide Worte sagen uns, daß Zweifel das durch Glauben angestrebte Werk Gottes verhindert. Wer im Herzen zweifelt – was noch etwas anderes ist als eine kurze Belästigung durch einen gedanklichen Zweifel, den man nicht akzeptiert –, kann vom Herrn nicht empfangen.

Die Jakobusstelle verrät uns dann noch, daß Zweifel im Herzen Ausdruck einer gravierenden Fehlhaltung ist, in welcher sich Unbeständigkeit in allen eigenen Belangen ausdrückt. Wir sehen also, daß nach dem Urteil der Schrift der Zweifel nicht so etwas wie ein geistliches Kavaliersdelikt ist, das man großzügig übersehen darf. Hinter Zweifel steht viel mehr!

Diese biblische Diagnose müssen wir, die wir uns durch Impulse des Zweifels betrogen fühlen und diese als gemein und hinterhältig ansehen, zur Kenntnis nehmen. Wir sehen den durch Zweifel verursachten Raub und fühlen uns als Opfer und nicht als Autoren des Zweifels. Und doch sind wir es, obgleich uns das Material zum Zweifeln tatsächlich vom Teufel eingegeben wird. Was sind die Zusammenhänge?

Zweifel ist der Ausdruck von bejahter Erkenntnis, die im Gegensatz zu den Wahrheiten des Wortes Gottes steht. Der Zweifel hat also viel mit der Erkenntnisfrage zu tun, die wir im ersten Teil des Buches abgehandelt haben. Weil Zweifel aber die Erhörung unserer Glaubensgebete verhindert, müssen wir mit großer Gewissenhaftigkeit darauf achten, was wir alles an Gedanken, Wahrheiten, Prinzipien, Einstellungen und Philosophien annehmen, anerkennen und dadurch glauben. Weil unserem Herzen die Fähigkeit einer glaubenden Verstärkung von allen Eindrücken, die wir aufgenommen haben, eigen ist, wird es rücksichtslos jede Gedanken- und Erkenntnissaat in uns aufgehen lassen. Zweifel ist eine solche aufgehende Saat von Einsichten und Gedanken, die möglicherweise mit dem Glaubensziel, das wir verfolgen, zu tun hat, die aber auch ganz andere Bereiche betreffen kann.

Zweifel kann allerdings auch dadurch entstehen, daß wir bestimmte göttliche Erkenntnis aus der Schrift im Prinzip bejaht haben, aber sie uns doch nicht im Glauben und im Glaubensgehorsam angeeignet haben. Dann besteht im Umkreis dieser Thematik im Herzen ein Wahrheitsvakuum, in das der Feind seine Gedanken hineinlegen kann, ohne daß wir uns dagegen ernsthaft wehren könnten.

Alles, was dem Worte Gottes zuwiderläuft, stellt den gedanklichen Keil eines Zweifels dar, der im Augenblick des Glauben-Wollens durch die Oberfläche unseres Bewußtseins hindurchbricht und sich als Zweifel anmeldet. Jesus hat in dem Gleichnis vom vierfachen Ackerfeld beim dritten Bodentyp, auf dem die Dornen wuchsen, die hauptsächlichen Formen solcher verkehrten Gedanken und Anschauungen erwähnt und systematisiert (Markus 4,7.18-19). Es sind die Sorgen dieser Welt, der Betrug des Reichtums und die Begierden nach den Dingen dieser Welt. Wo sie im Herzen neben dem vorhandenen Glauben (!) vorliegen, stellt sich keine Frucht ein.

Die Sorgen beinhalten die Einsicht, daß alle Gefahren und Bedrohungen dieser Welt und des Teufels größer sind als der Schutz und die Hilfe Gottes. Der Betrug des Reichtums liegt darin, daß man sich im Augenblick des Glaubens mehr auf irdische Schätze, Möglichkeiten, Verbindungen, Beziehungen, Fähigkeiten, Bildung und dergleichen verläßt als auf den Herrn, oder daß man beides zu verbinden sucht. Und die Begierden nach den Dingen dieser Welt beinhalten die Anschauung, daß Gott wohl heilig, aber letztlich nicht glücklich und zufrieden machen kann. Wo diese Anschauungen vorliegen, wird der Glaube keine Frucht bringen. Wir sehen, das sind zum Teil recht allgemeine Gründe, und doch zerstören sie die Frucht des Glaubens.

Ein weiterer Grund, der Zweifel entstehen läßt, liegt in der Anerkennung von ganz konkreten verkehrten Lehrmeinungen und Gedanken, die im Widerspruch zum Worte Gottes stehen. Diese Gedanken können, solange eine Gefahr und Herausforderung nicht gegeben ist, unerkannt und ohne sichtlichen Schaden zu bewirken, in uns ruhen. Sobald wir aber aufgerufen sind, in einer bestimmten Not durch biblischen Glauben Gottes Hand in Bewegung zu setzen, geht die Frucht der zugelassenen verkehrten Gedanken auf. Das Herz hat wieder einmal „Glauben" produziert, diesmal aber einen Glauben an verkehrte Überzeugungen. Das Herz konnte nicht anders. Es mußte seiner Natur gemäß mit Glauben reagieren, diesmal aber im negativen Sinne. Es entstand der Zweifel.

Zweifel können also verhindert werden. Wir müssen es nicht hinnehmen, daß uns der Zweifel betrügt und unterläuft. Der Heilige Geist fordert uns auf, alle unsere Gedanken und Anschauungen zu sondieren, um mit Kühnheit und Radikalität jeden Gedanken, den wir bis jetzt bejaht haben und der im Widerspruch zum Worte Gottes steht, aus uns zu entfernen. Das wird uns nicht zur Verarmung führen. Wir werden keine engherzigen Fanatiker werden, wie es uns der Teufel eingeben will. Unsere Gedanken werden vielmehr geglättet und geradlinig werden. Die Logik des Wortes Gottes ist frei von allen Sprüngen und Lücken. Klarheit, Einfachheit, Deutlichkeit und Transparenz werden uns kennzeichnen und segnen. Und darüber hinaus verliert der Zweifel seine Macht. Wir müssen dann nicht mehr im Einzelfall einen erbitterten gedanklichen Kampf gegen Impulse des Zweifels kämpfen. Der Zweifel, der keine gedankliche Nahrung oder Nachschub erhält, bricht in sich zusammen oder kommt gar nicht erst zustande.

Die biblische Lehre über die Begründung des Zweifels ist also hilfreich und einmal neu ein Beweis dafür, wie stark die Thematik des Glaubens mit der Frage der Erkenntnis verbunden ist. Wenn wir voll vom Worte Gottes sind, dessen Wahrheit unser Kompaß in allen Erkenntnisfragen geworden ist, und wenn wir einzelne Verheißungen im Herzen durchmeditieren, dann wird es in uns nur eine Botschaft geben: die göttliche Wahrheit. Und sie schließt jeden Zweifel aus.

Kapitel 3

Wie der Glaubende sein Zeugnis erhält und versetzt wird

Es gibt eine dem Glauben innewohnende Sicherheit und einen Beweis dafür, daß man sich mit seinen Glaubensschritten in die richtige Richtung bewegt und weiß, daß man ans Ziel kommt, obwohl man es mit seinen physischen Augen noch gar nicht sieht. Über diese eingebaute Gewißheit spricht das Wort Gottes in den ersten beiden Versen des 11. Kapitels des Hebräerbriefes:

Hebräer 11, 1-2 (wörtlich)
1 Es ist aber der Glaube die Grundlage dessen, das man hofft, und ein Beweis dessen, das man nicht sieht.
2 In solchem Glauben haben die Alten Zeugnis empfangen.

Der biblisch korrekte Glaube, also der Glaube Gottes, bewirkt am Glaubenden etwas Entscheidendes. Wer glaubt, wie die Schrift es sagt, und dabei ganz wahrhaftig ist, erlebt in seinem Herzen einen Beweis von dem, was er selbst noch nicht sehen kann. Der Glaube ist für ihn real, und zwar in einem solchen Maße, daß er die Glaubenszuversicht wie ein Beweismittel ansieht.

Nun heißt es in Vers 2, daß in einem solchen Glauben (man achte auf das Wort „solchen") die Alten, also die großen Männer des Alten Testamentes, Zeugnis empfingen. Was ist ein Zeugnis? Ein Zeugnis stellt die Berichterstattung über ein Ereignis dar, bei dessen Ablauf man anwesend war und es so genau und gewissenhaft miterlebt hat, daß es als Beweismittel gebraucht werden kann.

Das Zeugnis, von dem hier die Rede ist, ist ein inneres Zeugnis, eine innere Gewißheit, die so prägnant ist, daß sie dem Glaubenden als Beweismittel dafür ausreicht, daß er Gott erlebt und gehört hat.

Ein Zeugnis redet. So spricht auch Gott durch das Zeugnis unserer Gewißheit in unserem Herzen deutlich zu uns. Es ist nun nicht unwichtig, daß diese innere Gewißheit, die der Glaubende empfängt, ausgerechnet Zeugnis genannt wird. Damit will Gott uns sagen, daß der Glaube, der durch das Wort Gottes angeregt worden ist, eine Art Innenerfahrung darstellt. Denn nur eine Erfahrung kann man bezeugen.

Es ist interessant, daß im nächsten Satz vom elften Kapitel des Hebräerbriefes dann die Rede davon ist, daß wir durch diesen Glauben erkennen können, daß die Welt durch Gottes Wort gemacht ist.

Hebräer 11,3
Durch den Glauben erkennen wir, daß die Welt durch Gottes Wort gemacht ist, so daß alles, was man sieht, aus nichts geworden ist.

Der Beweis dafür, daß diese Welt durch Gottes Schöpfungskraft zustande kam, kann also nach diesem Schriftwort, das gewiß nicht zufällig den vorhergehenden Zusammenhängen zugeordnet ist, durch einen inneren Glaubensbeweis erbracht werden, und nicht so sehr − oder möglicherweise gar nicht − durch eine naturwissenschaftliche Beweisführung. Natürlich wird es von dieser richtigen Voraussetzung des Glaubens und der Gewißheit von einer Schöpfungsentstehung der Erde aus auch möglich sein, einen naturwissenschaftlichen, stichhaltigen Nachweis für den Innenbeweis zu erbringen. Aber die Gewißheit und das Zeugnis darüber, daß es an dem ist, kommt wohl durch den Glauben zustande.

Ein solcher Beweis über den Schöpfungsursprung dieser Welt, der im Herzen stattfindet, hat sich hunderttausendfach bei all jenen Menschen ereignet, die ihr Leben Jesus übergaben und auf einmal auch wußten, daß Gott der Schöpfer dieser Welt ist.

Hebräer 11,4

Durch den Glauben hat Abel Gott ein besseres Opfer gebracht als Kain; deshalb wurde ihm bezeugt, daß er gerecht sei, da Gott selbst für seine Gaben Zeugnis gab; und durch den Glauben redet er noch, wiewohl er gestorben ist.

Glaube drückt sich in einer Handlung aus. In diesem Fall bestand die Handlung in der Darbringung eines Opfers. Weil uns aber im Hebräerbrief das Opfer als Glaubenshandlung dargestellt wird, müssen wir nach allem, was wir über den Glauben wissen, davon ausgehen, daß Gott zuvor zu beiden gesprochen haben muß. Sonst wären sie nicht auf den Gedanken gekommen, Gott zu opfern.

Also Gott sprach, sie hörten, zumindest Abel glaubte und sie handelten dann beide. Kain wird nur die Aufforderung Gottes vernommen haben, ihm ein Opfer zu bringen. Aber es wurde von ihm nicht genau in der Weise dargebracht, wie es Gott erwartet hatte. Anders bei Abel. Gott wird ihn angewiesen haben, ein Tier von den Erstlingen seiner Herde zu nehmen und von dessen Fett das Opfer zu bringen. Abel tat im Glaubensgehorsam genau das, was Gott sagte, und deshalb wurde Abel von Gott das Zeugnis gegeben, daß er gerecht sei.

Fassen wir noch einmal die ganze Kette von Abläufen zusammen. Wir sehen dabei eine recht interessante Abfolge:
Zuerst sprach Gott, Abel hörte, er glaubte, er handelte, wie er glaubte. Indem er glaubend handelte, sprach Gott ein zweites Mal zu ihm, und zwar in Gestalt des Zeugnisses, das er dadurch gerecht geworden sei.

Dieser Vorgang sagt uns recht deutlich, daß beim biblisch korrekten Glaubensgeschehen Gott mindestens zweimal redet.

These *(61)*
Am Anfang gibt Gott ein Wort der Ermutigung, der Aufforderung oder ein Verheißungswort im Sinne eines Angebotes. Dann kommt

*unsererseits das glaubende Reagieren zustande. Und indem wir so
glauben, wie wir hören und daraufhin handeln, redet Gott ein zweites Mal in Gestalt des Zeugnisses zu uns. Dieses Zeugnis ist eine
Art Innenbeweis in der Art einer starken Gewißheit, daß wir richtig
reagiert und gehandelt haben und daß Gott mit uns sei. Dieser Beweis durch das Zeugnis ist so gewichtig, daß uns dadurch sogar die
Gerechtigkeit durch Gott zuteil werden kann.*

So wird es von Abraham, von Abel, von Noah (Hebräer 11,7) und,
mit leicht veränderter Formulierung, auch von Henoch gesagt. Es
darf also verallgemeinert werden, zumal diese Beispiele vor der Offenbarung Jesu stattfanden, daß glaubendes Empfangen des Redens Gottes und ein Handeln danach neben allen Segnungen des
Glaubensaktes selbst auch noch zu dem gewaltigen und hauptsächlichen Segen der Gerechtigkeit durch Gott führen. Und diese
Innenerfahrung wird uns durch ein Zeugnis, das Gott selbst gibt, zuteil.

Darüber hinaus ist es von Interesse, daß Abel, der also zweimal das
Reden Gottes gehört und angenommen hatte, durch sein Beispiel
auch heute noch redet, obwohl er längst gestorben ist. Wenn wir
das Reden Gottes annehmen, dann wird unser Beispiel obendrein
auch ein Zeugnis für andere!

Hebräer 11,5
**Durch den Glauben ward Henoch weggenommen, daß er den Tod
nicht sähe, und ward nicht mehr gefunden, darum daß ihn Gott
wegnahm; denn vor seiner Wegnahme hat er das Zeugnis gehabt, daß er Gott gefallen habe.**

Auch im Falle des Beispiels Henochs ist von einem Zeugnis die Rede. Es wird gesagt, daß er Gott durch seinen Glauben so gefallen
habe, daß er von der Erde weggenommen wurde. Wenn wir auf
Gottes Angebot so exakt reagieren, wie es Henoch getan haben

muß, dann erleben wir in uns nicht nur ein schönes und angenehmes Gefühl, daß Gott uns nahesteht und uns wohlgesonnen ist. Wir erleben eine weit darüber hinausgehende Erfahrung im Sinne einer klaren inneren Antwort. Gott bestätigt uns, daß wir angenommen sind.

These (62)

Das präzise, glaubende Reagieren auf die exakten Aussagen des Herrn ist das beste Gegenmittel gegen Verdammnisgefühle, Isoliertheitseindrücke, Unsicherheit, Ablehnung und Verzweiflung. Wir, die wir dem Herrn glauben, haben natürlich auch Stimmungen und Gefühle. Aber sie sind nicht alles, sondern nur die Begleiteindrücke von einem exakten Innenzeugnis, das mit beweishafter Kraft in uns ruht und wonach wir von Gott angenommen und gerecht geworden sind.

Hebräer 11,7
Durch den Glauben hat Noah Gott geehrt und die Arche zubereitet zur Rettung seines Hauses, da er ein göttliches Wort empfing über das, was man noch nicht sah; und durch seinen Glauben sprach er der Welt ihr Urteil und hat ererbt die Gerechtigkeit, die durch den Glauben kommt.

In diesem Wort tritt der Begriff Zeugnis nicht auf. Aber weil Noah Gott vertraute, bekam er von Gott den klaren Auftrag, zu seiner eigenen Rettung ein großes Schiff zu bauen. Er hat durch seinen Glauben Gott geehrt und für sich selbst Gerechtigkeit empfangen, die ja durch den Glauben kommt.

Wir kennen mittlerweile schon die Gesetzmäßigkeit: Wenn Gott redet und wir im Glauben handelnd reagieren, empfangen wir neben der sichtbaren Auswirkung unseres Glaubens noch ein Innenzeugnis, durch das uns Gerechtigkeit zuteil wird. Glaube ist in Gestalt dieses inneren Zeugnisses (Annahme durch Gott) eine in sich Gerechtigkeit bewirkende Erfahrung. Durch Glauben werden wir befördert, wir werden in die nächste Klasse versetzt. Das Urteil Gottes über uns ist durch und durch positiv, nämlich: Du bist gerecht.

Wir selbst sprechen aber durch unser Glaubensbeispiel unserer Umwelt das Urteil. Wenn wir das Reden Gottes durch Glauben angenommen haben, dann redet anschließend unser Glaubensbeispiel zu anderen. Unser Glaube stellt dann die Norm dar, an der sich andere messen und aufbauen können und an der sie beurteilt werden.

Hebräer 11,39
Diese alle haben durch den Glauben das Zeugnis Gottes empfangen und doch nicht erlangt, was verheißen war.

Alle in diesem Glaubenskapitel aufgeführten Männer und Frauen haben durch Gott ein inneres Zeugnis empfangen, daß er ihren Glauben angenommen hat. Aber die Hauptsache, die direkte Erfahrung Jesu durch den Glauben, wodurch er in unser Herz kommt und der Anfänger und Vollender des Glaubens werden kann (Hebräer 12,2), haben sie alle nicht machen können. Das war uns vorbehalten.

Indem Jesus nun als Person durch sein Wort direkt in uns wohnt und durch den Heiligen Geist zu uns redet, werden wir befähigt, eine viel tiefer gehende Erfahrung der Gewißheit des Redens Gottes und des beweisenden Zeugnisses von Heilsgewißheit, Kindschaft Gottes und Gemeinschaft mit dem Herrn zu empfangen.

Weil das Wort Gottes an den aufgeführten Stellen, aber auch anhand von zwei unterschiedlichen Lebensumständen des Abraham die Erfahrung der Gerechtigkeit durch Gott mit dem glaubenden Reagieren auf Worte Gottes verbindet (1. Mose 15,6 und 22,12), dürfen wir verallgemeinern:

These (63)
Wer die Stimme Gottes hört und im Glauben darauf reagiert, erlebt

unabhängig von dem spezifischen Anlaß der Glaubenserfahrung eine Gerechtigkeit bestätigende Innenerfahrung. Wir können zwar nur einmal gerecht werden durch die glaubende Annahme des Heils in Jesus. Aber darüber hinaus haftet jedem einzelnen Glaubensschritt die Kraft und die Bestätigung der Gerechtigkeit an. Wer viel im Glauben auf Gottes Reden reagiert, wird die empfangene Gerechtigkeit durch Gott stärker und umfassender wahrnehmen als andere, die es bei ihrem einmal empfangenen Status belassen. Wir sollten dieses uns wiederholt mögliche Zeugnis nicht geringachten.

Kapitel 4

Glauben oder Sündigen

Psalm 119,11
Ich behalte dein Wort in meinem Herzen, damit ich nicht wider dich sündige.

Ein kleiner und unscheinbarer Vers, und doch welch eine Fülle von Hilfen ist in ihm enthalten. Das Wort Gottes in unserem Herzen, also das geglaubte Wort, vermag nicht nur Dinge zu bewirken und Ziele zu erreichen, sondern es kann auch etwas verhindern, nämlich das Sündigen.

In einer dreifachen Weise ist das geglaubte Wort *das* Gegenmittel gegen Sünde.

Erstens besteht *die* Sünde (Singular), die in ihrem Wesen die Unabhängigkeit von Gott meint, darin, daß man nicht an Jesus, der das fleischgewordene Wort ist, glaubt.

Johannes 16,8-9
8 Und wenn derselbe (der Heilige Geist) **kommt, wird er der Welt die Augen auftun über die Sünde und über die Gerechtigkeit und über das Gericht;**
9 über die Sünde: daß sie nicht glauben an mich.

Nicht an Jesus zu glauben, nicht Jesus als den Erretter, den Heilbringer, den Vergeber aller Schuld zu beanspruchen, das ist gleichbedeutend mit dem Verweilen in einem Leben der Ferne von Gott und der Unabhängigkeit, in der man sich gegen Gott stellt und sich dabei gleichzeitig dem Teufel, der der Vater der Lüge ist, unterordnet.

Zweitens ist auch jede einzelne strebende Maßnahme, ein bestimmtes Ziel zu erreichen, eine bestimmte Aufgabe zu erfüllen oder eine bestimmte Tat zu begehen, ohne daß man sich ausdrücklich im Vertrauen auf Gott von seiner Kraft abhängig macht, Sünde. Das trifft zu für den Nichtgläubigen wie auch für den Gläubigen, der im Prinzip sein Leben Jesus übergeben hat, aber in seiner einzelnen Tat doch unabhängig von ihm agiert:

Römer 14,23b
Was aber nicht aus dem Glauben geht, das ist Sünde.

Man kann also mit aller Hingabe und ehrlichem Herzen für Gott Taten tun wollen und dabei doch sündigen, wenn man Auftrag und Kraft für seine fromme Handlung nicht aus dem geglaubten Worte Gottes bezieht.

Drittens nun gilt für alles Tun und Lassen, für jede Handlung und jede Reaktion, für die Gedanken und für die Gefühle, daß Abwesenheit des Wortes Gottes in unserem Herzen keine andere Wahl läßt, als zu sündigen. Wenn aber das Wort Gottes in unserem Herzen ist, was ein erkanntes und geglaubtes Wort Gottes sein muß, dann wird uns dieses Wort davor bewahren, sündigen zu müssen.

Die Sünde, so sagt uns das Wort Gottes, ist der Menschen Verderben. Alles, was an Zerstörung, Störung, Untergang, Tod und Krankheit, Auflösung an Gemeinschaft, Verwirrung im seelischen, familiären und sozialen Leben zu verzeichnen ist, hängt geradlinig mit der Sünde zusammen. Sie ist die zerstörerische Kraft, die hinter allen Erscheinungen des Verderbens steht.

Die Sünde verhindernde Wirkung des Wortes Gottes entfaltet sich allerdings nur dann, wenn sich das Wort in unserem Herzen befindet. Das Wort Gottes im Bücherschrank hat keinerlei vorbeugende Wirkung. Nicht einmal das Wort Gottes, das man weiß und bejaht, tut das für uns. Das Wort muß in der Mitte unseres Herzens ruhen. Das Herz muß ausschließlich vom Wort Gottes ausgefüllt sein, so daß keine andere dem Worte Gottes zuwiderlaufende Idee und auch kein anderes Prinzip in ihm vorhanden ist. Unter dieser Voraussetzung wird das Herz des Menschen getreu das denken, wollen und ausführen, wozu es vom Worte bewegt und angeleitet wird. Wer so mit dem Worte Gottes umgeht, der glaubt nicht nur vereinzelt im Hinblick auf bestimmte Herausforderungen, die so groß sind, daß er keine andere Wahl sieht, als sich zum Wort der Verheißung zu flüchten. Nein, hier ist vom Umgang mit dem Wort als Lebensstil die Rede, das fortwährend seine Impulse in unsere Gedanken, in unsere Zielvorstellungen, in unsere Gefühle und in unsere Handlungen setzt.

These *(64)*
Fortlaufend vom Wort Gottes bewegt zu sein, das heißt, fortlaufend mit dem Herrn verbunden zu sein und ihm Raum zu geben, über uns bestimmen zu dürfen. Das ist ein Besetztsein von Gottes Wort, Gottes Person und Gottes Kraft, so daß dann für die Sünde kein Raum mehr bleibt.

Sobald das Herz des Menschen, auch das des Gläubigen, ohne Wort Gottes ist, werden sich die alten, nicht erneuerten Inhalte des Herzens durchsetzen, und Sünde wird daraus resultieren. Jesus sagte deswegen, daß aus unserem Herzen böse Gedanken, Unzucht, Dieberei, Mord, Ehebruch, Habsucht, Bosheit, List, Schwelgerei, Neid, Lästerung, Stolz und Unvernunft kommen (Markus 7,21-23).

Wie verhält es sich mit dem erneuerten Herzen des Menschen, der an Jesus glaubt? Im Prinzip steht es mit ihm nicht anders. Sein Leben gehört zwar kraft seiner Grundsatzentscheidung, der Bekehrung zu Jesus, Gott. Aber ohne das Wort Gottes in sich wird er fortwährend fleischlich denken, reagieren, wollen, fühlen und handeln müssen. Aber fleischlich zu sein, so sagt uns Paulus (Römer 8,6-9), das ist der Tod, das ist Feindschaft gegen Gott und ein Lebensstil, der Gott nicht gefällt. Ich denke, daß mit dieser Bewertung auch ausreichend deutlich ausgedrückt ist, daß der Christ, der wortfrei oder wortarm lebt, ständig sündigt.

Wir wollen diese sicher überraschende Alternative, glaube oder sündige, in einige Bereiche verfolgen, bei denen man nicht gleich auf Anhieb eine sittliche Beurteilung nach „gut und böse", nach Gehorsam oder Sünde, vermutet. Es gibt Haltungen und Denk- und Lebensbereiche, in denen man ohne den absoluten Maßstab des Wortes Gottes kaum daran denken würde, daß auch hier die moralische Kategorie von Sünde oder Gehorsam vorliegen könnte.

Wir lesen in Hebräer 11,8, daß Abraham durch den Glauben gehorsam wurde, als er auszog in ein Land, das er nicht kannte, das ihm Gott aber als Ziel seiner Wanderung vorgelegt hatte. Die Eroberung von Neuland, in diesem Fall das Land Kanaan, war nicht etwa ein neutrales Geschehen, sie war das Ergebnis von Gehorsam. So sind manche Geschehnisse in unserem Leben, bei genauem Hinsehen vielleicht alle, in irgendeiner Form das Resultat unseres Reagierens oder Nicht-Reagierens auf Gottes Wort. Sie sind also ununterbrochen durchsetzt von den Kategorien Gehorsam und Ungehorsam. Für den einen, der dabei eine Teilung seines Lebens in geistliche und in nichtgeistliche Bereiche vornimmt, ist das bedrohlich. Für den anderen ist es eine stetige Chance und Herausforderung, verbunden mit dem Trost, daß nichts, was es zu tun gilt, seiner eigenen vorgegebenen Fähigkeit oder Unfähigkeit überlassen bleibt, sondern daß Gott überall seine Beihilfe zu unseren Aufgaben zusteuert.

Ich will fünf Bereiche herausgreifen, in denen das richtige Verhalten oder die notwendigen Voraussetzungen etwas mit Glauben und dem daraus resultierenden Glaubensgehorsam zu tun haben: 1. das Thema der Selbstannahme, Selbstwertgefühl und eines gesunden Selbstbildes; 2. die Frage der Fähigkeit und des Vermögens, Probleme zu meistern und Widerstände zu überwinden; 3. die Frage von Schutz und Geborgenheit; 4. der Bereich des Intellektes und der Verständigkeit; 5. die Thematik von Geborgenheit, Weisheit und Überlegenheit. In außerbiblischen Weltanschauungen und auch im Denken des durchschnittlichen Christen haben diese Bereiche nichts mit dem Thema Glauben und Sünde zu tun, nach der Offenbarung der Schrift greift auch hier der Glaube mit sehr konkreten Auswirkungen ein.

1. Selbstwertgefühl, Image und Würdigkeit

Der überwiegende Teil der Menschheit leidet unter Minderwertigkeitsgefühlen. Sie sind so allgegenwärtig und selbstverständlich, daß sie wie eine Naturkonstante imponieren. Sie bleiben bei jedem Menschen im Laufe des Lebens mehr oder weniger gleich. Dieses Grundgefühl von Wertlosigkeit scheint unser Schicksal zu sein, das nichts zu tun hat mit unserem Glauben an Gott und seinem Handeln an uns. Aber das scheint nur so.

Wenn Gott uns sagt, daß wir ihm kostbar, wertvoll, teuer und über die Maßen wichtig sind, dann gibt er damit ein Urteil über uns ab und drückt seine Wertschätzung und seine Bejahung aus. Entweder stimmt das, was Gott über uns denkt und sagt, dann ist es eine Wahrheitsposition und dann sind wir aufgefordert, im Glauben diese Position zu übernehmen, oder sie stimmt nicht, dann ist Gott ein Lügner und wir haben keine Verpflichtung, uns diese guten Gedanken über uns anzueignen.

Weil aber Gott die Wahrheit sagt und weil die Wahrheit aufbaut, haben wir, wenn wir unserem Herrn treu bleiben wollen, gar keine Wahl. Wenn er über uns positiv denkt, dann müssen wir sein Wort anerkennen und übernehmen und so über uns denken, wie er es in seinem Wort ausdrückt. Sich seinen vorgegebenen, aus vielen Faktoren der Vorgeschichte resultierenden Minderwertigkeitsgefühlen zu überlassen, ist dann eine Ablehnung seines Wortes und seines Willens und insofern Sünde. Mithin ist das Innenbefinden jedes Christen – natürlich gilt das auch für den Ungläubigen, aber er weiß ja nichts über die Zusammenhänge – die Folge seines Reagierens oder Nicht-Reagierens auf das Wort Gottes.

These *(65)*
Minderwertigkeitsgefühle sind nicht unabänderlich, sie sind kein unbeeinflußbares Schicksal. Sie sind die Folge von früherer Schuld und früheren Verletzungen und können durch Gnade und durch glaubende Annahme der Liebesbezeugungen Gottes aufgelöst werden.

Wer sich dennoch einem solchen selbstzerstörerischen Bild überläßt, versündigt sich nicht nur an Gott, sondern auch an sich selbst, seinem eigenen Glück und damit indirekt an seiner Umgebung, die jener Hilfe und Segnungen verlustig geht, die ein in Gott gegründeter und ruhender Mensch sein könnte. Obendrein ist ein selbstunsicherer und von Minderwertigkeitsgefühlen geplagter Christ mit Sicherheit ein Versager an der Missionsfront und ein Anti-Zeugnis für seinen Herrn.

2. Unfähigkeit, Versagermentalität und Versagererfahrungen

Was nun die Kategorie von Fähigkeit und Leistung anlangt, scheint es für viele Gläubige eine ausgemachte Sache zu sein, daß sie mit ihrer Gottesbeziehung nichts zu tun hat. Daß man nun einmal nicht geschickt ist und einem bestimmte Fähigkeiten fehlen, kann einem doch nicht als Schuld angerechnet werden.

Das ist nicht die eigentliche Frage. Diese Zusammenhänge sind doch nicht dazu da, damit man aus ihnen Verdammnisgefühle bezieht, sondern Hilfe erfährt.

2.Korinther 3,5-6
5 Nicht daß wir tüchtig sind von uns selber, etwas zu erdenken als

von uns selber; sondern daß wir tüchtig sind, ist von Gott,
6 welcher uns auch tüchtig gemacht hat zu Dienern des neuen
Bundes, nicht des Buchstabens, sondern des Geistes. Denn der
Buchstabe tötet, aber der Geist macht lebendig.

These *(66)*
*Unsere Fähigkeit (was „tüchtig" im Lutherdeutsch meint) kommt
nicht von uns selbst, ist also nicht die unbeeinflußbare Folge von
einmal gegebenen natürlichen Befähigungen, sondern kommt aus
Gott.*

Aber alles, was wir Gott verdanken, das will er uns durch sein Wort-
Angebot über unseren Glauben zuteil werden lassen. Dementsprechend ist hier kein Platz für das Kultivieren eines Versagerbewußt-
seins und die Hingabe an Traurigkeit über die eigene Unfähigkeit.
Stattdessen sollen wir davon ausgehen, daß wir nach Epheser 1,3
und Epheser 2,10 durch den Glauben in göttliche Positionen und
Befähigungen gesetzt sind, durch die wir Gottes Werke aus Glauben abholen und vervollständigen.

3. Das Meistern von Problemen und Widerständen

Selbst die Erfahrung, daß einem durch die Umstände des Lebens
viele Unbilden, Nachteile, Belästigungen und Behinderungen zuteil
werden, die einen verfolgen, plagen und beeinträchtigen, hat etwas
mit Glaube und Sünde zu tun. Solche Faktoren, die scheinbar nur
Sachbezüge und Außenerlebnisse darstellen, stehen nach biblischer Schau doch in einem geheimen Zusammenhang mit eigenen
Einstellungen und sind deswegen kontrollierbar und veränderbar!

Psalm 33,5
**Er liebt Gerechtigkeit und Recht; die Erde ist voll der Güte des
Herrn.**

Psalm 145,8
Gnädig und barmherzig ist der Herr, geduldig und von großer Güte.

Wenn diese beiden Schriftworte, die ohne Schwierigkeiten um mehrere hundert ähnliche biblische Aussagen erweitert werden können, zutreffen, dann gibt es nicht jene grausame, wild wütende oder zufällig dreinschlagende Umgebung oder ein garstiges Lebensschicksal. Wer das dennoch erfährt, muß die Güte Gottes ständig ausgeladen haben und mit oder ohne sein Wissen durch sein Verhalten die Güter und die Güte Gottes, von der die Erde gefüllt ist, beiseite schieben.

Unglück ist nicht ein Widerfahrnis, dessen Opfer man ist, sondern das Resultat von Rebellion gegen die sanfte Erziehung und Führung eines Hirten, der uns auf grüne Auen führen will und dafür sorgen möchte, daß wir keinen Mangel haben.

Ich sage es also noch einmal: Das Erleiden von Umständen oder das Genießen von Segnungen, die scheinbar von draußen kommen, hängt allein von unserer Herzenseinstellung gegenüber unserem Herrn ab, der auf unser Vertrauen und unsere Hingabe an ihn hin die Dinge dieser Welt so lenkt, daß sie uns gefügig sind und uns erfreuen.

Psalm 84,6-8 (Elberfelder Übersetzung)
6 Glücklich ist der Mensch, dessen Stärke in dir ist, in dessen Herz gebahnte Wege sind!
7 Sie gehen durch das Tränental und machen es zu einem Quellort. Ja, mit Segnungen bedeckt es der Frühregen.
8 Sie gehen von Kraft zu Kraft. Sie erscheinen vor Gott in Zion.

Hier wird es uns schwarz auf weiß gesagt: Wir sind nicht Opfer und erst recht nicht schuldlose Opfer der bösen Umstände. Vielmehr verwandeln *wir* unter der Voraussetzung, daß *wir* Gott für unsere

Stärke halten (Glauben), das Tränental in den Quellort von Segnungen.

These *(67)*
Nach biblischer Schau sind Umstände nicht eine neutrale, von außen kommende Gegebenheit, die einmal positiv und einmal negativ sind, sondern Antworten auf unseren Glauben oder unsere Glaubensverweigerung, unsere Sünde. Gegen diese Sicht kann man anrennen und argumentieren, was aber ein schwieriges Geschäft ist, weil es uns nötigt, Hunderte und Tausende von Schriftstellen gewaltsam zu verbiegen und umzuinterpretieren. Man kann diese Wahrheit aber auch als biblisch begründet begrüßen und im Glauben annehmen, um dann ihre Segnungen zu erfahren.

4. Glaube macht klug

Schon in dem Kapitel über „Erkenntnis der Wahrheit" haben wir manche Zusammenhänge zwischen Erkenntnis von Gottes Wort und Klugheit beziehungsweise Einsicht studiert. Die Grundsatzentscheidung darüber, ob man diese Beziehungen anerkennt oder nicht, wird durch unseren Glauben vollzogen.

Epheser 1,7-8
7 In ihm haben wir die Erlösung durch sein Blut, die Vergebung der Sünden, nach dem Reichtum seiner Gnade,
8 die er uns reichlich hat widerfahren lassen in allerlei Weisheit und Klugheit.

These *(68)*
Die Erfahrung der Erlösung mit all ihren vielfältigen segensvollen Auswirkungen vollzieht sich auf der Grundlage von Wahrheit und Klugheit. Wer sich immer wieder neu dem Worte Gottes öffnet und sein Denken und Verstehen vom Worte Gottes reinigen läßt, indem er göttliche Positionen höher achtet als seine eigenen vorgegebenen

Anschauungen, tritt ein in einen Prozeß von zunehmendem Verständnis und wachsender Einsicht und Klugheit. Das schließt übrigens auch das Erinnerungsvermögen ein.

Unter allen hier genannten 5 Kategorien erscheint die des Intellektes und der Einsicht wohl den wenigsten Christen mit dem Glauben zusammenzuhängen. Aber Jesus ist uns zur Weisheit gemacht, sein Wort macht klug und verständig, und die ständige Aufnahme von Gottes überlegenen Einsichten und Planungen muß unvermeidbarerweise im Laufe der Zeit unser eigenes Verstehen, die Folgerichtigkeit unseres Denkens, die Klarheit unserer Gedanken, unsere Zielvorstellungen und die Schlüssigkeit unserer Argumentation betreffen und verändern.

Darüber hinaus gibt es nach dem Willen des Herrn, bei dem ja nichts unmöglich ist, ein göttliches Streben, unseren Intellekt und unsere Gedächtnisleistung auf der Ebene von schöpferischen Wundern zu steigern. Gott, unser Vater, hat eine Freude daran, uns in jeder Hinsicht zu segnen, unsere Fähigkeiten zu fördern und uns an seiner göttlichen Klugheit teilhaben zu lassen.

5. Weisheit, Geborgenheit, Überlegenheit

Psalm 19,8-12
**8 Das Gesetz des Herrn ist vollkommen und erquickt die Seele.
Das Zeugnis des Herrn ist gewiß und macht die Unverständigen weise.
9 Die Befehle des Herrn sind richtig und erfreuen das Herz. Die Gebote des Herrn sind lauter und erleuchten die Augen.
10 Die Furcht des Herrn ist rein und bleibt ewiglich. Die Rechte des Herrn sind Wahrheit, allesamt gerecht.
11 Sie sind köstlicher als Gold und viel feines Gold, sie sind süßer als Honig und Honigseim.**

12 Auch läßt dein Knecht sich durch sie warnen; und wer sie hält, der hat großen Lohn.

These *(69)*
Die Erkenntnis der Wahrheit und das glaubende Annehmen des Wortes schaffen beim Unverständigen Weisheit, wirken Lauterkeit der Haltung und Erleuchtung der Augen und führen zur Furcht des Herrn.

Es ist in diesem Kapitel besonders offensichtlich, daß die Komponenten „Erkenntnis von Wahrheit" „und Glaube an das Wort" miteinander verflochten die göttlichen Segnungen gemeinsam bewirken. Sie führen zur Furcht des Herrn, das heißt zur Willigkeit, Gottes Wort und Willen zur obersten Richtschnur eigener Entscheidungen zu machen, und vermitteln Sicherheit und Genuß des Lebens mit dem Herrn. In allen diesen Positionen sind jeweils Festlegungen und Glaubensschritte notwendig, durch die man sich abhängig macht von Gottes Wort, um dadurch seinen Schutz und auch seine übernatürliche Fähigkeit zu empfangen, in unsichtbare Verhältnisse und zukünftige Zeiten hineinzuschauen (Weisheit). Wer so lebt, wird von Geborgenheit, Vertrauen und Angstfreiheit gekennzeichnet sein.

Die modernen humanen Wissenschaften wie Psychotherapie, Soziologie und Philosophie wollen uns lehren, daß Angst ein Widerfahrnis darstelle, das unabhängig von der Einstellung des einzelnen Menschen ist. Das Wort Gottes lehrt uns indessen, daß Angst als Wahrnehmung einer Bedrohung eine Reaktion unserer Person auf Umstände ist, wenn wir uns nicht geschützt sehen, wenn wir keine klare Erkenntnis haben und wenn wir ohne starken Partner sind. Wer dem Herrn vertraut, ist sicher, kann ruhig schlafen, wird angstfrei die Herausforderungen des Lebens bewältigen und sorglos das Leben unter Gott genießen.

Die Alternative „glaube oder sündige" gilt, wie ich anhand von fünf Beispielen herausstellen wollte, generell, insbesondere auch in jenen Bereichen, die nach unserer allgemeinen Einschätzung nichts oder wenig mit unseren eigenen Überzeugungen und Glaubensregungen zu tun haben. Wenn das Wort Gottes in unserem Herzen ist, wird tatsächlich alles verändert, und zwar in dem Sinne, wie es uns unser Herr zugedacht hat. Und er ist sehr gütig und ununterbrochen darauf erpicht, uns zu erfreuen, uns zu segnen, uns Gutes zu erweisen und uns zu schützen. Wer also nicht glaubt, der sündigt nicht nur, sondern liefert sich, weil er diesen einseitigen, immer auf das Gute ausgerichteten Willen des Herrn verfehlt, auch dem Unglück und der Zerstörung aus. Sünde und Verderben sind insofern Partner, die immer gemeinsam vorkommen.

Es ist gut für uns, dem Herrn zu glauben. Verstehe es nicht als eine mühevolle Aufforderung, die dich belasten soll. Du sollst durch Glauben vor Sünde und vor Pein bewahrt werden.

Kapitel 5

Ohne Glaube verkennen wir alles oder: Glaube und der Osterbericht

Der bisherige Hauptgedanke über die Beziehung zwischen Erkennen und Glauben lautete: Ohne Erkenntnis des Willens Gottes und ohne Wahrnehmung der Angebote Gottes können wir nicht glauben. Zuerst kommt die Erkenntnis und dann der Glaube.

Aber schon im ersten Teil des Buches hatten wir in einem Kapitel festgestellt, daß umgekehrt auch Glaube zur Erkenntnis führt. Jetzt wollen wir diese Einsicht erweitern und vertiefen, indem wir einem großen biblischen Beispiel folgen, an dem wir mit großer Nachdrücklichkeit feststellen können, wie Glaubenslosigkeit sowohl Erkenntnis als auch jede Form von Orientierung, Sicherheit, Geborgenheit und darüber hinaus sogar die Funktion der Wahrnehmung und der Verarbeitung des Gesehenen und Gehörten stört und verhindert.

Ich rede von der Ostergeschichte, die in ihrer vierfachen Darstellung in den Evangelien nicht nur die Botschaft der Auferstehung vermittelt, sondern darüber hinaus eine eindrucksvolle Beschreibung der totalen Verwirrung, Verkennung und Entmutigung der Jünger wiedergibt, weil sie nicht glaubten. Deswegen konnten sie das, was vorher schon angekündigt worden war und was sie dann sahen, nicht verstehen.

Hier haben wir also den interessanten Sachverhalt, und das gleich in mehrfacher Ausfertigung, daß man Zeuge von sichtbaren Abläufen sein kann und diese nicht richtig wahrnimmt oder verkehrt deutet und deswegen in nicht geringe Probleme wie Angst, Verstörung, Entsetzen und Unsicherheit gerät – nur weil man nicht glaubt!

Die Evangelien berichten, daß der Herr mindestens dreimal in ausdrücklichen Ankündigungen von seinem Tod und von seiner Auferstehung gesprochen hatte. Er hatte also die Informationen gegeben, aber die Jünger hatten nicht auf seine Worte geachtet oder ihnen keinen Glauben geschenkt. Schauen wir uns das Osterereignis einmal genauer auf die Reaktion der Jünger hin an. Ich gehe davon aus, daß die biblischen Berichte miteinander zu harmonisieren sind, was manche nicht glauben. Aber es gab nur ein Osterereignis, das von den vier Evangelisten lediglich von unterschiedlichen Blickwinkeln und mit verschiedenartigen Betonungen beschrieben worden ist.

Die Ostergeschichte wird uns in Matthäus 28,1-7, in Markus 16, 1-11, Lukas 24,1-12 und Johannes 20,1-18 beschrieben. Hier der Ablauf der Geschichte, wie er mit größter Wahrscheinlichkeit stattgefunden hat:

Drei Frauen, Maria Magdalena, Johanna und Maria, die Mutter des Jakobus, begeben sich morgens, als es noch dunkel ist und der Tag gerade beginnt, zum Grab. Sie sehen die Erscheinung des Engels des Herrn. Es findet ein Erdbeben statt und die Söldner fallen aus Angst in Ohnmacht. Der Engel des Herrn sitzt auf einem Stein.

Danach ist von zwei Engeln die Rede, die zu den Frauen sprechen. Maria Magdalena ist die Wortführerin. Vielleicht ist sie zunächst alleine am Ort der Handlung, weil sie den anderen vorgeeilt ist, die deswegen möglicherweise diese Erscheinung nicht gesehen haben.

In den Evangelien wird von großem und anhaltendem Entsetzen der Frauen berichtet. Sie haben ihre Augen niedergeschlagen. Der Engel spricht sie an: „Entsetzt euch nicht. Jesus ist auferstanden. Er hat gesagt, daß er auferstehen wird. Denkt an das, was er euch sagte."

Aber sie fliehen, zittern und entsetzen sich, erzählen niemandem von dem, was sie gesehen haben und fürchten sich.

Bevor wir die Ostergeschichte unter dem Gesichtspunkt der Reaktion der Jünger weiter betrachten, wollen wir uns die bis zu diesem Zeitpunkt beschriebenen Reaktionen der Frauen noch einmal anschauen. Sie bestanden aus großem und anhaltendem Entsetzen, niedergeschlagenen Augen, der Reaktion des Fliehens trotz vorheriger Aufklärung durch die Engel, Zittern, weiterem Entsetzen und Furcht, die zu dem Entschluß führte, darüber gegenüber jedermann zu schweigen. Und all das in Anbetracht der Tatsache, daß sie Zeugen des größten Ereignisses der Menschheitsgeschichte wurden. Jesus ist auferstanden, um damit die Erlösung für uns zu vollenden. Er hat dem Tod die Macht genommen, uns Autorität über Teufel, Tod und Krankheit verschafft, dies alles angekündigt – aber die Frauen reagieren verstört und desorientiert.

Die Geschichte geht weiter. Sie werden von Jesus aufgefordert, zu den Jüngern zu gehen, um ihnen den Bericht seiner Auferstehung zukommen zu lassen. Sie gehorchen, jedoch nur bedingt. Sie schweigen weiter, wahrscheinlich redet nur Maria Magdalena. Die Jünger hören das und glauben es nicht! Sie halten es für ein Märchen. Dennoch gehen sie mit den Frauen zurück, zumindest Petrus und Johannes, und sie sehen nichts. Petrus geht in das Grab hinein, sieht nur die leinenen Tücher liegen, geht davon und wundert sich über das, was geschehen ist. Nach ihm geht Johannes ins Grab, der schon vor Petrus dort angekommen ist, und sieht und glaubt.

Johannes 20,8
Da ging auch der andere Jünger hinein, der zuerst zum Grabe gekommen war, und sah und glaubte.

Er glaubte! Aber er glaubte das Verkehrte, nämlich, daß Jesus von irgendjemandem geraubt worden war. Es heißt nämlich weiter (im Johannes Evangelium), daß sie die Schrift noch nicht verstanden, daß er von den Toten auferstehen müßte. So gingen sie wieder heim, eine Formulierung, die im Alten Testament häufig gebraucht wird, wenn das Verhalten der Israeliten nach einer verlorengegangenen Schlacht beschrieben wurde.

Wir wollen auch diesmal ein Zwischenresümee vornehmen. Die Haltung der Jünger und Jüngerinnen blieb hartnäckig dieselbe: Sie wunderten sich, sie glaubten nicht, sie gingen wieder in ihre privaten Bereiche zurück. Von einem wird sogar ausdrücklich gesagt, daß er glaubte, aber er glaubte an den Irrtum. Er hatte nicht verstanden, obwohl Jesus sie ausgiebig darauf vorbereitet hatte, daß er auferstehen müsse. Wer der Wahrheit nicht glaubt, wird anschließend anderen Unwahrheiten glauben und in Verwirrung und Irrtum landen.

Maria Magdalena ist den Jüngern gefolgt und kommt erneut zum Grab, das sie in den frühen Morgenstunden schon gesehen hatte. Sie war Zeugin des Geschehens der Auferstehung Jesu und hatte an diesem selben Tag schon eine übernatürliche Begegnung erlebt! Sie mußte also eine Wissende gewesen sein und tat dennoch so, als ob Jesus auf unrühmliche Art und Weise abhanden gekommen sei. Glaubenslosigkeit führt in extremen Fällen zu totalem Gedächtnisverlust!

Während die anderen Jünger offenbar wieder zurückkehren, bleibt Maria am Grabeingang, und sie weint. Dabei schaut sie ins Grab und sieht auf einmal zwei Engel in weißen Kleidern sitzen, den einen am Kopfende, den anderen am Fußende der Stelle, wo Jesu Leichnam gelegen hatte.

Diese Engel fragen sie, weswegen sie weine. Sie antwortet: Sie haben meinen Herrn weggenommen, und ich weiß nicht, wo sie ihn hingelegt haben. Wir müssen es uns noch einmal vergegenwärtigen: Das sagt dieselbe Maria, die in den Morgenstunden die übernatürlichen Geschehnisse zum Teil selbst mitbekommen hat und das Gespräch mit den Engeln geführt hat.

Als sich Maria dann umwendet, sieht sie Jesus vor sich stehen, ohne zu wissen, daß es Jesus ist. Bei so viel Orientierungslosigkeit und Störung des Wahrnehmungs- und Verarbeitungsvermögens nimmt das nicht wunder. Aber verwunderlich ist es denn schon, daß Maria immer noch nicht reagiert, als sie gefragt wird: „Weib, was weinest du? Wen suchest du?" Und die Szenerie wird dann zu einer tragikomischen Posse, als Maria in Jesus den Gärtner wähnt und ihn treuherzig fragt, ob er Jesus weggetragen habe. Sie hat also eigentlich Jesus gefragt, ob er sich selbst heimlich weggetragen habe.

Erst auf das gedehnte „Maria" des Herrn erkennt Maria in Jesus den Messias und spricht ihn mit dem Wort „Rabbuni", Meister, an.

Die Ostergeschichte ist nicht nur irgendein Beispiel davon, wie man ohne Glauben alle festen Markierungspunkte für die eigene Orientierung verlieren kann, sondern *der* Beweis dafür, daß Glaubenslosigkeit die gravierendsten Auswirkungen auf die einfachsten Leistungen und Abläufe menschlichen Reagierens haben kann.

Die Ostergeschichte gilt allgemein wegen ihrer schwierig zu deutenden und zu harmonisierenden Aufzählung von unterschiedlichen und sich scheinbar widersprechenden Verhaltensweisen der Jünger als ein nicht aufzulösendes Rätsel. Dieses angebliche Rätsel ist aber kein Rätsel. Die Schrift hat einfach nur das groteske Verhalten der im Prinzip eingeweihten Jünger dargestellt, die, weil sie auf die Ausführungen Jesu in früheren Monaten nicht hingehört hatten, auf alles, was der Ostertag ihnen brachte, mit Unglauben und Ratlosigkeit und Orientierungslosigkeit reagieren mußten.

Das Fremdartige und Unverstehbare in dem Arrangement der einzelnen Berichterstattungteile über die Ostergeschichte in den Evangelien ist in Wirklichkeit nichts anderes als die exakte Beschreibung der Verwirrung der Jünger und Jüngerinnen, die so weit ging, daß sie am Tage nicht wußten, was sie morgens erlebt hatten und so verstört erschienen, daß die einfachsten Leistungen von Sinneswahrnehmung und Erinnerungsvermögen nicht mehr funktionierten.

Der Hintergrund ist schlicht Unglaube. Weil sie nicht glaubten, was sie gehört hatten, konnte das nicht wahr sein, was sie erlebten. Weil sie dem Erlebten keinerlei Realitätssinn zuerkannten, wurde es von ihnen in ihrem Verstehen und Herzen nicht aufgenommen, so daß diese bizarren Reaktionen der Jünger, die fast etwas psychotisch anmuten, zustande kamen.

Sie hatten alles vergessen und verdrängt, was Jesus sie gelehrt hatte, und mußten aufgrund ihres Unglaubens Angst, Verwirrung, Pein, Fluchtgefühle, Entsetzen, Verkennungen und Verwirrung erleben.

Nach der Erstinformation durch die Engel kam für eine kurze Zeit Freude auf, die aber dann wieder von Trauer und Entsetzen eingefangen und getilgt wurde.

Die Ostergeschichte lehrt uns, daß Fakten nicht ausreichen, um Menschen zu überführen. Es könnte das größte Ereignis stattfinden – was Ostern ja tatsächlich war –, und doch wird ihm kein Glauben geschenkt. Zu den Fakten brauchen wir die richtigen, deutenden Worte, die Erkenntnis vermitteln und Glauben bewirken, um dadurch zur Annahme der Tatsachen befähigt zu werden. Die Ostergeschichte lehrt uns, daß aus Tatsachen allein kein Glaube erwächst.

Das schönste Ereignis wurde zum Stolperstein für alle Beteiligten. In Jerusalem wurde das Gerücht verbreitet, daß Jesus von seinen Jüngern entwendet worden sei. Die Welt reagierte auf dieses Ereignis der Auferstehung Jesu mit dem Vorwurf der Unwahrheit, die Jünger mit Unglauben.

These *(70)*
Alles Wichtige, was Gott seinem Volk und dem einzelnen Gläubigen erweisen will, kündigt er vorher an. Gott ist ein Gott der Worte vor den Taten. Die göttlichen Taten sollen ihren Segen in uns freisetzen, indem wir sie als für uns geschehen glauben, was nur durch das begleitende Wort und die Mithilfe des Heiligen Geistes zustande kommt.

Unsere Sinneswahrnehmungen haben nicht so viel kombinatorische und synthetische Kraft, um einzelne Sinnesleistungen zu einem wahren Bild und Verständnis zusammenzuformen. Sie brauchen die Vorinformation, und wir brauchen den Glauben an den wahren und guten Gott, durch den wir mit Gewissenhaftigkeit und Gelassenheit aus einzelnen Eindrücken zu den richtigen Bildern und Schlüssen gelangen.

These *(71)*
Der Glaube hat also eine viel breitere Funktion als nur die, uns den Weg zum richtigen Begehren und Ergreifen der Verheißung zu weisen. Der auf der richtigen Erkenntnisgrundlage operierende Glaube stellt so etwas wie einen Rahmen dar, innerhalb dessen unsere Wahrnehmungsfähigkeit, unsere Verstandestätigkeit, unser Schlußfolgerungsvermögen und auch viele andere seelische Reaktionen erst richtig arbeiten können.

Die Ostergeschichte beweist, daß die Nicht-Glaubenden aufs ärgste beraubt werden und zum Zeitpunkt der Freude Angst, Verzweiflung und Trauer erfahren und sich, statt zu jubeln, in Einsamkeit und Verzweiflung zurückziehen. Kaum ist der Glaube an den wahren Gott und an sein Wort erloschen, entsteht ein Ersatzglaube, der zu verkehrten Gewißheiten und resignativen Einsichten führt. Ohne Glaube muß man nicht nur sündigen, sondern man kann auch nicht mehr gesund reagieren.

Was für ein tragischer Kontrast zwischen dem gewaltigen Erlö-
sungswerk Gottes und der schmählichen Reaktion der Jünger. Das
Wort sagt:

Römer 6,4
**So sind wir ja mit ihm begraben durch die Taufe in den Tod, damit,
gleichwie Christus ist auferweckt von den Toten durch die Herrlichkeit des Vaters, also sollen auch wir in einem neuen Leben
wandeln.**

Es war die Herrlichkeit des Vaters, die Summe von Gottes Kraft und
seinen Eigenschaften und das Einwirken des Heiligen Geistes, die
Jesus aus den Toten in das Leben zurückbrachte. Dieselbe Kraft
sollte die Jünger befähigen, von Anfang an in einem neuen Leben
zu wandeln. Die Kraft war da, aber sie wandelten in Trauer und in
Furcht. Die Kraft mußte geglaubt werden, wozu man die Unterstüt-
zung des Heiligen Geistes braucht, um sie erfahren zu können.

Kapitel 6

Wie könnt ihr glauben, die ihr Ehre voneinander nehmt?

Es kann kein Zweifel daran bestehen, daß im Glauben eine nützliche und überaus produktive Kraft liegt. Es ist ferner tröstlich zu wissen, daß man glauben lernen kann. Das ist ja die Quintessenz aller biblischen Einsichten, die wir bisher über die Natur des biblischen Glaubens gewonnen haben. Wir lernen es, den Lebensstil des Glaubens zu entwickeln, indem wir aus dem Worte Gottes Portion auf Portion an göttlicher Lehre und Einsicht in unserem Herzen in Glauben umsetzen.

Man darf also formulieren, daß grundsätzlich jeder, der will, glauben kann. Er muß nur die richtige Quelle, das Wort Gottes, kennen. Aber es gibt Einschränkungen, die die Gültigkeit dieses Satzes begrenzen. Das Wort Gottes sagt nachdrücklich, daß man unter bestimmten Voraussetzungen gar nicht glauben kann, selbst wenn man wollte. Bestimmte Vorentscheidungen, die wir grundsätzlich oder zeitlich zuvor getroffen haben, schließen prinzipiell die Fähigkeit zu glauben aus!

Es ist nun sehr wichtig zu wissen, welcher Art solche Hindernisse für den Glauben sind, damit wir sie durch ihre Kenntnis bei uns selbst entdecken und aus dem Wege räumen können. Viele Nachfolger Jesu sind ernsthaft bestrebt, Menschen des Glauben zu werden, indem sie die ihnen vorgelegten Schritte aufrichtig gehen wollen, und kommen doch nicht so richtig auf diesem Wege weiter. Für sie und für uns alle ist es deswegen wichtig, diese meist unserer Aufmerksamkeit entzogenen sehr grundsätzlichen Blockaden aufzudecken. An ihnen scheitern möglicherweise mehr Christen in ihrem Bemühen zu glauben als an der bloßen Unkenntnis der Schritte zum Aufbau des eigenen Glaubens.

In den Evangelien wird uns von einer Stadt berichtet, die durch ihren kollektiven Unglauben merkwürdig auffiel. Ich rede von Nazareth. In Markus 6,5-6 heißt es zum Beispiel, daß Jesus dort nicht eine einzige Tat tun *konnte*: „nur wenigen Kranken legte er die Hände auf und heilte sie. Und er verwunderte sich ihres Unglaubens."

Wenn wir nun den Ursachen dieses Phänomens auf die Spur kommen, die für so gut wie alle Leute in Nazareth galten, können wir viel für uns lernen und die verborgenen Saboteure unserer eigenen Glaubensfähigkeit bloßstellen. Was war das Besondere an den Menschen in Nazareth?

In Lukas 4,14-26 wird uns die Diagnose, zumindest zum Teil, geliefert. In diesem Abschnitt wird zunächst beschrieben, wie sich Jesus in seiner Heimatstadt am Sabbat die Buchrolle des Propheten Jesaja geben ließ und daraus folgende Stelle vorlas:

Jesaja 61,1-2
1 Der Geist Gottes des Herrn ist auf mir, weil der Herr mich gesalbt hat. Er hat mich gesandt, den Elenden gute Botschaft zu bringen, die zerbrochenen Herzen zu verbinden, zu verkündigen den Gefangenen die Freiheit, den Gebundenen, daß sie frei und ledig sein sollen;
2 zu verkündigen ein gnädiges Jahr des Herrn und einen Tag der Vergeltung unsres Gottes, zu trösten alle Trauernden.

Das war sein Programm. Er sprach von der Salbung des Heiligen Geistes, die auf ihm war und die ihn befähigte und auch dazu trieb, die frohe Botschaft zu verkündigen, die gebrochenen Herzen zu heilen, den Gefangenen zu predigen, daß sie los sein sollen, den Blinden das Gesicht zu verkündigen und den Zerschlagenen und Gebeugten zu sagen, daß sie frei und ledig sein sollen und überhaupt ein Gnadenjahr des Herrn, den Erlaß, die Rückgabe aller Freiheiten zu verkündigen. Die Vollmacht dazu – so führt er selbst aus – war ihm nicht durch seinen Status als Sohn Gottes, sondern durch die Salbung des Heiligen Geistes vermittelt worden.

Als er nun das Buch zutat, sagte er ihnen schlicht und einfach: „Heute ist dies Wort der Schrift erfüllt vor euren Ohren." (Lukas 4,21). Und mit dieser Aussage hat Jesus die Einwohner von Nazareth an einer empfindlichen Stelle getroffen und sie zu Reaktionen veranlaßt, in welchen sie ihre Haltung schonungslos preisgegeben haben. Schauen wir uns die daran anschließende Diskussion an. Wir werden darin die wesentlichen Elemente von Glaubensbehinderung oder -verhinderung erkennen können.

Zunächst gaben sie alle Zeugnis von ihm und wunderten sich, daß solche Worte der Gnade aus seinem Munde gingen (Vers 22). Sie waren also zunächst beeindruckt und erwiesen sich als dosiert begeistert über die starken Worte von Kraft und Gnade, die er aussprach.

Aber sie verweilten nur kurze Zeit bei diesem Staunen und Lob und fragten dann gleich: „Ist das nicht Josephs Sohn?" Jesus sprach von der göttlichen Salbung auf sich, durch die die Taten Gottes getan werden sollen, sie sprachen von dem alten Zimmermann, dem Sohn des Joseph. Nur einen Augenblick lang schien es so, als ob sie von Jesus in den Bann geschlagen worden wären. Aber dann gewannen sie sofort ihre Fassung und alte Sicherheit zurück. Sie sahen Grund zum Zögern und zum Zweifeln:

„Den kennen wir doch von früher. Das war einer von uns, er war ganz normal, und es war nichts Besonderes an ihm." So sahen sie zurück. Sie verkannten das Neue und wollten die Berufung und Salbung, die auf dem Herrn lag, nicht anerkennen.

Jesus durchschaute ihre Haltung und sprach zu ihnen (Vers 23): „Ihr werdet freilich zu mir sagen dies Sprichwort: Arzt, hilf dir selber! Denn wie große Dinge haben wir gehört, zu Kapernaum geschehen! Tu so auch hier in deiner Vaterstadt."

Jesus ertappte sie bei dem Wunsch, ihn, Jesus, als einen Heiland fungieren zu sehen, wie er es in Kapernaum und anderen Städten Galiläas tat. Sie sagten: „Beweise dich, aber als einer von uns. Zeig, was du kannst. Bist du jetzt in Beweisnot, dann hilf dir selbst durch deine Fähigkeiten."

Sie wollten über Jesus verfügen und ihn zu ihrem Pläsier und zu ihrer Ergötzung anstellen. Sie hätten zu gerne gesehen, daß Jesus ihnen zu Willen war und daß sie ihm in ihrer bürgerlichen Behäbigkeit und Machtgier vorschreiben könnten, was er zu tun hätte.

Jesus sagt darauf (Vers 24): „Wahrlich, ich sage euch: Kein Prophet gilt etwas in seinem Vaterlande."

Ein Prophet gilt deswegen nichts in seinem Heimatland und in seiner Familie, weil er dort als Prophet in seiner Prophetensalbung und in seinem Prophetendienst nicht anerkannt wird. Menschen, die nur die sichtbaren gesellschaftlichen Faktoren und bürgerlichen Normen gelten lassen, haben kein Verständnis für das Übernatürliche und das Reich Gottes. Sie wollen ihren Einfluß, ihre Macht, ihre Hoheit, ihre Herrschaft durchsetzen und am liebsten die Puppen tanzen lassen.

Jesus deckt diese religiösen Machtstrebungen und Herrschaftsallüren und die dahinter stehende geistliche Arroganz und ihren Stolz auf. Die Menschen von Nazareth waren verlogen, selbstherrlich und dem Sichtbaren ergeben. Sie wollten nicht über sich verfügen lassen, sondern über andere verfügen. Deswegen waren sie zum Glauben nicht imstande!

Das gilt heute wie damals. Wer in einer solchen Verfassung Gott dienen will, was er meistens selbst nicht bei sich wahrnimmt, ist zum Glauben, zum Gehorsam und zum Reiche Gottes nicht tauglich.

These *(72)*

Stolz, Überheblichkeit, Unabhängigkeit, die Haltung von Machtgier und Machtbesessenheit, mit denen man über Menschen herrschen will, schließt Glauben gänzlich aus. Wer so denkt oder lebt, ist sein eigenes Nazareth.

Jesus geht zur Attacke über, um die bornierte und selbstherrliche Haltung der Leute von Nazareth gänzlich aufzudecken. Was er durch die folgenden Beispiele den Nazarenern sagt, sollten auch wir hören:

Lukas 4,25-26
25 Aber in Wahrheit sage ich euch: Es waren viele Witwen in Israel zu des Elia Zeiten, da der Himmel verschlossen war drei Jahre und sechs Monate und eine große Teuerung war im ganzen Lande, 26 und zu deren keiner ward Elia gesandt als allein nach Sarepta im Lande der Sidonier zu einer Witwe.

Eine Witwe unter Tausenden im damaligen Israel glaubte und empfing Hilfe. Dabei war sie nicht einmal eine Israelitin. Sie konnte vielleicht glauben, weil sie nicht in der verheerenden scheingeistlichen Tradition des damaligen Israel stand? Weswegen war diese Witwe zum Glauben fähig?

Die Situation ist uns bekannt. Elia kam zur Zeit der Hungersnot in das Haus jener Witwe und sah sie, wie sie mit dem letzten Mehl und dem letzten Öl gerade für sich und ihr Kind eine letzte Mahlzeit bereiten wollte (1. Könige 17,13-14). Elia sprach ihr zu, sie solle sich nicht fürchten und sie solle erst für ihn ein Brot backen, um dann eine Mahlzeit für sich und ihren Sohn zu bereiten.

Diese Witwe tat das und handelte gemäß einem Verheißungswort des Herrn, das Elia ihr ebenfalls gab, und durchbrach damit die menschliche Methode der Selbstsicherung. Sie schaute nicht auf die Umstände, sie herrschte nicht mit den verbleibenden Mitteln zu ihren Gunsten. Sie rechnete mit der Realität des Übernatürlichen und verzichtete deswegen auf die naheliegende Handlung, erst einmal an sich selbst zu denken.

These *(73)*
Die Lektion ist eindeutig: Wer an sich selbst denkt und sich mit eigener Kraft durch vorhandene Umstände helfen und sichern will, läßt in seinem Herzen keinen Raum für den Glauben. Man kann sich nicht gleichzeitig von Gott und von der eigenen Kraft abhängig machen.

Aber das war das Problem der Menschen von Nazareth. Sie sahen nicht auf Gott, auf seine Angebote und auf das Neue, das in der Salbung Jesu lag. Sie sahen nur sich, ihre Möglichkeiten, ihre Macht und ihren Vorsatz, diese Macht zum Zweck der Herrschaft über andere auszuspielen. Unter diesen Voraussetzungen kann man nicht glauben!

These *(74)*
Menschen der Macht, die ihre Macht gebrauchen, um sich damit selbst zu sichern, sind grundsätzlich nicht glaubensfähig!

Anschließend gibt der Herr ein zweites Beispiel aus der alttestamentlichen Geschichte, das diese Aussage verlängert und vertieft:

Lukas 4,27
Und viele Aussätzige waren in Israel zu des Propheten Elisa Zeiten, und deren keiner ward gereinigt als allein Naeman aus Syrien.

Naeman brauchte Heilung und lehnte sie dennoch ab, weil er zunächst die Vorraussetzung zur Heilung nicht akzeptieren konnte. Er erschien bei Elisa in einer Haltung von Dünkel und Standesbewußtsein, war stolz auf seine edle Herkunft und empfand die Aufforderung des Propheten, die er durch dessen Diener übermittelt bekam (durch eine mehrmals zu wiederholende unscheinbare Handlung, nämlich Waschung im Jordan, Heilung zu empfangen), als Zumutung. Das ließ sein Stolz nicht zu. Er meinte, daß er schon genug getan hätte, indem er sich herablassend bis zur Hütte des Propheten begab. Aber wenn es eine Tat sein mußte, dann wenigstens eine herausragende und bedeutende, die seiner und der Bedeutung der Heilung angemessen wäre.

Bis zu diesem Zeitpunkt bewegte sich Naeman auf einer Ebene von Stolz, Unabhängigkeit und Unverfügbarkeit, auf der er nicht im Glauben empfangen konnte.

These *(75)*
Eine Heilung durch Gott oder überhaupt das Eingreifen von göttlicher Gnade ist bei einer Haltung von Unabhängigkeit, Stolz und Bewußtsein der eigenen Stärke nicht möglich.

Weil sich aber Naeman überreden ließ zu tun, was der Prophet ihm sagte und seinen Groll über den nicht angemessenen Empfang beiseite zu legen, deswegen wurde er offen für das Übernatürliche. Gott konnte dem Naeman seine Heilungskraft über die siebenfache Waschung zukommen lassen.

These *(76)*
Wer unter allen Umständen seine Kontrolle über sich festhalten will, kann mit dem Übernatürlichen nichts anfangen. Göttliche Erfahrungen sind immer geschenkte Erfahrungen, die die Haltung von Empfänglichkeit, Verfügbarkeit und Demut voraussetzen.

Naeman trennte sich von den gesellschaftlichen Zwängen und wurde sehr einfach und dabei wahr und konnte in diesem Augenblick glauben.

These *(77)*
Die Befähigung zum Glauben hat etwas damit zu tun, daß man vor

338

Gott und vor sich selbst wahr wird und damit der Gnade eine Chance gibt. Alle göttlichen Hilfen sind Ausdruck von Gnade, die jedoch allein im Gefolge von angenommener Wahrheit wirksam wird.

Die Menschen von Nazareth waren nicht willens, sich aus der Hand zu geben, ihr Gesicht zu verlieren und wahr und echt zu werden. Das war ihr Problem, deswegen konnten sie nicht glauben.

Selbst wenn sie hätten glauben wollen, wären sie unter Beibehaltung ihrer Ziele und Werte und der Haltung von Unabhängigkeit dazu nicht imstande gewesen.

These *(78)*
Wer glauben will, muß einen riesen Preis bezahlen. Er muß die Verfügung über sich aufgeben und eigene Macht als das Mittel zum Herrschen und Genießen aus seinem Leben ausscheiden.

Wie besiege ich nur meinen Stolz?

Es ist offensichtlich, daß der Stolz verheerende Auswirkungen hat. Er bringt uns um alles. Er ist die Ursünde: die Sünde der Unabhängigkeit und Selbsterlösung.

Gibt es ein Gegenmittel gegen Stolz? Reicht es einfach aus, sich selbst zu sagen oder zu befehlen: „Ich will nicht mehr stolz sein. Sei demütig, du meine Seele!"?

Wir müssen uns erst einmal fragen, was Stolz und Hochmut in biblischer Schau eigentlich sind. Die Definition von Stolz ist folgende: Er stellt einen Lebensstil und eine Grundhaltung von uneingestandener Minderwertigkeit, Unzulänglichkeit und Mangel an Ich- und Wertgefühl dar, woran man leidet und was man nicht wahrhaben will. Der Stolze ist aber nicht nur der Mensch mit den Defiziten, sondern zur Definition von Stolz gehört auch, daß man diesen inneren Mangel nicht von Gott ausfüllen läßt, sondern es mit der eigenen Kraft versucht oder durch Menschen der Umgebung bewerkstelligen will. Der Stolze sucht Ehre und darüber hinaus Anerkennung, Bestätigung, Applaus und Liebe von Menschen, denen er seine Liebenswürdigkeit, Fähigkeiten, Qualitäten, Stärke und Überlegenheit vorhält oder vortäuscht, um dadurch von ihnen die gewünschte Bestätigung seiner Vortrefflichkeit und Überlegenheit zu bekommen. Stolz ist also durch und durch auf Lüge gegründet und stellt die Grundsatzentscheidung dar, nicht von Gott zu leben, sondern alle Lust aus der Horizontalen von mißbrauchten Beziehungen zu beziehen.

Nun sagt uns Jesus, daß der, der so denkt, nicht glauben kann. Wer nämlich Ehre von Menschen sucht und holt, hat sich für diesen Weg der Lüge entschieden.

Johannes 5,44
Wie könnet ihr glauben, die ihr Ehre voneinander nehmet? Aber die Ehre, die von dem alleinigen Gott ist, suchet ihr nicht.

Wie ist dem Mann, der auf diesem Wege Ehre sucht, zu helfen? Der Stolze kann nicht glauben, obwohl er es besonders nötig hätte, damit er durch Glauben seine Defizite auffüllen könnte. Ist das nicht ein in sich geschlossener Teufelskreis, aus dem es möglicherweise grundsätzlich keinen Ausweg gibt?

Im Worte Gottes offenbart sich Gott immer wieder als der gute Gott. Jesus ist zum Beispiel nach Apostelgeschichte 10,38 mit Heiligem Geist und mit Kraft gesalbt worden und ist in dieser Salbung umhergezogen und hat Gutes getan und gesund gemacht alle, die vom Teufel überwältigt waren, denn Gott war mit ihm. Jesus hat Gutes getan. Die breiteste und schönste Definition von Erlösung könnte schlicht und einfach heißen, daß Gott uns durch Jesus das Gute gebracht hat für alle Defizite und Bedürfnisse, in denen wir Mangel an Gutem hatten. Das, was wir Erlösung nennen, ist bei näherem Hinsehen eine umfassende Hilfe Gottes für tatsächlich alle Belange und Mängelsituationen unseres geistlichen, seelischen, biologischen, sozialen und materiellen Lebens. Gott ist ein guter Gott, der uns ständig Gutes zukommen lassen will, weil wir schöpfungsmäßig so angelegt sind, das Gute zu begehren. Ich möchte dem Leser die Theologie des Guten in ihrer absoluten Notwendigkeit und Schlüssigkeit in folgenden Punkten verdeutlichen:

1. Das Wort Gottes betont die Güte Gottes, und wir haben diese Betonung zu übernehmen, weil Gott seinem Wesen nach gut ist und weil er Gutes tun will und seinem Verlangen nach tun muß, wo immer es ihm gestattet wird, seine Güte anzubieten.

2. Das Erzproblem der Menschheit, ihre Minderwertigkeit und die verlogene Reaktion auf Minderwertigkeit, Stolz und Unabhängigkeit, kann nur durch die Erfahrung der Güte Gottes gelöst werden.

3. Gottes Güte füllt nämlich all unseren Mangel und alle unsere Defizite aus, die inneren und die äußeren. Lieben heißt in letzter Konsequenz Gutes tun.

4. Stolz basiert immer auf dem Vorbefund von instinktiv wahrgenommenem und erlittenem Mangel an Ich-Qualität, Leistungsvermögen, Wert und Image, woraufhin wir uns durch Aufbietung aller Kräfte und Anstrengungen selbst helfen wollen durch Leistung, Herrschen, Bitterkeit, Selbstmitleid, Mißtrauen, Distanz und alle anderen Regungen, mit denen wir eine innerlich erlebte oder äußerlich sichtbare Überlegenheit über unsere Umgebung erzielen wollen.

5. Wenn Stolz Ausdruck von Defiziten ist, dann vermag der Befehl „Laß das sein! Demütige dich! Gehe den unteren Weg!" oder dergleichen das Problem nicht zu lösen. Eine solche Aufforderung würde

bedeuten, daß wir auf unser Streben verzichten müßten, die wahrgenommenen und peinigenden Mängel auszufüllen. Dazu ist aber niemand bereit und imstande, der ein solches Loch in seinem Ich erlebt.

6. Richtig ist vielmehr, sich dem Guten zu überlassen, das von Gott kommt, und durch Erfahrung der Realität seiner Freundlichkeit und seiner Güte — bei gleichzeitiger Wahrnehmung der eigenen Unfähigkeit, sich wirklich Gutes zu verschaffen — Vertrauen in Gott zu entwickeln, das durch immer mehr Erfahrung seiner Güte wachsen wird.

7. Angenommene Güte Gottes, die uns wohltut, die uns bestätigt, ist das Ende unseres Stolzes.

Jeder, der dem Stolz verhaftet ist und sich dadurch von Gottes Freundlichkeit ausschließt, muß die Entscheidung treffen, ob er weiterhin in der Lüge, sich mit eigener Kraft helfen zu wollen, bleiben will, oder ob er dem nachgibt, was ihm ständig das Wort Gottes beschwörend sagen will: daß Gott doch gut ist und daß es weise ist, sich ihm zu übergeben.

Dementsprechend kann auch der Stolz der nicht wiedergeborenen Menschen im Normalfall nicht ohne eine initiale objektive Segnung überwunden werden, deren Zeuge sie bei sich selbst oder bei anderen in ihrer Umgebung werden. Das ist auch der theologische Grund für das praktische Handeln des Herrn in den vielen Beispielen während seines irdischen Dienstes. Er hat zu Hunderten und zu Tausenden die Kranken geheilt, auch gerade jene, die keine Beziehung zu ihm hatten, um durch die Wahrnehmung der Güte Gottes an ihrem eigenen Leib ihr Denken aufzuschließen für die schlichte Tatsache, daß Gott gut ist und gut tut.

Deswegen formuliert Paulus auch so kühn:

1. Korinther 2,4-5

4 Und mein Wort und meine Predigt geschah nicht mit überredenden Worten menschlicher Weisheit, sondern in Erweisung des Geistes und der Kraft,

5 auf daß euer Glaube bestehe nicht auf Menschenweisheit, sondern auf Gottes Kraft.

These *(79)*
Unser Glaube darf nicht auf Menschenweisheit oder überhaupt nur auf abstrakten Anschauungen oder Argumentationsketten beruhen. Der Glaube an Gott, das heißt das Sich-Überlassen an ihn, setzt voraus, daß der Einbruch seiner übernatürlichen Güte und Liebe sichtbar und spürbar geworden ist. Das hinterläßt den Beweis, daß es sinnvoll ist, nicht sich selbst zu helfen, sondern Gott alles zu überlassen.

Glaube kann bei einer minutiösen und ganz konsequenten Analyse seiner Entstehungsbedingungen wirklich nur dort beginnen, wo der Einbruch der Güte Gottes schon einmal wahrgenommen worden ist. Jede andere Glaubensgrundlage ist verhängnisvoll, wenn nicht gar grundsätzlich verkehrt.

Die Stolzen und Hochmütigen, die nicht glauben können und deswegen ihre Ehre, aus der sie ihre Bestätigung holen, von Menschen beziehen, haben einen Mangel an erfahrener Güte. Verbote, Restriktionen, geistliche Askese oder die Aufforderung sich zusammenzureißen, können hier nichts bewirken.

Jetzt ist es auch verstehbar, weswegen der Teufel als der Gegenspieler Gottes ein so großes Interesse daran hat, das Bild unseres göttlichen Vaters und seines Sohnes zu vernebeln. Wenn das Volk Gottes oder gar alle Bürger in einer gegebenen Kultur mehr oder weniger doch davon überzeugt sind, daß Gott ein fordernder Gott ist, der Heiligkeit zur obersten Norm erklärt, aber faktisch doch nur raubt und diszipliniert, dann kann in einem solchen Volk kein Glaube an ihn wachsen. Wenn wir aber die Güte Gottes immer wieder hervorkehren, werden einzelne sie erleben und andere als Zeugen daran Anteil nehmen, so daß dadurch die Grenzen zur Glaubensbefähigung überschritten werden.

These *(80)*
Je mehr Güte Gottes sich unter den Menschen manifestiert, um so mehr werden sie angesteckt mit der Bereitschaft, diesem Gott ebenfalls glauben zu wollen. So kommt eine Lawine in Gang, die sich selbst unterhält und immer größer wird.

Wenn unsere Gemeinden Heimstätten der Güte Gottes werden, dann werden die Gäste und Fremden, die bis jetzt noch nicht glauben konnten oder wollten, unter dem Eindruck einer Atmosphäre von Liebe und Güte Gottes glaubensfähig werden. Die direkt von Gott kommende oder über uns vermittelte Liebe Gottes stellt den Zündfunken des Entstehens von Glauben im Herzen der Glaubenslosen dar. Jesus fragt ja nicht nur, wie wir glauben können, die wir Ehre voneinander suchen, sondern weist auch noch darauf hin, daß wir die Ehre, die Gott uns geben will, nehmen sollten.

Wenn die Gläubigen, angefüllt mit Gottes Liebe und Bestätigung, mit Freude und Aufrichtigkeit die Menschen ihrer Umgebung ehren, achten, ihnen Gutes tun und sie in Wahrheit und Liebe bestätigen, nehmen diese gleichsam Ehre von Gott und treten dadurch, ohne daß sie es merken, in den Erfahrungsbereich des Glauben-Könnens hinein. Jede große Tat Gottes, jede Heilung, jede Wohltat, die Jesus uns durch den Heiligen Geist erleben läßt, hat neben allen Segnungen, die die direkt Empfangenden damit erfahren, auch noch die wichtige Begleitwirkung, daß sie einen Einbruch Gottes in unser Selbsterlösungssystem darstellen und den jeweiligen punktuellen Nachweis erbringen, daß Gottes Liebe mehr vermag als unsere eigenen maximalen Anstrengungen. Wo auf diese Weise Glaube entsteht, schwindet der Stolz.

Kapitel 7

Vom Erbarmen zum Glauben

Gott ist ein gnädiger und barmherziger Gott. Es drängt ihn, uns zu helfen, wo wir Hilfe brauchen und begehren. Wer an sein Erbarmen appelliert, wird Erbarmen bekommen. Aber das kann sehr unterschiedlich aussehen.

Ich will dem Leser drei Beispiele des Handelns Jesu präsentieren – alle den Evangelien entnommen –, die erstaunliche Unterschiede bezüglich des Reagierens des Herrn aufweisen, wenn man ihn bittet, sich unser zu erbarmen.

Matthäus 20,29-34
29 Und da sie von Jericho auszogen, folgte ihm viel Volks nach.

30 Und siehe, zwei Blinde saßen am Wege; und da sie hörten, daß Jesus vorüberging, schrien sie und sprachen: Ach Herr, du Sohn Davids, erbarme dich unser!

31 Aber das Volk bedrohte sie, daß sie schweigen sollten. Aber sie schrien noch viel mehr und sprachen: Ach Herr, du Sohn Davids, erbarme dich unser!

32 Jesus aber stand still und rief sie und sprach: Was wollt ihr, daß ich euch tun soll?

33 Sie sprachen zu ihm: Herr, daß unsere Augen aufgetan werden.

34 Und es jammerte ihn, und er rührte ihre Augen an; und alsbald wurden sie wieder sehend, und sie folgten ihm nach.

Die beiden Blinden, die am Wegesrand standen, sprachen den Herrn laut als Sohn Davids an und baten ihn, daß er sich ihrer erbarme. Aber die umstehenden Menschen bedrohten sie, daß sie schweigen sollten. Daraufhin schrien sie noch intensiver, daß er sich ihrer erbarmen möge. Schließlich blieb Jesus stehen und fragte sie, was er für sie tun solle, worauf sie unerschrocken antworteten, daß ihre Augen aufgetan werden sollten.

Dann wird uns berichtet, daß Jesus Erbarmen in sich erlebte („es jammerte ihn"), und er streckte die Hand aus, rührte ihre Augen an und sie wurden sofort sehend.

Es gibt in diesem Heilungsgeschehen einige Stationen von allgemeiner Bedeutung: Die beiden Kranken hatten ein klares Ziel. Sie wollten Heilung haben und ließen sich davon auch nicht durch die Äußerungen der Volksmenge abbringen. Sie hatten also eine konkrete Bitte, bewiesen Ausdauer und eine spezifische Erwartung, die sie mit einem Appell an das Erbarmen Jesu verbanden. Daraufhin kam es zur Heilung der beiden durch eine Berührung Jesu an ihren Augen.

These *(81)*
Das ist eine erfolgreiche Formel: Im Krankheitsfall den Mut und die Demut beweisen, sich an Jesus zu wenden mit der sehr speziellen Bitte um Heilung. Wer sich dabei nicht beirren läßt und mit Ausdauer Jesu Erbarmen appelliert, wird geheilt werden.

Ein scheinbar ähnlicher Fall

Markus 10,46-52
46 Und sie kamen nach Jericho. Und da er aus Jericho wegging, er und seine Jünger und eine große Menge, da saß ein Blinder, Bartimäus, des Timäus Sohn, am Wege und bettelte.
47 Und als er hörte, daß es Jesus von Nazareth war, fing er an zu schreien und zu sagen: Jesu, du Sohn Davids, erbarme dich mein!
48 Und viele bedrohten ihn, er sollte stillschweigen. Er aber schrie noch viel mehr: Du Sohn Davids, erbarme dich mein!
49 Und Jesus stand still und sprach: Rufet ihn her! Und sie riefen den Blinden und sprachen zu ihm: Sei getrost, stehe auf! Er ruft dich!

50 Und er warf seinen Mantel von sich, sprang auf und kam zu Jesus.

51 Und Jesus antwortete und sprach zu ihm: Was willst du, daß ich dir tun soll? Der Blinde sprach zu ihm: Rabbuni, daß ich wieder sehen kann.

52 Jesus aber sprach zu ihm: Gehe hin, dein Glaube hat dir geholfen. Und alsbald konnte er wieder sehen und folgte ihm nach auf dem Wege.

In diesem Fall war es nur *ein* Blinder, der aber auch bei Jericho am Straßenrand bettelte. Wie im Fall der ersten Geschichte schrie auch er, als er vernahm, daß Jesus vorbeizog: „Jesus, du Sohn Davids, erbarme dich mein!" Ähnlich wie bei der anderen Geschichte wurde auch er von der Volksmenge bedroht, daß er schweigen solle, was er aber nicht beachtete. Auch er steigerte seinen Einsatz und seine Ausdauer und schrie mit noch größerer Lautstärke, daß Jesus ihm Erbarmen beweisen möge.

Es sieht alles danach aus, daß diese Geschichte so gut wie mit der ersten identisch sei, vielleicht abgesehen von der Tatsache, daß es sich hier nur um einen Blinden handelt. Aber dann gibt es im weiteren Ablauf doch gewichtige Unterschiede. Jesus blieb stehen, aber doch in einer gewissen Entfernung zum Blinden. Im Fall der beiden Blinden muß Jesus so nahe an sie herangekommen sein, daß er sie selbst angesprochen hat. In diesem Fall ließ er den Blinden zu sich rufen, was bedeutet, daß doch noch eine gewisse Strecke zwischen ihm und dem Kranken war.

Dem Blinden wird die Botschaft, daß der Meister ihn ruft, überbracht, worauf er sofort seinen Mantel von sich wirft, aufspringt und zu Jesus eilt.

Hier liegt ein gewichtiger Unterschied zur vorherigen Geschichte. Bis jetzt verhielt sich der Mann so, als ob alles von Jesus abhängig wäre. Aber nun ergreift er die Initiative des Glaubens. Er legt seinen Mantel ab (der ja ein Bettelmantel war) und geht auf Jesus zu. Das heißt, er glaubte schon von vornherein, daß die Heilung stattfinden würde und drückte diesen Glauben in einer Handlung aus. Zweitens gab er mit dem Ablegen seines Mantels ein Zeichen der Veränderung seiner Haltung zu erkennen. Er streifte mit dem Mantel das alte Denken und die alte Identität als Bettler, zu der er durch seine Blindheit genötigt war, einfach ab. Er nahm die Heilung mit dieser Handlung gleichsam vorweg. Er bewies Glauben.

Aber auch dieser Blinde mußte noch den Test der Frage des Herrn über sich ergehen lassen: „Was willst du, daß ich dir tun soll?" Er wich nicht auf eine minderwertige und schwache Antwort aus, daß er etwa nur die Gegenwart des Herrn erleben oder seine Berührung erfahren wollte. Er stand zu dem exakten Wunsch, daß er Heilung erfahren wollte.

Die ganze Unterschiedlichkeit dieser Geschichte zu der zuerst betrachteten Heilungsgeschichte wird jetzt offenbar. Jesus rührt ihn nicht an! Es fließt keine Glaubens- oder Heilungskraft durch Handauflegung von ihm direkt in den Körper des Blinden. Jesus stellt einfach fest: „*Dein* Glaube hat dir geholfen."

Der Anfang der Begebenheit ist identisch mit der ersten Geschichte: Der Blinde faßt sich ein Herz, in Anbetracht der Volksmenge auf sich aufmerksam zu machen und Jesus zweimal mit Nachdruck um Erbarmen für sich zu bitten. Aber dieser Mann muß schon mehr vom Herrn gewußt haben. Denn der Herr bleibt in einem gewissen Abstand von ihm stehen und läßt ihn rufen. Das ist die Chance für die Glaubenshandlung. Dieser Mann wußte so intensiv, daß die Heilung stattfinden würde, daß er sich von dem Merkmal seiner alten Bettleridentität trennte, indem er den Mantel beiseite tat und auf Jesus zulief. Sein Denken war schon auf Heilung ausgerichtet, bevor er sie erfahren hatte. Er war ein Mann des Glaubens und erfuhr deswegen keine Handauflegung. Fraglos war es die Heilungskraft des Herrn, die ihn gesund machte. Aber Jesus sagte: „*Dein* Glaube hat dir geholfen." Dieser Mann hatte die Gewißheit der Heilung bereits im Herzen, so daß die Heilungskraft durch sein Herz in den Körper fahren konnte.

Fassen wir auch das in einer kurzen Formel zusammen: Die Heilungsgeschichte begann mit dem Appell an das Erbarmen des Herrn, aber die Heilung selbst geschah durch Glauben an die Heilungskraft Jesu, den der Blinde im Herzen hatte und in einer Tat ausdrückte. Er bewegte sich vom Erbarmen zum Glauben.

Der Herr reagierte nicht auf die Bitte um Erbarmen

Matthäus 15,21-28
21 Und Jesus ging fort von dannen und entwich in die Gegend von Tyrus und Sidon.
22 Und siehe, ein kanaanäisches Weib kam aus jener Gegend und schrie ihm nach und sprach: Ach Herr, du Sohn Davids, erbarme dich mein! Meine Tochter wird von einem bösen Geist übel geplagt.
23 Und er antwortete ihr kein Wort. Da traten zu ihm seine Jünger, baten ihn und sprachen: Laß sie doch von dir, denn sie schreit uns nach.
24 Er antwortete aber und sprach: Ich bin nur gesandt zu den verlorenen Schafen des Hauses Israel.
25 Sie kam aber und fiel vor ihm nieder und sprach: Herr, hilf mir!
26 Aber er antwortete und sprach: Es ist nicht fein, daß man den Kindern ihr Brot nehme und werfe es vor die Hunde.
27 Sie sprach: Ja, Herr; aber doch essen die Hunde von den Brosamen, die von ihrer Herren Tisch fallen.
28 Da antwortete Jesus und sprach zu ihr: O Weib, dein Glaube ist groß. Dir geschehe, wie du willst! Und ihre Tochter ward gesund zu derselben Stunde.

Der Anfang dieser Heilungsgeschichte ist identisch mit dem der anderen beiden Begebenheiten. Die Frau spricht Jesus an: „Ach Herr, du Sohn Davids, erbarme dich mein!" Aber nun beweist der Herr ein höchst merkwürdiges Verhalten, das so aus dem Rahmen fällt und scheinbar so uneinfühlsam ist, daß wir es mit besonderer Aufmerksamkeit untersuchen müssen. Denn wenn Jesus sich auf eine solche Bitte, wie sie die Frau vorträgt, so ungewöhnlich und scheinbar passiv verhält, muß eine wichtige Wahrheit dahinter stehen, die wir auf keinen Fall verfehlen dürfen. Das dann folgende Gespräch weist einen interessanten Ablauf auf:

1. Jesus antwortete ihr kein Wort. Das heißt, daß er auch keinerlei Zeichen von besonderem Erbarmen bewies. So mußte der Herr aus einem bestimmten Grunde reagieren, obwohl er, wie es ja das Ergebnis auswies, sehr gerne heilen wollte.

Wenn wir, die wir unseren Herrn durch jahrelange Nachfolge genau kennen, mit bestimmten Bitten um Erbarmen oder Gnade zum Herrn kommen und auch keinerlei Reaktion erleben, hat das möglicherweise eine ähnliche Bewandtnis, wie in diesem Fall. Wir sollten genau hinsehen, wie es weitergeht.

2. Die Jünger legten dem Herrn nahe, irgend etwas zu tun, um diese unschöne Situation zu beenden. Vielleicht forderten sie ihn auf, irgendein Teilwunder oder etwas anderes Trostgebendes zu tun. Das Wort sagt: „Laß sie doch von dir, denn sie schreit uns nach." Das heißt doch wohl, daß sie ständig auf ihrer Erbarmensschiene geblieben war: „Ach Herr, du Sohn Davids, erbarme dich mein!"

3. Schließlich reagiert der Herr doch. Aber, oh Graus, was sagt er? „Ich bin nur gesandt zu den verlorenen Schafen des Hauses Israel." In einem solchen Zusammenhang ist das eine deutliche und sogar schmerzhafte Abweisung. Hier ist keine Spur von Erbarmen er-

kennbar. Was bewegt den Herrn zu dieser Absage? Was führt er im Schilde?

4. Die Frau geht vor ihm auf die Knie und spricht: „Herr, hilf mir!" Sie bleibt also im wesentlichen bei ihrer Bitte, nur daß sie jetzt in einer zwingenderen und forcierten Form, in der Haltung der Demütigung, vorgetragen wird. Ob das den Herrn nicht erweichen wird?

5. Jesus antwortet darauf: "Es ist nicht fein, daß man den Kindern ihr Brot nehme und werfe es vor die Hunde."
„Hunde" hatte er gesagt! Weiterhin kein Zeichen von Entgegenkommen, Erbarmen oder Zuneigung. Im Gegenteil, er hatte sie eigentlich beschimpft mit einem Wort, das im Orient als sehr beleidigend galt. Und inhaltlich hatte er damit zum Ausdruck gebracht, daß die Frau, weil sie nicht zu den Juden gehörte, von seiner Hilfe ausgeschlossen blieb.

6. Dann aber sagt die Frau etwas, was die ganze Situation verändert: „Ja, Herr; aber doch essen die Hunde von den Brosamen, die von ihrer Herren Tisch fallen."

Nun erweist sich der Herr wie ausgewechselt. Schier begeistert antwortete er: „O Weib, dein Glaube ist groß. Dir geschehe, wie du willst!"

Was ist eigentlich in dieser Auseinandersetzung, die wie ein Prozeß anmutet, abgelaufen? Die Frau wollte Hilfe bekommen, indem sie Jesus um Erbarmen bat und konnte offensichtlich auf dieser Ebene des Appells um Erbarmen keine Hilfe empfangen. Das reichte dem Herrn nicht aus. Er wollte mehr bei ihr sehen: Glauben. Ohne Glauben wäre jene Heilung, die der Herr dringend geben wollte, nicht möglich gewesen! Mit seinem Erbarmen ohne ihren Glauben wäre es einfach nicht gegangen. Deswegen seine Verweigerung, durch die er sie schrittweise von ihrer passiven Erwartungshaltung, wonach er alles tun sollte, herunterholte.

Diese Frau war offenbar keine Anfängerin. Jesus hatte sich aus den Menschenmassen in Galiläa weggestohlen, um etwas Ruhe zu haben. Keiner war ihm gefolgt und niemand wußte, wo er war – bis auf diese Frau, die ihn sofort an dem Ort seiner Ruhe aufstöberte. Obwohl sie eine Heidin war, muß sie über einen reifen geistlichen Blick verfügt haben, denn sie hatte sofort die richtige Diagnose über den Hintergrund der Krankheit ihrer Tochter gestellt. Sie war eine Wissende.

Weil diese Phönizierin nicht mehr in den ersten Anfängen ihres Glaubens und ihrer Beziehung zu Jesus stand, deswegen konnte sich Jesus nicht damit begnügen, daß sie nur die Bitte um Erbarmen aussprach und er alles andere tun sollte.

These *(82)*
Appell an Gottes Erbarmen und Demütigung reichen dann aus, wenn der Betreffende, der zum Herrn kommt, auf dem Weg zum Glauben ist oder sich in den ersten Etappen seines Glaubenslebens befindet. Liegt aber eine Beziehung vor, die etwa schon zur Gotteskindschaft geführt hat, und sind wir Kenner des Wortes Gottes, dann ist die alleinige Bitte um Erbarmen oder Gnade absolut unzureichend. In einem solchen Fall kommt unser Herr zu kurz, der ja schon eine Beziehung mit uns hat. Wenn wir durch die Tatsache, daß wir durch Glauben Kinder Gottes geworden sind, Jesus im einzelnen Notfall um Erbarmen bitten, dann ist das indirekt eine Verleugnung dieser Liebesbeziehung.

Wer in Anbetracht des geschlossenen Bundes (der zur Kindschaft Gottes, Vergebung der Sünden, ewigem Leben und zur Gerechtigkeit Gottes geführt hat) im Fall der Not immer noch nach dem Erbarmen Gottes ruft, bringt damit folgende Überzeugungen zum Ausdruck:
1. Er unterstellt, daß es gar keinen Gnadenvertrag gibt, denn sonst würde er nicht an das Erbarmen des Herrn appellieren.
2. Ferner drückt er damit aus, daß er keine Gewißheit über die Ver-

tragstreue des Herrn hat und unterstellt mit der ständigen Bitte um Erbarmen indirekt, daß Gott ein unzuverlässiger Partner ist. Er beweist damit eine völlige Unkenntnis des Wesens Gottes und seines wahren und gnädigen Charakters.

3. Schließlich negiert der Gläubige, dessen Gebet immer wieder von der Bitte um Erbarmen gekennzeichnet ist, den Tatsachenhintergrund der von ihm erbetenen Hilfe. Er sieht nicht, daß Jesus schon längst gehandelt hat und durch die Erlösung einen großen Preis bezahlt hat für den Erwerb all jener Segnungen, die jetzt schon vorliegen.

4. Mit einem solchen Vorgehen verdreht und verkennt ein Gläubiger die Verteilung der Aufgaben und der Verantwortung, die ihm und dem Herrn zukommen. Indem er Jesus die Aufgabe zuschiebt, zu handeln, obwohl dieser schon längst alles getan hat, lenkt er von seinem eigenen Zweifel und Unglauben ab und begibt sich in die Haltung der Passivität. Er leugnet damit die Verantwortung zu glauben, die jeder übernimmt, der sich in eine Beziehung zu Jesus als seinem Herrn hineinbegeben hat.

These *(83)*
Bitte um Erbarmen und Gnade von Seiten eines Gläubigen, der dem Herrn schon jahrelang nachfolgt, ist kein Kavaliersdelikt. Hinter einer solchen Haltung verbirgt sich ein Berg von Verkennung der biblischen Wahrheiten und der eigenen Verantwortung, und die Weigerung zu glauben, daß der Herr alles schon getan hat. Er selbst soll im Vertrauen auf die Verläßlichkeit der Vorleistung des Herrn nur noch nehmen. Damit würde er seinen Herrn erfreuen und den Glauben vollkommen machen.

Es sind nicht wenige Gläubige, die an dieser Hürde scheitern. Wenn sie nehmen sollten, bitten sie den Herrn, daß er etwas tun möge, wiewohl er schon längst das Seine getan hat. Mit dieser Haltung betrüben sie den Herrn und enthalten ihm jenes Vertrauen vor, über das er sich freuen würde, das ihm wohltut und das die Voraussetzung zum Transfer der notwendigen Hilfe wäre. Die Tendenz, in eine solche laxe und unehrerbietige Haltung gegenüber dem Herrn abzugleiten und dabei alle Zuständigkeiten für die Manifestation des Wunders zu verdrehen, ist offenbar so gewaltig, daß der Heilige Geist es für notwendig gehalten hat, uns diese Lektion zu vermitteln. Das Beispiel soll abschreckend sein, weil das, was hintergründig bei einem solchen Vorgehen abläuft, in der Tat schrecklich ist.

Lieber Leser, laß dich erschüttern. Erkenne den würdevollen Status als Kind Gottes, „Gottes Gerechtigkeit" und Versöhnter mit dem Herrn, den du durch deine Nachfolge innehast. Gehörst du zur Familie, dann steht dir alles zu. Das war ja die eigentliche „Glaubensleistung" dieser Frau. Mit ihrer Antwort brachte sie zum Ausdruck, daß auch die Hunde ein Teil der Familie sind und ihnen insofern das Brot zusteht.

These *(84)*
Wenn wir die geliebten Kinder des Herrn sind, dann sind alle Belange des Alltags einschließlich der Behebung von Krankheitsnöten selbstverständlich im Gnadenangebot des Herrn eingeschlossen. Das gehört einfach dazu. Auf unser glaubendes Begehren gibt uns der Herr solche Geschenke sehr bereitwillig und sehr gern.

Kapitel 8

Gnade und Glaube

Im Buch des Predigers finden wir ein merkwürdiges Wort.

Prediger 10,10
Wenn ein Eisen stumpf wird und an der Schneide ungeschliffen bleibt, muß man mit ganzer Kraft arbeiten. Aber Weisheit bringt Vorteil und Gewinn.

Das Eisen, das für Axt oder Schwert steht, ist ein Arbeitsinstrument, mit dem wir Materialien zerkleinern, trennen oder formen. Es entspricht fraglos dem Worte Gottes, das wir im Glauben gebrauchen sollen und das dann für uns die entscheidende Arbeit leistet.

Aber je stumpfer das Eisen wird, ohne Bild: je unschärfer und vager unser Verständnis vom Worte Gottes ist, um so mehr müssen wir dann doch die eigene Kraft einsetzen, um dann bis zur Erschöpfung zu arbeiten. Je schwächer unsere Erkenntnis des Wortes Gottes ist, um so größer muß notwendigerweise unser eigener seelischer oder körperlicher Leistungsbeitrag sein, um das Ziel zu erreichen. Das war ursprünglich aber von Gott nicht so vorgesehen.

In der sogenannten Wort- und Glaubensbewegung, die, wie es der Name sagt, eine große Betonung auf den Glauben legt, ist nicht selten zu beobachten, wie Menschen mit großem Aufwand und starker Mühe glauben wollen. Das, was von Gottes Absicht her eine Hilfe sein soll, ihm einfach zu vertrauen, daß sein Wort wahr ist und daß das so geglaubte Wort für uns die entscheidende Arbeit leistet, wird unter bestimmten Umständen eher mühsam. Der Glaube kann in solchen Fällen zur Leistung degenerieren. Dann muß man, wie es das Wort ausdrückt, sehr viel Arbeit aufwenden.

Worin könnte die Unschärfe des Eisens in solchen Fällen von mühsamem Glauben mit sehr fragwürdigen oder meist ausbleibenden

Resultaten bestehen? Mir scheint, daß es einen spezifischen Mangel in dem Verständnis des göttlichen Angebotes bei diesen heroischen Glaubensgiganten gibt, die doch so wenig Erfolg haben: ein Mangel an Gnade! Hiermit bin ich bei dem großen Thema, das uns in mehrfachen Variationen für den Rest dieses Teiles des Buches beschäftigen soll.

Das Wort Gottes berichtet uns von Gnade als dem direkten Partner von Glauben, der so stark mit ihm zusammengehört, daß sie beide ein unzertrennbares Begriffs- und Erfahrungspaar bilden. Gnade wird von Glaube nicht überwunden, wie es scheinbar das letzte Kapitel lehren wollte. Gnade und Glaube gehören zusammen. Aber die Gnade muß geglaubt, das heißt also, angenommen werden. Das war ja die herausragende Lehre im vorherigen Kapitel, daß die Bitte um Gnade für die, die den Herrn und seinen Weg kennen, nicht ausreichend ist. Sie müssen Gnade nehmen oder die vorhandene Gnade selbstverständlich gebrauchen. Es ging also nicht um die Frage „Gnade – ja oder nein?", sondern darum, wie wir mit der von Gott angebotenen Gnade umgehen.

Nach meiner Erfahrung scheint der durchschnittliche Christ, zumal derjenige, der sich für die Glaubenswahrheit geöffnet hat, nicht so sehr von dem Angebot der Gnade Gottes fasziniert zu sein. Gnade mutet im unreflektierten Denken oder Ahnen der meisten Gläubigen wie eine elementare Selbstverständlichkeit an, die man kennt und hat und von der man keine weiteren aufregenden Aufschlüsse erwarten darf. So ging es mir auch, bis der Herr sehr nachdrücklich durch manche Erfahrungen in der Seelsorge (an Glaubensjüngern) und durch manche eigene Erfahrungen an mir handelte.

Die Entdeckungen über die Gnade gehören mit zu den faszinierendsten Erlebnissen, die ich in den letzten Jahren mit Gott und seinem Wort gemacht habe. Die Gnade Gottes ist so ungeheuerlich schön und übernatürlich und aufregend, ja fast berauschend, daß man zuvor eine übernatürliche Befähigung braucht, um sie zu verstehen und dann erfahren zu können.

These *(85)*
Wo das Verständnis von Gnade fehlt oder gar sie selbst abwesend ist, wird das Eisen stumpf und unser Glaube wird zur Qual!

Erkenntnis des Wesens der Gnade ist schon mehr als die Hälfte der Hilfe, die Gott uns geben will.

Kolosser 1,5b-6
5b Von ihr (der Hoffnung) **habt ihr schon jetzt gehört durch das Wort der Wahrheit im Evangelium,**
8 das zu euch gekommen ist, wie es auch in aller Welt da ist und Frucht bringt und so wächst, wie auch bei euch von dem Tage an, da ihr's gehört habt und erkannt die Gnade Gottes in der Wahrheit.

Das Wort der Wahrheit im Evangelium hat sich durch die ganze damalige Welt verbreitet und war auch zu den Kolossern gekommen, um Frucht zu bringen und zu wachsen, und zwar von dem Augenblick an, wo sie darin die Gnade Gottes erkannt hatten. Erkennen der Gnade Gottes macht also den ganzen Unterschied. Insofern verhält sich die Gnade wie die Wahrheit, die die notwendigen Vorleistungen für den Glauben bringt. Wenn wir die Gnade Gottes wirklich verstanden und daraufhin mit Leichtigkeit angenommen haben, wird das Wort Gottes viel Frucht bringen und auch bei uns in ganz anderen Dimensionen wachsen.

Wir brauchen tatsächlich eine regelrechte Lehre über Gnade im Kontext von Wort und von Glauben, um den ganzen Segen des Evangeliums erleben zu können. Es kann kein Zweifel daran bestehen, daß der Gemeinde Jesu weltweit durch das Aufkommen der Glaubensbewegung außerordentlich stark gedient worden ist, wodurch der stark vernachlässigte Begriff des Glaubens neu für uns erschlossen wurde. Die Auswirkungen sind unübersehbar. Alle großen erwecklichen Aufbrüche der letzten fünf oder zehn Jahre haben einen direkten oder indirekten Zusammenhang mit den neuen Einsichten, die uns die Lehre über biblischen Glauben gebracht hat. Aber das ist noch nicht das Ende der vom Heiligen Geist bewirkten Neuentdeckungen biblischer Wahrheiten.

Die Lehre und die Praxis von Gnade war in unseren Reihen und Gemeinden zweifelsfrei unterentwickelt. Das führte zu manchen Deformierungen der Frömmigkeit.

Je besser wir die Gnade und den Gnadengeber Jesus verstehen, um so stärker wachsen wir: „Wachset aber in der Gnade und Erkenntnis unseres Herrn und Heilandes Jesus Christus." (2. Petrus 3,18a). Wir sollen in der Gnade und in der Erkenntnis unseres Herrn wachsen, was einen Fortschritt in allen Belangen unseres Alltagslebens und des Gemeindelebens zur Folge haben wird.

Wir werden um so leichter dem Herrn seine Verheißungen glaubend abnehmen, je schöner sie erscheinen und je leichter zugänglich sie uns erscheinen. Das möchte ich anhand von zwei Bildern verdeutlichen.

1. Bild:
Wenn wir auf der Straße dreckiges Papier in Gestalt von kleinen viereckigen Zetteln herumliegen sehen, dann werden wir in aller Regel nicht den Impuls in uns verspüren, uns mühsam zu bücken und die einzelnen Zettel mit der Hand aufzuheben. Die Zettel haben keinen Reiz, keine Schönheit und somit nichts Einladendes an sich.

Entdecken wir aber bei näherem Hinsehen, daß es sich bei diesen Zetteln um leicht verdreckte aber gültige Tausendmark-Scheine handelt, dann werden wir uns ganz anders verhalten. Wir werden nicht titanische Entschlüsse in uns herbeiführen müssen, um die

358

Bewegung des Ergreifens (Glauben, denn Glauben ist ein Zupak-ken) in Gang zu setzen. Wie von der Tarantel gestochen werden wir vielmehr automatisch, mehr oder weniger ohne Nachdenken und ausdrückliche Beschlußfassung am Boden sein, um die einzelnen, Wohlstand versprechenden Scheine aufzulesen.

2. Bild:
Eine Tausendmark-Banknote hinter dickem Panzerglas eines Bankschalters wird uns nicht in Bewegung bringen. Aber ein hei-matloser, leicht zugänglicher Geldschein, der auf der Parkbank liegt und keinem gehört, wird uns zum sofortigen Handeln im Sinne von Ergreifen und Einstecken veranlassen.

Wir brauchen, was diese beiden Bilder bezwecken wollten, ein kla-res Verständnis von den Begriffen Glauben (Nehmen), Gnade und den göttlichen Geschenkangeboten in Gestalt von Verheißungen und Wahrheiten. Erst wenn wir die Unterschiede und Einzelfunktio-nen dieser Wahrheiten klar erfaßt haben, können wir mit ihnen um-gehen.

Wir unterscheiden zwischen Verheißung (Wahrheit), Gnade und Glauben.

1. Verheißung
Eine Verheißung ist eine in Wortform angebotene Wohltat oder Wahrheit, ein Segen oder ein Geschenk von spezifischem Inhalt, das der Herr uns gibt, das wir brauchen und das wir nehmen sollen.
Solche Geschenkangebote liegen zu Tausenden im Worte Gottes vor. In ihrer Gesamtheit stellen sie die göttliche Wahrheit dar.

2. Gnade
Gnade ist nicht identisch mit einem einzelnen Verheißungsange-bot. Gnade ist vielmehr die Beschreibung des Charakters Gottes und der Rahmensituation, in welcher Gott uns seine einzelnen Ge-

schenke gibt und in der sie von uns übernommen werden können. Gnade beschreibt auch die innere Verfassung des Empfangenden (Barmherzigkeit), die vorliegen muß, damit Gott überhaupt Gnade gibt und wir die Gnade empfangen können.

3. Glaube

Glaube ist jene Haltung und Handlung auf unserer Seite, durch die wir erst in die Lage versetzt werden, zuzupacken. Wenn Glaube beanspruchen und nehmen ist, brauchen wir zur Entwicklung dieser zupackenden Einstellung die Kenntnis von ganz bestimmten göttlichen Normen, aber auch die Kenntnis seiner Angebote und der Gnade, um überhaupt zugreifen zu können und zu wollen. Die Fähigkeit zum Glauben wird verstärkt und erleichtert durch die Wahrnehmung des Nutzens und der Schönheit der Geschenke (Bild 1) und der Leichtigkeit, mit der man sie nehmen kann (Bild 2).

These *(86)*
Der Zusammenhang von Glaube und Gnade ist dadurch gekennzeichnet, daß die biblische Form des Glaubens erst durch Wahrnehmung der Realität von Gottes Freundlichkeit und Gnade, wonach er uns unbedingt beschenken möchte, zustande kommt. Je überzeugter wir sind, daß Gott uns beschenken möchte, daß er uns segnen, aufbauen und bereichern möchte, uns also alle seine Angebote ohne unser Verdienst allein aus Gnade zukommen lassen will, um so selbstverständlicher und müheloser werden wir glauben. Glaube soll nach dem göttlichen Willen nie zu einem krampfhaften und mühsamen Geschehen degenerieren, in dem sich dann doch unsere Leistung ausdrückt.

Wer sich bei seinen Glaubensbemühungen anstrengen und ständig Zweifel und Unglauben niederringen muß, der hat doch noch nicht verstanden, wie großartig und einzigartig Gottes Wesen ist und daß er ständig einen Strom von Wohltaten auf uns lenkt. Wer Gnade nicht verstanden hat, die zu den herausragenden Eigenschaften Gottes gehört, der wird es im konkreten Fall einer Not, die er durch Gott behoben sehen will, infolge dieses negativen und unvollkommenen Bildes schwer haben, zu vertrauen. Ihm wird es so vorkommen, als ob seine Wünsche zu groß für Gott seien, während das eigentliche Problem das ist, daß sein Bild von Gott zu gering ist.

Dementsprechend wird jemand mit unzulänglicher Sicht von Gnade bei dem Versuch, von Gott Geschenke zu empfangen, ständig sich selbst im Wege stehen. Er wird ununterbrochen seine eigenen Einwände, die in seinem Herzen entstanden sind und die nicht von Gott kommen (!), niederringen müssen. Und weil es ein Ringen sein wird, ist es Leistung und Bezahlung und nicht Glaube. Dadurch wird am Ende dann doch keine Erfahrung des Eingreifens Gottes entstehen, weil Gott nur auf Glauben reagiert. Und der Glaube kommt nur durch Erkenntnis der Gnade zustande und nicht anders.

Nach unserem bisherigen Verständnis kam dem Wort Gottes die führende Aufgabe bei der Entwicklung des Glaubens zu. Das sehe ich immer noch so. Das Wort Gottes hat, wie wir gesagt haben, die Kraft in sich, Glaube an sich selbst zu erzeugen, wenn es im Herzen aufgenommen worden ist. Das gilt immer noch. Aber es kommt noch ein weiterer wichtiger Aspekt hinzu:

These *(87)*
Wenn wir erkennen, warum uns Gott einzelne Geschenke in Gestalt von Verheißungen gibt – und sein Motiv ist Gnade und Liebe –, dann wird dadurch die Annahme des Wortes (und damit gleichzeitig auch die Erfahrung des dem Worte innewohnenden Geschenkes) außerordentlich begünstigt. Auf diese Förderung unseres Glaubens durch exakte Kenntnis dessen, was Gnade eigentlich ist, können wir alle nicht verzichten. Wenn es unser Streben ist, Menschen des Glaubens zu werden, dann sollten wir auch die Entscheidung treffen, Menschen der Gnade zu werden.

Ich will nun in einzelnen Schritten das Bild der Gnade zeichnen, wie wir es in der Schrift vorfinden. Gleichzeitig bildet die nachfolgende

Darstellung von einzelnen Merkmalen der Gnade eine Art Definition dieses Begriffes.

1. Gottes Gnade ist ein Ausfluß und Ausdruck seines Charakters. Wenn Gott auf die Situation des sündigen, fehlerhaften und sich in Not befindenden Menschen reagiert, wenn er handelt, wenn er denkt, dann offenbart er immer Gnade. Gott ist seinem Charakter nach gnädig und wird unabhängig von unserer Haltung und Willigkeit innerlich immer gedrungen sein, gnädig zu sein.

Gnade ist jene unverstehbare, typisch göttliche und damit übernatürliche Willigkeit des Herrn, auf eine vorhandene Minussituation so zu reagieren, daß daraus das Gegenteil, ein Segen oder ein Geschenk, wird.

Psalm 145,8
Gnädig und barmherzig ist der Herr, geduldig und von großer Güte.

Göttliche Gnade ist so unbegreiflich schön, so andersartig als alle menschlichen Reaktionsweisen, so überirdisch und übernatürlich, daß wir regelrecht göttlichen Beistand brauchen, um sie zu verstehen und in ihrer inneren Begründung zu erfassen. Das ist das große Problem aller Menschen, zumal der auf Leistung und Selbstgerechtigkeit ausgerichteten Menschen der westlichen Zivilisation.

2. Gnade ist jene Eigenschaft Gottes (und dann auch der Menschen, die das von Gott lernen und empfangen), durch die man Schuld und die Strafe auf Schuld einfach erläßt, nachdem der Begnadigte seine Verantwortung und seine Schuld eingesehen hat und weiß und erklärt hat, daß der Schulderlaß unverdient und unverdienbar ist.

3. Gnade ist darüber hinaus die Beschenkung mit allen anderen

Gaben und Freuden, die ebenfalls jeweils unverdient sind und nicht bezahlt werden können und dürfen.

4. Die göttliche Gnade hat die Eigentümlichkeit, daß sie sich augenblicklich auflöst und wir leer ausgehen, wenn wir sie uns durch irgendeine Maßnahme oder Haltung verdienen wollen, oder wenn wir, nachdem wir sie empfangen haben, eine Gegenleistung im Sinne eines Entgeltes bringen wollen. Die Gnade Gottes kann grundsätzlich nicht als Gnade erfahren werden, wenn man sie mit Gegenleistung erkaufen will. Die Gnade bleibt sich selbst treu.

Das ist ein Grund, vielleicht sogar der häufigste Grund, weswegen Menschen, die sich an Gott wenden, keine Begegnung mit ihm haben, weil sie nicht ertragen können, ohne Gegenleistung und den Beitrag eigener Fähigkeiten vor ihm zu erscheinen. Das trifft zu für die Erst-Lebensübergabe, die dann ohne Resultate ist, und für Hunderte und Tausende von Bitten an Gott, uns Hilfe zu gewähren. Die beiden großen Ursachen für ausgebliebene Gebetserhörungen sind mangelnder Glaube und die Zerstörung der Gnade durch unseren Stolz, der es nicht zuläßt, daß wir beschenkt werden.

5. Jede vollständige Gnadenerfahrung beinhaltet, daß man weiß, daß man ein Geschenk empfangen hat und wem man es verdankt. Indem man den Geber ehrt und ihm dankt und seine grenzenlose Gnadenbereitschaft und Gebewilligkeit anerkennt, schafft man die Voraussetzung für weitere Gnadengeschenke aus der Unerschöpflichkeit Gottes.

Der Gnadenstrom Gottes, in den alle göttlichen Geschenke eingebettet sind, kommt zum Versiegen, wenn der Empfänger der Gnade sein Geschenk nachträglich als sein Verdienst ausgibt und so das Handeln Gottes durch Lüge und betrügerisches Umbuchen auf sein Leistungskonto verdunkelt. Die Erfahrung lehrt, daß bei einer solchen Haltung auch die schon empfangenen Geschenke ihren Wert und Segen verlieren.

6. Alle Gnadengeschenke sind kostbar, wichtig und schön. Sie haben keinen Haken, obwohl sie umsonst sind, und kommen, weil sie Ausdruck der Liebe Gottes sind, immer zum richtigen Zeitpunkt in der richtigen Dimensionierung.

7. Jesus, der Gnadengeber, geht mit seinen Geschenken um wie ein weiser Vater, der sie in der Reihenfolge unserer Reife und unserer Bedürftigkeit verabfolgt, so daß sie sich nie zum Schaden auswirken.

Weil Gnadengeschenke zum Segen gereichen sollen, hält der Herr eine bestimmte Reihenfolge ein. Bei sehr grober Vereinfachung läßt sich folgende Tendenz in der Freigabe von Gottes Gnadengeschenken erkennen: Zuerst gibt der Herr Heil und Errettung, dann das Geschenk seines Heiligen Geistes. Mit diesen beiden Geschenken empfangen wir auch Autorität über den Teufel und sein Reich. Sodann möchte er uns seelische und körperliche Heilung, Veränderung des Charakters, familiäres und soziales Wohlergehen und erst am Schluß den übernatürlichen materiellen Segen geben.

Die Gnade Gottes zielt auf den Aufbau unserer Persönlichkeit, weswegen die Geschenke nicht wahllos verteilt werden, sondern in Abhängigkeit zu unserem Vermögen, mit ihnen richtig umzugehen. So ist es zum Beispiel ganz und gar nicht Gottes Art, einem frischbekehrten Drogenabhängigen gleich einen dicken materiellen Segen zukommen zu lassen. Das würde ihn umbringen.

8. Alles, was von Gott kommt, ist gut. Alles, was von Gott kommt, ist ein Geschenk der Gnade. Gott gibt grundsätzlich keine verdienten Produkte. Weil nur Gutes von ihm kommt, ist alles Gute auch gleichzeitig ein Geschenk.

Auch bei fortgeschrittener geistlicher Reife des Christen ist jede einzelne von Gott empfangene Gabe immer Ausdruck von Gnade und niemals die Folge von unserem Wohlverhalten, das ein Anrecht auf Gottes Gabe begründen würde.

9. Alle Gnadengeschenke sind in der Unsichtbarkeit real vorhanden. Erst durch den Glauben (Nehmen) werden sie unsere sichtbaren Geschenke und Erfahrungen. Je schöner das Geschenk ist und je deutlicher der Charakter Gottes und die Rahmenbedingungen seines Schenkens erkannt werden, um so leichter und selbstverständlicher ist unsererseits die Bereitschaft zu glauben.

10. Die Gnade Gottes ist, wie bereits mehrfach von mir hervorgehoben, so überirdisch und unserem Denken, Wertesystem und unserem üblichen Verhaltensmuster enthoben, daß wir sogar zum Verstehen und Empfangen der auf seine Hilfe angewiesen sind.

Aber durch Jesus sind wir gnadenfähig geworden, weil Jesus uns Gnade und Wahrheit gebracht hat.

Johannes 1,17
Denn das Gesetz ist durch Mose gegeben, die Gnade und Wahrheit ist durch Jesus Christus geworden.

Sacharja 12,10a
Aber über das Haus David und über die Bürger Jerusalems will ich ausgießen den Geist der Gnade und des Gebets.

Durch Jesus wurde Gnade in diese Welt gebracht, und durch den Heiligen Geist ist sie ausgegossen worden. Gnade ist jetzt für alle verfügbar.

11. Die uns von Gott verheißene Gnade wird uns von Gottes Seite bedingungslos angeboten. Das göttliche Gnadenangebot ist sicher, verläßlich und präzise. Es setzt als Bedingung auf unserer Seite lediglich voraus, daß wir die Gnade als solche anerkennen

und nicht verdienen wollen. Unter dieser Voraussetzung wird Gnade ohne Ausnahme, also in jedem Fall eines Gnadenbedarfs, gewährt. Bei der irdischen Gerichtsbarkeit liegt die Anzahl der Gnadengewährung zwischen zwei und drei Prozent, bei Gott liegt diese Quote bei hundert Prozent.

12. Es gibt ein Recht auf Gnade! Das, was Jesus uns inhaltlich als Gnadenerfahrung zuteil werden läßt, ist ein Geschenk, das wir gratis entgegennehmen sollen, das der Herr aber auf seiner Seite unter dem Einsatz seines Lebens, seiner Reinheit, seiner Beziehung zu Gott und im stellvertretenden Leiden für uns erworben hat.

Das Recht auf Gnade besteht darin, daß wir grundsätzlich Zugang zu ihr haben durch die in seinem Wort verbürgten Aussagen Gottes. Es gibt also das Anrecht seitens Gottes, Gnade begehren und empfangen zu dürfen. Wenn wir sie für uns beansprucht haben, dann ist sie ihrem Wesen nach trotzdem immer noch Gnade und hat nichts mit Recht zu tun. Der *Zugang* zur Gnade steht rechtmäßig offen, der *Inhalt* der Gnade ist ein Geschenk.

13. Haben wir die Gnade der Gerechtigkeit Gottes im Glauben angenommen und sind somit selbst die Gerechtigkeit Gottes geworden, so sind alle anderen Gnadenangebote schon darin enthalten. Sie müssen aber dennoch jeweils einzeln erkannt und geglaubt werden. Die Wahrnehmung der Gnade reicht nicht aus, um ihrer teilhaftig zu werden.

Johannes 1,16
Und von seiner Fülle haben wir alle genommen Gnade um Gnade.

Wer das Wesen der Gnade Gottes nicht kennt, muß sich mit dem Glauben sehr schwer tun. Das ist auch der Grund, weswegen sich einige Glaubensspezialisten so sehr anstrengen müssen, Resultate ihres Glaubens vorweisen zu können. Diese Gesetzmäßigkeit habe ich schon angesprochen. Die bemühten Glaubenseiferer müssen sich in Verkennung oder Unkenntnis der göttlichen Gnadenangebote so bemühen, von Gott das zu empfangen, was er so gerne geben möchte, weil Gnadenmangel nun einmal gleichzeitig bedeutet, eigene Leistung zu bringen. Auf diesem Wege kann sich das Paradoxon ereignen, daß ausgerechnet der Glaube, der eigentlich vertrauensvolles Reagieren auf Gottes Güte und Liebe sein sollte und der Gnade voraussetzt, zur Arbeit entartet.

Dem Glauben haftet noch eine weitere wichtige Eigenschaft an, deren Unkenntnis den Glaubenden ebenfalls um den Ertrag bringen kann. Gnade Gottes bleibt uns allein dann als ständig fließender Segen von Gottes Zuwendung und Geschenken erhalten, wenn wir die empfangenen Segnungen weiterreichen.

These *(88)*
Der Gnade Gottes ist eine Doppelnatur eigen. Sie will als Gnade empfangen werden und muß dann als Geschenk an andere in unserer Umgebung, die sie brauchen, weitergereicht werden. Wer Vergebung empfangen hat, soll anderen vergeben. Wer Barmherzigkeit empfangen hat, soll anderen Barmherzigkeit erweisen. Wer Gnade in Gestalt von irgendwelchen göttlichen Geschenken empfangen hat, soll diese Geschenke an andere gemäß deren Bedürftigkeit weiterreichen. Wer Gnade empfangen hat und sie nicht an seine Umgebung weiterreicht, wird bald das Versiegen weiterer Gnade feststellen müssen, so sehr er sich auch im Glauben bemüht, noch mehr Gnade zu empfangen.

Als Beleg für diese zentrale Aussage möchte ich zwei Schriftstellen anführen.

2. Korinther 6,1-2
1 Als Mithelfer aber ermahnen wir euch, daß ihr nicht vergeblich die Gnade Gottes empfanget.
2 Denn er spricht: „Ich habe dich in der angenehmen Zeit erhört

und ich habe dir am Tage des Heils geholfen." Siehe, jetzt ist die angenehme Zeit, siehe, jetzt ist der Tag des Heils!

Römer 2,1-3
1 Darum, o Mensch, kannst du dich nicht entschuldigen, wer du auch bist, der da richtet. Denn worin du den anderen richtest, verdammst du dich selbst, weil du ebendasselbe tust, was du richtest.
2 Wir aber wissen, daß Gottes Urteil ist recht über die, so solches tun.
3 Denkst du aber, o Mensch, der du richtest die, so solches tun, und tust auch dasselbe, daß du dem Urteil Gottes entrinnen werdest?

Die oben zitierte Stelle aus dem Korintherbrief redet davon, daß man Gnade vergeblich empfangen haben kann. Das ist ein merkwürdiger Satz. Man hat die Gnade empfangen (also geglaubt), und dennoch hat das nichts gebracht. Man kann Gnade empfangen haben, ohne sie zu haben! Die Gnade hat sich verflüchtigt, weil der Gnadensuchende nicht willig war, Gnade weiterzureichen. In Römer 2 wird dieser Befund präzisiert. Wer andere bei einem Fehler entdeckt und diesen richtet, kritisiert oder verurteilt, der verdammt sich damit selbst, weil er dasselbe tut, was er bei dem anderen sieht und verurteilt. Aber jener andere kann für sich Gnade beanspruchen und wird dementsprechend Gnade erfahren haben, während der Richtende für seine Fehler keine Begnadigung und Vergebung erfährt, solange er in der Haltung des Richtens und Verurteilens verharrt.

These *(89)*
Wer die Sünde anderer richtet, der setzt Gnade außer Kraft und wird dadurch selbst schuldig. Er kommt damit in größere Probleme, als derjenige bei dem er richtend die Sünde gesehen hat. Seine praktizierte Gnadenlosigkeit fällt auf ihn selbst zurück, so daß keine Entschuldigung für ihn da ist (Vers 1) und er das Urteil Gottes erfahren wird, ja, ihm nicht entrinnen wird (Vers 3).

In dem Gleichnis vom Schalksknecht (Matthäus 18,21-35) wird dieses göttliche Prinzip noch weiter ausgeführt. Der Schalksknecht, dem von seinem Herrn eine unvorstellbar große Schuld erlassen worden war (wofür er übrigens nicht dankbar war!), forderte anschließend von seinem Mitknecht, der ihm nur eine bescheidene Summe schuldete, ohne Barmherzigkeit und Nachsicht diesen Betrag ein. Er verlieh dieser Forderung dadurch Nachdruck, daß er ihn griff, ihn würgte und ins Gefängnis werfen ließ.

Als das dem Herrn hinterbracht wurde, wurde dieser zornig auf ihn, ließ ihn zu sich rufen, hielt ihm seine Unbarmherzigkeit vor, lud ihm seine alte Schuld wieder auf und übergab ihn den Foltersknechten, die ihn peinigen sollten, bis er alles abgezahlt hätte. Am Schluß dieses Gleichnisses sagt Jesus (Vers 35): „So wird euch mein himmlischer Vater auch tun, wenn ihr nicht vergebet von Herzen, ein jeglicher seinem Bruder."

Wer Gnade empfangen hat und Gnade anderen vorenthält, setzt sich folgenden Gefahren aus:

1. Der Gnadenfluß kommt augenblicklich zum Stillstand.

2. Der Gnadenlose stellt sich dem Charakter Gottes entgegen, dessen Wesen darauf ausgerichtet ist, gnädig zu sein, und tritt aus der Freundschaft zu Gott heraus. Es heißt bemerkenswerterweise in diesem Gleichnis, daß der Herr zornig wurde. Diese Aussage, daß Gott gegenüber seinen Kindern zornig werden kann, finden wir im Neuen Testament nur hier.

These *(90)*
Wenn wir nicht Gnade walten lassen, also vergeben und Gottes Geschenke weiterreichen, Menschen der Barmherzigkeit und der Liebe werden, dann setzen wir Gnade außer Kraft, was augenblicklich

auf uns selbst zurückfällt, und wir verbieten damit Gott, seine vor-rangige Charaktereigenschaft, Gnade wirken zu lassen. Wer aber dem Heiligen Gott in den Arm fällt, indem er ihn daran hindert, Gna-de zu geben, muß dessen Zorn erwarten.

3. Damit ist ausgedrückt, daß jedes gnadenlose Verhalten anderen gegenüber sofort dazu führt, daß die Gnade Gottes uns selbst ge-genüber Kraft und Gültigkeit verliert. Sind wir aber ohne Gnade, dann sind wir nicht mehr die Freunde Gottes (oder verhalten uns zu-mindest in diesem Bereich nicht mehr wie die Freunde Gottes) und sind in einem solchen Zustand mit Sicherheit nicht glaubensfähig.

4. Dem Gnadenlosen wird seine alte Schuld wieder aufgeladen. Er muß die Schuld abarbeiten und wird als solcher derartig in Bitter-keit, Selbstgerechtigkeit und Pein geraten, daß er zum Glauben nicht imstande sein wird.

5. Obendrein werden die Peiniger, die Foltersknechte, auf ihn ange-setzt, die nach göttlicher Zulassung und Autorisierung den Gnaden-losen peinigen und quälen dürfen, was sich in vielfältigen Sympto-men von Schmerz, Defiziten, Zwängen, Not und körperlich-seeli-schen Plagen äußern wird.

Aus all dem resultiert die Erkenntnis, daß der Glaube den sicheren Untergrund von empfangener und weitergegebener Gnade drin-gend braucht. Alle Bemühungen, ohne Einbeziehung von Gnade und Liebe in isolierten Glaubensbemühungen Gottes Hilfe zu emp-fangen, müssen scheitern. Der Zusammenhang und das Verwo-bensein von Gnade und Glaube sind vielfältig. Nur wer Gnade emp-fangen hat, kann glauben. Nur wer glaubt, wird nach Empfang der Gnade die Freiheit und Großzügigkeit haben, von Gott empfangene Geschenke glaubend weiterzuleiten, denn er weiß, daß Gott uner-schöpflich ist und daß er, während er gibt, neu empfängt.

Gnade und Glaube sind unzertrennbar. Wer dennoch die Lehre des Glaubens von der Erfahrung der Gnade isolieren will, wird unweigerlich die Lehre über Glauben versachlichen und mechanisieren und dabei selbst verarmen. Dann mag man möglicherweise virtuos auf der Klaviatur göttlicher Glaubensregeln spielen, aber das Ergebnis wird dürftig bleiben. Gott bewahre uns davor, daß wir die kostbaren Wahrheiten der Schrift um den Glaubensbegriff und die Glaubenserfahrung mißbrauchen, indem wir unser Herz von Barmherzigkeit fernhalten, keinen Gnadeneinsatz wagen und uns nur noch selbst bedienen wollen.

Wenn der Glaube schwer und anstrengend wird, dann ist das ein Beweis dafür, daß wir etwas verkehrt gemacht haben. Gewiß, es gibt Zeiten, wo wir im nackten Vertrauen auf gegebene Zusagen des Herrn einfach durchhalten müssen, ohne zunächst etwas von den verheißenen Geschenken zu sehen. Dennoch, wer glaubt, taucht in die Welt der Gnade ein und wird ihre Kostbarkeiten in Gestalt von Ruhe, Frieden und Freude auch schon dann wahrnehmen, wenn sich noch keine äußeren Resultate einer Gebetserhörung eingestellt haben. Gnade und Glaube gehören zusammen. Sie sind ein glückbringendes Paar. Wer eins von beiden vernachlässigt, verliert das andere.

3. Teil

Kapitel 1

Bekennen und Glauben

Der Begriff Bekennen hat, wenn man ihn ausschließlich nach seinem Vorkommen in der Heiligen Schrift untersucht, eine vierfache Bedeutung.

1. Er beinhaltet die Entscheidung für Gott und für seinen Sohn Jesus Christus als eine grundsätzliche Lebensübergabe. Das Bekenntnis zu Jesus ist in diesem Sinne ein Teil der Bekehrung und Wiedergeburt, die durch Sinneswandel im Herzen und Glauben an Jesus als den Erretter und Herrn zustande kommt und durch eine gesprochene Verlautbarung ausgedrückt wird.

Das Wort sagt uns, daß wir durch den Glauben in unserem Herzen gerecht werden, aber durch das Bekennen dieses Glaubensinhaltes errettet werden:

Römer 10,10
Wenn man von Herzen glaubt, so wird man gerecht; und wenn man mit dem Munde bekennt, so wird man gerettet.

These *(91)*
Die Erfahrung der Errettung, die das Ergreifen von Heil, Heilung und Intaktwerden einschließt, ist somit ohne die Erklärung unseres Mundes nicht möglich. Vor Gott gerecht zu werden, dazu bedarf es allein des Glaubens, der aus dem Herzen kommt. Uns wird dadurch eine grundsätzliche Änderung unseres geistlichen Status' zuteil: Wir werden gerecht. Errettung ist mehr! Sie ist eine Erfahrung, die zur erlebten Veränderung im Bewußtsein, im Gefühlsleben und in unserer inneren Grundbefindlichkeit führt und noch darüber hinausgehen kann. Errettung ist prinzipiell an das Bekennen gebunden, also an das Aussprechen von geglaubten Inhalten durch unseren Mund.

2. Das Wort Gottes gebraucht den Begriff "Bekennen" auch für das Aussprechen von Sünden. Viele Christen kennen den Begriff nur in diesem Sinne, wodurch er eine Einschränkung in seinem Bedeutungsinhalt erfahren hat. Er wird einseitig immer nur im Hinblick auf die unangenehme Situation von Verfehlung und Entblößung gebraucht und erfährt damit eine negative Färbung.

Gleichwohl kommt dem Bekennen von Schuld vor Gott und auch vor Menschen eine wichtige Bedeutung zu.

These *(92)*
Bekennen von Sünden drückt Distanzierung von der Sünde aus, stellt einen Verrat an den Teufel dar, indem man das Geheimnis der Sünde, das den Schuldigen bis dahin an ihn gebunden hatte, bricht, und ist gleichzeitig ein Akt der Demütigung vor Menschen, aber damit auch die offenbare Rückkehr zur Wahrheit.

Das Wort Gottes spricht diesen Sachverhalt in 1. Johannes 1,8-9 aus.

8 Wenn wir sagen, wir haben keine Sünde, so verführen wir uns selbst, und die Wahrheit ist nicht in uns.
9 Wenn wir aber unsre Sünden bekennen, so ist er treu und gerecht, daß er uns die Sünden vergibt und reinigt uns von aller Untugend.

These *(93)*
Umkehr aus der Sünde ist grundsätzlich ohne Ausdruck durch Worte unmöglich. Umkehr wird erst durch Bekenntnis wirksam.

Indessen ist an dieser Stelle die Möglichkeit der Überdehnung des Begriffes möglich und häufig auch gegeben. Das alleinige Aussprechen von begangener Sünde führt, wenn man den Vorgang genau untersucht und nach den vorhandenen biblischen Maßstäben bewertet, nicht zur Sündenvergebung. Schuldbekenntnis resultiert vielmehr aus dem bereits gegebenen Wissen und dem Glauben, daß Jesus diese Schuld vergeben hat. Zu häufig kommt es vor, daß ein Gläubiger seine Schuld bekennt und dann doch nicht die Erfahrung der Vergebung und der subjektiven Erleichterung macht, weil er beim Nennen von Sünde stehengeblieben ist und nicht mit dem Herzen erfaßt hat, daß Jesus diese Sünde weggenommen hat. Solche Erfahrungen, die sonderlich bei frommen Menschen, die schon längere Zeit als Christen leben, zu beobachten sind, beweisen, daß dem Bekennen von Sünde in sich nicht die vergebende und heilende Kraft eigen ist. Auch in diesem Fall ist die entscheidende Größe in dem gesamten Geschehen der Glaubensanteil.

Manche Gläubige bekennen ihre Sünde immer wieder und leiden und schmachten unter ihrer Sünde, ohne daß ihnen durch das Bekennen Hilfe zuteil wird. Ein solches Bekennen ist insgeheim eine Leistungs- und Trauermaßnahme, durch die solche Menschen selbst etwas zur Erlösung beitragen wollen. Meistens drückt sich obendrein in diesem ständigen und vergeblichen Bekennen eine Haltung aus, daß man es nicht wahrhaben will, daß man zu dieser Schuld fähig war, weswegen folgerichtig ihr ständiges Bekennen auch nicht wirksam werden konnte. Denn wie kann einem die Schuld vergeben werden, zu der man in seinem verletzten Stolz nicht steht, weil man die Wahrheit nicht ertragen kann? Es beweisen also diese Möglichkeiten des Mißbrauchs des Bekenntnisses, wie wichtig es ist, Wesen und Grenzen des Bekennens genau abzuklären. Das Bekennen kann niemals ein Ersatz für den Glauben sein.

3. Das Wort Gottes spricht auch vom Bekennen in dem Sinne, daß wir uns vor anderen Menschen öffentlich zu Jesus stellen sollen. Der ganze Abschnitt in Matthäus 10,16-33 handelt von dieser Art des Bekennens. Jesu Aussagen gipfeln dann in dem bekannten Wort:

Matthäus 10,32-22
32 Wer nun mich bekennet vor den Menschen, den will ich auch

bekennen vor meinem himmlischen Vater.

33 Wer mich aber verleugnet vor den Menschen, den will ich auch verleugnen vor meinem himmlischen Vater.

Es geht aus den Erklärungen des Herrn deutlich hervor, daß dieses Bekennen auch ein Reden ist (Verse 19 und 20). Wenn die Bewährungssituation kommt und wir verfolgt und vor die Gerichtshöfe gestellt werden, dann sollen wir uns ohne Furcht und Sorge zu Jesus bekennen. Wir werden dann, so verheißt es unser Herr, ein eingegebenes Reden erleben: „...eures Vaters Geist ist es, der durch euch redet" (Vers 20b). Wir bekommen also in solchen Augenblikken die angemessenen Worte und auch die entsprechende kühne Haltung.

Weil der Jünger nicht über seinem Meister ist (Vers 24), wird uns diese Erfahrung nicht erspart bleiben. Aber dann soll uns diese angekündigte Hilfe auch zuteil werden. Deswegen sollen wir uns nicht fürchten (Vers 26).

These *(94)*
Die Auswirkungen des Bekennens betreffen nicht nur die Hörer unserer Worte, die dadurch zur Besinnung kommen und überführt werden können, sondern in erster Linie uns, die Bekennenden selbst. Durch unser Bekennen zu Jesus vor anderen Menschen kann und wird sich Jesus vor dem Vater zu uns bekennen.

Unser Verhalten in bezug auf Reden vor Menschen löst ein gleichsinniges Verhalten des Herrn vor seinem Vater aus. Das heißt doch, er macht sich in einer Weise abhängig von unserer Entscheidung. Sind wir geradlinig, eindeutig und loyal im Denken und im Reden, erweisen wir uns als unabhängig von den Menschen und Umständen, so verwendet sich Jesus auch für uns vor seinem himmlischen Vater. Dadurch erfahren wir seinen Schutz und seine Hilfe.

These *(95)*
Unser Reden ermöglicht es Gott erst, für uns in Aktion zu treten. Gott braucht unser Reden, um aus seinen Absichten Taten werden zu lassen.

Wir sehen es auch in diesem Fall: Bekennen ist nicht nur ein Vertreten einer bestimmten Auffassung, sondern inspirierte Rede (Matthäus 10,20) aus dem Geist Gottes und damit die Voraussetzung dafür, daß der Vater sich auch im Sichtbaren zu uns stellen kann.

4. Die Form des Bekennens, die uns nun am meisten beschäftigen wird, steht in Zuordnung zu dem Akt des Glaubens, von dem im zweiten Teil des Buches die Rede war. Ich rede von dem beanspruchenden Glauben, der immer aus den Verheißungen Gottes entspringt, auf die wir uns verlassen und die wir mit unserem Herzen ergreifen und festhalten. Das ist der Glaube, mit dem wir alle Herausforderungen und Hindernisse des Alltages aufgreifen und bewältigen.

Der Glaube, der in allen Fragen und Bedürfnissen, in unserer Not und unseren Defiziten, in unserer Krankheit und in Verlusten wirksam werden will, muß vom Bekennen gefolgt sein. Damit will ich nachdrücklich herausstellen, daß das Bekennen für sich nichts bewirkt!

These *(96)*
Wenn es darum geht, daß wir Gottes Verheißungen in unserem Leben erfüllt sehen wollen, muß das Bekennen der Worte Gottes immer mit dem Glauben an die Worte Gottes verbunden sein.

Die Gerechtigkeit, die redet

Der Glaube, der zur Gerechtigkeit führt, hat regelmäßig eine interessante Eigenschaft an sich, die ihn mit dem Anliegen dieses Kapitels verbindet, er redet. Gerechtigkeit, die aus Glauben kommt, will sich äußern.

Römer 10,6-10
6 Aber die Gerechtigkeit aus dem Glauben spricht so: „Sprich nicht in deinem Herzen: Wer will hinauf gen Himmel fahren?" – nämlich, Christus herabzuholen –,
7 oder: „Wer will hinab in die Tiefe fahren?" – nämlich Christus von den Toten heraufzuholen –
8 sondern was sagt sie? „Das Wort ist dir nahe, in deinem Munde und in deinem Herzen." Dies ist das Wort vom Glauben, das wir predigen.
9 Denn so du mit deinem Munde bekennst Jesus, daß er der Herr sei, und glaubst in deinem Herzen, daß ihn Gott von den Toten auferweckt hat, so wirst du gerettet.
10 Denn wenn man von Herzen glaubt, so wird man gerecht; und wenn man mit dem Munde bekennt, so wird man gerettet.

Es ist schon ein erstaunliches Phänomen, das hier im Worte Gottes beschrieben wird, daß die Gerechtigkeit sich unbedingt äußern will. Es muß in ihr eine starke und vitale Kraft vorhanden sein, die darauf drängt, durch Reden schöpferisch tätig zu werden. Deswegen ist die Gerechtigkeit Gottes, also die aus Gnaden durch Glauben empfangene Gerechtigkeit, auch so darauf bedacht, daß wir richtig reden. Sie teilt uns nämlich zunächst mit, was wir nicht sagen sollen: „Sprich *nicht* in deinem Herzen: Wer will hinauf gen Himmel fahren?" – nämlich, Christus herabzuholen –, oder: „Wer will hinab in die Tiefe fahren?" – nämlich Christus von den Toten heraufzuholen" (Verse 6-7).

Gottes Gerechtigkeit warnt davor – im Gegensatz zur Selbstgerechtigkeit –, sich irgendwelchen Leistungen zu ergeben, um dadurch zu Christus zu kommen und Hilfe zu empfangen. Sie sagt: „Es sind keine gewaltigen Aktionen und Anstrengungen erforderlich, um zu Gott zu gelangen. Das ist alles unnötig, ja schädlich, weil Ausdruck von latenter Selbstgerechtigkeit.

These *(97)*
Durch Glauben empfangene Gerechtigkeit befiehlt: Abkehr von dem Verkehrten, das heißt, von der Selbsterlösung, der Leistungsnachhilfe in unserer Frömmigkeit, die eine ernstliche Gefahr darstellt.

Dann erklärt uns das Wort, was die Gerechtigkeit aus Glauben schließlich positiv sagt: „Das Wort ist dir nahe, in deinem Munde und in deinem Herzen." Dies ist das Wort vom Glauben, das wir predigen." Schauen wir uns einmal diesen Satz genauer an: Die Gerechtigkeit *sagt*, daß *das* Wort im Munde und im Herzen ist, das wir *sagen* sollen. Hier ist dreimal vom Sprechen die Rede. Ich sehe drei Folgerungen aus diesen Aussagen:

– Reden, genau genommen das richtige Reden, ist von außerordentlicher Wichtigkeit.
– Das Wort der Schrift oder das Wort im Sinne einer biblischen Verheißung, die wir aussprechen, ist mit Jesus identisch: In Vers 8 werden wir aufgefordert, das Wort des Glaubens zu predigen, was in Vers 9 Jesus ist, den wir mit dem Munde bekennen.
– Jesus oder das Wort des Glaubens ist dem Gerechten außerordentlich nahe, er ist in seinem Mund und in seinem Herzen. Wir müssen, ja, wir dürfen uns nicht anstrengen, Jesus herbeizuholen. Es ist nur Reden nötig. Aber das ist auch tatsächlich erforderlich.

Wozu ist das Reden oder Bekennen nötig? Vers 10: „Denn wenn man von Herzen glaubt, so wird man gerecht; und wenn man mit dem Munde bekennt, so wird man gerettet." Bekennen mit dem Mund(!) (dessen, was man glaubt) bringt Errettung. Gerechtigkeit beschreibt, wie bereits festgestellt, unseren neuen Status; Errettung ist mehr. Sie ist eine Erfahrung auf dem Boden des Status' unserer Gerechtigkeit. Die Erfahrung der Errettung vermittelt uns eine subjektive und auch objektiv wahrnehmbare Veränderung unseres Seins in dem Erlebnis von Angenommensein, Freude, Frieden, vielleicht sogar Begeisterung und Beglückung und berührt auch unsere Beziehung zu unseren Mitmenschen. Wenn Glaubenserfahrungen wirklich Erfahrungen sein sollen, in welchen wir die Errettung erleben, spüren, sehen, genießen und dann auch unsere Überzeugung anderen weitervermitteln, dann können wir nicht auf das Mittel des Bekennens verzichten.

These *(98)*
Unser Mund ist das Beschlußorgan unserer Person. Bevor er nicht veröffentlicht, was wir im Glauben empfangen haben, wird Errettung nicht erfahrbar.

Allerdings muß das Bekennen immer ein Bekennen des geglaubten Wortes sein, sonst wirkt es nicht. Andererseits braucht auch der schon vorhandene Glaube das Bekenntnis, damit er sich an den Worten unserer Äußerung immer präzisieren, zunehmen und sich selbst sichern kann. Keines von beidem sollte hinter dem anderen zurückbleiben. Glauben und Bekennen sind insofern ein zusammenhängendes Begriffspaar.

Ich denke, daß es nicht übertrieben ist, wenn ich sage, daß unser Mund hauptsächlich zum Bekennen da ist. Mit ihm sollen wir kostbare Glaubenswirklichkeiten, die im Herzen schlummern und dort schon wohltun und Frieden vermitteln, aber auf dieser immateriellen Ebene nichts weiter bewirken können, ins Sichtbare und Erfahrbare bringen. Somit ist der Vorgang des Redens prinzipiell und unerläßlich.

Wer sich ziert, seinen Mund zu gebrauchen und alles nur in seinem Herzen ausmachen will, geht leer aus. Gott braucht unser Bekennen.

Der Geist des Glaubens, der beim Reden hilft

Paulus spricht im 2. Korintherbrief vom Geist des Glaubens. Es ist derselbe Heilige Geist, der auch der Geist der Wahrheit, der Liebe, des Gebetes, der Gnade und der Erkenntnis ist.

2. Korinther 4,13
Weil wir aber denselben Geist des Glaubens haben, wie geschrieben steht: „Ich glaube, darum rede ich", so glauben wir auch, darum so reden wir auch.

Was in diesem Wort als Geist des Glaubens angesprochen wird, stellt sich in Wirklichkeit als Geist des Redens dar. Für diesen Geist des Glaubens muß es so charakteristisch sein zu reden, daß, wenn er auf uns einwirken darf, er uns sofort veranlaßt zu reden, wie wir glauben.

Obwohl in begrifflich genauer Bewertung das Bekennen einen schon vorhandenen Glauben voraussetzt, sind Glaube und Bekennen doch so eng miteinander verbunden, daß dieser Geist, der ein Geist des Glaubens genannt wird, die Wirkung des Bekennens auslöst. Durch diesen Geist wird indessen nicht das Reden allgemein gefördert, sondern allein das Aussprechen von Glaubensinhalten. Das ist zweierlei. Berge von Problemen müssen vor dem richtigen Reden weichen!

Daß wir die übernatürliche Hilfe des Geistes des Glaubens brauchen, um angemessen, ständig und aufrichtig zu bekennen, was wir glauben, wird aus folgendem Schlüsselwort deutlich.

Markus 11,23
Wahrlich, ich sage euch: Wer zu diesem Berge spräche: Hebe dich und wirf dich ins Meer! und zweifelte nicht in seinem Herzen, sondern glaubte, daß es geschehen würde, was er sagt, so wird's ihm geschehen.

Zweimal ist hier vom Sprechen die Rede. Nicht wenige griechische Textzeugen enthalten sogar noch eine dritte Erwähnung des Sprechens: „so wird es ihm geschehen, was er sagt." (So steht es zum Beispiel in der englischen King James Bibel.) Nach der grammatikalischen Form ist im ersten Fall das Sprechen ein Befehl, in der zweiten Erwähnung eine Feststellung, die wiederholt vorgetragen wird. Beides ist bemerkenswert.

Um Dinge, Sachverhalte oder gar konkrete Berge von Sorgen, Behinderungen und Problemen so anzusprechen, daß sie sich selbst aus dem Wege schaffen, brauchen wir die Autorität und die Kühnheit, die uns der Geist des Glaubens geben will.

These *(99)*
Unsere Worte, die aus einem glaubenden Herzen kommen, wo sie in einer noch nicht wirksamen Form vorliegen, sollen negative Umstände attackieren und beseitigen. Das kann der Glaube alleine nicht. Er entsteht zwar aus dem Wort, aber er muß wieder zum Wort zurück, um schöpferisch tätig zu werden. Worte des Glaubens sind wie ein Hammer, stellen Kriegswaffen dar und sind gestaltende Instrumente und Machtmittel. Der Glaube, der wirksam werden soll, braucht das Äußerungsmittel des Wortes, um in der sichtbaren Welt etwas bewirken zu können.

In dem Schlüsselwort aus Markus 11 zum Thema Glauben und Reden sehen wir noch eine weitere Auffälligkeit, die allerdings in der deutschen Übersetzung nicht deutlich wird. Jesus sagt, daß der Nachfolger nicht in seinem Herzen zweifeln soll, sondern glauben, daß es geschieht, was er (jetzt wörtlich) fortlaufend oder immer wieder sagt, so wird es ihm geschehen. Dieser eine Vers verrät, was viele weitere Schriftstellen bestätigen:

These *(100)*
Bekennen im biblischen Sinne bedeutet mehr als alleiniges Reden.

Wir sollen durch Worte dem Glauben zum Durchbruch in die sichtbare und hörbare Welt verhelfen, denn Worte sind bereits physikalische Phänomene in dieser diesseitig-dinglichen Welt. Darüber hinaus bedeutet biblisches Bekennen, beständig auszusprechen, was wir glauben.

Ohne Worte bleibt die Kraft des Glaubens als immaterielle göttliche Energie eingesperrt im geistigen Raum unseres Herzens.

Daß wir aufgefordert werden, immer wieder zu sagen, was wir im Glauben von den Umständen fordern, bedeutet nicht, daß wir immer wieder befehlen oder bitten sollen. Sagen meint nur ein Aussprechen von Worten und nicht Befehle oder Bitten!

Wenn Glaube aus dem Worte kommt, dann sieht der ganze Vorgang im einzelnen wie folgt aus:

− Ständig bedachtes und im Herzen bewegtes Wort erzeugt Glauben.
− Glaube äußert sich, wenn er einmal entstanden ist, in einer Entscheidung, in einer Bitte oder in einem Befehl bzw. Begehren. Das wird als Entscheid des Herzens ein für allemal vorgetragen.
− Anschließend sprechen wir jene Worte Gottes, die zuvor unseren Glauben entstehen ließen, bekennend, feststellend − also vorwiegend in der Indikativ-Form, aber auch in Befehlsform − immer wieder aus. Jetzt bitten und flehen wir nicht mehr. Jetzt erklären wir in souveräner Weise, die uns selbst aufbaut, die Worte, die unser Denken bestimmen und die die Kraft hinter unserem Glauben sind.

These *(101)*
Befehlen oder Begehren, das ist ein einmaliger Vorgang und stellt in einer Weise auch eine Art Bekenntnis dar. Das anschließende Bekennen der biblischen Worte ist dann ein ständiges Geschehen und stellt das Bekennen im engeren Sinne dar. Wenn wir immer

wieder das Wort aussprechen, dann sollen wir damit keine Leistung erbringen. Bekennen ist lediglich eine Sache des Fleißes.

Zur Absicherung dieses Verständnisses von Glaube und Bekennen will ich gleich noch hinzufügen – denn ich kenne zur Genüge die Art und Herkunft von bestimmten Anwürfen und Kritiken –, daß ich hier ausschließlich von privaten und persönlichen Anliegen eines einzelnen Christen spreche, der mit seinem eigenen aus dem Worte Gottes aufgebauten Glauben seine persönlichen Probleme angeht. Nur für diesen Fall trifft es zu, daß man nur einmal befehlen, begehren oder bitten soll, um dann anschließend mit der Erklärung von Worten Gottes seinen so ausgedrückten Glauben gleichsam zu begießen und ständig zu unterstützen.

Bei der Fürbitte etwa, bei der es um eine Art Für-„Glaube" geht, oder in Gebeten für übergeordnete Situationen von Gemeinden, gesellschaftliche oder gar nationale Aufgaben, gelten ganz andere Regeln, die wir ebenfalls in der Schrift vorfinden. In solchen Herausforderungen können ein einmaliger Befehl oder eine einmal vorgetragene Bitte eines einzelnen die Probleme nicht ändern.

Es gibt keine biblische Wahrheit, die nicht mißbraucht oder mißverstanden werden kann. Das trifft auch für die Lehre über das Bekennen zu. Wird nämlich ein mißbräuchlicher Umgang mit dem Bekennen betrieben, was häufig genug geschieht, dann bleiben natürlich die Ergebnisse aus. Das führt dann oft dazu, daß die gesamte Lehre des Bekennens in Mißkredit gerät und als biblische Wahrheit in Frage gestellt wird. Aber natürlich hat nicht die Wahrheit versagt, sondern ihre verkehrte Anwendung auf Grund von unzulänglichen Erkenntnissen oder Voraussetzungen.

Folgende immer wieder auftretende Irrtümer lassen sich abgrenzen:

1. Der Glaubende will sofort alles haben. Aber daß wir in jedem Fall alles sofort bekommen, wird uns nirgends in der Schrift verheißen.

Ein scheinbar biblisches Argument dafür, daß wir doch immer sofortige Ergebnisse erwarten dürfen, liegt in dem Verweis auf die sofortigen Heilungsergebnisse im Dienste unseres Herrn während der drei Jahre seiner irdischen Wirksamkeit. Wer sich dieses Argumentes bedient, verkennt die Rahmenbedingungen des Vorgehens Jesu. Er heilte mit dem Mittel der Salbung des Heiligen Geistes die Leiden anderer, wobei die meisten der Geheilten keinen eigenen Glauben hatten. Bei den anderen in den Evangelien berichteten Fällen halfen die Kranken zum Teil mit ihrem Glauben mit, was dann häufig in der Berichterstattung der Evangelien vermerkt wird. Bei diesen Heilungen war es dann typisch, daß der Ablauf der Heilung in Stufen oder Phasen erfolgte.

Aber die klassische Heilungssituation, von der ich bis jetzt gesprochen habe, in der der einzelne Nachfolger Jesu selbst krank ist und mit seinem eigenen Glauben seine Krankheit angeht, wird in den Evangelien kaum behandelt! In einzelnen Fällen, das gebe ich zu, war der Glaubensbeitrag der Geheilten so stark − wie etwa bei der Syrophönizierin, bei dem einen Blinden bei Jericho und dem königlichen Beamten −, daß der Herr davon sprach, daß ihr Glaube sie geheilt hatte. Obendrein gilt für alle Einzelfälle von Glaubensheilungen im Neuen Testament, daß es sich bei ihnen nicht um im engeren Sinne wiedergeborene Christen handelte.

2. Die diskontinuierliche Form des Bekennens, die dann häufig nichts anderes als Pflichtübungen und das Aussprechen von einzelnen Bekenntnisbrocken darstellt, ist ein weiterer Grund, weswegen eine bekennende Glaubensäußerung nichts bewirkt. Wer nur gelegentlich und dann aus Pflichtgefühl bekennt, ist nicht von dem überzeugt, was er sagt. Eine solche Art des Bekennens hat keine Verheißung.

3. Eine weitere Ursache, die das Resultat verhindert, ist die mühsame Arbeit beim Bekennen, die frei vom Genuß des Glaubens ist.

Man kann diese Fehlform des Bekennens daran erkennen, daß der Redende nicht die Glaubensfrucht in Gestalt von Ruhe, Frieden, Gewißheit und Freude vor dem sichtbaren Eintreten der Gebetserhörung erlebt. Das Wort sagt (Sprüche 10,28a): „Das Warten der Gerechten wird Freude werden."

4. Schließlich ist noch das glaubenslose Bekennen zu nennen. Bei ihm ist der Bekenntnisvorgang ein Ersatz für Glauben und ein Leistungsgeschehen, was in der Sicht der Schrift Sünde ist. Daraus können demnach nicht nur keine positiven Ergebnisse entstehen. Es muß regelrecht zu einer Verschlimmerung der Situation kommen. Denn die Sünde, die durch Leistung das Produkt selbst fertigen will, muß ihren Preis fordern. Eine solche Form des Bekennens führt regelmäßig zur Frustration, Enttäuschung, Hoffnungslosigkeit und anschließend in die Gefahr des Verführtwerdens.

Der Lebensstil des Glaubens beansprucht und segnet die ganze Person: Mit den Ohren hören wir die Botschaft, mit dem Verstand verstehen wir das Wort, um es mit dem Herzen zu erfassen und von Herzen zu glauben. Die Augen unseres Herzens werden aufgefordert, das Geglaubte zu sehen. Mit dem Munde beschließen und deklarieren wir die geglaubte Verheißung (das ist die erste Phase in dem Ablauf, bei dem der Prozeß die Grenze zum Sichtbaren und Hörbaren überschreitet), um dann gemäß dem Glauben mit dem Einsatz des Körpers zu handeln.

Diese Reihenfolge von Funktionen bedingt, daß dabei so etwas wie eine Gesetzmäßigkeit des schwächsten Gliedes in einer Kette auftritt. Dieses schwächste Glied bestimmt, welche Gesamtlasten eine solche Kette aushalten kann. Unser Glaube kann nicht stärker wachsen, als es der schwächste Teil im gesamten Glaubensprozeß zuläßt. Aus diesem Grunde sollten wir jeden Abschnitt der Glaubensentwicklung jeweils besonders pflegen.

Es erscheint mir auf Grund der Kenntnis der kontroversen Diskussion über die Thematik des Redens und Bekennens als besonders wichtig, daß wir unsere Kenntnis darüber vertiefen und präzisieren, weil es über diese Frage sehr viele oberflächliche und abqualifizierende Pauschalurteile gibt. Ich will deswegen in dem folgenden Kapitel weitere biblischen Aussagen zu diesem Thema zusammentragen, um die Grundzüge einer biblischen Lehre des Bekennens und Redens zu beschreiben.

Kapitel 2

Grund und Hintergrund der Notwendigkeit des Bekennens

Nichts, was Gott uns gibt, ist frei von der Gefahr des Mißbrauches. Das trifft auch für die Lehre des Bekennens zu. Was wir heute stellenweise als Karikatur des glaubenden Bekennens vorfinden, nämlich die Praxis einzelner Christen, den Lebensstil des Glaubens auf das alleinige Aussprechen von Verheißungsworten zu reduzieren – und was von den Gegnern der Gesamtlehre weidlich ausgenutzt wird, indem sie diese Karikatur als das Original darstellen – das hat offensichtlich zu allen Zeiten, auch zu Zeiten der irdischen Wirksamkeit Jesu, stattgefunden:

Matthäus 15,8
Dies Volk ehrt mich mit seinen Lippen, aber ihr Herz ist ferne von mir.

Das ist der typische Fall des Mißbrauchs des Bekennens. Die religiösen Menschen in der Umgebung Jesu benutzten offenbar wohlklingende und großartige Worte, die für sich richtig und wohltuend waren – sie ehrten damit tatsächlich Gott –, aber ihr Herz, mit dem man glaubt, war weit vom Herrn entfernt.

In der Spaltung von Herz und Lippen, was bedeutet, daß sich Unglauben und formelhafte Proklamation paaren, liegt die Hauptgefahr des Bekennens. Jeder Gläubige kann der Versuchung zum Opfer fallen, schöne, biblisch korrekte Worte auszusprechen, hinter denen sein Herz nicht steht. Ein solches Bekennen wird nichts bewegen.

Die beste Abhilfe für diese allgegenwärtige Gefahr des leeren Dahinredens von Glaubensformeln stellt das Kennen und Verstehen biblischer Prinzipien dar. Die Bibel läßt es nicht bei der Anordnung bewenden, das Wort Gottes im Glauben zu bekennen. Sie gibt uns auch eine umfangreiche Begründung für die Notwendigkeit und den Sinn dieses Gebotes.

1. Er redet – wir reden

Wir Menschen reden mehr oder weniger ununterbrochen. Im Fluß unseres Redens sagen wir alles mögliche, Dinge von Bedeutung, unsinnige Dinge, Wahres und Verkehrtes. Viele Aussagen sind nur Wünsche und Hoffnungen und eitle Träume ohne Gewicht und Autorität.

Das Wort Gottes zeigt uns nun, was wir zu sagen haben, welche von allen möglichen Aussagen göttliche Autorität haben, was also gleichsam erlaubte und sinnvolle Worte sind, die dann auch in Erfüllung gehen. Wir sind von uns aus ohne die biblische Offenbarung nicht imstande zu erkennen, welche Worte richtig, förderlich, sittlich zulässig und Gott gemäß sind.

Hebräer 13,5-6
5 Der Wandel sei ohne Geldgier; lasset euch genügen an dem, was da ist. Denn der Herr hat gesagt: „Ich will dich nicht verlassen noch versäumen."
6 So dürfen auch wir getrost sagen (wörtlich: So sagen wir auch mutig): **„Der Herr ist mein Helfer, ich will mich nicht fürchten; was sollte mir ein Mensch tun?"**

In diesem Bibelwort tritt uns ein klassisches Bekenntnis entgegen. Der Aufbau und der Inhalt dieses Bekenntnisses sind gleichermaßen von Bedeutung. Der Text will uns sagen: Wir können es uns erlauben, in Anbetracht von bestimmten vorhandenen Mängeln unsererseits auf das übliche Muster menschlichen Verhaltens zu verzichten. Wir müssen nicht begierig um jene nötigen Dinge eifern, denn Gott hat gesagt, daß er uns nicht verlassen und auch nichts versäumen will, dessen wir bedürfen. Das sagte *er*. Nun fordert uns das Wort auf, *unsererseits* zu antworten, und zwar mit Kühnheit. Beide Aussagen, die aus dem Munde Gottes, wie auch die, die wir aussprechen sollen, sind übrigens Zitate aus dem Alten Testament. Worauf es ankommt und was eine Art geistliche Gesetzmäßigkeit darstellt, ist das göttliche Gebot, daß wir angemessen und redend auf sein Wort eingehen.

These *(102)*
Es reicht offenbar nicht aus, daß Gott geredet hat. Wir müssen entweder das wiederholen, was Gott gesagt hat, oder sinngemäß darauf reagieren, indem wir auf die Zusage des Herrn eingehen.

In diesem Fall liegt beides vor. Zum einen ist das Wort, das zu wiederholen uns aufgegeben ist, ein Zitat aus dem Worte Gottes, zum anderen werden wir aufgefordert, kühn und glaubensstark auf das Angebot Gottes zu reagieren: Weil er sagt, daß er uns nicht verlassen und nicht versäumen will, deswegen können und sollen wir mutig bekennen,
– daß wir einen Helfer haben
– daß wir uns deswegen nicht fürchten müssen, genaugenommen nicht fürchten wollen (es gibt in Anbetracht eines solchen Schutzes die Wahlmöglichkeit, sich nicht zu fürchten!)
– und daß Menschen uns insofern nichts tun können.

Dieses Bekenntnis ist der Ausdruck unseres Glaubens. Mit diesem Bekennen reagieren wir auf das Wort Gottes, das unseren Glauben begründet. Der Inhalt unseres Bekenntnisses greift die Worte Gottes auf und bringt die Konsequenz des Angebotes Gottes für uns mit unseren eigenen Worten zum Ausdruck.

Das Wort Gottes bewirkt nur dann etwas, wenn wir darauf reagieren. Glaube in unserem Herzen ist *eine* Form einer angemessenen Antwort auf das Hilfsangebot Gottes, das Bekennen dessen, was wir glauben, in Übereinstimmung mit dem, was Gott gesagt hat, ist die *andere* Form der Reaktion.

These *(103)*
So wie wir den Glauben Gottes haben sollen, so sollen wir auch sagen, was Gott gesagt hat oder das Reden Gottes in unserem Bekenntnis angemessen aufgreifen und weiterführen. Es gibt neben dem Glauben Gottes ein Bekenntnis Gottes und seines Wortes.

Dementsprechend sagt Hebräer 3,1:

> **Darum, ihr heiligen Brüder, die ihr mit berufen seid durch die himmlische Berufung, schauet auf den Apostel und Hohenpriester, den wir bekennen, Jesus.**

These *(104)*
Unter der Voraussetzung, daß wir uns immer wieder vor Augen halten, daß das Bekennen mit Glauben verbunden sein muß, gilt: Wir haben einen Herrn, der zu bekennen, das heißt, auszusprechen ist. Ein wortfreier Glaube, der nur eine bejahende Stimmung darstellt, verliert Konturen, Genauigkeit und Klarheit.

So wichtig es ist, auf Jesus zu *sehen* – man kann dem Worte Gottes eine regelrechte Lehre des Sehens entnehmen –, so unerläßlich ist es, dem Schauen das *Reden* hinzuzufügen: „...schauet auf den Apostel und Hohenpriester, den wir bekennen, Jesus"!

Aus der Tatsache, daß dem Sehen das Aussprechen hinzugefügt werden soll, darf man schließen, daß das Sehen auf Jesus alleine nicht ausreichend ist, dem Glauben zum Durchbruch zu verhelfen.

2. Dasselbe sagen, was Gott sagt

Gelegentlich sind wir genötigt, bei der Übersetzung von bestimmten Begriffen aus dem griechischen Neuen Testament das, was dort in einem Wort ausgedrückt ist, mit mehreren deutschen Worten zu umschreiben, weil ein bestimmter deutscher Begriff den Sinn und das genaue Wortverständnis des zu übersetzenden griechischen Wortes einfach nicht korrekt wiedergeben kann. Das trifft besonders für den Begriff „Bekennen" zu. In den folgenden Schriftworten, wie auch in vielen anderen Schriftstellen, erscheint für den Begriff Bekennen jeweils das griechische Wort „homologia" oder „homologein", was ein zusammengesetztes Wort ist und soviel wie „dasselbe sagen wie" bedeutet.

Hebräer 3,1
Darum, ihr heiligen Brüder, die ihr mit berufen seid durch die himmlische Berufung, schauet auf den Apostel und Hohenpriester, den wir bekennen, Jesus.

Hebräer 4,14
Weil wir denn einen großen Hohenpriester haben, Jesus, den Sohn Gottes, der die Himmel durchschritten hat, so lasset uns halten an dem Bekenntnis.

Hebräer 10,23
Lasset uns halten an dem Bekenntnis der Hoffnung und nicht wanken; denn er ist treu, der sie verheißen hat.

Bekennen ist nicht das wiederholte Aussprechen oder Proklamieren unserer Wünsche oder Ziele. Hier liegt das Mißverständnis der Verfechter der Bekenntnis-Theologie vor, die uns sagen wollen: „Confession is possession". („Du hast, was du sagst.")

Gott muß zuvor geredet haben. Wenn er direkt durch die Stimme des Heiligen Geistes oder aus seinem Wort heraus zuvor gesprochen hat, was ja unseren Glauben erst begründet, dann können und sollen wir auch bekennen, das heißt, dasselbe sagen, was Gott gesagt hat.

Wenn Gott nicht gesprochen hat und wir dennoch etwas bekennen, was wir haben wollen, dann werden wir damit nichts erreichen. Das wäre nämlich ein Bekennen ohne Glauben, denn ohne das Reden Gottes kommt grundsätzlich kein Glaube zustande (siehe Teil 2, 1. Kapitel). So kann man mit dem Bekennen Gott nichts abtrotzen, wenn man nicht von ihm selbst zuvor im Glauben seine Verheißung empfangen hat. Glaube ohne Bekennen führt zu nichts, wie auch Bekennen ohne Glaube vergeblich ist.

Aus den zitierten Schriftstellen, die uns Auskunft über die Wichtigkeit des Bekennens geben, ist indessen noch ein weiteres Kennzeichen richtigen Glaubens herauszulesen. Wir sollen, wenn wir erst einmal auf der richtigen Spur sind, mit Geduld und Ausdauer ohne Wanken und Zweifeln die geglaubten, das heißt im Herzen empfangenen Angebote durch unser ständiges Aussprechen festhalten.

These *(105)*
Bekennen und Ausdauer gehören zusammen. So groß und so erhaben wie unser Hoherpriester Jesus ist (Hebräer 4,14), so fest sollen wir das Bekenntnis dessen, was Gott zuvor gesagt hat, festhalten. Und so treu Gott gegenüber seinen eigenen Verheißungen ist, so treu und unbeirrt sollen wir im Bekennen sein. Also Treue gegen Treue und Geduld gegen Geduld.

Der Aspekt der Geduld und der Ausdauer im Zusammenhang mit dem Bekennen wird noch deutlicher im folgenden Vers, der die Aussage aus Hebräer 10,23 weiterführt:

Hebräer 10,36
Geduld aber ist euch not, auf daß ihr den Willen Gottes tut und das Verheißene empfanget.

Wir folgern aus beiden Schriftworten:
— Die Erfüllung des verheißenen Wortes empfangen wir dadurch

- Die Erfüllung des verheißenen Wortes empfangen wir dadurch, daß wir das Bekenntnis der Hoffnung auf die Zusage Gottes hin festhalten und dabei nicht wanken.
- Geduld oder Ausdauer sind grundsätzlich notwendig, um Gottes Verheißungen zu empfangen.
- Wer nicht ausdauernd ist und demnach auch ausdauernd bekennt, was Gott schon gesagt hat, kann den Willen Gottes nicht tun!

Manche Segnungen werden dem Glaubenden sofort zuteil. Aber es gibt kein Glaubensleben, das Gott wohlgefällt, das uns nicht Ausdauer und Festigkeit abverlangt im Festhalten des Bekennens von im Glauben ergriffenen Verheißungsworten. Die Ausdauer des Glaubenden erweist sich also besonders deutlich auf der Wort/Bekenntnis-Ebene. Sagen wir es noch schärfer:

These *(106)*
Ob der Glaubende die Ausdauer besitzt, die er haben soll (Jakobus 1,3-4), zeigt sich an der Beständigkeit des Bekennens des Wortes Gottes aus einem mit Glauben gefüllten Herzen.

Fassen wir diese Prinzipien zusammen:
- Bekennen bedeutet, das zu sagen, was Gott sagt.
- Zu sagen, was Gott sagt, heißt aber, Gott reden gehört zu haben.
- Bekennen ist mithin ein Glaubensakt, was der Begriff in seiner biblischen Begründung bereits als Definition enthält.
- Im Bekennen des Wortes Gottes fallen Gottes Wille und unser Wille zusammen.
- Ein Bekennender muß Ausdauer beweisen, ohne dabei das Reden zu ritualisieren oder zu formalisieren. Ausdauer scheint sich überhaupt überwiegend auf der Ebene des Bekennens zu zeigen. Wer sie dort nicht beweist, wird sie garnicht aufbringen.
- Bekennen ist somit ein Ausdruck unserer Treue (was begrifflich dasselbe wie Glaube darstellt!) auf Gottes Treue.

3. Das Gesetz der zwei Zeugen

Warum reicht es nicht aus, daß Gott gesprochen hat oder erneut zu uns spricht, wenn doch sein Wort schöpferisch ist und die tragende Kraft seiner göttlichen Allmacht und Autorität enthält? Sagt uns nicht Jesaja 55,11, daß das Wort Gottes, das aus seinem Munde geht, tun wird, was ihm gefällt und daß es nicht leer zu ihm zurückkommt?

Wenn Gott uns auffordert, daß wir die Dinge, die er schaffen will, so aussprechen, wie er es sagt, dann muß das, was das griechische Wort Homologia meint, wohl auch nötig sein. Das gilt zumindest für alle Belange, die uns selbst betreffen und damit auch das ganze Reich Gottes, das der Herr nur durch uns bauen will. Die Tatsache, daß wir bei allen Maßnahmen Gottes auf Erden gleichwertige Mitarbeiter Gottes sind und daß er ohne unser Gebet, ohne unseren Glauben und Gehorsam nichts tun kann, ist schon Begründung genug für die Wichtigkeit unseres Bekennens.

These *(107)*
Hinter dem Gebot des Bekennens steht eine grundsätzliche geistliche Gesetzmäßigkeit, nämlich das universelle Gesetz der zwei Zeugen, von dem mehrfach im Worte Gottes die Rede ist.

Gemeint ist zunächst die Ordnung, wonach eine Zeugenaussage und die Wahrheitsfindung erst mit mindestens zwei bis drei Zeugen gesichert ist. Die weltliche Rechtsordnung hat dieses Prinzip von der Schrift übernommen. Aber im Worte Gottes gilt diese Regel nicht nur als Beweisordnung für fragwürdige Anschuldigungen, sie hat in ihm eine universelle Bedeutung von großer Grundsätzlichkeit, der sie sich selbst unterwirft!

Im 5. Buch Mose finden wir das Wort dazu, das zunächst einmal nur für den Prozeß der Wahrheitsfindung und -bewertung gilt:

5. Mose 19,15
Es soll kein einzelner Zeuge gegen jemand auftreten wegen irgendeiner Missetat oder Sünde, was für eine Sünde es auch sei, die man tun kann, sondern durch zweier oder dreier Zeugen Mund soll eine Sache gültig sein.

Gleichsinnige Aussagen stehen im 5. Mose 17,6 und 4. Mose 35,30.

Im Neuen Testament nimmt Paulus auf diese Ordnung Bezug, wenn er den Korinthern erklärt, daß er bei seinem nächsten Kommen alle Gemeindezuchtfälle nach dieser Regel entscheiden wird:

2. Korinther 13,1
Jetzt komme ich zum dritten Mal zu euch. „Auf zweier oder dreier Zeugen Mund soll jegliche Sache stehen".

Hier steht im Griechischen statt „Sache" der Begriff „Wort" (Rhema), der wohl in der damaligen Umgangssprache bei solchen Anlässen gebraucht worden ist.

Grundsätzlicher versteht Jesus dieses Wort in

Johannes 8,16-18
16 Wenn ich aber richte, so ist mein Gericht recht; denn ich bin nicht allein, sondern ich und der mich gesandt hat.
17 Auch steht in eurem Gesetz geschrieben, daß zweier Menschen Zeugnis wahr sei.
18 Ich bin's, der ich von mir selbst zeuge; und der Vater, der mich gesandt hat, zeugt auch von mir.

Obwohl Jesus die Wahrheit in Person ist, unterstellt er sich und die Gültigkeit seines Gerichtes diesem göttlichen Prinzip, denn er verweist darauf, daß sein Vater wie er denkt und richtet. Weil beide in demselben Sinne richten, ist sein Zeugnis wahr.

Obwohl also sein alleiniges Zeugnis schon wahr wäre, denn er als Sohn Gottes weiß, woher er kommt und wohin er geht (Johannes 8,14), sagt er dennoch an einer anderen Stelle:

Johannes 5,31
Wenn ich von mir selbst zeuge, so ist mein Zeugnis nicht wahr.

Der Befund, den wir aus diesen Schriftstellen erheben, ist bemerkenswert: Obwohl Jesus seinem Wesen nach die Wahrheit ist und als jemand, der seine Herkunft und sein Ziel genau kennt, frei von jeglichem Irrtum über sich selbst ist, sieht er dennoch sein eigenes Wort nicht als ausreichend an. Wahr, also bindend, wird es erst durch den zweiten Zeugen, durch seinen Vater. Ausdrücklich bekennt sich Jesus zu diesem Prinzip, indem er seinem eigenen Gericht erst dadurch Wahrheit zuerkennt, daß sein Vater dasselbe wie er sagt. Erst zweier Menschen Zeugnis (griechisch: rhema = Wort) ist wahr.

Ein ähnlicher Sachverhalt liegt vor im Hinblick auf den Treueeid Gottes gegenüber Abraham und gegenüber uns.

Hebräer 6,13 + 16-18
13 Denn als Gott dem Abraham die Verheißung gab, schwur er bei sich selbst, da er bei keinem Größeren zu schwören hatte...
16 Die Menschen schwören ja bei einem Größeren, als sie sind; und der Eid dient ihnen zur Bekräftigung und macht aller Widerrede ein Ende.
17 Darum hat Gott, da er wollte den Erben der Verheißung überschwenglich beweisen, daß sein Ratschluß nicht wanke, sich noch mit einem Eid verbürgt.
18 So sollten wir durch zwei Stücke, die nicht wanken – denn es ist unmöglich, daß Gott lügt –, einen starken Trost haben, die wir unsre Zuflucht dazu genommen haben, festzuhalten an der angebotenen Hoffnung.

Hier ist von Gott selbst die Rede, der sich in zwei voneinander getrennten Ereignissen und Handlungen – zum einen sein ursprüngliches Versprechen und zum anderen den darauf gesetzten Schwur – festgelegt hat.

These *(108)*
Ein Wort oder eine Sache werden dann wahr und wirksam, wenn zwei oder drei Zeugnisse darüber vorliegen. Unser Bekenntnis ist das zweite Zeugnis, das Gott braucht, damit nach seiner universellen Norm sein Wille Realität wird.

Der Gebende und der Empfangende, beide müssen in Übereinstimmung kommen, damit das Geschenk Gottes aus der Unsichtbarkeit in das Sichtbare treten kann. Unser Bekennen ist demnach unter anderem die Demonstration der Übereinstimmung und bildet somit die Schiene, auf der sich Gottes Angebot zu uns bewegen kann. Jesu Wort ist wohl für sich wahr und steht außer Frage, aber in einem anderen Sinne wird es erst dann wahr, also wirksam, wenn ein zweiter Zeuge vorliegt. Das sind wir. *Gottes* große Verheißungen sind insofern alle wahr. Damit sie aber *unsere* Wahrheit werden und sich im Sichtbaren offenbaren, braucht der Herr unseren Mund, damit wir der zweite Zeuge werden, uns zugute.

4. Reden ist Handeln

Reden ist die Äußerung von Gedanken. Gewöhnlich wird vom Reden eher abfällig gesprochen, weil es, gemessen an der sichtbaren Handlung, billig und wertarm erscheint. Reden kann ja jeder.

In der Tat, irgend etwas sagen oder sinnlos daherreden, das kann jeder. Aber Gewichtiges sagen und schöpferisch reden und sich in den Worten völlig in der Wahrheit zu bewegen, das ist eine Kunst. Und die beherrscht nicht jeder.

Mit unseren Worten drücken wir laufend unsere Überzeugung aus. Das ist auch eine Art von Glauben, der unsere Worte speist. Damit schaffen wir Fakten, weil Reden nach biblischem Verständnis ja eine Form des Handelns ist.

Kolosser 3,17
Und alles, was ihr tut mit Worten oder mit Werken, das tut alles in dem Namen des Herrn Jesus und danket Gott, dem Vater, durch ihn.

These *(109)*
Mit Reden tun wir etwas. Reden ist in Gottes Bewertung eine Handlung und ist deswegen so wirksam. Obendrein ist Reden ein Glaubensakt, unabhängig davon, wie wichtig oder banal unsere Äußerungen sein mögen. Ununterbrochen erklären wir das, was uns innerlich bewegt, und legen uns damit fest.

Sprüche 6,2
...(Du bist) gebunden durch deine Worte und gefangen in der Rede deines Mundes.

Wären Worte so harmlos und stellten sie keine Handlung dar, so könnten sie nicht eine solche außerordentliche Kraft haben, daß sie uns binden und gefangenhalten. Das können nur Handlungen. Der Kontext dieses Schriftwortes aus den Sprüchen bezieht sich auf das Thema der Bürgschaft. Aber die Gültigkeit dieser Aussage geht weit über diesen Anwendungsfall hinaus. Reden ist eine Glaubenssache, auch wenn wir sehr triviale Dinge in unseren Worten ausdrücken.

Mit unseren Worten schaffen wir etwas. Deswegen ermahnt uns die Schrift ausdrücklich, daß wir *alles*, was wir sagen, im Namen des

Herrn sagen, also in seinem Auftrage, nach seinem Willen, an seiner Statt und in seiner Autorität. Das klingt vielleicht bedrohlich, aber es ist nur die Gegenposition zu den Hunderten von nichtigen und gedankenlosen Aussagen des Alltages, die wir beiläufig machen und die alle eine unmerklich aber ständige Wirkung ausüben. Wir sehen es nicht, aber der Zusammenhang zwischen unserem ständigen Reden und den Tatsachen, die unser Leben kennzeichnen, ist vorhanden.

Nicht nur in den Reihen der Glaubensleute wird so nachdrücklich vor dem Mißbrauch des Redens gewarnt (für manche etwas zu massiv), das Wort Gottes selbst weist so entschieden darauf hin, daß wir schöpferisch, positiv und nicht zerstörerisch reden sollen. Damit wird jeweils auch ausgedrückt, daß Reden Handeln ist, denn es bewirkt etwas.

Epheser 4,29
Lasset kein faul Geschwätz aus eurem Munde gehen, sondern was gut ist und das Nötige fördert, das redet, auf daß es Segen bringe denen, die es hören.

Die Kunst des Redens erweist sich darin, daß wir das Gute sagen: was aufbaut, Segen bringt und das Nötige herbeischafft. Eine Handlung kann eine zerstörerische Wirkung haben oder aufbauen. Zu beidem ist unser Reden fähig, zum ersten leider leichter als zum zweiten. Es gibt keine Zerstörung und keine schöpferische Leistung, die ohne Worte zustande gekommen wäre.

Aus den beiden nachfolgenden Aussagen Jesu geht der Handlungscharakter des Redens besonders deutlich hervor:

Matthäus 15,18-20
18 Was aber zum Munde herausgeht, das kommt aus dem Herzen, und das macht den Menschen unrein.
19 Denn aus dem Herzen kommen arge Gedanken, Mord, Ehe-

bruch, Unzucht, Dieberei, falsch Zeugnis, Lästerung.
20 Das sind die Stücke, die den Menschen unrein machen. Aber
ohne Waschung der Hände essen macht den Menschen nicht unrein.

Lukas 6, 43-45
43 Denn es ist kein guter Baum, der faule Frucht trage, und kein
fauler Baum, der gute Frucht trage.
44 Ein jeglicher Baum wird an seiner eignen Frucht erkannt. Denn
man liest nicht Feigen von den Dornen, auch liest man nicht Trauben von den Hecken.
45 Ein guter Mensch bringt Gutes hervor aus dem guten Schatz
seines Herzens; und ein böser Mensch bringt Böses hervor aus
dem bösen Schatz seines Herzens. Denn wes das Herz voll ist,
des geht der Mund über.

Im ersten Schriftwort wird einfach ausgedrückt, daß unsere Worte
eine bestimmte Herkunft haben. Sie kommen aus dem Herzen und
drücken aus, was im Herzen ist. So gibt es – das ist eine ganz wichtige Feststellung – keine unbedachten Äußerungen, die uns ohne
Mitbeteiligung des Herzens einfach entschlüpfen. Unsere Worte
fließen aus dem Mund und aus dem Herzen!

Eine weitere bemerkenswerte Tatsache ist mit dem Reden verbunden. Die Gedanken, die im Herzen vorliegen, weisen eine sehr un-
gute Qualität auf: Mordgelüste, Ehebruch, Unzucht, Stehlen usw.
Aber die Äußerung dessen, was schon im Herzen ist, bewirkt noch
etwas Zusätzliches: Durch Reden wird der Mensch unrein. Aus Gedanken werden durch Reden Fakten, die über den bösen Aus-
gangszustand hinaus den Menschen noch zusätzlich verunreini-
gen.

Die Aussagen Jesu in Lukas 6 greifen diese Zusammenhänge auf.
Jesus verdeutlicht, daß das Reden durch unseren Mund genaugenommen dann eintritt, wenn unser Herz nicht nur von bestimmten

Gedanken angefüllt, sondern übervoll ist. Der Überfluß des Herzens setzt den Mund in Bewegung. Daraus können wir entnehmen, daß wir viel stärker von nichtigen oder bösen Dingen angefüllt sind, als wir uns das vorstellen.

Schließlich erklärt Jesus, was die eigentliche Hauptaussage ist: Das Gute bzw. das Böse, das im Herzen ist und dann zum sichtbaren Guten oder sichtbaren Bösen wird – oder, in einem andern Bild: zur guten oder bösen Frucht wird –, wird jeweils erst durch das Reden dazu. Es gibt also einen direkten Zusammenhang zwischen den Gedanken im Herzen einerseits und bestimmten Handlungen und Charaktereigenschaften andererseits, der allein durch das Sprechen hergestellt wird.

These *(110)*
Die Kraft, die die Gedanken in Handlungen oder Haltungen umwandelt, ist das ständig gesprochene Wort.

Weil wir allezeit in Versuchung stehen, alle möglichen Dinge auszusprechen, die aus der Außenwelt über unsere Sinnesorgane in unser Herz hineinkommen, um von dort in unseren Mund transportiert zu werden und dann gültig und wirksam zu werden, müssen wir uns selbst und auch anderen reichlich das Wort Gottes anbieten. Damit erfahren wir eine göttliche Füllung unseres Denkens und können dementsprechend göttlich reden.

Kolosser 3,16
Lasset das Wort Christi reichlich wohnen in euch; lehret und vermahnet euch selbst in aller Weisheit mit Psalmen und Lobgesängen und geistlichen Liedern und singet Gott dankbar in euren Herzen.

Ich möchte den Leser daran erinnern, daß dieses Gebot, das Wort Gottes in uns wohnen zu lassen, indem wir uns selbst mit Psalmen und geistlichen Liedern ermahnen und ermutigen, direkt vor der

Aussage steht, daß wir mit Worten oder Werken alles, was wir tun, für den Herrn tun sollen. Natürlich ist nicht gemeint, daß wir ständig Bibelstellen zitieren sollen. Ein solcher aufgesetzter oder gar moralisierender Umgang mit dem Worte Gottes kann unser Herz nicht mit der Wahrheit füllen. Es kommt darauf an, daß das Wort Gottes in uns wohnt. Dann wird es sich auch in unserem Reden äußern. Pflichtübungen mit dem Worte Gottes erreichen dieses Ziel nicht.

1. Petrus 3,10
Denn „wer leben will und gute Tage sehen, der hüte seine Zunge, daß sie nichts Böses rede, und seine Lippen, daß sie nicht trügen."

Gut leben und gute Tage sehen, das ist doch die Zusammenfassung von allen guten Handlungen und Erfahrungen schlechthin. Und das hat mit unserem Reden zu tun, nach diesem Wort sogar vorrangig. Die biblische Position zu diesem Thema ist außerordentlich prägnant und steht in totalem Gegensatz zu allen Anschauungen, die diesbezüglich die Wissenschaften und die Philosophien dieser Welt haben. Diese sagen: Man kann so reden und ganz anders leben. Unser Glück hat nichts mit Art und Inhalt unseres Redens zu tun.

Worte sind aber Ereignisse, häufig voll von Lüge und Zerstörung, die dann genau das bewirken, was sie beinhalten, allerdings meist mit einem solchen Maß an zeitlicher Verzögerung, daß die weltlichen Beobachter ohne göttliche Offenbarung diesen Zusammenhang nicht erkennen können.

Aber der Teufel kennt diese Gesetze sehr wohl. Er baut auf sie, aber er soll sie auch erleiden! Worte sind unsere Angriffswaffen, anders kommen wir ja nicht an ihn heran. Aber sie reichen aus, weil sie so wirksam sind.

Jesaja 54,17
Keiner Waffe, die gegen dich bereitet wird, soll es gelingen, und

jede Zunge, die sich gegen dich erhebt, sollst du im Gericht schuldig sprechen. Das ist das Erbteil der Knechte des Herrn, und ihre Gerechtigkeit kommt von mir, spricht der Herr.

Gegen uns stehen Worte und Gedanken, die uns der Feind eingibt, Lügen, die uns verunsichern, unterlaufen, ängstigen und peinigen sollen. Dagegen müssen wir unsererseits Worte setzen, die wir kühn und in Kenntnis der Wahrheit aussprechen. Wir halten unsere eigene Gerichtsverhandlung über den Teufel ab, um ihn mit unserem gesprochenen Urteil zu überführen, zu binden und in das Gefängnis zu bringen. Das geht nicht mit Gedanken alleine, dazu brauchen wir gesprochene Worte. Auf die reagiert der Feind, weil sie Handlungen sind.

Gleiches gilt auch für unser gesprochenes Zeugnis.

Offenbarung 12,11
Und sie haben ihn überwunden durch des Lammes Blut und durch das Wort ihres Zeugnisses und haben ihr Leben nicht geliebt bis an den Tod.

Es scheint nicht auszureichen, daß wir auf das Blut Jesu verweisen. Das ist zwar eine vielfach geübte Praktik, die bisweilen in einer fast magischen Form vollzogen wird („Ich rufe das Blut Jesu an."), aber das Blut Jesu zusammen mit dem Aussprechen unserer eigenen Einsicht und Erfahrung vervollständigt erst die Autorität. Dabei werden Wort-Fakten geschaffen, vor denen der Feind kapituliert.

5. Unser Auftrag: Reden

Reden und sich mitteilen kann schön sein. Aber wenn man sich ihm zu sehr ergibt, wird es lästig und kann zur Gefahr werden, wozu das

406

Wort Gottes auch einiges zu sagen hat. Wer aber das Reden verweigert und sich dem Schweigen ergibt, begibt sich ebenfalls in Gefahr.

Wir haben gehört, daß die ständige Gerichtsverhandlung über den Feind, der uns mit Lügen und Bedrohungen zerstören will, regelrecht unser Erbteil ist.

These *(111)*
Unser Erbteil wird uns also durch Reden zuteil. Die Lügen nicht durch unser gesprochenes Wort der Wahrheit abzuwehren bedeutet, sie anzunehmen und dadurch auf das Erbteil zu verzichten. Lüge hinzunehmen, ihr also nicht zu widersprechen, heißt, ihr Kraft zu verleihen und sie wirken zu lassen.

Unterlassenes Reden gegen den Feind und sprechendes Arrangement mit den widrigen Umständen kommt auch in dem folgenden Schriftwort zum Ausdruck:

Sprüche 22,13
Der Faule spricht: Es ist ein Löwe draußen; ich könnte getötet werden auf der Gasse.

Deswegen bleibt er lieber zu Hause und übergibt sich seinen Ängsten, die dadurch stärker werden. Der Faule ist zwar imstande zu sprechen, aber nur das Verkehrte. Es ist ihm noch möglich, seine Ängste auszusprechen, aber er bringt nicht den Schneid und Fleiß auf, das Wort Gottes dagegenzustellen. Dazu kann und will er sich nicht aufraffen.

Weil er faul ist, gibt er den ängstlichen Stimmungen einfach nach und greift nicht zur Waffe des göttlichen Wortes. Dementsprechend wird er empfangen, was er durch Abstinenz von göttlichen Hilfsmitteln eingeladen hat: Verwüstung, Angst und Untergang. Nicht reden, das heißt, die Möglichkeit des erklärten Wortes Gottes ungenutzt zu lassen, ist tödlich.

Die Welt des Feindes ist voller Lüge. Sein Ziel ist es, daß wir durch die Lügen, die er uns zuflüstert, ständig versucht und verunsichert werden sollen. Wir müssen deswegen immer zurückschlagen.

These *(112)*
Unsere Waffe ist die Wahrheit in Wortform. Wir müssen reden. Sprachlosigkeit wird uns als Übereinstimmung mit der Lüge ausgelegt und ist es auch.

Eine solche schweigende Hinnahme und Anerkennung der Lüge ist dann die Einladung an den Feind, weiterzumachen und sich zu steigern. Insofern ist Schweigen angesichts eines lügenden und stehlenden Feindes Sünde und Selbstzerstörung.

Unser Mund ist die beste Verteidigungs- und Angriffswaffe, wenn wir ihn mit dem Worte Gottes füllen. Wir stehen mit unseren Worten nicht nur gegen seine Worte, sondern auch gegen seine Werke. Jesus sagt, daß wir den Bergen befehlen sollen, und sie werden sich selbst in das Meer werfen. Die Berge, das sind Welten von Hindernissen, Schwierigkeiten, Sorgen und Bedrohungen. Schweigen wir, werden sie uns zur Falle. Sie werden uns demütigen, ängstigen und erdrücken. Es ist töricht, nicht seinen Mund im Sinne Gottes zu gebrauchen. Unser Mund ist uns zum Befehlen gegeben, damit wir mit ihm die Werke des Teufels zerstören.

6. Gnade sprechen

Was ist nach biblischer Schau die eigentliche Aufgabe des Redens und die Hauptfunktion unseres Mundes? Wollten wir die Frage nach der Bedeutung des Redens gemäß dem allgemeinen menschlichen Verständnis darüber beantworten, so würden Funktionen wie Information, Kommunikation, Gemeinschaft, Selbstdarstellung und dergleichen genannt werden. Diese Aufgaben soll in der Tat unser Mund übernehmen. Aber das Wort Gottes hält noch eine weitere und überraschende Antwort bereit. Zwei wesentliche Aufgaben, die nach der Schrift dem Reden zukommen und die wir sonst nirgendwo aufgezeigt finden, sind das Aussprechen von Gnade und Glaube. Um ersteres soll es in diesem Abschnitt gehen.

Der biblische Befund dazu ist sehr diskret und obendrein noch durch entstellende Übersetzung völlig verdeckt.

Epheser 4,29
Lasset kein faul Geschwätz aus eurem Munde gehen, sondern was gut ist und das Nötige fördert, das redet, auf daß es Segen (wörtlich: Gnade) **bringe denen, die es hören.**

Kolosser 4,6
Eure Rede sei allezeit lieblich (wörtlich: mit oder in Gnade) **und mit Salz gewürzt, daß ihr wisset, wie ihr einem jeglichen antworten sollt.**

Reden ist Vermittlung von Gnade! Das Leben aus Gott, das dieser in diese Welt und in unser Herz hineinströmen lassen will, ist genaugenommen ein Fluß von Gnade. Alles, was von Gott kommt — Liebe, Leben, göttliche Energie und Wahrheit, Wohltaten, Segnungen, Hilfe, Beistand — sind reine und heilige Geschenke, die umsonst sind. Sie alle sind inhaltlich Gnade. Damit will der Herr die Gemeinschaft seiner Heiligen und über diese die ganze Welt durchfluten.

Von allen Vermittlungswegen für seine Gnade, die Gott gebraucht, stellt nun unser Mund ein herausragendes wichtiges Glied dar. Wenn wir reden, sollen wir das göttliche Leben in Gestalt von Gnade weiterreichen. Alles, was über unsere Lippen kommt, soll Gnade bringen, Gnade anschaulich machen und dem Hörenden ein Gnadenerlebnis vermitteln.

In aller Regel sind unsere Äußerungen eher von Kritik, Sarkasmus, Beherrschungsstreben und Egozentrik gekennzeichnet. Unsere Worte treffen, unterjochen, verletzen, bedrücken, peinigen oder sind lieblos, nüchtern und kalt oder auch faul in dem Sinne, daß sie zum Bösen infizieren. In Gottes Sicht haben die Worte unseres Mundes eine ganz andere Aufgabe. Es reicht nicht aus, daß sie nüchtern und wahr sind oder sogar Gutes darstellen. Sie sollen Gnade veranschaulichen, Gnade vermitteln und für Gnade empfänglich machen und insofern wohltun.

Gottes Handeln in dieser Welt ist ausschließlich von Gnade bestimmt. Gott startete seine Offensive der Gnade und Liebe durch Worte, durch die frohe Botschaft. Wie diese angefangen hat, so soll sie von einem jeden unter uns fortgeführt werden: durch Worte der Gnade. In der Ausbreitung des Evangeliums nimmt das Reden den wichtigsten Platz ein, womit nicht nur die Kanzel gemeint ist, sondern das zeugnishafte Wort von Mann zu Mann.

Alle unsere Äußerungen sollen von demselben Charakter von Gnade und Freundlichkeit bestimmt sein, ganz gleich, worum es in dem jeweiligen Gespräch gerade gehen mag. Wir stellen Gutes und Notwendendes dar und bieten diese Informationen und Inhalte als Gnade an, so daß deutlich wird, daß vom Hörenden als Reaktion nicht Bemühen, Anstrengung und Gut-Sein wollen gefordert wird, sondern die Haltung, die von uns mündlich dargestellten Geschenke einfach anzunehmen. Wenn also zu Beginn des erstzitierten Schriftwortes vor dem faulen Geschwätz gewarnt wird, das, wie alle faulen Früchte, ansteckend ist, so wird mit der Betonung von Gnade dann noch einmal das Prinzip der Infektion angesprochen. Gnade ermutigt zum Annehmen und Erproben des Gehörten, sie ist attraktiv, Interesse und Sympathie erweckend, und sie tut gut, auch wenn die meisten Menschen nicht recht wissen, was sie eigentlich ist.

These *(113)*
Wir Christen sollten mit unseren Gesprächsbeiträgen Lieferanten

von Gnade sein, die die Menschen entlasten, aufbauen, erfreuen, ermutigen und mit Gutem anfüllen, wodurch sie für Jesus aufgeschlossen werden sollen. Unser Mund ist von Gott als Quelle von Gnade gedacht, wodurch unsere Umwelt erfrischt und mit Gottes spezifischem Leben erfüllt werden soll.

Das Wort aus dem Kolosserbrief greift dieses Prinzip auf. Es betont, daß auch die Herkunft unserer Worte – nicht nur die Zielsetzung – von Gnade bestimmt sein soll. In Gnade oder aus Gnade heraus sollen wir reden. Darunter verstehe ich, daß der Ursprung unserer Worte und die Art unseres Redens in der Gnade begründet liegen soll. Das schwierigste Organ unseres Körpers, das wir später noch gesondert untersuchen müssen, unser Mund, muß in Gnade eingepackt und von Gnade getränkt sein.

Erst unter diesen Umständen werden wir fähig sein, einem jeglichen angemessen zu antworten, so daß der Gesprächspartner genau das empfängt, was er wirklich braucht ("...daß ihr wisset, wie ihr einem jeglichen antworten sollt." Kolosser 4,6b).

Ohne Gnade, das heißt ohne den übernatürlichen Fluß von Inspiration und Offenbarung, ist eine solche exakt passende Antwort undenkbar. Unsere natürliche Vernunft hält entweder vorgegebene grundsätzliche Antworten bereit, oder sie antwortet gemäß den sichtbaren Fakten und Bedürfnissen.

These *(114)*
Das eigene Vorgehen des Redenden, der aus eigener Kraft und Eingebung schöpft, kann grundsätzlich nicht die tiefen geistlichen Fragen aufspüren und beantworten. Das ist dem Menschen der Gnade vorbehalten, der dementsprechend gewaltige Resultate erzielen kann.

Vor diesem Hintergrund sind die Aussagen aus den Sprüchen über die gewaltigen Auswirkungen des Mundes verstehbar, der die richtigen Worte findet.

Sprüche 10,21
Des Gerechten Lippen erquicken viele; aber die Toren werden an ihrer Torheit sterben.

Sprüche 10,11
Des Gerechten Mund ist ein Brunnen des Lebens; aber auf die Gottlosen wird ihr Frevel fallen.

Sprüche 11,11
Durch den Segen der Frommen kommt eine Stadt hoch; aber durch den Mund der Gottlosen wird sie niedergerissen.

Die Worte des Gerechten erquicken, bauen Städte auf und sind ein Baum des Lebens, das heißt eine Erscheinungsform von Jesus. Wenn die Schrift von Gerechtigkeit redet, meint sie Gerechtigkeit aus Gnade durch Glauben. Wenn ein solcher Gerechter Worte der Gnade ausspricht, dann vermittelt er Jesus, bewirkt Leben und ist schöpferisch, weil das in der Gnade einfach enthalten ist.

Die großen Taten Gottes, die immer Taten der Gnade sind, werden durch gnadenvolle Worte in Existenz gebracht. Unser Mund ist der Kanal für den Strom der Gnade vom Thron Gottes, der durch unseren Geist hinein in diese gnadenlose Welt und Umwelt fließt.

7. Mit Worten die gefallene Welt kommentieren oder Gottes neue Welt schöpferisch gestalten

Charles Capps formuliert in einem seiner Bücher „Die Zunge, eine schöpferische Kraft" das Wort, das er als Weissagung vom Herrn empfangen hatte: „Mein Volk bekennt, was sie haben, statt zu haben, was sie bekennen." Nun, das ist kein biblisches Offenbarungswort, sondern nur eine prophetische Äußerung. Aber sie trifft genau das, was Gott in der Schrift zum Thema Bekennen sagt.

Mit unseren Worten beschreiben wir laufend Dinge, Abläufe und Ereignisse unseres Lebens und unserer Umgebung. Unsere sprachlichen Äußerungen sind zu fast 100 % von dieser Zielsetzung in Anspruch genommen. Natürlich stellt in vielen fachlichen und beruflichen Belangen des Alltages die Beschreibung von Gegenständen und Abläufen einen durchaus angemessenen Gebrauch von Worten dar. Aber ist das alles, was wir mit unseren Worten tun können? Wie bewertet die Schrift unsere scheinbar neutralen, beschreibenden oder auch belanglosen Worte?

Matthäus 12,35-37
35 Ein guter Mensch bringt Gutes hervor aus dem guten Schatz seines Herzens; und ein böser Mensch bringt Böses hervor aus seinem bösen Schatz.
36 Ich sage euch aber, daß die Menschen müssen Rechenschaft geben am Tage des Gerichts von einem jeglichen nichtsnutzigen Wort, das sie geredet haben.
37 Aus deinen Worten wirst du gerechtfertigt werden, und aus deinen Worten wirst du verdammt werden.

Zunächst spricht Jesus von dem guten und dem bösen Schatz unseres Herzens, aus dem wir, wie wir bereits gesehen haben, durch Reden Gutes oder Böses hervorbringen. Aber dann warnt er uns unvermittelt, daß wir Rechenschaft ablegen müssen am Tage des Gerichtes wegen jedes nichtsnutzigen Wortes, das wir geredet haben. Nichtsnutzige Worte sind eitle oder leere Worte, also nicht einmal ausgesprochen böse Worte. Es sind schlicht Worte, die keinen Nutzen bringen, keine Saat darstellen, aus welcher ein guter Ertrag erwächst. Und doch sieht der Herr einen Gerichtsbedarf über solche Worte. Was ist so verwerflich an ihnen?

Neutrale, nichtssagende, kommentierende und beschreibende Worte können in der Bewertung Gottes ausgemacht böse sein. Wir sind von Gott dazu berufen, mit den Worten unseres Mundes, die aus einem mit Glauben gefüllten Herzen kommen, schöpferisch zu wirken, Gottes Reich und Strukturen aufzubauen und nicht die gefallene Welt, so wie sie da ist, zu kommentieren. Hier liegt die Schuld.

Ich will es ein wenig eingehender erklären. Im 4. Buch Mose wird uns geschildert, wie die zwölf Kundschafter aus dem gelobten Lande zurückkommen. Sie geben einen wahrheitsgetreuen Bericht von ihren Beobachtungen und Eindrücken, die sie im Lande Kanaan empfangen hatten. Ein Teil ihrer Schilderung stellt die Verarbeitung ihrer Erlebnisse in ihrer Phantasie dar. Aber sie blieben in ihrer Berichterstattung bei der Wahrheit, wie sie sie gesehen und innerlich erlebt hatten.

Aber dieser Bericht machte die Herzen der Israeliten verzagt und veranlaßte sie zu Verstockung, Rebellion und Gehorsamsverweigerung. Die Analyse des Wortes Gottes von diesem Vorgang lautet wie folgt:

4. Mose 13,32a (wörtlich)
Und sie gaben von dem Land, das sie erkundet hatten, einen bösen Bericht.

Der objektive, wahrheitsgetreue Bericht war in den Augen Gottes ein böser Bericht. Wie kann die Beschreibung von sichtbaren Fakten böse sein? Die zehn Kundschafter hatten nur beschrieben, was sie sahen, was ihre Augen ihnen vermittelten und hatten daraus geschlossen, daß dieses Land nicht einzunehmen sei.
Aber sie hatten nur die halbe Wahrheit beschrieben und eigentlich noch weniger. Gott hatte viele Male zuvor gesprochen, daß ihnen das Land gehöre, daß er ihnen jeden Quadratmeter, den ihre Füße betreten würden, schon gegeben habe und daß die Feinde vor ih-

nen fliehen würden. Die Kundschafter hatten diese Botschaft, die das Kräfteverhältnis in der unsichtbaren Welt beschrieb, nicht im Herzen. Sie hatten diese Wahrheit ausgelassen und nicht geglaubt und hatten somit einen glaubenslosen Bericht gegeben, der insofern voller Lüge war.

Die Lüge bestand darin, daß sie in ihrer Gesamtdarstellung das Reden Gottes ausgelassen hatten, das Potential Gottes in der Situation nicht sahen und die Existenz einer unsichtbaren Welt, die der andere Teil der Realität ist, praktisch leugneten.

These *(115)*
Gottes Wort sagt, daß die Erde voll ist von der Güte des Herrn und auch von den Gütern des Herrn. Diese seine Güte und seine Güter hat der Herr in seinem Wort exakt beschrieben. Wer in seiner Welt- und Situationsbetrachtung die unsichtbare Wirklichkeit Gottes ausklammert und damit alles ausschließt, was Gott zu dem jeweiligen Fall gesagt hat oder was er schon getan hat, stellt sich gegen die Wahrheit.

Wer nur die Hälfte der Situation zur Kenntnis nimmt und die andere Hälfte der Wirklichkeit, die den göttlichen und bleibenden Anteil darstellt,wie sie in den Verheißungen der Schrift beschrieben ist, ausnimmt, ergibt sich mutwillig der Lüge und dem Selbstbetrug. Was dann an Beurteilung zustande kommt, muß falsch sein.

Das ist der Hintergrund der Warnung Jesu vor nichtsnutzigen Worten, durch die wir das Gericht auf uns ziehen. Unsere Worte sollen Beschlußfassungen darstellen, mit denen wir die unsichtbaren göttlichen Positionen ausdrücklich anerkennen und in unser Kalkül mit einbeziehen. Dinge nur so zu erwähnen, wie sie sind und allein beim Sichtbaren zu bleiben, um immer nur die vordergründigen Schichten der Wirklichkeit im Gespräch, Verkündigung und Beschreibung zu bewegen, ist faktisch die Leugnung der unsichtbaren Komponente der Dinge dieser Welt. Damit schließen wir Gott aus.

So hat unser Mund die schöne und hoheitsvolle Aufgabe, durch schöpferisches Reden die unsichtbaren göttlichen Antworten und Lösungen zu allen Fragen herauszustellen, um sie dadurch aus der Unsichtbarkeit in die Sichtbarkeit dieser Welt zu bringen. Unser Reden soll nur zu einem Teil Fakten beschreiben und Mittel der Kommunikation sein. Die andere, weit wichtigere Aufgabe, schöpferisch in das Gefüge dieser Welt oder unserer privaten Umwelt einzugreifen, wird in den Reihen der Christen sträflich vernachlässigt und sollte viel stärker betont werden.

These *(116)*
Unser Mund ist das Sprachorgan Gottes. Was Gott unter uns tun will, das verkündigt er uns zuerst. Er redet nicht an seinem Volk vorbei. Er gebraucht unseren Mund, um durch ihn seine Absichten kundzutun.

Die Lehre und Warnung bezüglich der nichtsnutzigen Worte erfährt eine interessante Akzentuierung durch folgendes Schriftwort:

Matthäus 12,30
Wer nicht mit mir ist, der ist wider mich; und wer nicht mit mir sammelt, der zerstreut.

Mit diesem Prinzip beschreibt der Herr, daß es keine neutralen Bereiche zwischen Gott und dem Teufel gibt. Wenn wir mit unseren Worten nicht ausdrücklich für ihn sind und sammeln, dann sind wir faktisch gegen ihn und zerstreuen. Unsere allgemeinen und nichts nutzenden Worte, mit denen wir quasi geistliche Zusammenhänge kommentieren, müssen im Licht dieser Aussage als sehr gefährlich angesehen werden. Mit ihnen zerstreuen wir, statt zu sammeln, und unterstreichen die Verhältnisse in der sichtbaren Welt, so, wie sie sind, was indirekt eine Aussage gegen unseren Herrn ist.

Natürlich dürfen wir diese Ausführungen Jesu nicht so mißverstehen, daß wir aus ihnen ständig Material für Schuld- und Verdammnisgefühle ableiten. Wenn wir Menschen der Gnade sind, werden wir die zerstörerische Kraft der Worte neutralisieren können. Aber das Gebot, Worte in den Dienst Gottes zu stellen und bedacht zu reden und nicht indirekt den gefallenen Zustand der Welt und das faktisch Negative zu unterstreichen, bleibt bestehen.

8. Täter des Wortes sein

Fast jeder Gläubige erkennt in dem Gebot, Täter des Wortes zu sein, die Aufforderung, so zu handeln, wie es das Wort sagt. Also, das Wort wird als eine Handlungsanweisung verstanden. Hinter diesem Verständnis steht die eigentliche moralisierende Gesinnung, wonach wir nur die richtigen Informationen brauchen, die uns sagen, was Gott will, und dann können und werden wir die Aufforderung umsetzen. Das ist eine irrige Schau vom Evangelium, die humanistische Wurzeln hat, und die im übrigen auch eine Verkennung dessen ist, was mit „Täter des Wortes werden" eigentlich gemeint ist.

Im 1. Johannesbrief finden wir ein interessantes Schriftwort, auf das ich bereits in einem anderen meiner Bücher (Das Kreuz der Gesegneten) hingewiesen habe. Es beschreibt die Beziehung von Wort und Gebot erfrischend anders, als wir das so landläufig sehen.

1. Johannes 2,7
Meine Lieben, ich schreibe euch nicht ein neues Gebot, sondern das alte Gebot, das ihr habt von Anfang gehabt. Das alte Gebot ist das Wort, das ihr gehört habt.

Das alte Gebot ist das Wort, so sagt es der Text. Die meisten Menschen lesen in ihrem inneren Verständnis stillschweigend: Das Wort ist das Gebot, also eine Handlungsanweisung, die uns sagt, daß wir alle möglichen Gebote Gottes zu befolgen haben. Gemeint ist indessen, daß es ein großes und göttliches Hauptgebot gibt, das darin besteht, daß wir uns mit dem Worte zu beschäftigen, es zu bedenken, zu bearbeiten, zu ergründen, zu erfassen, zu lieben, zu verspeisen, auszusprechen und anzuwenden haben.

Das Wort soll bei diesem Prozeß seine Geheimnisse freigeben, seine Kraft entfalten und uns, wenn wir es glaubend erschlossen haben, die Fähigkeit zum Gehorsam verschaffen. Das Wort ist also Information und Energie zugleich. Wir brauchen diese aus dem Wort freigesetzte Gehorsamsfähigkeit, um gemäß der Information leben zu können.

Mit diesem Verständnis über das Verhältnis von Wort zu Gebot vor Augen wollen wir uns nun der Schlüsselaussage „Täter des Wortes sein" und der Bedeutung des Redens zuwenden.

Jakobus 1,22-26
22 Seid aber Täter des Worts und nicht Hörer allein, wodurch ihr euch selbst betrüget.
23 Denn so jemand ist ein Hörer des Worts und nicht ein Täter, der ist gleich einem Mann, der sein leiblich Angesicht im Spiegel beschaut.
24 Denn nachdem er sich beschaut hat, geht er davon und vergißt von Stund an, wie er gestaltet war.
25 Wer aber durchschaut in das vollkommene Gesetz der Freiheit und darin beharrt und ist nicht ein vergeßlicher Hörer, sondern ein Täter, der wird selig sein in seiner Tat.
26 Wenn sich jemand läßt dünken, er diene Gott, und hält seine Zunge nicht im Zaum, sondern betrügt sein Herz, dessen Gottesdienst gilt nichts.

Am Anfang werden wir aufgefordert, Täter des Wortes zu werden und uns mit dem Hören nicht zu begnügen. Wer nur hört und das Gehörte nicht bearbeitet und verarbeitet, was dieser Begriff im Griechischen eigentlich meint, betrügt sich selbst. Der Selbstbetrug kommt dadurch zustande, daß keine bleibende Umprägung des Charakters und keine Neugestaltung unserer Identität erreicht wird.

Daß die Verarbeitung des Wortes Gottes unter anderem und auch hauptsächlich Reden meint, wird an Vers 26 deutlich: „Wenn sich jemand läßt dünken, er diene Gott, und hält seine Zunge nicht im Zaum, sondern betrügt sein Herz, dessen Gottesdienst gilt nichts." Auch hier steht, wie am Anfang der ganzen Passage, die Warnung, sein Herz, also die Mitte der Person, nicht zu betrügen, indem man Unbedachtes, Verkehrtes und nicht Schriftgemäßes redet.

Das große Thema dieses Abschnittes ist Charakterveränderung durch richtiges Reden. Wir vergessen, wer wir in den Augen Gottes sind, wenn wir nur kurz und flüchtig in den Spiegel des göttlichen Wortes schauen. Diese Eindrücke reichen nicht aus, um unseren Charakter umzuformen. Wir kommen dann vielleicht zu der Überzeugung, daß wir schon anders geworden sind, weil wir uns beim Lesen oder Hören des Wortes so positiv berührt fühlten, aber das ist eine Täuschung. Verlassen wir uns darauf, dann werden wir bald spüren, daß sich in uns doch nichts verändert hat.

These *(117)*
Damit unsere Identität bleibend in das göttliche Bild umgeformt wird, ist ständige Beschäftigung mit dem Worte der Freiheit nötig. Wir müssen das Wort Gottes bedenken, bebrüten und auch aussprechen. Hören macht vergeßlich, aber glaubendes Bekennen dessen, was das Wort Gottes über uns aussagt, macht uns zum Täter des Wortes. Dadurch werden wir verändert. Diese Charakterveränderung soll in einem solchen Umfang geschehen, daß die Schrift dafür sogar den Begriff Errettung verwendet.

Das ist alles an den richtigen Umgang mit der Zunge gebunden. Interessant ist noch dabei, daß wir uns nicht irgendwie aufschwingen sollen, ein Täter, also ein glaubender Verkünder des Wortes zu *sein*, sondern daß wir durch ständiges Hineinschauen in das Wort und durch Beharren in dieser Haltung zum Täter *werden*, wie es der griechische Text meint. Gott überfordert uns niemals. Es gibt kein geistliches Terrain, das allein für jene reserviert ist, die mit eigenen Bemühungen besonders weit kommen.

These *(118)*
Wir sollen uns auf dem Weg der Charakterveränderung nicht abmühen. Aber Fleißschritte bleiben uns nicht erspart. Ohne dem Glauben gemäß zu reden kann die Transformation des neuen Menschen von der verborgenen geistlichen Neuschöpfung hin zu einer sichtbaren geistlichen Persönlichkeit nicht vonstatten gehen.

Lukas 6,43-45
43 Denn es ist kein guter Baum, der faule Frucht trage, und kein fauler Baum, der gute Frucht trage.
44 Ein jeglicher Baum wird an seiner eignen Frucht erkannt. Denn man liest nicht Feigen von den Dornen, auch liest man nicht Trauben von den Hecken.
45 Ein guter Mensch bringt Gutes hervor aus dem guten Schatz seines Herzens; und ein böser Mensch bringt Böses hervor aus dem bösen Schatz seines Herzens. Denn wes das Herz voll ist, des geht der Mund über.

Ich hatte diese Schriftstelle schon einmal zitiert, als es darum ging, herauszustellen, daß das Gute aus dem guten Schatz des Herzens und das Böse aus dem bösen Schatz des Herzens durch Reden hervorgebracht wird. Jetzt interessiert, daß Jesus in diesem Zusammenhang auch von Frucht redet, was ein Bild für Charaktereigenschaften ist. Reden verändert unser Wesen zum Guten oder zum Bösen.

Wir hatten ja bereits erkannt, daß der böse Inhalt des Herzens, wenn er durch den Mund ausgesprochen wird, die ganze Person verunreinigt. Was vorher an Ehebruch, Mord, Zweifel und Unreinheit in Gedankenform bereits im Herzen vorlag, nimmt durch Reden einen viel tieferen Einfluß auf die gesamte Person.

Wenn unser Herz voll von Gottes gutem Wort ist, dann wird dieses Wort in den Mund und aus dem Mund herausgehen und dadurch die Gesamtpersönlichkeit des Redenden prägen. Durch diesen Redevorgang kommt etwas im Charakter zur Manifestation, was die Überzeugung allein, solange sie nur im Herzen weilt, nicht zu bewirken vermag. Wir kennen dieses Prinzip schon aus Römer 10,10: Mit dem Herzen glauben wir zur Gerechtigkeit und mit dem Munde bekennen wir zur Errettung. Hier sehen wir es: Der Glaube des Herzens führt nur bis zur Statusveränderung, das heißt, zur Erfahrung der Gerechtigkeit Gottes. Erst das Reden schafft den Durchbruch zur Erfahrung.

In diesem Sinne müssen wir auch das folgende, sehr bekannte Wort verstehen.

Joel 4,10
Macht aus euren Pflugscharen Schwerter und aus euren Sicheln Spieße! Der Schwache spreche: Ich bin stark!

Dieses Wort stellt die verdichtete Form des gesamten Glaubensgeschehens und des Bekennens dar. Der Glaube soll sich im Reden und Handeln ausdrücken. Weil Gott unsere Stärke ist, sollen wir das Resultat dieser unserer Glaubenshaltung vorwegnehmen und mit einer Handlung unseren Glauben ausdrücken, indem wir aus Pflugscharen Schwerter und aus Sicheln Spieße machen. Die Innenerfahrung indessen, die darin besteht, daß wir stark werden, wird uns allein durch das glaubende Reden zuteil.

Für Charakterveränderung ist also das Reden des Wortes Gottes aus einem glaubensvollen Herzen eine unabdingbare Voraussetzung. Das Wort Gottes hält mehrere Wege zur Veränderung unserer Identität bereit. Aber niemandem wird es möglich sein, zu diesem Ziel zu kommen, ohne das glaubende Aussprechen dessen, was Gott bereits in uns bewirkt hat. Das neue Denken schafft noch keinen neuen Menschen. Der Charakter gehorcht nicht unseren Gedanken, er reagiert nur auf hörbare Fakten, die wir selbst schaffen.

Aber solche Charakterveränderungen kommen uns selbst zugute. Wer durch das Wort wesensmäßig umgeprägt wird, wird dann selbst den allergrößten Nutzen daraus ziehen. In einzigartiger Kürze bringen die folgenden beiden Schriftstellen diesen Zusammenhang zum Ausdruck.

Sprüche 12,14a
Viel Gutes bekommt ein Mann durch die Frucht seines Mundes;

Sprüche 13,2a
Die Frucht seiner Worte genießt der Fromme (wörtlich: von der Frucht seines Mundes ißt der Mann Gutes).

Wir können uns nicht direkt von unseren Worten ernähren, wohl aber von den Veränderungen an Haltungen und Einstellungen, die wir durch gute Worte bei uns selbst und auch bei anderen bewirken. Unser Wohlergehen hängt mit dem Verhalten unseres Mundes zusammen.

9. Wir ernähren Gott!

Gott ist nach seiner Selbstoffenbarung absolut unabhängig von allen Menschen und Dingen und ruht als Gott der Freude, des Friedens und der Liebe in sich selbst und in der Beziehung der göttlichen Dreieinigkeit. Aber Gott ist eine Person und tritt in eine schöne und tiefe Beziehung zu uns Menschen ein. Weil er eine Person ist, kann und will er auf unser Verhalten und Reden reagieren, da er uns ja liebt.

Hebräer 13,15
So lasset uns nun durch ihn Gott allezeit das Lobopfer bringen, das ist die Frucht der Lippen, die seinen Namen bekennen.

Auch in diesem Schriftwort ist von der Frucht unserer Lippen die Rede. Aber diese Frucht ist Lob, Anbetung und Dank, die wir Gott freiwillig und auf Grund seiner erfahrenen Güte allezeit geben sollen. Was macht nun Gott mit dieser immateriellen Frucht? Er ißt sie, das heißt, er freut sich an ihr und nimmt sie an.

Daß wir Gott etwas „zu essen" geben können, macht auch der folgende Zusammenhang deutlich:

Psalm 50,12-15 + 23
12 Wenn mich hungerte, wollte ich dir nicht davon sagen; denn der Erdkreis ist mein und alles, was darauf ist.
13 Meinst du, daß ich Fleisch von Stieren essen wolle oder Blut von Böcken trinken?
14 Opfere Gott Dank und erfülle dem Höchsten deine Gelübde
15 und rufe mich an in der Not, so will ich dich erretten, und du sollst mich preisen.
23 Wer Dank opfert, der preiset mich, und das ist der Weg, daß ich ihm zeige das Heil Gottes.

An Tieropfern hat Gott kein Gefallen. Er braucht keine Mahlzeit. Aber das Dankopfer verachtet er nicht. Darüber freut er sich, darauf reagiert er.

Unser Loben, Preisen und Danken erfreut Gott und ist ihm wohlgefällig; er verspeist es. Gottes Freude kann vermehrt werden, wenn wir gehorsam sind und in Worten unsere Haltung der Dankbarkeit und Anbetung ausdrücken. In diesem Sinne sind auch die Hunderte und Tausende von Aufforderungen in der Schrift zu verstehen, ihn zu loben. Das hilft uns selbst, weil es gleichzeitig auch jeweils einen Schwertstoß gegen den Teufel darstellt (Psalm 149), aber es erfreut auch Gott. Die englische King-James-Bibel drückt dies insofern treffend aus, als sie an vielen Stellen den Begriff „loben" mit „segnen" übersetzt. Unsere Worte können und sollen Gott ein Segen und eine Wohltat sein.

Bestimmte Worte tun Gott so gut, daß er ihretwegen Erhörung und Erlösung sendet. Solche Worte drücken Glauben und Abhängigkeit von ihm aus und ehren ihn dadurch.

Daniel 10,12
Und er sprach zu mir: Fürchte dich nicht, Daniel; denn von dem ersten Tage an, als du von Herzen begehrtest zu verstehen und anfingst, dich zu demütigen vor deinem Gott, wurden deine Worte erhört, und ich wollte kommen um deiner Worte willen.

Der Erzengel Gabriel stellt sich als der Mund Gottes dar und sagt, daß er um der Worte Daniels willen gekommen sei. Diese waren nicht nur unwiderstehlich, so daß Gott Hilfe schickte − Gott fühlte sich von ihnen so angezogen, daß er zum Autor der Worte kommen mußte. Unsere Worte lassen Gott nicht gleichgültig! Er liest unsere Gedanken, aber er ist nicht zu bremsen, wenn er uns Worte des Vertrauens aussprechen sieht. Dann muß er bei uns sein.

Deswegen sagt auch die Schrift in Psalm 22,4, daß Gott im Lobpreis seines Volkes wohnt. Wenn wir ihn mit unseren Lippen preisen, kann er nicht fern bleiben. Er sucht uns auf, er wohnt in unserem

Lobgesang, er liebt und genießt unsere Worte. Sie sind ihm kostbar und angenehm. Er verspeist sie und erfüllt dabei jene Gläubigen, die sie aussprechen, mit seiner Gegenwart. Unsere Worte bewirken etwas bei Gott.

Auch im Dienst Jesu finden wir ein Ereignis, wo er über eine bestimmte Glaubensaussage so erfreut war, daß er deswegen Befreiung und Heilung gewährte. Die syrophönizische Frau ließ sich von Jesus zu einer Glaubensproklamation leiten, in welcher sie nach mehrfachen vorherigen Abweisungen durch den Herrn ihr Recht zum Ausdruck bringt, als Hündin doch zum Haushalt des Herrn zu gehören und somit Anteil am dem Heil zu haben.

Markus 7,28-29
28 Sie antwortete aber und sprach zu ihm: Ja, Herr; aber doch essen die Hunde unter dem Tisch von den Brosamen der Kinder.
29 Und er sprach zu ihr: Um dieses Wortes willen gehe hin; der böse Geist ist von deiner Tochter ausgefahren.

Weil diese Frau ihren Glauben in so kühnen und präzisen Worten ausdrückte, deswegen versicherte der Herr ihr, daß der böse Geist von ihrer Tochter ausgefahren sei. Unser Glaube kann nur durch genaue Worte exakte Konturen bekommen. Wortloser Glaube ist vage und verschwommen oder gar kein Glaube. Weil Gott am Glauben Gefallen hat − eigentlich nur daran −, deswegen hat er an präzisen Glaubensworten Gefallen.

Kapitel 3

Das Mysterium unserer Zunge

Die Zunge hat eine Sonderstellung unter allen Organen des menschlichen Körpers. Ihre einzigartige Natur und ihre besondere Funktion sind nicht so sehr in anatomischen oder physiologischen Besonderheiten begründet. Deswegen können uns die Disziplinen der Anatomie und Physiologie nur sehr begrenzten Aufschluß über das Wesen der Zunge geben. Auch hier bedürfen wir der Offenbarung des Wortes Gottes, um Licht in das geheimnisvolle Dunkel um die Sonderexistenz der Zunge zu bekommen.

Die Zunge gehört zum Leib, aber sie wirkt auf die ganze Persönlichkeit und auch auf andere Menschen wie kein anderes körperliches Organ. Als Teil unseres Körpers sendet sie nach dem Zeugnis der Schrift lustbesetzte, autonome und sündhafte Impulse in die Seele, die Schaltstelle von Gefühl, Rationalität und Wille, um von dieser postwendend wieder benutzt zu werden, indem sie veranlaßt wird, die von der Seele angenommenen oder abgeänderten Signale und Gelüste auszusprechen und über unser Glaubensorgan Herz anzunehmen und auszuleben.

Die Zunge ist also mehrfach bei allen Wortvorgängen und seelischen Prozessen beteiligt. Sie ist nicht nur das Ausführungsorgan unserer Seele, sondern Inspirationsinstanz für alle körperlichen, seelischen, kommunikativen und sozialen Abläufe. Wenn die Zunge nicht unter die Kraft der Erlösung kommt, dann ändert sich wenig bis nichts im Leben der Erlösten.

Die biblische Anthropologie (Lehre vom Menschen), auf die wir immer wieder zurückgreifen müssen, wenn wir schwierige Prozesse im Innenleben des Menschen verstehen wollen, entwirft ein eigenartiges, aber sehr bestimmtes Bild von den Zusammenhängen zwischen Leib, Seele, der Funktion der Zunge und der Auswirkung der Erlösung:

Die Zunge ist als Teil des Leibes denselben Existenzbedingungen unterworfen, die für den ganzen Körper gelten. Das Wort sagt uns, daß die Lüste, die uns als Versuchung reizen und locken, aus dem Fleisch und den Gliedern unseres Leibes aufsteigen, um, nachdem sie angenommen worden sind, zur Sünde zu werden.

Jakobus 1,13-15
13 Niemand sage, wenn er versucht wird, daß er von Gott versucht werde. Denn Gott kann nicht versucht werden zum Bösen, und er selbst versucht niemand.
14 Sondern ein jeglicher wird versucht, wenn er von seiner eigenen Lust gereizt und gelockt wird.
15 Danach, wenn die Lust empfangen hat, gebiert sie die Sünde; die Sünde aber, wenn sie vollendet ist, gebiert sie den Tod.

Jakobus 4,1
Woher kommt Streit und Krieg unter euch? Kommt's nicht daher: aus euren Lüsten, die da streiten in euren Gliedern?

Das Fleisch, welches nach biblischem Verständnis ein Verbund von Leib und Seele darstellt, erfährt nach der Schau der Schrift keine Erlösung, zumindest nicht durch die Bekehrung und Wiedergeburt. Das Fleisch, das heißt sowohl die Seele als auch schließlich der Leib, können umgeprägt, geheiligt und mit göttlichem Leben ausgestattet werden, was ein Prozeß ist, der aber bei Seele und Leib unterschiedlich abläuft.

Dennoch erfährt das Fleisch durch die Wiedergeburt eine dramatische Wandlung. Die Vorherrschaft der Seele über die Gesamtpersönlichkeit erlischt. Unser neugeborener Geist übernimmt das Kommando. Wir werden eine neue Spezies Mensch, indem der in Sünden tote alte Geist abgeräumt wird, die Zwischenherrschaft der Seele in all ihrer Selbstherrlichkeit − die Bibel nennt diese Instanz den alten Menschen − abgelöst wird und der neue Mensch an seine Stelle rückt. So wird die Seele zwar nicht aufgelöst und dementsprechend auch der Leib nicht beseitigt, aber die Leitungsfunktion der Seele über den reduzierten Menschen (Seele und Leib) wird beendet.

Das Problem ist, daß die Seele sich das nicht gefallen läßt und mit List, Tücke, Herrschaftsanspruch und Lüge dagegen arbeitet. Das Wort Gottes sagt, daß das Fleisch, auch das des wiedergeborenen Menschen, nicht zum Gehorsam fähig ist.

Römer 8,7
Denn fleischlich gesinnt sein ist Feindschaft wider Gott, weil das Fleisch dem Gesetz Gottes nicht untertan ist; denn es vermag's auch nicht.

Wenn sich unser neues Ich, das identisch ist mit unserem neuen Geist und mit Christus in uns (Einzelheiten über die biblische Lehre vom Menschen und den Ablauf der Erlösung im Charakter siehe in meinem Buch „Lust am Herrn"), nicht gegen die Lüge und die Herrschaftsansprüche der alten Seele durchsetzt, werden sich die Lustimpulse des Körpers über die Seele in ihrer sündhaften Zwanghaftigkeit in uns durchsetzen.

Römer 7,21-24
21 So finde ich nun ein Gesetz, daß mir, der ich will das Gute tun, das Böse anhanget.
22 Denn ich habe Lust an Gottes Gesetz nach dem inwendigen Menschen;
23 ich sehe aber ein ander Gesetz in meinen Gliedern, das da widerstreitet dem Gesetz in meinem Gemüte und nimmt mich gefangen in der Sünde Gesetz, welches ist in meinen Gliedern.
24 Ich elender Mensch! Wer wird mich erlösen von dem Leibe dieses Todes?

Römer 8,5-7
5 Denn die da fleischlich sind, die sind fleischlich gesinnt; die

aber geistlich sind, die sind geistlich gesinnt.
6 Aber fleischlich gesinnt sein ist der Tod, und geistlich gesinnt sein ist Leben und Friede.
7 Denn fleischlich gesinnt sein ist Feindschaft wider Gott, weil das Fleisch dem Gesetz Gottes nicht untertan ist; denn es vermag's auch nicht.

Selbst wenn jemand geistlich lebt und nach dem Geist wandelt, was heißt, daß er sich der Leitung seines Geistes unterstellt, dann wird er zwar die Kraft des neuen Lebens in seinem Geist erfahren, aber die Regungen des alten Fleisches werden zunächst bleiben, nur werden sie nicht mehr Macht und Kontrolle über ihn ausüben.

Römer 8,2 + 4 (direkte Übersetzung)
2 Denn das Gesetz des Geistes des Lebens in Christo hat mich freigemacht von dem Gesetz der Sünde und des Todes,
4 so daß die Gerechtigkeit, vom Gesetz gefordert, in uns erfüllt würde, die wir nun nicht nach dem Fleische wandeln, sondern nach dem Geist.

Römer 8,13
Denn wenn ihr nach dem Fleisch lebet, so werdet ihr sterben müssen; wenn ihr aber durch den Geist des Fleisches Geschäfte tötet, so werdet ihr leben.

Der letzte Vers beweist es eindeutig. Wir werden leben, wenn wir nach dem Geist wandeln. Aber dieses Leben erweist sich nicht automatisch in der Beseitigung des Fleisches, sondern darin, daß die alten noch vorhandenen Regungen des Fleisches jetzt kein Gewicht, keinen Reiz und keine Durchsetzungskraft mehr haben. Wir fallen nicht mehr auf sie herein, sie sind nicht attraktiv.

Galater 5,16
Ich sage aber: Wandelt im Geist, so werdet ihr die Lüste des Fleisches nicht vollbringen.

Aus all dem folgert die Schrift, was nun für die Beurteilung der Macht der Zunge als Teil des Leibes von allergrößter Wichtigkeit ist:

Römer 8,10
Wenn aber Christus in euch ist, so ist der Leib zwar tot um der Sünde willen, der Geist aber ist Leben um der Gerechtigkeit willen.

These *(119)*
Selbst unter der Voraussetzung, daß Jesus in uns ist, ist unser aus Gott geborener Geist zwar Leben, aber unser Leib ist immer noch tot um der Sünde willen, das heißt, nicht unter göttlichem Antrieb und nicht in direkter Gemeinschaft mit Gott!

Das ist ein wichtiger Befund. Der Körper lebt sein Eigenleben und entzieht sich, wo er kann, dem göttlichen Zugriff. Das hat gewaltige Auswirkungen auf die Funktion der Zunge, die wir uns gleich vor Augen führen werden.

Doch zum Abschluß dieser anthropologischen Umschau noch ein versöhnlicher Aspekt. Wir sehen ihn im folgenden Vers von Römer 8:

Römer 8,11
Wenn nun der Geist des, der Jesus von den Toten auferweckt hat, in euch wohnt, so wird derselbe, der Jesus Christus von den Toten auferweckt hat, auch eure sterblichen Leiber lebendig machen durch seinen Geist, der in euch wohnt.

These *(120)*
Unter der Bedingung, daß Gottes Geist (jetzt ist nicht mehr von unserem Geist die Rede!) in uns wohnt, was auch Seele und Leib einschließt, wird dieser Geist, sofern er wirklich in uns willkommen ist

430

und Raum und Rechte hat (achte darauf, daß zweimal vom Wohnen des Geistes Gottes die Rede ist!), das auch an unserem Leib tun, was er an Jesus selbst getan hat, nämlich den sterblichen Leib lebendig machen. Das heißt wohl doch, den Leib mit Gottes Wesen zu erfüllen.

Hier ist von einem Prozeß die Rede (achte auf die Zeitform des Futurs), in welchem der Leib umgeprägt und durch den ständig in uns wirkenden Geist für Gott verfügbar gemacht wird. So können auch die Glieder unseres Leibes geheiligt werden.

Römer 6,13
Auch ergebet nicht der Sünde eure Glieder zu Waffen der Ungerechtigkeit, sondern ergebet euch selbst Gott, als die da aus den Toten lebendig sind, und eure Glieder Gott zu Waffen der Gerechtigkeit.

Wer die Stationen der paulinischen Theologie, daß wir mit Jesus gestorben und auferstanden sind, mit Bedacht und im Glauben durchschritten hat, der kann und der soll auch seine Glieder Gott und der Sache der Gerechtigkeit zur Verfügung stellen. Das schließt die Zunge ein, die ein Teil, ein Glied des Körpers ist.

Die Konsequenz dieses anthropologischen Sachverhaltes für die Zunge müssen wir nicht mit eigenen, komplizierten und womöglich fehlerhaften Folgerungen durch Nachdenken ableiten. Das tat der Heilige Geist im Worte Gottes für uns. Wir haben im Jakobusbrief eine ausgearbeitete Lehre über Funktion und Wert der Zunge, die auf dem Hintergrund der bisher gegebenen Einsichten verstehbar wird.

Jakobus 3,1-12
1 Liebe Brüder, werfe sich nicht ein jeder zum Lehrer auf, sondern bedenkt, daß wir Lehrer ein strengeres Urteil empfangen werden.

2 Denn wir fehlen alle mannigfaltig. Wer aber auch im Wort nicht fehlet, der ist ein vollkommener Mann und kann auch den ganzen Leib im Zaum halten.

3 Wenn wir den Pferden den Zaum ins Maul legen, daß sie uns gehorchen, so lenken wir ihren ganzen Leib.

4 Siehe, auch die Schiffe, ob sie wohl so groß sind und von starken Winden getrieben werden, werden sie doch gelenkt mit einem kleinen Ruder, wo der hin will, der es regiert.

5 So ist auch die Zunge ein kleines Glied und richtet große Dinge an. Siehe, ein kleines Feuer, welch einen Wald zündet's an!

6 Und die Zunge ist auch ein Feuer, eine Welt voll Ungerechtigkeit. So ist die Zunge unter unsern Gliedern: sie befleckt den ganzen Leib, sie setzt des Lebens Kreis in Flammen und ist selbst von der Hölle entzündet.

7 Denn die Natur aller Tiere und Vögel und Schlangen und Meerwunder wird gezähmt und ist gezähmt von der menschlichen Natur,

8 aber die Zunge kann kein Mensch zähmen, das unruhige Übel, voll tödlichen Giftes.

9 Durch sie loben wir den Herrn und Vater, und durch sie fluchen wir den Menschen, die nach dem Bilde Gottes gemacht sind.

10 Aus einem Munde geht Loben und Fluchen. Es soll, liebe Brüder, nicht so sein.

11 Läßt denn die Quelle aus einem Loch Süßes und Bitteres fließen?

12 Kann auch, liebe Brüder, ein Feigenbaum Ölbeeren oder ein Weinstock Feigen tragen? So kann auch eine salzige Quelle nicht süßes Wasser geben.

Das sind markige Worte. Jakobus beschreibt die verheerende Wirkung der Zunge in einer so drastischen und düsteren Weise, daß das fast fatalistische Züge bekommt. Der Zunge ist – auch bei den Gläubigen – eine ungeheure zerstörerische Kraft eigen. Es gibt in dieser Darstellung zwei Lichtpunkte, die uns andeuten, daß es auch eine Überwindung und Zähmung der zerstörerischen Kraft der Zunge gibt, so daß sie nützliche Dinge ausführen kann. Aber insgesamt überwiegen doch die negativen Aspekte in dieser Darstellung der Tätigkeit der Zunge.

Der Hintergrund dieser negativen Beurteilung der Zunge ist klar: Die Zunge gehört zum Leib! Dieser ist, wie wir anhand von Römer 8,10 gesehen haben, in seiner geistlichen Bewertung auch beim Gläubigen zunächst einmal tot. Dieser Sachverhalt des Getrenntseins von Gott teilt sich nun in jeder Äußerung mit, die aus unserem Munde kommt.

These *(121)*
Durch die Sonderfunktion der Zunge, die – wiewohl sie ein Teil des Körpers ist – als Beschlußorgan von Seele und Geist dient, ergibt sich eine kuriose Situation: sie kann trotz und wegen ihres zwanghaften Dranges zum Negativen und zur Zerstörung Gutes und Böses gleichzeitig sagen. Damit haben wir eine erste typische Feststellung über die Zunge: Sie ist grundsätzlich negativ programmiert und ist in ihrer Funktion ambivalent, das heißt, als Teil des Körpers äußert sie Gutes und Böses.

These *(122)*
Ein zweites Merkmal der Zunge ist damit ebenfalls ausgedrückt: Sie ist hoffnungslos zerstörerisch, ja, sie hat vom Ansatz her eine höllische Inspiration in sich und verbreitet höllisches Feuer um sich.

Das ist schon eine sehr seltsame Darstellung der Tätigkeit und Umtriebe der Zunge, zumal das auch für Christen zutrifft.

Die Zunge ist tatsächlich von vornherein und grundsätzlich rastlos, umtriebig und voller Gift, sie ist ein einziges Übel. Die Ursache ist klar: Sie gehört zum Fleisch, das nach Römer 8,7 nicht gehorsam und zum Guten fähig ist. Bei den übrigen Gliedern und Organen des Leibes ist das nicht so gravierend, wenn sich der Mensch nicht von seinem Geist leiten läßt. Die fleischlichen Impulse, die den Leib treiben, werden nicht unbedingt in jedem Fall sichtbar werden. Aber die Zunge ist dazu da, daß sie gehört wird. Die kleinsten negativen Regungen werden durch die Zunge herausposaunt und so vor allen Menschen offenkundig.

Weil der Leib des Christen nicht einer sofortigen Heiligung unterworfen ist, ist die Zunge eine Welt voll Ungerechtigkeit und kann die ganze Welt anzünden. Davon weiß die Geschichte der Menschheit einiges zu berichten.

These *(123)*
Die Zunge befleckt den ganzen Leib. Reden ist eine Handlung und ein Akt der Verbindlichkeit sowie der Autorisierung. In den Evangelien hatten wir schon bei Jesus gelernt, daß das, was aus dem Munde herausgeht, den ganzen Menschen befleckt. In Jakobus 3,6 wird ergänzt, daß wir durch negatives Reden, dessen Inhalt wir aus dem eigenen Herzen beziehen, den Leib beflecken. In dieser Eigenschaft ist die Zunge einzigartig unter allen Organen. Das Aussprechen dessen, was wir im Herzen haben, mit unserem Mund verschlimmert den Schaden beträchtlich.

Schließlich wird uns vom Wort Gottes gesagt, daß kein Mensch die Zunge zähmen kann. Das ist alarmierend! Was kann man dann gegen sie unternehmen? Die biblische Lehre der Erlösung, die ich hier nicht in allen Einzelheiten entfalten kann (siehe mein Buch „Lust am Herrn") lehrt uns, daß wir, wenn wir mit Christus gestorben sind, auch den Sünden, den verderblichen Lüsten, der Gesetzlichkeit und der Welt gestorben sind. Wenn das so ist, dann bleibt für uns nichts zu tun übrig. Wir können und dürfen uns als Menschen nicht gegen die negative Kraft, die in der Sünde liegt, wehren. Das wäre wieder ein eigenes Bemühen im Sinne von Selbsterlösung, also Leben nach dem Gesetz, dem wir ja gestorben sein sollen.

These *(124)*
Es bleibt dabei, kein Mensch kann die Zunge zähmen. Aber sie ist

bereits durch Jesus unter göttliche Kontrolle genommen, was dann wirksam wird, wenn wir das glauben und uns in diesem Sinne verhalten.

Es bleibt uns nur übrig anzuerkennen, immer wieder davon auszugehen, daß der alte Mensch mit seinen Lüsten und Sünden tot ist, bis wir sehen, daß es tatsächlich so ist. Oder mit anderen Worten: Wir stehen lediglich zu der Wahrheit der bereits von Jesus gewährten Erlösung über unser Fleisch – was auch den Sieg über die Zunge einschließt – und enthalten uns aller Nachhilfe, weil nicht nachzuhelfen ist. Außerdem stellt Nachhilfe die Leugnung der bereits vollendeten Erlösung dar und ist eigenes Handeln, welches in sich Unabhängigkeit von Gott ist.

Obendrein sagt uns Römer 8,11, daß der Heilige Geist, der in uns wohnt, unsere sterblichen Leiber – und damit auch die Zunge – mit Leben erfüllt. Wenn wir also unsere Glieder in den Dienst Gottes und der Gerechtigkeit stellen, was wiederum die Zunge einschließt (Römer 6,13 + 19), dann werden diese Glieder durch den Herrn und den Heiligen Geist geheiligt. Wir müssen lediglich konstant in der Position der Wahrheit stehen, daß Gott alles schon getan hat und daß uns seine Erlösungsangebote durch den Heiligen Geist zur Verfügung gestellt werden, damit wir sie anwenden.

Somit wird uns doch ein hoffnungsvoller Ausblick gegeben. Die Zunge kann verändert werden; sie ist heiligungsfähig. Es muß nicht dabei bleiben, daß sie gleichzeitig Gutes und Böses bewirkt. Es soll so nicht sein, sagt das Wort in Jakobus 3. Also gibt es einen Ausweg.

Wir haben ihn gesehen. Er ist denkbar einfach. Wir lassen uns von unserem Geist führen und hören nicht auf die Stimme des Fleisches. Dann kann die Zunge ihre einzigartige Kraft beweisen. Wer durch diesen Prozeß der Heiligung, der übrigens eine schöne und nicht bedrückende Erfahrung ist, die Zunge unter seine Kontrolle nehmen kann und mit Worten nicht mehr fehlt, der lenkt dadurch seine ganze Person und insbesondere seinen eigenen Leib. Wenn die Zunge, dieses eigenwilligste und schwierigste aller Organe, unter der Kontrolle unseres Geistes und des Heiligen Geistes steht, dann wird die Seele und schließlich der ganze Leib Nutzen davon haben, weil sie ja alle in der Abhängigkeit von der Zunge stehen.

Das Ziel besteht also nicht nur darin, daß durch Beherrschung der Zunge vom Körper und der Gesamtperson Schaden ferngehalten wird. Die Zunge soll ein Segen werden, und sie kann es auch. Wenn wir nach dem Geist (unserem Geist) wandeln und wenn Gottes Geist tatsächlich in uns wohnt, kann die Zunge so unter die Kraft Gottes kommen, daß sie die ganze Person lenkt und bestimmt. Ja, die intakte Zunge, das heißt, das gesalbte Sprechen unter der Inspiration des Heiligen Geistes, macht uns regelrecht erwachsen!

Das Wort sagt uns, daß die geistlich kontrollierte Zunge den Leib lenkt. Das ist für sich schon eine interessante Aussage, denn es schließt ein, daß unser Reden die Funktion und den Stoffwechsel des Leibes beeinflußt und so auch Macht über körperliche Fehlfunktionen und Krankheiten hat. Darüber hinaus lenkt das geheiligte Reden uns auch durch alle Stürme und Widrigkeiten in den Umständen des Lebens (Jakobus 3,4).

Der Weg zu dieser Erfahrung mag nicht ganz kurz sein, aber er lohnt sich. So werden Lehrer des Wortes Gottes geboren (Jakobus 3,1), und so wird auch die gewaltige Kraft des Evangeliums freigesetzt. Die Auswirkungen eines geheiligten Sprachorganes sind kaum zu übertreiben.

Wie wir aus der bereits zitierten Schriftstelle Jakobus 1,26 gesehen haben, betreffen die Auswirkungen des geheiligten Redens auch unseren Charakter. Denn in dieser Textstelle war auch davon die Rede, daß wir unsere Zunge im Zaum halten sollen, damit nicht unser Herz betrogen wird. Durch richtiges Reden können wir den alten, mit Christus gestorbenen Menschen ganz ablegen, weil wir das von uns abstreifen können, was in oder an uns gestorben ist. Die Erfahrung, daß wir der Sünde, den verderblichen Lüsten und Reizen der Welt gestorben sind, ist die Voraussetzung dafür, daß wir diese Haltungen und Handlungen einfach ablegen und durch göttliche Kleidungsstücke (Sanftmut, herzliches Erbarmen, Geduld und Liebe) ersetzen können. Solange wir die verderblichen Lüste und Begierden noch als Teil unseres Wesens betrachten und ihre Macht über uns anerkennen, leben sie noch und sind in diesem Zustand nicht ablegbar.

Epheser 4,22-24.30-31
22 Leget von euch ab den alten Menschen mit seinem vorigen Wandel, der durch trügerische Lüste sich verderbt.
23 Erneuert euch aber im Geist eures Gemüts
24 und ziehet den neuen Menschen an, der nach Gott geschaffen ist in rechtschaffener Gerechtigkeit und Heiligkeit.
30 Und betrübet nicht den heiligen Geist Gottes, mit dem ihr versiegelt seid auf den Tag der Erlösung.
31 Alle Bitterkeit und Grimm und Zorn und Geschrei und Lästerung sei ferne von euch samt aller Bosheit.

Die Erneuerung und Heiligung des Redens ist eine Ausdrucksform der Furcht des Herrn und bedingt Segen, Gutes und ein Leben in göttlicher Fülle.

1. Petrus 3,10
Denn wer leben will und gute Tage sehen, der hüte seine Zunge, daß sie nichts Böses rede, und seine Lippen, daß sie nicht trügen.

Das Gegenteil des Lebenskonzeptes der Furcht des Herrn ist die Lebensweise der Lüge, die für alle Menschen gilt, die nicht nach dem Geist wandeln.

Römer 3,4
Das sei ferne! Es bleibe vielmehr so: Gott ist wahrhaftig und alle Menschen Lügner; wie geschrieben steht: „Auf daß du gerecht erfunden werdest in deinen Worten und obsiegest, wenn man mit dir rechtet."

Der natürliche Mensch, der in der Lüge lebt, sei es in vielen einzelnen Lügen oder der großen Lebenslüge der Unabhängigkeit und Selbstgerechtigkeit, wird immer die Ernte auf seine Saat empfangen, die er mit der Zunge ausstreut:

Sprüche 18,21
Tod und Leben stehen in der Zunge Gewalt; wer sie liebt, wird ihre Frucht essen.

Sprüche 13,3
Wer seine Zunge hütet, bewahrt sein Leben; wer aber mit seinem Maul herausfährt, über den kommt Verderben.

Von diesem Organ ist tatsächlich alles, Sein und Nichtsein, Tod und Leben abhängig. Die Zunge führt uns in die Extreme: entweder in überschwenglichen Segen (Baum des Lebens, Fülle, Leben, gute Tage sehen) oder in das Verderben und den Untergang. Deswegen sollten wir sehr auf die Mahnung des folgenden Wortes achten.

Sprüche 4,24
Tu von dir die Falschheit des Mundes und sei kein Lästermaul.

Wir selbst haben keine Macht über die Zunge, aber wir können uns der Wahrheit ergeben, die uns sagt, daß der alte Mensch mit Christus gestorben ist. Zur Unwahrheit gehört auch die Auffassung, daß wir imstande wären, unsere Zunge zu reglementieren. Das kann kein Mensch. Die Wahrheit, die besagt, daß wir mit Jesus bereits gestorben sind, sie wird die Zunge verändern und die Lippen reinigen. Wer sich als Christ um ein geistlich kultiviertes Auftreten und

Reden bemüht, wird immer wieder in Versuchung geraten, die Zähmung der Zunge selbst zu bewerkstelligen. Dieser Versuch ist eitel; er ist in sich der Beweis, daß man dem alten Menschen doch wieder erlegen ist, der uns überredet hat, es mit vereinten Anstrengungen erneut zu versuchen. Das ist Selbsterlösung und fleischlich.

These *(125)*
Die Zunge bewältigt nur Gott selbst. Er reicht uns seine Wahrheit, die uns all das beschreibt, was Jesus schon getan hat. Wir tun die Unwahrheit („Falschheit") einfach beiseite, wenden uns der Wahrheit zu und erleben dann, wie sich die Zunge dem fügt und zu einem Instrument des Lichtes und Segens wird.

So sehen wir, daß hier ein interessanter göttlicher Regelkreis vorliegt: Bevor unser Mund in Wahrhaftigkeit, mit Konstanz und in Einhelligkeit göttliche Worte sprechen kann, muß er erst einmal durch Glaubensschritte dazu befreit werden. Unser Rededrang ist so von der Lust an der Zerstörung durchsetzt, daß wir nicht, auch nicht bei maximaler Willensanstrengung, fähig wären, uns dem Herrn als ein guter Partner anzubieten.

Wenn wir aber wissen, daß unser alter Mensch tot ist, ständig davon ausgehen und das auch aussprechen (das ist das Bekenntnis unseres Glaubens) und insofern den Mund zu seiner eigenen Heilung benutzen, dann wird es uns möglich sein, alles böse und unnütze Reden abzulegen, und dann erweist sich dieses schwierige Organ als tauglich, Gottes Werk zu betreiben.

Beispiele von wirklich geheiligtem Reden sind rar. Daß es so ist, deutet der Text aus Jakobus 3 zur Genüge an. Der Grund liegt nach all dem auf der Hand. Aber je mehr wir Gläubigen von allen möglichen pluralistischen Konzepten der Selbstverwirklichung und des Arbeitens an uns selbst ablassen und je mehr wir uns auf die biblische Erlösung des Charakters, wie sie in den mittleren Kapiteln des Römerbriefes beschrieben wird, einlassen, um so mehr werden

Christen den Weg zum heiligen Reden ohne Anstrengung und Unterdrückung finden. Wenn das zunächst in Einzelfällen und dann schließlich in kollektiver Breite der Gemeinde Jesu stattfindet, dann wird das einen kraftvollen Schub für die Ausbreitung des Evangeliums darstellen und die Grenzen des Reiches Gottes gewaltig ausweiten.

Kapitel 4

Geistliche Kultur und Praxis des Sprechens

Nachdem die wesentlichen Wahrheiten und Hintergründe des Redens und Bekennens, wie wir sie in der Schrift vorfinden, vorgestellt worden sind, will ich in diesem Kapitel das Bild vervollständigen, das die Bibel von dieser Thematik zeichnet.

Die wichtigsten Schriftaussagen zum Thema Reden und Macht des gesprochenen Wortes sind von mir bereits genannt worden, als wir die hauptsächlichen Wahrheiten des Bekennens formulierten. Es bleibt nun noch, andere, noch nicht erwähnte Schriftaussagen, die durch die ganze Heilige Schrift verstreut zu diesem Thema vorliegen, aufzulesen und in thematischen Gruppen geordnet auszuwerten. Das heißt, daß das Wort Gottes in diesem Kapitel noch mehr als bei allen vorherigen Abschnitten selbst zur Sprache kommen soll. Mit nur wenigen Kommentaren will ich, wie in einer gegliederten Begriffskonkordanz, die Vielfalt und Breite der biblischen Aussagen zu diesem Thema darstellen. Dies geschieht mit der Zielsetzung, daß der Leser durch die folgenden Schriftworte selbst aufgebaut wird und ein tieferes Verständnis für den Sinn des biblisch korrekten Sprechens und für die Bedeutung von gesprochenen Worten überhaupt bekommt.

Auch wenn ich es nicht immer wieder ausdrücklich erwähne, bleiben auch in diesem Zusammenhang die Gesichtspunkte gültig, die ich zu Beginn des dritten Teils betont habe: Das gesprochene Wort an sich wirkt nicht. Wir müssen das Reden mit Glauben vermengen und im Bekennen unseren Glauben ausdrücken. Erst dadurch bekommt das Reden Kraft und offenbart seine schöpferische Fähigkeiten.

Gottes Worte sind Geist und Leben

Das Wort Gottes ist uns dazu gegeben, daß wir es glauben und aussprechen. Die Worte Jesu haben eine außerordentliche Kraft, die sich uns überträgt, wenn wir seine Worte im Glauben übernehmen und aussprechen:

Johannes 6,63b
Die Worte, die ich zu euch geredet habe, die sind Geist und sind Leben.

Jesu Worte sind gesprochen worden. Aber sie sind uns in geschriebener Form überliefert. So sind alle Worte der Schrift zunächst einmal von Gott eingegeben und ausgesprochen worden und haben im Rahmen dieser Erstmanifestation ihre Kraft bewiesen. Nun aber sollen sie von uns gelesen, geglaubt und erneut ausgesprochen werden, damit sie bei uns dasselbe bewirken, was sie taten, als Gott diese Worte erstmalig freigab und aussprach.

So müssen wir die grundlegende Empfehlung verstehen, die Gott Josua einschärfte, als er die schwere Bürde des Amtes und Auftrages von Mose übernahm.

Josua 1,8
Und laß das Buch diese Gesetzes nicht von deinem Munde kommen, sondern betrachte es Tag und Nacht, daß du hältst und tust in allen Dingen nach dem, was darin geschrieben steht. Dann wird es dir auf deinen Wegen gelingen, und du wirst es recht ausrichten.

Gott hatte Josua einen ganz bestimmten Umgang mit seinem Wort nahegelegt. Er sollte das Buch des Gesetzes, das Gott vormals erlassen hatte und das in die ehernen Tafeln eingeritzt war, lesen und ununterbrochen aus seinem Munde gehen lassen. Er sollte es Tag und Nacht betrachten und ständig aussprechen. Sehen und sprechen gehören zusammen. Unter dieser Voraussetzung würde er

442

imstande sein, das gelesene, geglaubte und gesprochene Wort Gottes zu tun und dadurch in jeder Hinsicht Erfolg zu haben. Das Wort redet sogar von einem guten Erfolg.

Nach diesem Verfahren ging Jesus selbst vor, als er vom Teufel versucht wurde. Er zitierte das geschriebene Wort, was dadurch Kraft bekam und eine Waffe gegen den Teufel wurde.

Matthäus 4,4a.7a.10a
4 Und er (Jesus) antwortete und sprach: Es steht geschrieben...
7 Da sprach Jesus zu ihm: Wiederum steht auch geschrieben...
10 Da sprach Jesus zu ihm: Hebe dich von mir, Satan! denn es steht geschrieben...

Jesus sprach und antwortete mit dem Verweis darauf, daß im Worte Gottes die Wahrheit gegenüber der Entstellung der Wahrheit aus dem Munde Satans geschrieben stehe. Er sprach das Geschriebene aus und aktivierte es und machte es so zu seiner Wahrheit. Das ist ein Beispiel für uns.

Wie der Herr mit dem Feind umgegangen ist, so sollen auch wir mit ihm verfahren.

1. Petrus 5,8-9
8 Seid nüchtern und wachet; denn euer Widersacher, der Teufel, geht umher wie ein brüllender Löwe und sucht, welchen er verschlinge.
9 Dem widerstehet, fest im Glauben, und wisset, daß ebendieselben Leiden über eure Brüder in der Welt gehen.

Der Teufel wird uns als ein Löwe dargestellt, der nicht einfach zuschlagen kann, wie und wann er will, sondern der die Gläubigen erst einmal durch Brüllen beeindrucken und erschrecken will. Ihre Angst auf seine Drohungen und sein Gebrüll stellen eine Art Einladung an ihn dar, weil sie die Bewertung enthält, daß der drohende und brüllende Teufel stärker ist als die schützende Kraft des Herrn.

Nun sollen wir uns im Glauben dem Feind entgegenstellen, wie es Jesus getan hat. Das muß ein Widerstehen mit Worten sein, die aus einem glaubenden Herzen kommen. Wir reagieren also nicht mit Emotionen, nicht in Angst, Hektik und Panik, aber auch nicht mit fleischlichen Mitteln, die völlig unangemessen sind. Wir streiten mit unseren nicht-fleischlichen Waffen (2. Korinther 10,3) und können damit nicht nur in der Defensive erfolgreich bestehen, sondern den Feind bedrängen und seine Anschläge, seine Philosophien und Befestigungen zerstören.

Gottes Worte aus unserem Mund sind wirksam, wenn sie als Worte Gottes in unserem Herzen sind und so einen präzisen Glauben in uns bewirken, der sich durch präzise Worte äußert.

Johannes 15,7
Wenn ihr in mir bleibet und meine Worte (rhemata) **in euch bleiben, werdet ihr bitten, was ihr wollt, und es wird euch widerfahren.**

Wir müssen abhängig sein von ihm (in ihm bleiben) und dann seine Worte, nicht nur Gedanken und prinzipielle Einstellungen, in uns bleiben lassen. Dann werden unsere Gebete, die wieder mit Worten vorgetragen werden, die uneingeschränkte Erhörung finden, von der der Herr sprach. Hier sehe ich ein ganz wichtiges Prinzip, das nicht genug betont werden kann. Wollen wir einen präzisen Glauben haben, dann wird sich dieser Glaube an einzelne Worte binden, um nicht allgemein oder vage und schwammig zu sein. Insofern muß unser Glaube ein Wortglaube sein, und weil es ein Wortglaube ist, wird er sich wiederum durch Worte äußern. Auch wenn wir in unserer Gedankenwelt präzise sein wollen, können wir nicht anders, als in den Kategorien von Worten zu denken. Dasselbe trifft für den Glauben zu.

1. Johannes 2,5
Wer aber sein Wort hält, in dem ist wahrlich die Liebe Gottes vollkommen. Daran erkennen wir, daß wir in ihm sind.

In diesem Bibelzitat ist scheinbar nichts über das Reden des Wortes Gottes ausgesagt. Aber wir müssen uns vergegenwärtigen,
was die Formulierung „sein Wort halten" eigentlich bedeutet. Nach
unserem allgemeinen Spracheindruck, der auf einer Art Tradition
eines kollektiven Mißverständnisses beruht, das über die Jahrzehnte und Jahrhunderte gepredigt worden ist, bedeutet das Halten
des Wortes nichts anderes, als gehorsam zu sein und zu handeln,
wie man gehört hat.

Aber das Halten des Wortes bedeutet eigentlich nichts anderes als
das Festhalten des Wortes Gottes. Es ist eine andere Formulierung
für die Aufforderung Jesu, bei seiner Rede zu bleiben. Wir sollen die
göttlichen Aussagen festhalten, was ein Halten mit Worten, Gedanken, Auswendiglernen und Erinnerung ist. Das Reden spielt dabei
eine ganz herausragende Rolle. Wenn wir sein Wort in uns festhalten, was, wie bereits gesagt, ohne Aussprechen des Wortes nicht
denkbar ist, dann erleben wir Gottes Liebe in vollkommener Weise
und spüren in unserem Innenbewußtsein, daß wir tatsächlich in Jesus sind.

Dazu paßt die schöne Aussage aus:

Psalm 105,18-19
**18 Sie zwangen seine Füße in Fesseln, sein Leib mußte in Eisen
liegen,**
19 bis sein Wort eintraf und die Rede des Herrn ihm recht gab.

Erst redete Joseph und blieb standhaft in seinem Herzen und mit
seinen Worten bei den Aussagen und der Erkenntnis, die er von
Gott hatte. Weil er das Wort festhielt und weil die Worte Gottes in
seinem Herzen bleibend wirksam waren, deswegen stellte sich

Gott mit seinem Wort zu ihm und die Rede des Herrn gab ihm recht. Wenn wir das sagen, was Gott sagt, dann wird sich Gott mit seinem Reden erneut zu uns stellen und uns aus allen Nöten befreien.

Jesaja 62,1-2.6-7

1 Um Zions willen will ich nicht schweigen, und um Jerusalems willen will ich nicht innehalten, bis seine Gerechtigkeit aufgehe wie ein Glanz und sein Heil brenne wie eine Fackel,

2 daß die Heiden sehen deine Gerechtigkeit und alle Könige deine Herrlichkeit. Und du sollst mit einem neuen Namen genannt werden, welchen des Herrn Mund nennen wird.

6 O Jerusalem, ich habe Wächter auf deine Mauern bestellt, die den ganzen Tag und die ganze Nacht nicht mehr schweigen sollen. Die ihr den Herrn erinnern sollt, ohne euch Ruhe zu gönnen,

7 laßt ihm keine Ruhe, bis er Jerusalem wieder aufrichte und es setze zum Lobpreis auf Erden.

Hier redet der Prophet Jesaja ausdrücklich davon, daß er nicht schweigen und nicht innehalten will. Mit seinem Reden möchte er bewirken, daß die Gerechtigkeit Gottes für alle erkennbar aufgehe wie ein großer Glanz und daß das Heil der Gemeinde Jesu wie eine Fackel sichtbar brennen möge.

Weil er nicht schweigt und weil wir nicht schweigen, sondern unsere Berufung als Wächter erkennen, deswegen wird die Gemeinde Gottes vor den Nationen und den politischen Leitungsgremien der Völker unübersehbar und herrlich werden. Als Wächter, das heißt, als Fürbitter sind wir aufgerufen, Tag und Nacht zu reden. Und wir sollen den Herrn an das erinnern, was er uns gesagt hat und ihm keine Ruhe geben, damit er keine Ruhe findet, bis er gemäß seinen eigenen Zusagen die Gemeinde Jesu auf Erden als Stätte der Anerkennung und des Lobpreises aufrichtet.

Wenn wir Gott sagen, was er gesagt hat und ihn gleichsam an seine eigenen Verheißungen erinnern und ihm keine Ruhe gönnen – was man als eine anthropomorphe Aussageweise verstehen muß –, dann wird der Herr sein Wort einlösen. Auch hier sehen wir: Es geht nicht ohne Reden, beständiges Reden, das Tag und Nacht vor die Ohren Gottes kommt. Die Wechselwirkung ist übrigens vollkommen: Weil wir nicht schweigen, sondern als Fürbitter unseren Mund gebrauchen, wird der Herr Gleiches tun: „Und du sollst mit einem neuen Namen genannt werden, welchen des Herrn Mund nennen wird (Jesaja 62,2)."

Worte enthalten und beschreiben nicht nur einen Sachverhalt, sondern können auch Befehle sein. Befehle müssen erst recht präzise sein.

Lukas 17,5-6
5 Und die Apostel sprachen zu dem Herrn: Mehre uns den Glauben!
6 Der Herr aber sprach: Wenn ihr Glauben habt wie ein Senfkorn und saget zu diesem Maulbeerbaum: Reiß dich aus und versetze dich ins Meer! so wird er euch gehorsam sein.

Die Jünger bitten Jesus darum, ihren Glauben zu mehren. Seine Antwort besteht darin, daß er von bereits vorhandenem Glauben bei ihnen ausgeht und ihnen sagt, daß sie ihn mehren sollen, indem sie den Umständen, die sich ihnen entgegenstellen, befehlen, sich selbst aus dem Wege zu schaffen. Und diese Umstände werden dann gehorsam sein. Hier finden wir drei interessante Fakten:

1. Der Glaube wird hier als Same dargestellt. (Normalerweise ist das Wort der Same, aus dem Glaube erwächst.)
2. Säen stellt ein Reden und Befehlen dar. Dadurch wird der Glaube vermehrt.
3. Die Umstände müssen demjenigen gehorsam sein, der aus Glauben heraus befiehlt.

Wir bekommen also, was wir im Glauben befehlend aussprechen. Bei diesem Vorgang ist immer das Reden mit eingeschlossen. So geschah es auch bei der Schöpfung dieser Welt. Als Gott beispielsweise sprach, daß Licht werden sollte, schuf der Heilige Geist, der über den Wassern brütete, auf diesen Befehl hin Licht. Diese Zusammenhänge sind dem Gesetz von Säen und Ernten unterstellt.

Galater 6,7b
Denn was der Mensch sät, das wird er ernten.

Aus Glauben zu reden und zu befehlen ist die herausragende Form des geistlichen Säens.

Das Reden des Wortes Gottes ist nach den Aussagen von Paulus im Epheserbrief auch der entscheidende Weg zu der uns ständig zustehenden und notwendigen Erfahrung der Wiedererfüllung mit dem Heiligen Geist. Wenn wir richtig – das heißt singend, lobend und preisend – mit dem Worte Gottes umgehen und das in einer Haltung von Dankbarkeit und in der Furcht des Herrn geschehen lassen, werden wir immer wieder voll Geistes.

Epheser 5,18-20
18 Und saufet euch nicht voll Wein, daraus ein unordentlich Wesen folgt, sondern werdet voll Geistes:
19 redet untereinander in Psalmen und Lobgesängen und geistlichen Liedern, singet und spielet dem Herrn in euren Herzen
20 und saget Dank allezeit für alles Gott, dem Vater, in dem Namen unsres Herrn Jesus Christus.

Wir sollen untereinander, was im Griechischen auch zueinander heißen kann, in Psalmen, in Lobgesängen und in geistlichen Liedern reden. Die Psalmen sind sicher jene göttlich autorisierten Gebete und Lieder im Alten Testament des gleichen Namens, also die uns wohlvertrauten Psalmen. Lobgesänge können biblische Lobgesänge sein, aber auch eigene Hymnen, während mit den geistlichen Liedern möglicherweise Auslegungen von Sprachenreden oder Sprachengesang gemeint sein kann. In jedem Fall aber spielt Reden − verbunden mit der richtigen Herzenshaltung, Dankbarkeit und der Gesinnung der Furcht des Herrn − die herausragende Rolle bei Erfahrungen mit dem Heiligen Geistes. Die ständige Neuerfüllung mit dem Heiligen Geist, von der hier die Rede ist, widerfährt uns also nicht durch die wiederholte Bitte an Gott, uns mit dem Heiligen Geist zu erfüllen, sondern durch Aussprechen dessen, was wir schon wissen und glauben und in unserer Gesamthaltung zum Ausdruck bringen. Das empfindet der Heilige Geist als eine Einladung, uns wieder in Gänze zu erfüllen. Dadurch können wir dann die Werke Gottes tun, weil wir sie nicht mehr in eigener Kraft ausführen.

Die fraglos häufigste Aufforderung im Worte Gottes gilt dem Gebot, Gott zu danken, ihn zu loben und zu preisen. Es gibt Hunderte solcher göttlichen Gebote. So dürfte es aus Gottes Sicht eine Hauptaufgabe unseres Mundes sein, auf seine Wohltaten und Erlösungen, seinen einzigartigen Charakter und seine guten Absichten redend und singend zu reagieren.

Psalm 34,2b
...sein Lob soll immerdar in meinem Munde sein.

Psalm 40,4a
Er hat mir ein neues Lied in meinen Mund gegeben, zu loben unsern Gott.

Psalm 51,17b:
Herr, tu meine Lippen auf, daß mein Mund deinen Ruhm verkündige.

Psalm 63,6
Das ist meines Herzens Freude und Wonne (wörtlich: meine Seele soll gesättigt werden wie mit Mark und Fettigkeit), **wenn ich dich mit fröhlichem Munde loben kann.**

Psalm 71,15a
Mein Mund soll verkündigen deine Gerechtigkeit...

Psalm 71,8
Laß meinen Mund deines Ruhmes und deines Preises voll sein täglich.

In diesen Worten wurde ausdrücklich der Mund als das Organ genannt, durch welches wir dem Herrn unser Lob und unsere Anbetung bringen. Aber darüber hinaus sind alle anderen Aufforderungen zur Anbetung, zum Loben und Preisen jeweils ein Reden und Singen, also mit der Tätigkeit unseres Mundes verbunden.

Psalm 107,1-2
1 Danket dem Herrn; denn er ist freundlich, und seine Güte währet ewiglich.
2 So sollen sagen, die erlöst sind durch den Herrn, die er aus der Not erlöst hat.

Die Aufforderung zum Sprechen und Erklären der Freundlichkeit und der Güte Gottes und zum Abstatten unseres Dankes erscheint in diesem Psalm noch fünfmal.

Psalm 91,1-2
1 Wer unter dem Schirm des Höchsten sitzt und unter dem Schatten des Allmächtigen bleibt,
2 der spricht zu dem Herrn: Meine Zuversicht und meine Burg, mein Gott, auf den ich hoffe.

Fast alle wunderbaren Zusagen, die uns in diesem Psalm gegeben werden, werden abhängig gemacht von diesem anfänglichen richtigen Reden zu Gott. Weil der Psalmschreiber nicht nur tief in seinem Herzen spürt, daß Gott ihm Schutz gibt, sondern es auch ausspricht, deswegen bekommt Gott das Votum, diesen Schutz in der einzigartigen beschriebenen Weise vollziehen zu können. Gott braucht unsere Worte.

Psalm 18,2-4

2 Und er sprach: Herzlich lieb habe ich dich, Herr, meine Stärke! 3 Herr, mein Fels, meine Burg, mein Erretter; mein Gott, mein Hort, auf den ich traue, mein Schild und Berg meines Heiles und mein Schutz!

Auch hier drückt der Psalmschreiber David sein Vertrauen und seine Zuwendung zum Herrn und die Sicherheit, die er in Gott verspürt, durch Worte aus, von denen es ausdrücklich heißt, daß er sie ausspricht.

Psalm 16,1-2

1 Ein güldenes Kleinod Davids. Bewahre mich, Gott; denn ich traue auf dich. 2 Ich habe gesagt zu dem Herrn: Du bist ja der Herr! Ich weiß von keinem Gut außer dir.

Mit einem gewissen Nachdruck hebt David Gott gegenüber hervor, daß er ausdrücklich zu ihm *gesagt* habe, daß er ja der Herr sei und daß er von keinem andern Gut wisse außer ihm.

Fassen wir die Aussage dieser genannten Schriftworte, die nur als Beispiele für viele andere nicht zitierte Worte stehen, zusammen: Mit unserem Mund drücken wir unsere Glaubens-, Liebes-, Status- und Anbetungsbeziehung zu Gott aus. Mit dem Worte Gottes kann man nur dann richtig umgehen, wenn man es ausspricht. Aus solch einem gesprochenen Wort wird Glaube, und der Glaube drängt uns, sich wiederum in Worten zu artikulieren.

Natürlich gibt es hier genug Spielraum für mechanistische und formale Entstellungen und Mißbrauch dieser Prinzipien. Aber wir müssen uns davor hüten, daß wir aus Angst vor Mißbrauch den Umgang mit dem gesprochenen Wort gänzlich meiden. Wir können sehr wohl die Worte, die wir aussprechen, auch von ganzem Herzen meinen und Gott damit sehr ehren und seine Hand in Bewegung setzen.

Segen und Fluch der Zunge

Unsere Zunge und unser Mund entscheiden über Gut und Böse, Tod und Leben. Die Bedeutung der Zunge und unserer Lippen ist von so eminenter Wichtigkeit, daß ihre Funktion in die Begriffserklärung der „Furcht des Herrn" eingegangen ist.

Psalm 34,14
Behüte deine Zunge vor Bösem und deine Lippen, daß sie nicht Trug reden.

1. Petrus 3,10
Denn „wer leben will und gute Tage sehen, der hüte seine Zunge, daß sie nichts Böses rede, und seine Lippen, daß sie nicht trügen."

In der Definition „Furcht des Herrn", die die kürzeste und exakteste Beschreibung eines Verhaltens ist, das dem Herrn wohlgefällt und von dem die gewaltigsten Segnungen abhängen, ist der richtige Umgang mit unserem Mund ein entscheidender Bestandteil. Die anderen Inhalte der Furcht des Herrn sind Meiden des Bösen und Tun des Guten, den Frieden suchen und ihm nachjagen und sich von Hoffart und Hochmut fernhalten. Diese vier Verhaltensqualitäten entscheiden darüber, welchen Verlauf unser Leben nimmt und wie sich Gott zu uns stellt.

Sprüche 21,23
Wer Mund und Zunge bewahrt, der bewahrt sein Leben vor Not.

Sprüche 10,31-32
31 Aus dem Munde des Gerechten sprießt Weisheit; aber die falsche Zunge wird ausgerottet.
32 Die Lippen der Gerechten lehren heilsame Dinge; aber der Gottlosen Mund ist Falschheit.

Weisheit ist also nicht nur ein Herzenszustand, sondern eine Einsicht und Lebensqualität, die auch vermittelbar ist und sogar aus unserem Munde herausdrängt. Wer wirklich gerecht ist, äußert sich in weisen Worten. Was er sagt, ist angenehm. Der Gottlose hingegen, das Gegenteil des Gerechten, muß, weil er grundsätzlich in der Lüge lebt, auch Falsches aussagen. Seine Worte werden ihm selbst den Untergang bereiten, er wird ausgerottet.

Sprüche 12,18
Wer unvorsichtig herausfährt mit Worten, sticht wie ein Schwert; aber die Zunge der Weisen bringt Heilung.

Das unvorsichtige und schnelle Reden hat nach diesem Wort offenbar immer und grundsätzlich die Qualität einer Attacke und die Wirkung der Zerstörung an sich. Der Weise wird langsam und bedächtig reden und seine Worte bringen Heilung. Heilung ist also ein Wortgeschehen! Solch heilende Wirkung können die Worte des Weisen sowohl bei ihm selbst als auch bei anderen bewirken.

Sprüche 17,27
Ein Vernünftiger mäßigt seine Rede, und ein verständiger Mann wird nicht hitzig.

Die heilende und wohltuende Wirkung einer Rede ist nicht nur von ihrem Inhalt, sondern auch von der Art des Vortrages abhängig. Der Weise und Verständige ist daran erkennbar, daß er auch die Form des Redens unter Kontrolle hat.

Sprüche 18,21
Tod und Leben stehen in der Zunge Gewalt; wer sie liebt, wird ihre Frucht essen.

Die Zunge hat Gewalt über unser Leben und über unseren Tod. Wer seine Zunge liebt, der kontrolliert sie und er wird dafür Leben ernten. Wer seiner Zunge freien Lauf läßt, der haßt sie und haßt sein eigenes Leben. Unsere Zunge gestaltet unser Leben.

Sprüche 16,23
Des Weisen Herz redet klug und mehrt auf seinen Lippen die Lehre.

Das ist eine interessante Aussage, die insbesondere die Pastoren schon kennengelert haben werden. Nicht nur Gott lehrt uns, sondern beim Sprechen selbst werden die, denen schon Gottes Weisheit zuteil geworden ist, neue Einsichten bekommen. Der Weise, der die Wahrheit kennt und verkündigt, wird im Prozeß des Sprechens manche wichtigen Entdeckungen tätigen, die ihn um weitere Erkenntnis bereichern werden.

Sprüche 15,2a (wörtliche Übersetzung)
Die Zunge des Weisen gebraucht Erkenntnis richtig.

Der Satz ist in einer doppelten Weise zu deuten. Zum einen gilt, daß der Weise mit der Erkenntnis, die er hat, richtig umgehen wird, wenn er sie äußert. Andererseits sagt dieses Wort auch, daß der angemessene Umgang mit vorhandener Erkenntnis nicht darin besteht, sie bei sich zu behalten, sondern sie auszusprechen – natürlich in der richtigen Umgebung –, damit sich die Erkenntnis beim Reden und bei der Artikulation in Worten gestaltet, an Konturen und Prägnanz zunimmt und sie so für den Redenden und für die Zuhörer deutlicher wird. Erkenntnis, die nicht geäußert wird, bleibt unscharf und verkümmert schließlich.

Rufen, Schreien und das Herz vor Gott ausschütten

Psalm 34,7
Als einer im Elend (in Armut) **rief, hörte der Herr und half ihm aus allen seinen Nöten.**

Gelegentlich haben wir nicht nur zu reden, sondern sogar zum Herrn zu schreien. Aber nicht das Schreien selbst ist entscheidend, sondern die Aufrichtigkeit unserer Haltung zusammen mit der Dringlichkeit unseres Rufens zum Herrn. Die Armen, die wirklich wissen, daß sie arm sind und sich nicht selbst helfen können, sie sind prädestiniert, vom Herrn Erhörung zu bekommen, wenn sie den Mut und die Demut haben, den Herrn nicht nur mit wohlgesetzten religiösen Worten, sondern mit Rufen und Schreien zum Handeln einzuladen.

Worte benutzen wir auch dann, wenn wir unser Herz vor Gott ausschütten, um uns zu entlasten und die Bitterkeit und Traurigkeit vor ihm abzulegen.

Psalm 62,9
Hoffet auf ihn allezeit, liebe Leute, schüttet euer Herz vor ihm aus; Gott ist unsre Zuversicht.

Psalm 142,3
Ich schütte meine Klage vor ihm aus und zeige an vor ihm meine Not.

Psalm 102,2-3.20-21
2 Herr, höre mein Gebet und laß mein Schreien zu dir kommen!
3 Verbirg dein Antlitz nicht vor mir in der Not, neige deine Ohren zu mir; wenn ich dich anrufe, so erhöre mich bald!
20 Denn er schaut von seiner heiligen Höhe, der Herr sieht vom Himmel auf die Erde,

21 daß er das Seufzen der Gefangenen höre und losmache die Kinder des Todes.

Wenn wir in unserer Not zum Herrn schreien und unsere Nöte vor ihm ausschütten, dann dürfen wir seufzen und ihm den Zustand unseres Herzens verdeutlichen, um unsere Not bei ihm zu lassen! Das Ausschütten unseres Herzens stellt das Wandeln auf einem gefährlich schmalen Grad dar. Zu leicht können wir mit unseren Worten anklagend oder lamentierend Vorwürfe gegen Gott erheben oder in Selbstmitleid fallen beziehungsweise die Not ausmalen, um uns ihr zu übergeben. All das ist nicht gemeint! Wer sein Herz ausschüttet und das mit Worten, Weinen und Seufzen tut, sollte wissen, daß er mit Klagen und der Proklamation von Unglauben, Not und Verzweiflung nichts erreicht, sondern die Not nur festschreibt.

Ganz feine und fast unmerkliche Unterschiede entscheiden darüber, ob das Ausschütten unseres Herzens zur Entlastung führt oder unsere Probleme verschlimmert. Im ersten Fall haben wir die Dinge nur bei Gott abgelegt, im anderen Fall wollten wir unser Recht einklagen und haben uns an der Gnade vorbeigejammert.

Psalm 45,2b
Meine Zunge ist ein Griffel eines guten Schreibers.

Letztlich werden wir nur das sagen, was wir in unserem Herzen an Gedanken haben. Eine wirkliche Spaltung von Zunge und Herz ist nicht möglich. Man kann sich wohl für eine kurze Zeit verstellen, aber dann wird sich die Haltung des Herzens doch durchsetzen und der Mund muß sagen, was wir im Herzen denken.

Die Kunst zu reden und zu schweigen

Psalm 141,3
Herr, behüte meinen Mund und bewahre meine Lippen!

456

Psalm 39,2-3

**2 Ich habe mir vorgenommen: Ich will mich hüten, daß ich nicht sündige mit meiner Zunge; ich will meinem Mund einen Zaum anlegen, solange ich den Gottlosen vor mir sehen muß.
3 Ich bin verstummt und still und schweige fern der Freude und muß mein Leid in mich fressen.**

David hat sich vorgenommen, sich davor zu hüten, mit seiner Zunge zu sündigen. Er will deswegen seiner Zunge einen Zaum anlegen. Derselbe David bittet dann auch Gott, daß er seinen Mund und seine Lippen bewahre.

Es bleibt dabei, unsere Zunge und unsere Lippen kann kein Mensch zähmen. Wir müssen uns Gott übergeben und es ihm überlassen, daß er unsere Willensimpulse umsetzt, nicht mit der Zunge zu sündigen.

Jakobus 1,19

Wisset, liebe Brüder, ein jeglicher Mensch sei schnell zum Hören, langsam zum Reden, langsam zum Zorn.

Schnelles Reden ist wohl immer unbedachtes Reden und führt zur Sünde. Unser Mund ist zwar zum Reden da. Aber nicht jeder Impuls, der sich aufdrängt, sollte ausgesprochen werden. Gelegentlich ist auch Schweigen gefordert.

Hiob 13,5

Wollte Gott, daß ihr geschwiegen hättet, so wäret ihr weise geblieben.

Sprüche 17,28

Auch ein Tor, wenn er schwiege, würde für weise gehalten und für verständig, wenn er den Mund hielte.

Nichts sagen ist besser als törichtes und sinnloses Reden. Zum richtigen Zeitpunkt schweigen zu können ist ein Ausdruck von Weisheit, was nicht nur im Lichte göttlicher Offenbarung so zu bewerten ist, sondern sogar in weltlichen Kreisen so beurteilt wird.

Aber wessen Herz voll Unverstand, Selbstsucht und Streit ist, der kann das seinem Mund nun einmal nicht vorenthalten. Die Unweisheit bricht sich Bahn. Und selbst wer sich als kultivierte Erscheinung in bestimmten Kreisen Zurückhaltung beim Reden auferlegen kann, wird sich in seinem privaten Umkreis doch offenbaren. Und auch das zählt, denn auch diese Bekenntnisse werden herbeibringen, was der Mensch ausgesprochen hat.

Deine Worte kommen zurück

Worte sind Ereignisse mit Kraft und Richtung. Sie sind wie ein Vektor in der Mathematik. Sie enthalten Beträge von Energie oder eine gewisse Werte- und Sittlichkeitsausrichtung, die darüber entscheiden, was die Resultate sein werden.

Was wir aussprechen, verbindet sich immer mit unserem eigenen Schicksal, weil die Worte nie etwas Zufälliges darstellen. Sie kommen aus der Tiefe des Herzens und sind insofern Glaubensäußerungen. Irgendwann kehren sie zurück, befrachtet mit dem, was sie enthielten, als wir sie aus dem Munde ließen.

Sprüche 15,23
Es ist einem Mann eine Freude, wenn er richtig antwortet, und wie wohl tut ein Wort zur rechten Zeit!

Die gute Reaktion auf eine gute Äußerung oder Antwort kann sofort zurückkommen und den Redenden erfreuen. Die Reaktion mag verzögert eintreffen, was dann nicht mehr ohne weiteres den Zusammenhang zu der ursprünglichen Äußerung erkennen läßt. Aber eine Reaktion wird immer eintreffen. Das Gesetz von Aktion und Reaktion ist dann leicht erkennbar, wenn das gesprochene Wort einem Gegenüber direkt wohlgetan hat. Er wird es nicht vergessen und sich zu seiner Zeit revanchieren. Aber auch dann, wenn solche einfachen Verhältnisse nicht vorliegen, wird jede gute Antwort eines Menschen zurückkehren und ihm nachher Freude bringen.

Sprüche 18,4
Die Worte in eines Mannes Munde sind wie tiefe Wasser, und die Quelle der Weisheit ist ein sprudelnder Bach.

Das ist ein seltsames Wort, voll von Geheimnis und Tiefgründigkeit. Aber in diesem weisen Spruchwort ist eine Lehre enthalten, die sonst im täglichen Leben so häufig nicht zu erkennen ist. Wir sehen eher das Gegenteil von dem, was der Heilige Geist durch Salomo ausdrückte.

Die Worte eines reifen Mannes sind daran zu erkennen, daß sie nicht bei unterschiedlichen Bedingungen und Situationen schwanken und wechseln. Die Worte des Mannes zeichnen sich aus durch Beständigkeit, Ruhe und Klarheit. Sie heischen nicht nach Effekten, sondern sie sind tiefgründig.

Die Weisheit des Weisen indessen gibt zu erkennen, daß er nicht nur über einige wenige Erkenntnisbrocken verfügt, die er als Lieblingsgedanken immer wieder in die Diskussion wirft, um dann doch bald am Ende zu sein. Der wirklich Weise ist eine Quelle, aus der sich ständig ein Nachschub an neuen Gedanken, Wahrheiten und Einsichten ergießt. Der weise Mann wird von den Qualitäten seiner Einsichten und seines Redens selbst getragen.

Sprüche 18,20a (wörtliche Übersetzung)
Eines Mannes Leib soll befriedigt werden mit der Frucht seines Mundes.

Welch schönes und eindeutiges Wort! Der Begriff Frucht spielt auf den Charakter an, was bedeutet, daß wir uns an den eigenen Tugenden, die durch das richtige Reden zustande kommen, erfreuen können.

Weil das Wort aber sagt, daß sogar unser Leib befriedigt werden soll, dürfen wir den Schluß ziehen, daß die positiven Auswirkungen unseres Redens bis in die leiblichen Bedürfnisse hinein reichen. Wir essen von dem, was unser Mund zuvor erzeugt hat! Unser Mund ist insofern ein Lieferant, nicht nur der Vertilger von Speisen. Durch ihn genießen wir doppelt, beim Beschaffen und beim Essen.

Sprüche 14,3
In des Toren Mund ist die Rute für seinen Hochmut; aber die Weisen bewahrt ihr Mund.

Das Gesetz von Aktion und Reaktion wird in diesem Wort besonders deutlich dargestellt. Die Folgen unseres Redens sind so direkt, daß unser Mund die Rute für unsere eigene Arroganz und Unabhängigkeit ist. Die negativen Folgen unseres törichten Redens stellen unsere Selbstbestrafung dar.

Auf der andern Seite wird der Weise durch seine bedachten Äußerungen die positive Seite dieser Gesetzmäßigkeit erfahren. Das Gute und Weise, was er gesprochen hat, verhallt nicht irgendwo. Unsere Worte werden im Himmel aufgenommen, so daß uns wegen der Worte, die wir gesprochen haben, Gottes Engel zur rechten Zeit Schutz geben werden.

Sprüche 13,13a
Wer das Wort verachtet, muß dafür büßen.

Das Schriftwort meint natürlich in erster Linie das Wort Gottes, das wir ablehnen. Aber es meint natürlich auch die gebührende Annahme des Wortes, die immer mit dem Aussprechen des Wortes verbunden ist. Gottes Wort soll ja unser Wort werden.

Viele Christen pflegen einen verächtlichen Umgang mit dem Wort, der sich darin ausdrückt, daß sie nur Sinnzusammenhänge erfassen wollen, aber nicht erkennen, daß das Wort Geist und Leben ist, das in unser Herz und in unseren Mund hineingehört. Wer nur eine christliche Grundanschauung hat, aber nicht mit dem Wort lebt, lebt letztlich gottlos. Er bringt sich um die Chancen, daß das Wort für ihn wirken, arbeiten und den Segen herbeischaffen kann.

Die Unerbittlichkeit unserer Worte

Sprüche 12,6
Der Gottlosen Reden richten Blutvergießen an; aber die Frommen errettet ihr Mund.

Die Regeln, die die Auswirkungen des Redens beschreiben, sind schaurig einfach. Man muß nur gottlos sein und seine Haltung in Worten ausdrücken. Und daraus resultiert am Ende Blutvergießen. Der Gottlose ist, wie Jesus es sagt, ein Kind des Vaters der Lüge. Sein Reden wird voll von Lügen und ein einziger Beweis seiner Unabhängigkeit sein. Aber diese Inhalte gebären nun einmal im Sichtbaren das, was sie enthalten: Zerstörung, Streit und Mord.

Aber der Aufrichtige wird durch seinen Mund errettet. Er muß nicht mehr bringen als aufrichtig zu sein. Aber Aufrichtigkeit ist nur demjenigen möglich, der sich von Gott abhängig macht. Wer auf sich selbst bezogen lebt und sich zum Maß der Dinge macht, bewegt sich bereits auf dem Terrain der Lüge, auch wenn er es nicht sieht.

Sprüche 12,19
Wahrhaftiger Mund besteht immerdar; aber die falsche Zunge besteht nicht lange.

Das sind dieselben Gesichtspunkte, die wir schon gesehen haben. Die Verkündigung der Lüge führt den schnellen Tod herbei. Aber nur der Mund kann wahrhaftig sein, der die Wahrheit vom Herrn bezieht. Mit der Wahrheit kommt das Leben und der Bestand auf Erden.

Sprüche 23,7-9
7 Wie er in seinem Herzen denkt, so ist er. Iß und trink! sagt er zu dir; aber sein Herz ist nicht bei dir. (Übersetzung nach dem masoretischen Text)
8 Deinen Bissen, den du gegessen hast, den mußt du ausspeien, und vergeudet hast du deine freundlichen Worte.
9 Zu den Ohren eines Toren rede nicht, denn er wird deine klugen Worte verachten. (Elberfelder Übersetzung)

Worte geben den Inhalt unseres Herzens preis. Aber mit Worten kann man auch täuschen und etwas vorspielen. Der Weise indessen wird die Lüge der schönen aber unehrlichen Worte doch erkennen und sich davon nicht fangen lassen, sondern die Beziehung zu dem schmeichelnden Lügner abbrechen.

Wir müssen uns anschauen, zu wem wir etwas sagen. Der Unverständige wird unsere Worte nicht ernst nehmen können und uns in der Verkennung unserer Aussagen verachten. Der Heilige Geist wird uns sagen, wann wir schweigen müssen, damit wir nicht ein Opfer unserer Worte werden.

Epheser 5,4
(Lasset) auch nicht schandbare Worte und närrische Dinge oder Scherze (von euch gesagt werden), **welche euch nicht anstehen, sondern vielmehr Danksagung.**

Die biblische Lehre über das Reden ist zugegebenermaßen radikal. Wir müssen sehr darauf achten, daß wir bei dieser Ermahnung zur Reinheit des Redens immer wieder die Mitte des Evangeliums vor Augen haben. Unser Leben soll nicht davon gekennzeichnet sein, daß wir uns alles mögliche verbieten, sondern daß wir aus der Gnade heraus leben und durch sie imstande sind, mit Leichtigkeit auf schandbare Worte und unsinnige Dinge und Scherze zu verzichten. Stattdessen sollte Danksagung unser Leben bestimmen. Denn wer Dank sagt, der preist Gott und betritt damit einen Weg, auf dem der Herr ihm fortlaufend sein Heil zeigen kann.

Ich bin davon überzeugt, daß das heilige Reden nicht steril und langweilig ist. Ich glaube, daß die Kinder Gottes einen Sinn für Humor und fruchtbare Scherze haben werden, wenn sie von Jesus von dem Zwang zum Nichtigen und auch vom Zwang zur Gesetzlichkeit befreit sind. Unser Reden soll von einer ständigen Haltung der Dankbarkeit gegenüber Gott und Menschen gekennzeichnet sein, durch die der Strom von Segen und der Nachschub von Freude und Liebe stetig unterhalten werden.

Alle diese biblischen Gebote zum richtigen Umgang mit unserem Mund können nicht auf der Ebene von fortwährenden und bewußten Bemühungen um die richtige Formulierung erfüllt werden. Was unser Leben und unser Herz bestimmen soll, Gottes Gnade, soll auch unsere Worte kennzeichnen. Auch sie sollen von Gnade voll sein. Wie herrlich ist es, daß in dem lebendigen Konzept eines Lebens aus Gnade durch Glauben die unheilvolle Entwicklung durch ein böses Wort sofort zum Stillstand gebracht werden kann, wenn wir für uns Gnade beanspruchen und sie auch jenen gerne gewähren, die uns mit ihren Worten verletzt haben. Im Evangelium ist Vorkehrung dafür getroffen, daß die zerstörerischen Kräfte des Redens nicht zu schnell über uns herfallen können. Wer aus Gnade lebt, wird alle verbalen Angriffe neutralisieren können. Er kann sich gut verteidigen.

Predigt- und Vortragscassetten des Autors
sind zu beziehen über:

Cassettendienst der Philadelphia-Gemeinde
— Evang. Freikirche Wilmersdorf e.V. —
Babelsberger Straße 37
1000 Berlin 31